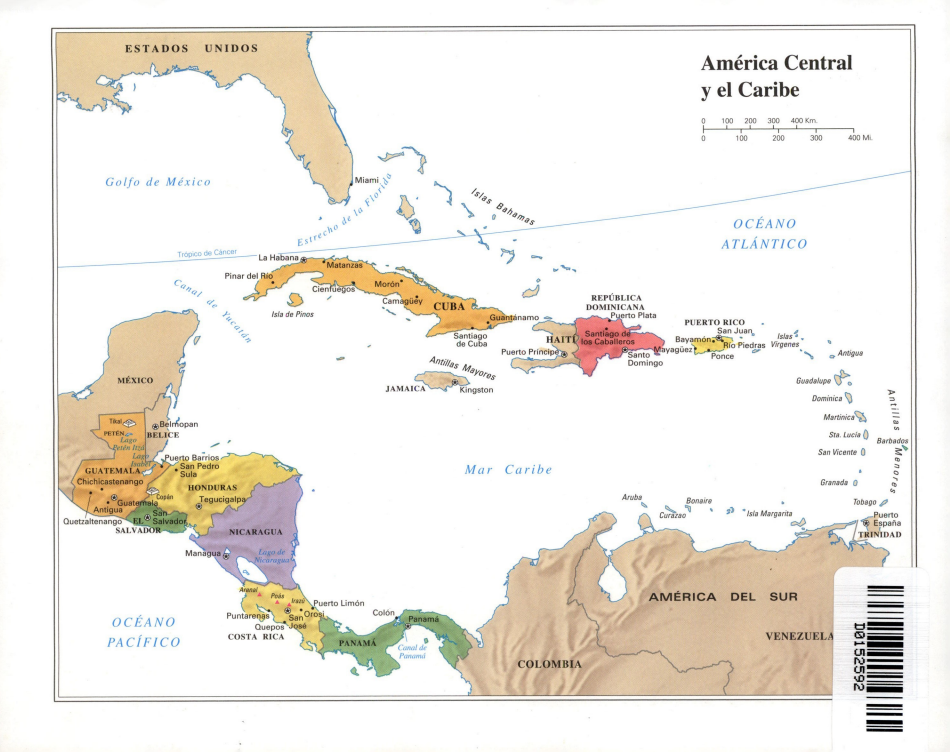

América Central y el Caribe

ESTADOS UNIDOS

Golfo de México

Miami

Islas Bahamas

Estrecho de la Florida

OCÉANO ATLÁNTICO

Trópico de Cáncer

Canal de Yucatán

La Habana · Matanzas
Pinar del Río
Cienfuegos · Morón
Camagüey
Isla de Pinos · **CUBA** · Guantánamo
Santiago de Cuba

REPÚBLICA DOMINICANA
Puerto Plata
PUERTO RICO
Bayamón · San Juan
Santiago de los Caballeros · Río Piedras
Islas Vírgenes
HAITÍ · Mayagüez · Ponce
Puerto Príncipe · Santo Domingo

Antigua

Antillas Mayores

JAMAICA · Kingston

MÉXICO

Tikal
PETÉN
Lago Petén Itzá
Lago Isabel
Belmopan
BELICE

Puerto Barrios
San Pedro Sula
Copán
GUATEMALA
Chichicastenango
Antigua · Guatemala · **HONDURAS** · Tegucigalpa
Quetzaltenango · San Salvador
EL SALVADOR

NICARAGUA
Managua
Lago de Nicaragua

Arenal · Poás · Irazú
Puntarenas · Orosi · Puerto Limón
Quepos · San José · Colón · Panamá
COSTA RICA · **PANAMÁ**
Canal de Panamá

Mar Caribe

Aruba · *Bonaire* · *Isla Margarita*
Curazao

Guadalupe
Dominica
Martinica
Sta. Lucía
San Vicente · *Barbados*
Granada
Tobago
Antillas Menores
Puerto España
TRINIDAD

AMÉRICA DEL SUR

VENEZUELA

COLOMBIA

OCÉANO PACÍFICO

0   100   200   300   400 Km.
0   100   200   300   400 Mi.

¡Hola, amigos!

FIRST CANADIAN EDITION

¡Hola, amigos!

FIRST CANADIAN EDITION

Ana C. Jarvis
Chandler-Gilbert Community College

Raquel Lebredo
California Baptist University, Emerita

Francisco Mena-Ayllón
University of Redlands, Emeritus

Canadian Adaptation

Mercedes Rowinsky-Geurts
Wilfrid Laurier University

Rosa L. Stewart
University of Victoria

Houghton Mifflin Company
Boston   New York

Publisher: Rolando Hernández

Senior Sponsoring Editor: Glenn A. Wilson

Executive Marketing Director: Eileen Bernadette Moran

Senior Development Editor: Judith Bach

Project Editor: Amy Johnson

Art and Design Manager: Gary Crespo

Cover Design Manager: Anne S. Katzeff

Senior Photo Editor: Jennifer Meyer Dare

Composition Buyer: Chuck Dutton

New Title Project Manager: James Lonergan

Editorial Assistant: Erin Beasley

Marketing Assistant: Lorreen Ruth Pelletier

Cover image © Will Terry/Images.com

Photo credits are listed on page 397, which is hereby considered an extension of the copyright page.

Printed in the U.S.A.

Library of Congress Control Number: 2006940984

Instructor's Annotated Edition
  ISBN-10: 0-618-90107-8
  ISBN-13: 978-0-618-90107-4
For orders, use student text ISBNs
  ISBN-10: 0-618-90106-X
  ISBN-13: 978-0-618-90106-7

123456789-VH-11 10 09 08 07

Scope and Sequence

1 Los estudiantes universitarios (pp. 2–51)

	Lección 1 ¡Bienvenidos!	Lección 2 Nuestras clases
Para hablar del tema	*(pp. 6–7)* Títulos Expresiones de cortesía Saludos y despedidas Preguntas y respuestas Colores Vocabulario para la clase **De país a país**	*(pp. 24–25)* Asignaturas Expresiones Para pedir bebidas **De país a país**
Para practicar el vocabulario	*(pp. 8–9)* *Online Study Center* A. Los estudiantes B. Yo soy el anfitrión (la anfitriona) C. ¡Somos pintores! D. ¿Qué color te gusta? E. ¿Qué necesitamos? F. ¿Necesitas algo? **Pronunciación** Las vocales	*(pp. 26–27)* *Online Study Center* A. Palabras y más palabras B. Preguntas y respuestas C. ¿Qué deciden? D. ¿Qué clases necesito? **Pronunciación** Linking
Puntos para recordar	*(pp. 10–19)* *Online Study Center* 1. Gender and number of nouns, part I *(p. 10)* 2. Definite and indefinite articles *(p. 11)* 3. Subject pronouns *(p. 13)* 4. Present indicative of *ser (p. 15)* 5. Forms of adjectives and agreement of articles, nouns, and adjectives *(p. 16)* 6. The alphabet *(p. 18)* 7. Numbers 0 to 39 *(p. 18)*	*(pp. 28–41)* *Online Study Center* 1. Present indicative of *–ar* verbs *(p. 28)* 2. Interrogative and negative sentences *(p. 30)* 3. Possessive adjectives *(p. 32)* 4. Gender of nouns, part II *(p. 34)* 5. Numbers 40 to 200 *(p. 35)* 6. Telling time *(p. 36)* 7. Days of the week, and months and seasons of the year *(p. 39)*
Entre nosotros	*(pp. 20–21)* **¡Conversemos!** **Para escribir** Un mensaje electrónico **Un dicho**	*(pp. 42–43)* **¡Conversemos!** **Para escribir** Tu horario **Un dicho**
Lectura *(pp. 44–45)*	Universidad Nacional	**Video** *Online Study Center*
El mundo hispánico *(pp. 46–47)*	Los hispanos en Canadá	**Video** *Online Study Center*
Tome este examen *(pp. 48–51)*	Lección 1	Lección 2

2 En familia (pp. 52–97)

3 ¿Qué comemos hoy? (pp. 98–147)

	Lección 5 El menú, por favor	Lección 6 En el mercado
Para hablar del tema	*(pp. 102–103)* La comida En el restaurante Para poner la mesa **De país a país**	*(pp. 122–123)* En el mercado Más comestibles **De país a país**
Para practicar el vocabulario	*(pp. 104–105)* *Online Study Center* A. En el restaurante B. Preguntas y respuestas C. Voy a pedir... D. Para poner la mesa **Pronunciación** Las consonantes *g, j, h*	*(pp. 124–125)* *Online Study Center* A. Preguntas y respuestas B. Dime... C. ¿Qué les servimos? D. En el supermercado **Pronunciación** Las consonantes *ll, ñ*
Puntos para recordar	*(pp. 106–117)* *Online Study Center* 1. Present progressive *(p. 106)* 2. Uses of *ser* and *estar (p. 108)* 3. Stem-changing verbs: *e > ie (p. 111)* 4. Comparative and superlative adjectives, adverbs, and nouns *(p. 113)* 5. Pronouns as objects of prepositions *(p. 116)*	*(pp. 126–137)* *Online Study Center* 1. Stem-changing verbs: *o > ue (p. 126)* 2. Stem-changing verbs: *e > i (p. 127)* 3. Direct object pronouns *(p. 129)* 4. Affirmative and negative expressions *(p. 133)* 5. *Hace... que (p. 135)*
Entre nosotros	*(pp. 118–119)* **¡Conversemos!** **Para escribir** En un restaurante **Un dicho**	*(pp. 138–139)* **¡Conversemos!** **Para escribir** Un invitado importante **Un proverbio**
Lectura *(pp. 140–141)*	Sección gastronómica	**Video** *Online Study Center*
El mundo hispánico *(pp. 142–143)*	Costa Rica Panamá Honduras Nicaragua	**Video** *Online Study Center*
Tome este examen *(pp. 144–147)*	Lección 5	Lección 6

4 Para divertirse (pp. 148–199)

5 ¿Qué hacemos hoy? (pp. 200–245)

	Lección 9 No tengo nada que ponerme	Lección 10 Diligencias
Para hablar del tema	*(pp. 204–205)* La ropa El tiempo **De país a país**	*(pp. 224–225)* En el banco En la oficina de correos Un poco de tecnología **De país a país**
Para practicar el vocabulario	*(pp. 206–207)* *Online Study Center* A. En la tienda y en la zapatería B. ¿Qué se ponen? C. Hablando del tiempo D. Haciendo compras **Pronunciación** Pronunciation in context	*(pp. 226–227)* *Online Study Center* A. Preguntas y respuestas B. Rubén y Eva hacen diligencias C. ¿Qué necesito o qué tengo que hacer? D. ¿Qué necesita hacer? **Pronunciación** Pronunciation in context
Puntos para recordar	*(pp. 208–219)* *Online Study Center* 1. Some uses of *por* and *para* (p. 208) 2. Weather expressions (p. 211) 3. The preterit contrasted with the imperfect (p. 213) 4. *Hace...* meaning *ago* (p. 216) 5. Possessive pronouns (p. 218)	*(pp. 228–235)* *Online Study Center* 1. Past participles (p. 228) 2. Present perfect tense (p. 230) 3. Past perfect (pluperfect) tense (p. 232) 4. Formal commands: *Ud.* and *Uds.* (p. 233)
Entre nosotros	*(pp. 220–221)* **¡Conversemos!** **Para escribir** ¿Cómo era Ud.? **Un dicho**	*(pp. 236–237)* **¡Conversemos!** **Para escribir** En el banco **Un dicho**
Lectura *(pp. 238–239)*	*Lecciones de inglés* (Adaptado) (Germán Arciniegas)	**Video** *Online Study Center*
El mundo hispánico *(pp. 240–241)*	Ecuador Perú Bolivia Paraguay	**Video** *Online Study Center*
Tome este examen *(pp. 242–245)*	Lección 9	Lección 10

6 De vacaciones (pp. 246–291)

7 ¿Cómo te sientes? (pp. 292–339)

Un poco más (pp. 340–345)

1. Compound tenses of the indicative (*p. 340*)
   - Future perfect (*p. 340*)
   - Conditional perfect (*p. 341*)
2. Compound tenses of the subjunctive (*p. 342*)
   - Present perfect subjunctive (*p. 342*)
   - Pluperfect subjunctive (*p. 344*)

Appendices

Vocabularies

Brief Contents

An Overview of Your Textbook's Main Features

¡Hola, amigos!, First Canadian Edition, consists of fourteen lessons thematically organized into seven units

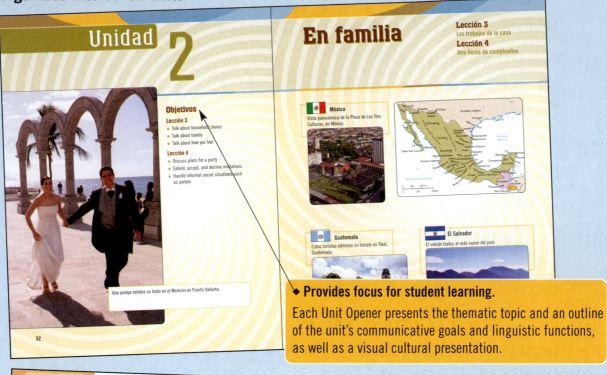

◆ Provides focus for student learning.

Each Unit Opener presents the thematic topic and an outline of the unit's communicative goals and linguistic functions, as well as a visual cultural presentation.

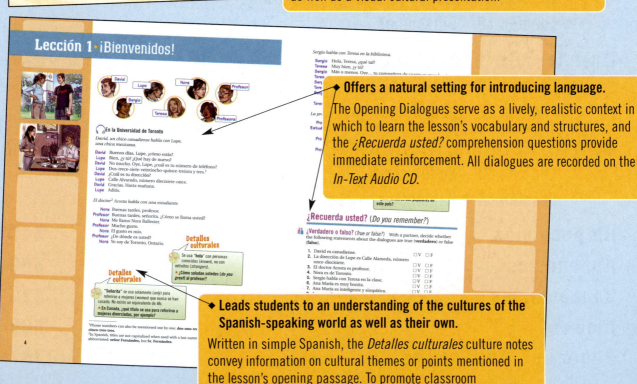

◆ Offers a natural setting for introducing language.

The Opening Dialogues serve as a lively, realistic context in which to learn the lesson's vocabulary and structures, and the *¿Recuerda usted?* comprehension questions provide immediate reinforcement. All dialogues are recorded on the *In-Text Audio CD.*

◆ Leads students to an understanding of the cultures of the Spanish-speaking world as well as their own.

Written in simple Spanish, the *Detalles culturales* culture notes convey information on cultural themes or points mentioned in the lesson's opening passage. To promote classroom discussion, cross-cultural reflection questions follow each note.

Para hablar del tema: Vocabulario
(To talk about the topic: Vocabulary)

Nombres *(Nouns)*

la biblioteca library
la calle street
la chica, la muchacha girl
el chico, el muchacho young man
la clase class
... de español* Spanish class
el (la) compañero(a) de cuarto roommate
la dirección* address
el español Spanish (language)
el (la) estudiante, el (la) alumno(a) student
el libro book
el número number
de teléfono phone number

Adjetivos *(Adjectives)*

bienvenido(a) welcome
bonito(a), lindo(a) pretty¹
canadiense Canadian (from Canada)
inteligente intelligent
interesante interesting
mexicano(a) Mexican
norteamericano(a)² North American (from the U.S.)

perfecto(a) perfect
rico(a) rich
simpático(a) charming, nice, fun to be with
universitario(a) (related to) college

Títulos *(Titles)*

doctor (Dr.) doctor (m.)
doctora (Dra.) doctor (f.)
profesor(a) professor
señor (Sr.) Mr., sir, gentleman
señora (Sra.) Mrs., madam, lady
señorita (Srta.) miss, young lady

Otras palabras y expresiones *(Other words and expressions)*

bueno... well . . . , okay
¡Caramba! Gee!
¿Cómo? How?
con with
¿Cuál es tu número de teléfono? What's your phone number?
¿Dónde? Where?
en at, in, on
esta noche tonight
habla he/she speaks

hay there is, there are
muy very
no no, not
oye listen
ser to be
sí yes
tu your
y and
¿Y tú? And you?

Expresiones de cortesía *(Polite expressions)*

Mucho gusto.* It's a pleasure to meet you. (How do you do?)
El gusto es mío. The pleasure is mine.
Gracias. Thanks.
Muchas gracias. Thank you very much.
De nada.* You're welcome.

Algunos saludos y despedidas *(Some greetings and farewells)*

Buenos días. Good morning.
Buenas tardes. Good afternoon.

Adiós. Good-bye.
Hasta luego. (till) ...

De país a país

la clase de español la clase de castellano (Esp., Cono Sur)
la dirección el domicilio (Méx.)

Preguntas y respuestas útiles *(Useful questions and answers)*

¿Cómo está usted? How are you? (formal)
¿Cómo están ustedes? How are you? (when addressing two or more people)
¿Cómo estás? How are you? (familiar)
Bien. Fine.
Más o menos. More or less.
Muy bien. Very well.
¿Cómo se dice...? How do you say . . . ?

Se dice... You say . . .
¿Cómo se llama usted? What's your name? (formal)
¿Cómo te llamas? What's your name? (familiar)
Me llamo... My name is . . .
¿De dónde es usted? Where are you from? (formal)
Soy de... I am from . . .
¿Qué hay de nuevo? What's new?
No mucho. Not much.

Amplíe su vocabulario *(Expand your vocabulary)*

Más despedidas y expresiones de cortesía *(More farewells and polite expressions)*

Chau. Bye.
¿Cómo?* Excuse me? (when one doesn't understand or hear what is being said)
Hasta la vista. (I'll) see you around.
Lo siento. I'm sorry.
Más despacio, por favor. More slowly, please.
Pase. Come in.
Perdón. Sorry. Pardon me.
Permiso. Excuse me. (i.e. when going through a crowded room)
Por favor. Please.
Tome asiento. Have a seat.

Colores *(Colours)*

amarillo yellow
gris grey
rojo red
anaranjado orange
marrón brown
rosado pink

azul blue
morado purple
verde green
blanco white
negro black

Vocabulario para la clase *(Vocabulary for the class)*

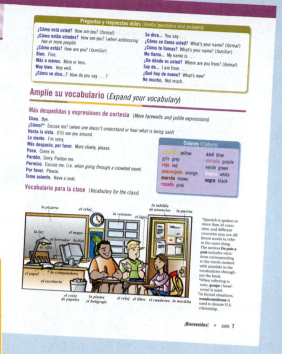

*Spanish is spoken in more than 20 countries, and different countries may use different words to refer to the same thing. The section **De país a país** includes variations corresponding to the words marked with asterisks in the vocabularies throughout the book.
¹When referring to men, **guapo** (handsome) is used.
²In formal situations, **estadounidense** is used to denote U.S. citizenship.

¡Bienvenidos! • siete 7

Provides a solid foundation for building students' communication skills.

The *Vocabulario* section lists all active vocabulary, new words, and expressions introduced in the opening dialogue, as well as other words and phrases related to the lesson theme in the *Amplíe su vocabulario* section.

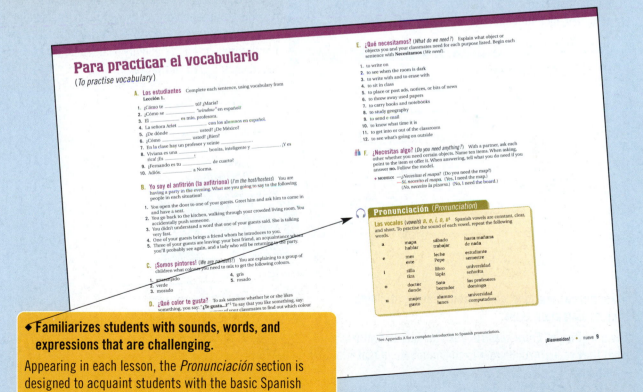

Para practicar el vocabulario
(To practise vocabulary)

A. Los estudiantes Complete each sentence, using vocabulary from Lección 1.

1. ¿Cómo te _____ tú? ¿María?
2. ¿Cómo se _____ "window" en español?
3. El _____ es mío, profesora.
4. La señora Ariet _____ con los alumnos en español.
5. ¿De dónde _____ usted? ¿De México?
6. ¿Cómo _____ usted? ¿Bien?
7. En la clase hay un profesor y veinte _____.
8. Viviana es una _____ bonita, inteligente y _____. ¡Y es rica! ¡Es _____!
9. ¿Fernando es tu _____ de cuarto?
10. Adiós. _____ a Norma.

B. Yo soy el anfitrión (la anfitriona) *(I'm the host/hostess)* You are having a party in the evening. What are you going to say to the following people in each situation?

1. You open the door to one of your guests. Greet him and ask him to come in and have a seat.
2. You go back to the kitchen, walking through your crowded living room. You accidentally push someone.
3. You didn't understand a word that one of your guests said. She is talking very fast.
4. One of your guests brings a friend whom he introduces to you.
5. Three of your guests are leaving: your best friend, an acquaintance whom you'll probably see again, and a lady who will be returning to the party.

C. ¡Somos pintores! *(We are painters!)* You are explaining to a group of children what colours you need to mix to get the following colours.

1. anaranjado
2. verde
3. morado
4. gris
5. rosado

D. ¿Qué color te gusta? To ask someone whether he or she likes something, you say: "¿Te gusta...?" To say that you like something, say: ... of your classmates to find out which colour ...

E. ¿Qué necesitamos? *(What do we need?)* Explain what object or objects you and your classmates need for each purpose listed. Begin each sentence with **Necesitamos** *(We need)*.

1. to write on
2. to see when the room is dark
3. to write with and to erase with
4. to sit in class
5. to place or post ads, notices, or bits of news
6. to throw away used papers
7. to carry books and notebooks
8. to study geography
9. to send e-mail
10. to know what time it is
11. to get into or out of the classroom
12. to see what's going on outside

F. ¿Necesitas algo? *(Do you need anything?)* With a partner, ask each other whether you need certain objects. Name ten items. When asking, point to the item or offer it. When answering, tell what you do need if you answer **no**. Follow the model.

◆ MODELO: —¿Necesitas el mapa? (Do you need the map?)
—Sí, necesito el mapa. (Yes, I need the map.)
(No, necesito la pizarra.) (No, I need the board.)

Pronunciación *(Pronunciation)*

Las vocales *(vowels)* a, e, i, o, u¹ Spanish vowels are constant, clear, and short. To practise the sound of each vowel, repeat the following words.

a	mapa hablar	sábado trabajar	hasta mañana de nada
e	mes este	leche Pepe	estudiante semestre
i	silla tiza	libro lápiz	universidad señorita
o	doctor donde	Soto borrador	los profesores domingo
u	mujer gusto	alumno lunes	universidad computadora

¹See Appendix A for a complete introduction to Spanish pronunciation.

¡Bienvenidos! • nueve 9

Familiarizes students with sounds, words, and expressions that are challenging.

Appearing in each lesson, the *Pronunciación* section is designed to acquaint students with the basic Spanish sounds. This section is recorded on the *In-Text Audio CD*.

XV

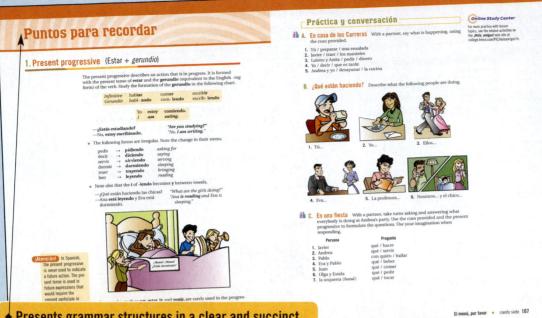

Puntos para recordar

1. Present progressive (Estar + gerundio)

The present progressive describes an action that is in progress. It is formed with the present tense of **estar** and the **gerundio** (equivalent to the English -ing form) of the verb. Study the formation of the **gerundio** in the following chart.

Infinitivo	hablar	comer	escribir
Gerundio	habl- **ando**	com- **iendo**	escrib- **iendo**

	Yo	estoy	comiendo.
	I	*am*	*eating.*

—¿Estás estudiando? *"Are you studying?"*
—No, **estoy escribiendo.** *"No, I am writing."*

- The following forms are irregular. Note the change in their stems.

pedir	→	**pidiendo**	asking for
decir	→	**diciendo**	saying
servir	→	**sirviendo**	serving
dormir	→	**durmiendo**	sleeping
traer	→	**trayendo**	bringing
leer	→	**leyendo**	reading

- Note also that the i of -**iendo** becomes **y** between vowels.

—¿Qué están haciendo las chicas? *"What are the girls doing?"*
—Ana **está leyendo** y Eva está durmiendo. *"Ana is reading and Eva is sleeping."*

¡Atención! In Spanish, the present progressive is *never* used to indicate a future action. The present tense is used in future expressions that would require the present participle in...

Práctica y conversación

Online Study Center
For more practice with lesson topics, see the related activities on the ¡Hola, amigos! web site at college.hmco.com/PIC/holaamigos7e.

A. En casa de los Carreras With a partner, say what is happening, using the cues provided.

1. Tú / preparar / una ensalada
2. Javier / traer / los manteles
3. Luisito y Anita / pedir / dinero
4. Yo / decir / que es tarde
5. Andrea y yo / desayunar / la cocina

B. ¿Qué están haciendo? Describe what the following people are doing.

1. Tú...   2. Yo...   3. Ellos...

4. Eva...   5. La profesora...   6. Nosotros... y el chico...

C. En una fiesta With a partner, take turns asking and answering what everybody is doing at Andrea's party. Use the cues provided and the present progressive to formulate the questions. Use your imagination when responding.

Persona	Pregunta
1. Javier	qué / hacer
2. Andrea	qué / servir
3. Pablo	con quién / bailar
4. Eva y Pablo	qué / beber
5. Juan	qué / comer
6. Olga y Estela	qué / pedir
7. la orquesta (*band*)	qué / tocar

El menú, por favor ◆ ciento siete **107**

◆ Presents grammar structures in a clear and succinct manner.

The *Puntos para recordar* section presents an average of four or five grammar points in English. Each structure is immediately followed by a *Práctica* or *Práctica y conversación* section that ranges from controlled drills to open-ended activities, including illustration-based activities.

◆ Presents opportunities to actively use the language in the classroom.

¡Conversemos! consists of a series open-ended activities, including personalized pair activities, activities for vocabulary review, and pair and small group activities. The *Entre nosotros* section ends with *Para escribir,* a writing activity on a topic related to the thematic goals of the lesson.

Entre nosotros

¡Conversemos!

Detalles culturales

En muchos países latinoamericanos y en España se usa el sistema de estrellas para clasificar los hoteles de lujo (*luxury*) y de primera clase.

◆ ¿Se hospeda Ud. a veces en hoteles de cinco estrellas?

Para conocernos mejor Get to know your partner better by asking each other the following questions.

1. ¿Esperas poder ir de vacaciones este verano? ¿Adónde quieres ir?
2. La última vez que fuiste de vacaciones, ¿te hospedaste en un hotel de cinco estrellas?
3. ¿Dónde pasaste las vacaciones el año pasado? ¿Te aburriste o te divertiste?
4. ¿Te juntas a veces con tus amigos para salir?
5. ¿Te gusta ir a acampar, o prefieres ir a un buen hotel?
6. ¿Qué actividades al aire libre te gustaban cuando eras chico?
7. ¿Ahora prefieres hacer esquí acuático, hacer surfing o bucear?
8. ¿Qué prefieres, mirar televisión o hacer una caminata?
9. Necesito tu raqueta de tenis, ¿puedes prestármela?
10. ¿Te gusta jugar al golf? ¿Tienes palos de golf?

Una encuesta Interview your classmates to identify who does the following. Be sure to change the statements to questions. Include your instructor, but remember to use the **Ud.** form when addressing him or her.

	Nombre
1. Hizo esquí acuático en un lago el año pasado.	
2. Va a tratar de alquilar una cabaña (cabin) el verano próximo (next).	
3. Prometió ser más paciente.	
4. Va a acampar a menudo.	
5. Acaba de comer	

¿Cóm... might...

1. You ask a friend if he or she prefers to go to the beach, to go hiking, or to go camping near a lake or a river (río) for a couple of days.
2. You are going on a camping trip for the first time. Tell a friend what items you need and what you need to learn to do.
3. Tell someone what your favorite outdoor activities are. Mention at least four.

¿Qué pasa aquí? In groups of three or four, create a story about the people in the illustration. Say who they are and what their relationships are to one another. Also say what activities they are doing and what they will do later.

Para escribir

De vacaciones Write a conversation between you and a friend, in which you are deciding what you are going to do when you have a couple of days off. One of you loves outdoor activities and the other doesn't. Try to compromise.

Un dicho

El que ríe último, ríe mejor.

Undoubtedly, you know the English version of this saying. Memorize it in Spanish, and use it at appropriate times.

Las actividades al aire libre ◆ ciento noventa y uno **191**

◆ Reinforces learning while strengthening students' communication skills.

The activities in *Entre nosotros* ask students to synthesize what they've learned in order to communicate in real-life situations.

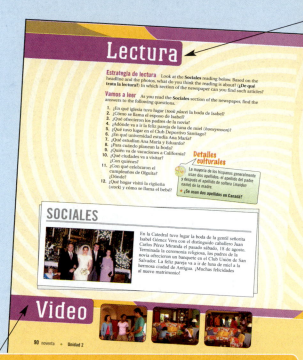

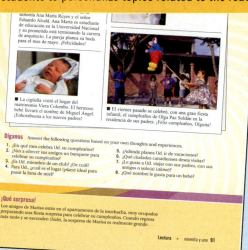

Lectura

Estrategia de lectura Look at the **Sociales** reading below. Look at the headline and the photos, what do you think the reading is about? (¿De qué trata la lectura?) In which section of the newspaper can you find such articles?

Vamos a leer As you read the **Sociales** section of the newspaper, find the answers to the following questions.

1. ¿En qué iglesia tuvo lugar (took place) la boda de Isabel?
2. ¿Cómo se llama el esposo de Isabel?
3. ¿Qué ofrecieron los padres de la novia?
4. ¿Adónde va a ir la feliz pareja de luna de miel (honeymoon)?
5. ¿Qué tuvo lugar en el Club Deportivo Santiago?
6. ¿En qué universidad estudia Ana María?
7. ¿Qué estudian Ana María y Eduardo?
8. ¿Para cuándo planean la boda?
9. ¿Quién va de vacaciones a California?
10. ¿Qué ciudades va a visitar?
11. ¿En qué celebraron el cumpleaños de Olguita? ¿Dónde?
12. ¿Qué hogar visitó la cigüeña (stork) y cómo se llama el bebé?

Detalles culturales

La mayoría de los hispanos generalmente usan dos apellidos: el apellido del padre y después el apellido de soltera (maiden name) de la madre.
• ¿Se usan dos apellidos en Canadá?

SOCIALES

En la Catedral tuvo lugar la boda de la gentil señorita Isabel Gómez Vera con el distinguido caballero Juan Carlos Pérez Miranda el pasado sábado, 18 de agosto. Terminada la ceremonia religiosa, los padres de la novia ofrecieron un banquete en el Club Unión de San Salvador. La feliz pareja va a ir de luna de miel a la hermosa ciudad de Antigua. ¡Muchas felicidades al nuevo matrimonio!

...señorita Ana María Reyes y el señor Eduardo Alcalá. Ana María es estudiante de educación en la Universidad Nacional y su prometido está terminando la carrera de arquitecto. La pareja planea su boda para el mes de mayo. ¡Felicidades!

▪ La cigüeña visitó el hogar del matrimonio Viera Colombo. El hermoso bebé llevará el nombre de Miguel Ángel. ¡Enhorabuena a los nuevos padres!

▪ El viernes pasado se celebró, con una gran fiesta infantil, el cumpleaños de Olga Paz Soldán en la residencia de sus padres. ¡Feliz cumpleaños, Olguita!

Díganos Answer the following questions based on your own thoughts and experiences.

1. ¿En qué mes celebra Ud. su cumpleaños?
2. ¿Van a ofrecer sus amigos un banquete para celebrar su cumpleaños?
3. ¿Es Ud. miembro de un club? ¿De cuál?
4. Para Ud., ¿cuál es el lugar (place) ideal para pasar la luna de miel?
5. ¿Adónde planea Ud. ir de vacaciones?
6. ¿Qué ciudades canadienses desea visitar?
7. ¿Le gusta a Ud. viajar con sus padres, con sus amigos o solo(a) (alone)?
8. ¿Qué nombre le gusta para un bebé?

Video

90 noventa ◆ Unidad 2

¡Qué sorpresa!
Los amigos de Marisa están en el apartamento de la muchacha, muy ocupados preparando una fiesta sorpresa para celebrar su cumpleaños. Cuando regresa más tarde y se esconden (hide), la sorpresa de Marisa es realmente grande.

Lectura ◆ noventa y uno **91**

El mundo hispánico

Costa Rica

• Costa Rica es uno de los países más pequeños del continente americano (51.000 km²—kilómetros cuadrados). Está situado en América Central y su capital es San José. Los productos principales del país son el café, las bananas, el cacao y la caña de azúcar (sugar cane).

• La mayoría de los "ticos" (como se les llama a los costarricenses) son católicos y de origen español. De todos los países centroamericanos, Costa Rica es el que tiene el menor número de analfabetos (illiterates). Tiene el mayor ingreso (income) per cápita y un gobierno democrático con muy pocos problemas políticos.

• En Costa Rica se le da una gran importancia a la educación, la cultura y las artes. Se dice (It is said) que en Costa Rica "hay más maestros (teachers) que soldados". Este país tiene excelentes programas para proteger la ecología, sobre todo (especially) la selva (rainforest).

▲ Miles de peregrinos visitan la Basílica de la Virgen de los Ángeles en Cartago, Costa Rica

Panamá

• Panamá está situado en el istmo (isthmus) que une (joins) Suramérica con América del Norte. El país, que está dividido por el Canal de Panamá, tiene una superficie de unos 78.000 km² y una población de más de dos millones y medio de habitantes. Su cultura es una mezcla (mixture) de las tradiciones españolas, africanas, indígenas y norteamericanas. El idioma oficial del país es el español, pero también se usa mucho el inglés.

• La principal fuente de ingresos (source of income) del país está asociada con las operaciones del Canal, que es administrado por el gobierno de los Estados Unidos desde el año 2000. La construcción del Canal por parte del gobierno de los Estados Unidos duró (lasted) diez años y fue terminada en 1914. El Canal mide 82,4 km y tiene tres esclusas (locks) a cada lado del istmo que cruza.

• Junto al Canal están las dos ciudades más grandes del país: Ciudad de Panamá, la capital, y Colón, la segunda ciudad más importante del país.

▲ El Fuerte de Santiago de la Gloria en Portobelo, Panamá

142 ciento cuarenta y dos ◆ Unidad 3

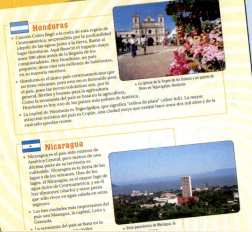

Honduras

• Cuando Colón llegó a la costa de esta región de Centroamérica, sorprendido por la profundidad (depth) de las aguas junto a la tierra, llamó al lugar Honduras. Aquí floreció el imperio maya unos 500 años antes de la llegada de los conquistadores. Hoy Honduras, un país pequeño, tiene casi seis millones de habitantes, en su mayoría mestizos.

• Honduras es el único país centroamericano que no tiene volcanes, pero esto no es favorable para el país, pues las tierras volcánicas son, por lo general, fértiles y buenas para la agricultura. Como la economía del país se basa en la agricultura, Honduras es hoy uno de los países más pobres de América.

• La capital de Honduras es Tegucigalpa, que significa "colina de plata" (silver hill). La mayor atracción turística del país es Copán, una ciudad maya que existió hace unos dos mil años y de la cual sólo quedan ruinas.

▲ La Iglesia de la Virgen de los Dolores y un puesto de flores en Tegucigalpa, Honduras

Nicaragua

• Nicaragua es el país más extenso de América Central, pero menos de una décima parte de su territorio es cultivable. Nicaragua es la tierra de los volcanes. Uno de los lagos, el Nicaragua, es el mayor lago de agua dulce de Centroamérica, y en él hay tiburones (sharks) y otros peces que sólo viven en agua salada en otras regiones.

• Las tres ciudades más importantes del país son Managua, la capital, León y Granada.

• La economía del país se basa en la producción de productos agrícolas...

▲ Vista panorámica de Managua, la...

Tome este examen

Lección 11

A. Subjunctive with verbs of volition Write sentences in the present tense, using the elements given below. Use the present subjunctive or the infinitive, as appropriate, and add any necessary words.

1. Yo / querer / ella / ir / Viña del Mar
2. Nosotros / desear / viajar / avión
3. Ella / sugerirme / ir / Buenos Aires
4. El agente / querer / venderme / el pasaje
5. Ellos / aconsejarnos / comprar / seguro (*insurance*)
6. Yo / no querer / llevar / muchas maletas
7. Ellos / no querer / ella / llevarlos / en su coche
8. Nosotros / no querer / ir / contigo
9. ¿Tú / sugerirme / venir / luego?
10. Ella / necesitar / Uds. / darle / la maleta

B. Subjunctive with verbs of emotion Rewrite the following sentences, beginning each with the phrase in parentheses and using the subjunctive or the infinitive, as appropriate.

1. Ella se va pronto.   (Espero...)
2. Los pasajes son muy caros.   (Elsa teme...)
3. Yo estoy aquí.   (Me alegro de...)
4. Ella se va de vacaciones.   (Ella espera...)
5. Mamá se siente bien hoy.   (Esperamos...)
6. Ellos no pueden ir a la fiesta.   (Siento...)

C. Some uses of the prepositions *a*, *de*, and *en* Complete with **a**, **de**, or **en**, as necessary.

1. Anoche llamé _____ mi hermano por teléfono y hablamos _____ nuestros planes para el fin de semana. Pensamos ir _____ Chile. Él quiere viajar _____ tren pero yo prefiero ir _____ coche. Mi hermana no quiere ir con nosotros; prefiere quedarse _____ casa porque no tiene con quién dejar _____ su perro.
2. Ayer Marta llegó _____ la agencia _____ las ocho y media _____ la mañana, pero no empezó _____ trabajar hasta las diez.
3. Mi hija es muy bonita; es morena, _____ ojos verdes y yo pienso que es la más inteligente _____ todos mis hijos.

D. Vocabulary Complete the following sentences, using vocabulary from **Lección 11**.

1. No quiero un _____ de pasillo; quiero uno de _____.
2. Voy a poner el bolso de _____ en el _____ de equipaje.
3. Voy a la _____ de viajes para comprar los pasajes.
4. Tiene que darle la tarjeta de _____ a la _____ de vuelo.
5. Tengo que pagar _____ de equipaje porque tengo cuatro maletas.
6. Quiero sentarme cerca de la _____ de emergencia.
7. Los paquetes _____ el pasaje, el hotel y algunas _____.
8. ¿A cuánto está el _____ de moneda?
9. No podemos viajar hoy. Tenemos que _____ la reservación.
10. Cuando viajo siempre llevo cheques de _____.
11. Este verano vamos a hacer un _____ por el Caribe.
12. Necesito una lista de los _____ de interés de la _____ de Chile.

E. Translation Express the following in Spanish.

1. I hope that Sofía finds a good seat on the plane.
2. I hope that we arrive safely at Buenos Aires. (Use *ojalá*)
3. I need you to bring me the package.
4. It's very hot in Caracas in the summer. We need a hotel with air conditioning.
5. Is there anyone in the class who speaks Chinese?

F. Culture Complete the following sentences, based on the cultural notes you have read.

1. En Argentina se usa la forma _____ en lugar de **tú**.
2. La música típica de Argentina es el _____.
3. En los países hispanos no existe tanta _____ entre las generaciones como en este país.

◆ **Encourages self-assessment of learning objectives.**

Following each unit, the *Tome este examen* section contains exercises designed to review the vocabulary and structures of the two lessons in the previous unit. The Answer Key is found in Appendix D.

Preface

¡Hola, amigos!, First Canadian Edition, has been adapted specially for use in Canadian colleges and universities. It continues to be the complete, flexible program that has made it a successful introduction to Spanish for beginning college and university students throughout six editions. It presents the basics of Spanish grammar using a balanced, eclectic approach that stresses all four skills—listening, speaking, reading, and writing. The program has always emphasized the active, practical use of Spanish for communication in high-frequency situations. The completely redesigned First Canadian Edition features all new art and a streamlined, colour-coded layout. A special effort has been made to enhance the cultural presentation and integration by focusing on culture on a unit level, and giving more substance to the smaller culture notes throughout each lesson. The program's goal is to help you achieve linguistic proficiency and cultural awareness, and to motivate you to continue your study of the Spanish language and the many cultures in which it is spoken.

The Student Text

¡Hola, amigos!, First Canadian Edition has been reorganized into seven units, each containing two thematically-related lessons. Each of the seven units contains the following features:

Unit-Opener Spread

Each unit begins with a list of communicative objectives for the two lessons included in that unit. This list serves to focus your attention on important linguistic functions and vocabulary you will encounter and to help you gain a sense of accomplishment when you finish a unit. Captioned photos and maps give you a first impression of the countries presented in each unit.

Diálogos

New vocabulary and grammatical structures are first presented in the context of several brief conversations in idiomatic Spanish dealing with high-frequency situations that reflect the lesson's central themes. Each conversation is illustrated in the text and recorded on the *In-Text Audio CD* that accompanies your book. A headphone icon will remind you of recorded text. You can listen to the recordings and check your comprehension by doing the *¿Recuerda usted?* activities that follow the dialogues. The dialogues are also recorded on the *SAM Audio Program* where additional practice is available.

◆ *Detalles culturales* These short culture notes written in easy-to-read Spanish promote cultural awareness in the language-learning process. They can be found throughout the entire unit and will give you important and interesting cultural information that helps integrate the learning of language with the learning of culture.

Para hablar del tema: Vocabulario

All new words and expressions introduced in the conversations are listed by parts of speech or under the general headings *Cognados* and *Otras palabras y expresiones.* You should learn the entries in these lists for active use. The *Amplíe su vocabulario* section that follows expands on the thematic vocabulary introduced in the dialogues.

Para practicar el vocabulario

This practice section immediately follows the vocabulary presentation and encourages you to use the expressions you have just learned in a meaningful way.

- ◆ *Pronunciación* The section ends with a pronunciation feature to present and practise the sounds of the Spanish language with special attention to features that pose difficulty for most English speakers. A headphone icon indicates that the section is recorded on the *In-Text Audio CD.*

Puntos para recordar

Each new grammatical structure featured in the lesson-opening dialogue is explained clearly and concisely in English so that the explanations can be used independently as an out-of-class reference. All explanations include examples of practical use in natural Spanish and some explanations are illustrated by a cartoon.

- ◆ *Práctica* and *Práctica y conversación* After each grammar explanation, the activities in *Práctica* and *Práctica y conversación* offer immediate reinforcement through a variety of structured and communicative exercises. These activities are flexible in format so that you can do them in class or your instructor can assign them as written practice outside of class. Answers to these exercises are available at your instructor's discretion.

- ◆ *Rodeo* The Rodeo boxed sections in Lessons 7, 13, and 14 summarize and practise major grammatical topics such as pronouns, commands, and the indicative and subjunctive moods.

Entre nosotros

This final section provides for the recombination and synthesis of each lesson's new vocabulary and grammatical structures in a series of communicative activities. Because language is best learned through interpersonal communication, most of these exercises are designed to be done orally and require interactions with your classmates.

- ◆ *¡Conversemos!* features personalized activities such as pair interviews and class surveys that ask you to interact with your peers. Also included in this end-of-lesson cumulative section are activities that involve photos, realia, or illustrations, providing additional communicative practice based on authentic materials. This section has been expanded to provide more interactive, communicative practice.
- ◆ *Para escribir* guides you to express yourself in writing in a variety of formats, such as e-mails, lists, and descriptions.
- ◆ *Un dicho* or *Un proverbio,* a thematically-related popular saying or proverb, provides cultural enrichment and concludes each lesson.

Lectura

A reading section at the end of each unit contains authentic, theme-related material from newspapers or magazines from the Spanish-speaking world, and in Units 4, 5, 6 and 7 you will find literary selections. One or two pre-reading activities emphasize the development of reading strategies and the selections are followed by comprehension and personalized questions for writing practice or discussion.

El mundo hispánico

This section, written in easy-to-read Spanish, provides an integrated cultural presentation of the countries and regions presented on the unit opener and throughout the lessons. It offers an overview of the locale in which the introductory dialogues were set, with attention to such details as climate, points of interest, customs, politics, economy, and inhabitants. It will also inform you about prevailing customs in the Spanish-speaking world that relate to the lesson themes. A map highlighting important geographic locations can be found on the unit opener spread. Colour photos visually depict the country or custom(s) discussed.

Tome este examen

After each unit, these self-tests review and synthesize important vocabulary and grammatical structures you have learned in that unit. Because cultural awareness is as important as linguistic competence, the self-tests will also check your knowledge of cultural concepts. Organized by lesson, the self-tests quickly enable you to determine what material you have already mastered and which concepts you need to target for further review. An answer key for immediate verification is provided in Appendix D of the student textbook.

Reference Materials

The following sections provide you with useful reference tools throughout the course.

- ◆ **Maps.** Up-to-date maps of the Hispanic world appear on the inside front and back covers of the textbook for quick reference.
- ◆ **Appendices.** Appendix A summarizes the sounds and key pronunciation features of the Spanish language, with abundant examples. Conjugations of high-frequency regular, stem-changing, and irregular Spanish verbs constitute Appendix B. Appendix C is a glossary of all grammatical terms used in the text, with examples. Appendix D is the answer key to the *Tome este examen* self-tests.
- ◆ **Vocabularies.** Spanish-English and English-Spanish glossaries list all active, core vocabulary introduced in the dialogues and the *Amplíe su vocabulario* and grammar sections, as well as the passive vocabulary employed in the readings and the *El mundo hispánico* section. The number following each entry indicates the lesson in which it first appears.
- ◆ **Index.** An index provides ready access to all grammatical structures presented in the text.

Supplementary Materials for the Student

In-Text Audio CD

A free 90-minute In-Text *Audio CD* containing recordings of all the lesson opener-dialogues and pronunciation sections is packaged with each copy of the *Student Edition*. This *In-Text Audio CD* is designed to maximize your exposure to the sounds of natural spoken Spanish and to help improve pronunciation. It is designed so you can use it outside of class or in the Language Laboratory.

Student Activities Manual (SAM)

Each lesson of the *Student Edition* is correlated to the corresponding lesson in the *Student Activities Manual (SAM)*. The *Workbook* section offers a variety of writing activities—sentence completion, matching, sentence transformation, and illustration-based exercises—that provide further practice and reinforcement of concepts presented in the textbook. Each lesson includes a crossword puzzle for vocabulary review and a reading comprehension passage. Writing strategies and topics appear in each lesson to further writing skills. In the First Canadian Edition extra activities have been added to the workbook sections and new attention has been given to the cultural targets of each lesson. An answer key for all written exercises is available at your instructor's discretion. The *Laboratory Manual* section opens with an Introduction to Spanish Sounds designed to make learners aware of the differences between Spanish and English pronunciation. Each regular lesson of the *Laboratory Manual* includes pronunciation, structure, listening- and speaking practice, illustration-based listening comprehension, and dictation exercises to be used in conjunction with the audio program.

SAM Audio Program

Pronunciation exercises at the beginning of each lesson feature practice of isolated sounds; global pronunciation practice is also provided. The textbook dialogues then appear as listening and pronunciation exercises in each lesson. They are followed by comprehension questions on the dialogues, structured grammar exercises (one for each point in the lesson), a listening comprehension activity, and a dictation. Answers to all exercises, except the dictation, are provided on the SAM Audio CDs.

Video

The video features footage of locations presented in the *El mundo hispánico* section. The footage in each lesson consists of two parts, each part being approximately two to four minutes long. In the first part you will view a situational dialogue featuring recurring characters demonstrating everyday life. In the second part you will be able to see and hear country-specific footage for selected countries, ethnic groups, and regions presented in the units. Both parts are designed to develop your listening skills and cultural awareness as you view diverse images of the Hispanic world and Hispanic life and lifestyles. Pre-viewing, post-viewing, and expansion activities along with active vocabulary lists are correlated to each video segment and are located at the *Online Study Center*.

Online Multimedia eBook

   The *Online Multimedia eBook* provides students with the entire text online, integrated with links to a wide variety of resources—from audio pronunciations to video clips to Web expansion activities and interactive practice—for a completely interactive experience. By clicking on a link at the relevant point in the text, you can immediately practice and reinforce what you have learned. A real-time voice chat feature allows you to complete pair and group activities with other students. The *Online Multimedia eBook* is available on Eduspace, Blackboard, and WebCT platforms.

eSAM

    The electronic version of the *SAM* includes a comprehensive grade book and offers your instructor the ability to make assignments and track your performance. The audio associated with the Lab section of the *SAM* is also included.

Online Study Center *Online Study Center*
(college.hmco.com/PIC/holaamigos7e)

The *Online Study Center* includes the following components:

- *Audio Flashcards:* Flashcards with integrated audio help students learn the chapter's new vocabulary.
- *Web Search Activites:* These activities are designed to give you further practice with lesson vocabulary and grammar while exploring existing Spanish-language web sites.

- *In-Text Audio:* Audio files from the *In-Text Audio CD*, provided in .mp3 format.
- *ACE Practice Tests:* Practice activities covering vocabulary, grammar, and video material. Additional language skills practice is also available.

Acknowledgments

We wish to thank the Canadian users of *¡Hola, amigos!* for their many valuable suggestions on how to adapt the program for Canadian students and instructors.

Susan Bauman-Fenicky, Seneca College
Margarita López, Thompson Rivers University
Enrique Manchón, University of British Columbia
Denise Mohan, University of Guelph
Christina Santos, Brock University
Adam Spires, St. Mary's University
Gabriela Zapata, University of Alberta
Lillian Zuccolo, Simon Fraser University

Likewise, we wish to express appreciation to all the users of *¡Hola, amigos!* who have provided feedback on their experience with the program through many editions and to the following colleagues for the many valuable suggestions they offered in their reviews of this and previous editions of *¡Hola, amigos!*

Amparo Font, Saddleback College
Pilar Hernández, Arizona Western College
Channing Horner, Northeast Missouri State University
Harriet Hutchinson, Bunker Hill Community College
Stephen Richman, Mercer County College
Dr. Tomás Ruiz-Fábrega, Albuquerque Technical Vocational Institute
Dr. Kristin Shoaf, Bridgewater State College
Vincent Spina, Clarion University of Pennsylvania
Susanna Williams, Macomb Community College
Lydia Bernstein, Bridgewater State College
Linda Burk, Manchester Community Technical College
Dimitrios Karayiannis, Southern Illinois University
David Korn, Anderson College
Barbar Kruger, Finger Lakes Community College
Ping Mei Law, McMaster University
Stephen Richman, Mercer County Community College
Virginia Vigil, Austin Community College at Rio Grande
Clementina Adams, Clemson University
Peter Alfieri, Salve Regina College
Jane Harrington Bethune, Salve Regina College
Joseph DiPaola, Macomb Community College
Rosita Marcella, Manhattan College
Joel B. Pouwels, University of Central Arkansas
Barbara Ross, Eastern Kentucky University

We also extend our sincere appreciation to the World Language Staff of Houghton Mifflin Company, College Division: Rolando Hernández, Publisher; Glenn A. Wilson, Senior Sponsoring Editor; Eileen Bernadette Moran, Executive Marketing Director; Judith Bach, Senior Development Editor; Amy Johnson, Project Editor; Erin Beasley, Editorial Assistant; and Lorreen Ruth Pelletier, Marketing Assistant. We would like to especially thank Mercedes Rowinsky-Geurts and Rosa Stewart for their work on adapting our textbook for Canadian colleges and universities.

Ana C. Jarvis
Raquel Lebredo
Francisco Mena-Ayllón

We would like to hear your comments on and reactions to *¡Hola, amigos!,* First Canadian Edition. Reports on your experiences using this program would be of great interest and value to us. Please write us care of Houghton Mifflin Company, College Division, 222 Berkeley Street, Boston, MA 02116-3764, or e-mail us at college_mod_lang@hmco.com.

¡Hola, amigos!

FIRST CANADIAN EDITION

Unidad 1

Objetivos

Lección 1
- ◆ Introduce yourself
- ◆ Greet and say good-bye to others
- ◆ Name colours
- ◆ Describe your classroom
- ◆ Describe people
- ◆ Request and give telephone numbers
- ◆ Express possession
- ◆ Give and request information regarding nationality and place of residence

Lección 2
- ◆ Discuss the courses you and your classmates are taking
- ◆ Order beverages
- ◆ Request and give the correct time
- ◆ Name the day of the week, months, and seasons
- ◆ Talk about your activities and what you have to do

Tres estudiantes universitarios se reúnen después de (*after*) las clases para ir *(to go)* a un café.

Los estudiantes universitarios

Lección 1
¡Bienvenidos!

Lección 2
Nuestras clases

Carlos Ott, arquitecto uruguayo residente en Canadá, es reconocido por sus maravillosos edificios; entre otros el Calgary Courts Centre en Calgary. Sus edificios se caracterizan por tener materiales idénticos en el interior y en el exterior.

CANADÁ

YUKÓN — Whitehorse

TERRITORIOS DEL NOROESTE — Yellowknife

NUNAVUT — Iqaluit

COLUMBIA BRITÁNICA

ALBERTA — Edmonton

CALGARY • Saskatoon

Vancouver • SASKATCHEWAN

Victoria • Regina • Winnipeg

MANITOBA

ONTARIO

QUEBEC — Quebec

TERRANOVA Y LABRADOR — St. John's

ISLA DEL PRINCIPE EDUARDO

Fredericton • Halifax

NUEVA ESCOCIA

Montreal • Ottawa

NUEVO BRUNSWICK

Toronto •

ESTADOS UNIDOS

Una pareja baila al ritmo de música latina en las celebraciones del Día de Canadá en el Parque Queen en Toronto. ¡La música latina es fantástica!

Lhasa de Sela es una hispana muy conocida en Canadá por su música.

3

🎧 **En la Universidad de Toronto**

David, un chico canadiense habla con Lupe,
una chica mexicana.

David	Buenos días, Lupe, ¿cómo estás?
Lupe	Bien, ¿y tú? ¿Qué hay de nuevo?
David	No mucho. Oye, Lupe, ¿cuál es tu número de teléfono?
Lupe	Dos-trece-siete-veintiocho-quince-treinta y tres.[1]
David	¿Cuál es tu dirección?
Lupe	Calle Alvarado, número diecisiete-once.
David	Gracias. Hasta mañana.
Lupe	Adiós.

El doctor[2] Acosta habla con una estudiante.

Nora	Buenas tardes, profesor.
Profesor	Buenas tardes, señorita. ¿Cómo se llama usted?
Nora	Me llamo Nora Ballester.
Profesor	Mucho gusto.
Nora	El gusto es mío.
Profesor	¿De dónde es usted?
Nora	Yo soy de Toronto, Ontario.

Detalles culturales

🌎 Se usa "**hola**" con personas conocidas (*known*), no con extraños (*strangers*).

◆ **¿Cómo saludan ustedes (*do you greet*) al profesor (a la profesora)?**

Detalles culturales

🌎 "**Señorita**" se usa solamente (*only*) para referirse a mujeres (*women*) que nunca se han casado. No existe un equivalente de *Ms.*

◆ **En Canadá, ¿qué título se usa para referirse a las mujeres en general?**

---

[1]Phone numbers can also be mentioned one by one: **dos-uno-tres-siete-dos-ocho-uno-cinco-tres-tres.**

[2]In Spanish, titles are not capitalized when used with a last name unless they are abbreviated: **señor Fernández**, but **Sr. Fernández.**

Sergio habla con Teresa en la biblioteca.

Sergio	Hola, Teresa, ¿qué tal?
Teresa	Muy bien, ¿y tú?
Sergio	Más o menos. Oye… tu compañera de cuarto es muy bonita…
Teresa	¿Ana María? Sí, es una chica muy bonita y muy simpática.
Sergio	¡Muy interesante! ¿Es inteligente?
Teresa	Sí… ¡y rica!
Sergio	¡Caramba! ¡Es perfecta! Bueno, nos vemos esta noche. Saludos a Ana María.
Teresa	Hasta luego.

(handwritten annotations: informal (how r u?); roommate; Linda; nice; wow; rich; Say hi to…; see you later*)*

La profesora Rivas habla con los estudiantes en la clase de español. *(handwritten: talks)*

Profesora	Buenas noches. ¿Cómo están ustedes?
Estudiantes	Bien, gracias.
David	Profesora, ¿cómo se dice "*book*" en español?
Profesora	Se dice **"libro".**
David	Muchas gracias.
Profesora	De nada.

(handwritten: You're welcome.)

Detalles culturales

María es un nombre muy popular en España y en Latinoamérica. Se usa (*It's used*) frecuentemente con otros nombres: **Ana María, María Isabel,** etc. También (*Also*) se usa como segundo nombre para los hombres: **José María.**

◆ **¿Qué nombres son populares en Canadá?**

¿Recuerda usted? (*Do you remember?*)

¿Verdadero o falso? (*True or false?*) With a partner, decide whether the following statements about the dialogues are true (**verdadero**) or false (**falso**).

1. David es canadiense.   ☒ V   ☐ F
2. La dirección de Lupe es Calle Alameda, número once-diecisiete.   ☐ V   ☒ F
3. El doctor Acosta es profesor.   ☒ V   ☐ F
4. Nora es de Toronto.   ☒ V   ☐ F
5. Sergio habla con Teresa en la clase.   ☐ V   ☒ F
6. Ana María es muy bonita.   ☒ V   ☐ F
7. Ana María es inteligente y simpática.   ☒ V   ☐ F
8. Los estudiantes hablan con la profesora Rivas.   ☒ V   ☐ F

Y ahora… conteste (*And now . . . answer*) Answer these questions, basing your answers on the dialogues.

1. ¿Cuál es el número de teléfono de Lupe? *(handwritten: Es Dos-trese)*
2. ¿Cuál es la dirección de Lupe?
3. ¿De dónde es Nora Ballester? *(handwritten: Es de Toronto, Ontario)*
4. ¿Dónde hablan Sergio y Teresa? *(handwritten: en la biblioteca hablan)*
5. ¿Ana María es rica? *(handwritten: Si)*
6. ¿Cómo se dice "*book*" en español? *(handwritten: Se dice "libro)*

Para hablar del tema: Vocabulario
(*To talk about the topic: Vocabulary*)

Nombres (*Nouns*)

la **biblioteca** library
la **calle** street
la **chica**, la **muchacha** girl
el **chico**, el **muchacho** young man
la **clase** class
_____ **de español*** Spanish class
el (la) **compañero(a) de cuarto** roommate
la **dirección*** address
el **español** Spanish (language)
el (la) **estudiante**, el (la) **alumno(a)** student
el **libro** book
el **número** number
_____ **de teléfono** phone number

Adjetivos (*Adjectives*)

bienvenido(a) welcome
bonito(a), **lindo(a)** pretty[1]
canadiense Canadian (from Canada)
inteligente intelligent
interesante interesting
mexicano(a) Mexican
norteamericano(a)[2] North American (*from the U.S.*)
perfecto(a) perfect
rico(a) rich
simpático(a) charming, nice, fun to be with
universitario(a) (related to) college

Títulos (*Titles*)

doctor (Dr.) doctor (*m.*)
doctora (Dra.) doctor (*f.*)
profesor(a) professor
señor (Sr.) Mr., sir, gentleman
señora (Sra.) Mrs., madam, lady
señorita (Srta.) miss, young lady

Otras palabras y expresiones
(*Other words and expressions*)

bueno... well . . . , okay
¡Caramba! Gee!
¿Cómo? How?
con with
¿Cuál es tu número de teléfono? What's your phone number?
¿Dónde? Where?
en at, in, on
esta noche tonight
habla he/she speaks
hay there is, there are
muy very
no no, not
oye listen
ser to be
sí yes
tu your
y and
¿Y tú? And you?

Expresiones de cortesía (*Polite expressions*)

Mucho gusto.* It's a pleasure to meet you. (How do you do?)
El gusto es mío. The pleasure is mine.
Gracias. Thanks.
Muchas gracias. Thank you very much.
De nada.* You're welcome.

De país a país

la clase de español la clase de castellano (*Esp., Cono Sur*)
la dirección el domicilio (*Méx.*)
Mucho gusto Encantado(a) (*Arg., Cuba*) (The response is **igualmente**)
de nada por nada (*Méx.*)
¿Cómo? ¿Mande? (*Méx.*)
marrón café (*Méx.*); carmelita (*Cuba*)
la computadora el ordenador (*Esp.*)

Algunos saludos y despedidas (*Some greetings and farewells*)

Buenos días. Good morning.
Buenas tardes. Good afternoon.
Buenas noches. Good evening; Good night.
Hola. Hello; Hi.
¿Qué hay de nuevo? What's new?
¿Qué tal? How is it going?
Adiós. Good-bye.
Hasta luego. (I'll) see you later.
Hasta mañana. (I'll) see you tomorrow.
Nos vemos. (I'll) see you.
Saludos a... Say hi to . . .

Preguntas y respuestas útiles (*Useful questions and answers*)

¿Cómo está usted? How are you? (*formal*)
¿Cómo están ustedes? How are you? (*when addressing two or more people*)
¿Cómo estás? How are you? (*familiar*)
Bien. Fine.
Más o menos. More or less.
Muy bien. Very well.
¿Cómo se dice...? How do you say . . . ?

Se dice... You say . . .
¿Cómo se llama usted? What's your name? (*formal*)
¿Cómo te llamas? What's your name? (*familiar*)
Me llamo... My name is . . .
¿De dónde es usted? Where are you from? (*formal*)
Soy de... I am from . . .
¿Qué hay de nuevo? What's new?
No mucho. Not much.

Amplíe su vocabulario (*Expand your vocabulary*)

Más despedidas y expresiones de cortesía (*More farewells and polite expressions*)

Chau. Bye.
¿Cómo?* Excuse me? (*when one doesn't understand or hear what is being said*)
Hasta la vista. (I'll) see you around.
Lo siento. I'm sorry.
Más despacio, por favor. More slowly, please.
Pase. Come in.
Perdón. Sorry. Pardon me.
Permiso. Excuse me. (e.g., *when going through a crowded room*)
Por favor. Please.
Tome asiento. Have a seat.

Colores (*Colours*)

amarillo yellow	azul blue
gris grey	morado/violeta
rojo red	purple
anaranjado orange	verde green
marrón brown	blanco white
rosado pink	negro black

Vocabulario para la clase (*Vocabulary for the class*)

la pizarra · el reloj · la ventana · el lápiz · la tablilla de anuncios · la puerta · la luz · el mapa · los borradores · el borrador · la tiza · la silla · el papel · *la computadora · el escritorio · * el cesto de papeles · la pluma / el bolígrafo · el reloj · el libro · el cuaderno · la mochila

*Spanish is spoken in more than 20 countries, and different countries may use different words to refer to the same thing. The section **De país a país** includes variations corresponding to the words marked with asterisks in the vocabularies throughout the book.
[1]When referring to men, **guapo** (*handsome*) is used.
[2]In formal situations, **estadounidense** is used to denote U.S. citizenship.

Para practicar el vocabulario

(*To practise vocabulary*)

A. Los estudiantes Complete each sentence, using vocabulary from **Lección 1.**

1. ¿Cómo te _____ tú? ¿María?
2. ¿Cómo se _____ *"window"* en español?
3. El _____ es mío, profesora.
4. La señora Ariet _____ con los alumnos en español.
5. ¿De dónde _____ usted? ¿De México?
6. ¿Cómo _____ usted? ¿Bien?
7. En la clase hay un profesor y veinte _____.
8. Viviana es una _____ bonita, inteligente y _____. ¡Y es rica! ¡Es _____!
9. ¿Fernando es tu _____ de cuarto?
10. Adiós. _____ a Norma.

B. Yo soy el anfitrión (la anfitriona) (*I'm the host/hostess*) You are having a party in the evening. What are you going to say to the following people in each situation?

1. You open the door to one of your guests. Greet him and ask him to come in and have a seat.
2. You go back to the kitchen, walking through your crowded living room. You accidentally push someone.
3. You didn't understand a word that one of your guests said. She is talking very fast.
4. One of your guests brings a friend whom he introduces to you.
5. Three of your guests are leaving: your best friend, an acquaintance whom you'll probably see again, and a lady who will be returning to the party.

C. ¡Somos pintores! (*We are painters!*) You are explaining to a group of children what colours you need to mix to get the following colours.

1. anaranjado
2. verde
3. morado
4. gris
5. rosado

D. ¿Qué color te gusta? To ask someone whether he or she likes something, you say: "**¿Te gusta...?**"[1] To say that you like something, say: "**Me gusta...**" Conduct a survey of your classmates to find out which colour is the most popular in class, following the model.

◆ MODELO: —¿Qué color te gusta?
—*Me gusta el color rojo.*

---

[1]When addressing someone as **usted,** use "**¿Le gusta...?**"

E. ¿Qué necesitamos? (*What do we need?*) Explain what object or objects you and your classmates need for each purpose listed. Begin each sentence with **Necesitamos** (*We need*).

1. to write on
2. to see when the room is dark
3. to write with and to erase with
4. to sit in class
5. to place or post ads, notices, or bits of news
6. to throw away used papers
7. to carry books and notebooks
8. to study geography
9. to send an e-mail
10. to know what time it is
11. to get into or out of the classroom
12. to see what's going on outside

F. ¿Necesitas algo? (*Do you need anything?*) With a partner, ask each other whether you need certain objects. Name ten items. When asking, point to the item or offer it. When answering, tell what you do need if you answer **no.** Follow the model.

◆ **MODELO:** —¿*Necesitas el mapa?* (Do you need the map?)
 —*Sí, necesito el mapa.* (Yes, I need the map.)
  (*No, necesito la pizarra.*) (No, I need the board.)

Pronunciación (*Pronunciation*)

Las vocales (*vowels*) *a, e, i, o, u*[1] Spanish vowels are constant, clear, and short. To practise the sound of each vowel, repeat the following words.

a	mapa	sábado	hasta mañana
	hablar	trabajar	de nada
e	mes	leche	estudiante
	este	Pepe	semestre
i	silla	libro	universidad
	tiza	lápiz	señorita
o	doctor	Soto	los profesores
	donde	borrador	domingo
u	mujer	alumno	universidad
	gusto	lunes	computadora

---

[1]See Appendix A for a complete introduction to Spanish pronunciation.

Puntos para recordar

1. Gender and number of nouns
(*Género y número de los nombres*)

Gender, part I

◆ In Spanish, all nouns—including those denoting nonliving things—are either masculine or feminine in gender.[1]

Masculine	Feminine
el profesor	la profesora
el cuaderno	la tiza
el lápiz	la ventana

◆ Most nouns that end in **-o** or denote males are masculine: **cuaderno, hombre** (*man*).

◆ Most nouns that end in **-a** or denote females are feminine: **ventana, mujer** (*woman*).

> **¡Atención!** Some common exceptions include the words **día** (*day*) and **mapa** (*map*), which end in **-a** but are masculine, and **mano** (*hand*), which ends in **-o** but is feminine.

Detalles culturales

En muchos países hispanos, los abogados (*lawyers*) y otros profesionales que tienen el equivalente de un *Ph.D.* tienen el título de **doctor** o **doctora.**

◆ **¿Qué títulos se usan con el apellido en Canadá?**

◆ Here are some helpful rules to remember about gender.

◆ Some masculine nouns ending in **-o** have a corresponding feminine form ending in **-a: el secretario / la secretaria.**

◆ When a masculine noun ends in a consonant, you often add **-a** to obtain its corresponding feminine form: **el doctor / la doctora.**

◆ Some nouns have the same form for both genders: **el estudiante / la estudiante.** In such cases, gender is indicated by the article **el** (masculine) or **la** (feminine).

---

[1]See Appendix C for a glossary of grammatical terms.

Práctica (*Practice*)

¿Masculino o femenino? *Place el or la before each noun.*

※ 1. el mapa
2. La tiza *chalk*
3. el escritorio
4. La secretaria
5. La silla *chair*
6. La profesora

7. La pizarra *board*
8. el libro
9. La mujer
10. La puerta *Door*
11. La ventana *Window*
12. el bolígrafo *pen*

13. el hombre
※14. el día *day*
15. el secretario
※16. La mano *hand*
17. La computadora *computer*
18. el profesor

※ La radio
※ el problema
※ el clima *weather*
※ el tema *theme, subject.*

Plural forms of nouns

Spanish singular nouns are made plural by adding **-s** to words ending in a vowel and **-es** to words ending in a consonant. When a noun ends in **-z,** change the **z** to **c** and add **-es.**

Singular	*Plural*
silla	sillas
estudiante	estudiantes
profesor	profesores
borrador	borradores
lápiz	lápices

¡Atención! When an accent mark falls on the *last* syllable of a word that ends in a consonant, it is omitted in the plural form:

lec**ción** → lec**ciones**[1]

Práctica

¿Cuál es el plural? *Give the plural of the following nouns.*

1. mapa
2. profesor
3. tiza
4. lápiz

5. ventana
6. mochila
7. lección
8. escritorio

9. borrador
10. día
11. luz
12. papel

2. Definite and indefinite articles
(*Artículos determinados e indeterminados*)

The definite article[2]

Spanish has four forms that are equivalent to the English definite article *the.*

---

[1]For an explanation of written accent marks, refer to Appendix A.
[2]See Appendix C.

Online Study Center sidebars

Online Study Center

For more practice with lesson topics, see the related activities on the *¡Hola, amigos!* web site at college.hmco.com/PIC/holaamigos7e.

Online Study Center

For more practice with lesson topics, see the related activities on the *¡Hola, amigos!* web site at college.hmco.com/PIC/holaamigos7e.

	Singular	Plural
Masculine	**el**	**los**
Feminine	**la**	**las**

el profesor   **la** profesora
el lápiz   **la** pluma
los profesores   **las** profesoras
los lápices   **las** plumas

> **¡Atención!** Always learn new nouns with their corresponding definite articles—this will help you remember their gender.

The indefinite article[1]

The Spanish equivalents of *a* (*an*) and *some* are as follows:

	Singular		Plural	
Masculine	**un**	a, an	**unos**	some
Feminine	**una**	a, an	**unas**	some

un libro   **unos** libros
un profesor   **unos** profesores
una silla   **unas** sillas
una ventana   **unas** ventanas

Práctica

Online Study Center

For more practice with lesson topics, see the related activities on the *¡Hola, amigos!* web site at college.hmco.com/PIC/holaamigos7e.

A. **¿Qué es?** For each of the following illustrations, identify the noun together with its corresponding definite and indefinite articles.

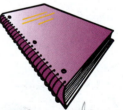

1. _Una pizarra_   2. _Un libro_ / _Un hombre_   3. _Un cuaderno_

4. _Unos Libros_   5. _Un mapa_   6. _Unas chikas, mujeres_

---
[1]See Appendix C.

7. _Unas sillas._   8. _Un Scritorio_   9. _Una puerta_   10. _Unos relojes_

when the word ends with a consonant we add "es"

👥 **B. ¿Qué necesitas?** With a partner, go to p. 7 (*Vocabulario para la clase*) and, using indefinite articles, take turns indicating what you need. Name twelve items.

   ◆ MODELO: *Necesito una silla.*

3. Subject pronouns (*Pronombres personales usados como sujetos*)[1]

Singular		Plural	
yo	I	**nosotros**	we (*m.*)
		nosotras	we (*f.*)
tú	you (*familiar*)	**vosotros**	you (*m., familiar*)
		vosotras	you (*f., familiar*)
usted	you (*formal*)	**ustedes**	you (*formal, familiar*[2])
él	he	**ellos**	they (*m.*)
ella	she	**ellas**	they (*f.*)

◆ Use the **tú** form as the equivalent of *you* when addressing a close friend, a relative, or a child. Use the **usted** form in *all* other instances. In most Spanish-speaking countries, young people tend to call each other **tú,** even if they have just met.

◆ In Latin America, **ustedes** (abbreviated **Uds.**) is used as the plural form of both **tú** and **usted** (abbreviated **Ud.**). In Spain, however, the plural form of **tú** is **vosotros(as).**

◆ The masculine plural forms **nosotros, vosotros,** and **ellos** can refer to the masculine gender alone or to both genders together:

   Juan y Roberto → **ellos**   Juan y María → **ellos**

◆ Unlike English, Spanish does not generally express *it* or *they* as separate words when the subject of the sentence is a thing.

   Es una mesa.   *It is a table.*

---

[1] See Appendix C.
[2] In Latin America.

Práctica

A. ¿Quiénes son? What subject pronouns do the following pictures suggest to you?

1. _____

2. _____

3. _____

4. _____

5. _____

6. _____

7. _____

8. _____

9. _____

B. ¿Tú, Ud. o Uds.? What pronoun would you use to address the following people?

1. the president of the university
2. two strangers
3. your best friend
4. your mother
5. a new classmate
6. your neighbour's children

4. Present indicative of *ser* (*Presente de indicativo del verbo* ser)[1]

The verb **ser** (*to be*) is irregular. Its forms must therefore be memorized.

yo	**soy**	I am
tú	**eres**	you (*fam.*) are
Ud. ⎫		you (*form.*) are
él ⎬	**es**	he is
ella ⎭		she is
nosotros(as)	**somos**	we are
← vosotros(as)	**sois**	you (*fam.*) are
Uds. ⎫		you are
ellos ⎬	**son**	they (*masc.*) are
ellas ⎭		they (*fem.*) are

Spanish Spain

—Ud. **es** el doctor Rivas, ¿no? "*You are Dr. Rivas, right?*"
—No, **soy** el profesor Soto. "*No, I'm professor Soto.*"

—¿De dónde **son** Uds.? "*Where are you (all) from?*"
—**Somos** de Calgary. ¿De "*We are from Calgary.*"
dónde **eres** tú? *Where are you from?*"
—Yo **soy** de Terranova. "*I am from Newfoundland.*"
—¿Y Silvia? "*And Silvia?*"
—Ella **es** de Quebec. "*She is from Quebec.*"

Y..., ¿Ud. es residente...?

[1]See Appendix C.

Práctica y conversación

A. ¿De dónde son? Miss Soto works in the Admissions Office and these out-of-province students are telling her where they are from. Using the verb **ser,** complete what they are saying.

1. David / Columbia Británica
2. Yo / Terranova
3. Ana y Eva / Alberta
4. Guadalupe / Saskatchewan
5. Nosotros / Nueva Escocia
6. Raúl y Ángel / Nuevo Brunswick

Now indicate what Miss Soto would say to a girl, an older gentleman, and two young men to ask them where they are from.

B. Compañeros de clase (*Classmates*) In groups of three or four, ask each other where you are from. Be prepared to have one person report to the class.

5. Forms of adjectives and agreement of articles, nouns, and adjectives
(*La formación de adjetivos y la concordancia de artículos, nombres y adjetivos*)

Forms of adjectives[1]

◆ Most adjectives in Spanish have two basic forms: the masculine form ending in **-o** and the feminine form ending in **-a.** Their corresponding plural forms end in **-os** and **-as,** respectively.

profesor mexican**o** profesores mexican**os**
profesora mexican**a** profesoras mexican**as**
chico simpátic**o** chicos simpátic**os**
chica simpátic**a** chicas simpátic**as**

◆ When an adjective ends in **-e** or a consonant, the same form is normally used with both masculine and feminine nouns.

muchacho inteligent**e** muchacha inteligent**e**
libro difíc**il** (*difficult*) clase difíc**il**

◆ The only exceptions are as follows:
  ◆ Adjectives of nationality that end in a consonant have feminine forms ending in **-a.**

señor españo**l** (*Spanish*) señora españo**la**
señor inglé**s** (*English*) señora ingle**sa**

◆ In forming the plural, adjectives follow the same rules as nouns.

mexican**o** → mexican**os**
feli**z** (*happy*) → feli**ces**
difíc**il** → difíc**iles**

---
[1]See Appendix C.

Position of adjectives

◆ In Spanish, adjectives that describe qualities (*pretty, smart,* and so on) generally *follow* nouns, while adjectives of quantity precede them: Hay **dos** chicas **bonitas.**

Agreement of articles, nouns, and adjectives

◆ In Spanish, the article, the noun, and the adjective agree in gender and number.

El muchach**o** es simpátic**o.**   **Los** muchach**os** son simpátic**os.**
La muchach**a** es simpátic**a.**   **Las** muchach**as** son simpátic**as.**

Práctica y conversación

Online Study Center

For more practice with lesson topics, see the related activities on the *¡Hola, amigos!* web site at college.hmco.com/PIC/holaamigos7e.

Study these common adjectives that are used to describe people, places, or things.

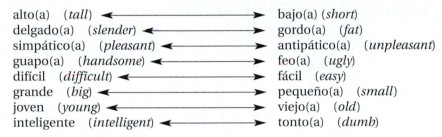

alto(a)   (*tall*) ←————————→ bajo(a) (*short*)
delgado(a)   (*slender*) ←———————→ gordo(a)   (*fat*)
simpático(a)   (*pleasant*) ←————————→ antipático(a)   (*unpleasant*)
guapo(a)   (*handsome*) ←————————→ feo(a)   (*ugly*)
difícil   (*difficult*) ←————————→ fácil   (*easy*)
grande   (*big*) ←————————→ pequeño(a)   (*small*)
joven   (*young*) ←————————→ viejo(a)   (*old*)
inteligente   (*intelligent*) ←————————→ tonto(a)   (*dumb*)

A. ¿Cómo son...?   With a partner, take turns asking and answering the following questions. In your answers, contradict what is stated.

◆ MODELO: —¿Eva es tonta?
              —¡Al contrario (On the contrary)*! Es muy inteligente.*

1. ¿Los chicos son bajos?
2. ¿Elena es joven?
3. ¿Eva y Gloria son antipáticas?
4. ¿Luis y Francisco son feos?
5. ¿Elsa es gorda?
6. ¿Las lecciones son fáciles?
7. ¿Las casas (*houses*) son grandes?
8. ¿Ellos son inteligentes?

B. Para conversar (*To talk*)   With a partner, take turns asking each other what these people are like. Ask: **¿Cómo es...?** (*What is . . . like?*)

1. Céline Dion
2. Michael J. Fox
3. Ricky Martin
4. Jennifer López
5. Shania Twain
6. Bryan Adams
7. Antonio Banderas
8. Penélope Cruz

6. The alphabet (*El alfabeto*)[1]

¡Atención! All letters are feminine: la **a**, la **b**, and so on.

(handwritten notes in left margin:)
¿Cómo se de deletrea?
(How do you pronounce the letter?
Nombre : name
Apellido : lastname.
Como se deletrea tu Nombre?

Letter	Name	Letter	Name	Letter	Name
a	a	j	jota	r	ere
b	be	k	ca	rr	erre
c	ce	l	ele	s	ese
d	de	m	eme	t	te
e	e	n	ene	u	u
f	efe	ñ	eñe	v	ve
g	ge	o	o	w	doble ve
h	hache	p	pe	x	equis
i	i	q	cu	y	i griega
				z	zeta

(handwritten: /E/ ... seta)

Online Study Center

For more practice with lesson topics, see the related activities on the *¡Hola, amigos!* web site at college.hmco.com/PIC/holaamigos7e.

Práctica y conversación

A. Siglas *(Acronyms)* With a partner, take turns reading the following acronyms in Spanish.

1. CSIS _____
2. NHL _____
3. PEI _____
4. NAFTA _____
5. RCMP _____
6. CFL _____

B. Apellidos *(Last names)* In groups of three or four, ask each person in the group what his or her last name is and how to spell it.

◆ MODELO: *¿Cuál es tu apellido?*
¿Cómo se deletrea?

7. Numbers 0 to 39 (*Números de 0 a 39*)

Learn the Spanish numbers from zero to thirty-nine.

0 cero	7 siete	14 catorce
1 uno	8 ocho	15 quince
2 dos	9 nueve	16 dieciséis[2]
3 tres	10 diez	17 diecisiete
4 cuatro	11 once	18 dieciocho
5 cinco	12 doce	19 diecinueve
6 seis	13 trece	20 veinte

---

[1]For a complete introduction to Spanish sounds, see Appendix A, p. 346, which appears on the in-text audio CDs.

[2]The numbers sixteen to nineteen and twenty-one to twenty-nine can also be spelled with a **y** (*and*): **diez y seis, diez y siete… veinte y uno, veinte y dos,** and so on. The pronunciation of each group of words, however, is identical to the corresponding word spelled with the **i.**

21 veintiuno	28 veintiocho	35 treinta y cinco
22 veintidós	29 veintinueve	36 treinta y seis
23 veintitrés	30 treinta	37 treinta y siete
24 veinticuatro	31 treinta y uno	38 treinta y ocho
25 veinticinco	32 treinta y dos	39 treinta y nueve
26 veintiséis	33 treinta y tres	
27 veintisiete	34 treinta y cuatro	

¡Atención! **Uno** changes to **un** before a masculine singular noun: **un libro** (*one book*). **Uno** changes to **una** before a feminine singular noun: **una silla** (*one chair*).

Online Study Center

For more practice with lesson topics, see the related activities on the *¡Hola, amigos!* web site at college.hmco.com/PIC/holaamigos7e.

Práctica y conversación

A. Números de teléfono Say the telephone number of each of the following people.

como se deletrea Pagan?
ella a

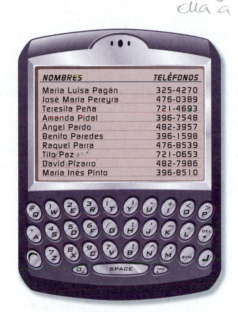

NOMBRES	TELÉFONOS
María Luisa Pagán	325-4270
José María Pereyra	476-0389
Teresita Peña	721-4693
Amanda Pidal	396-7548
Ángel Pardo	482-3957
Benito Paredes	396-1598
Raquel Parra	476-8539
Tito Paz	721-0653
David Pizarro	482-7986
María Inés Pinto	396-8510

B. ¿Cuál es tu número de teléfono? Ask three or four of your classmates for their names and phone numbers. Write down the response and show it to each one, asking, **¿Está bien?** (*Is it okay?*). He or she will say **"sí"** or **"no"** and will correct any mistakes.

C. Sumas y restas (*Additions and subtractions*) Learn the following mathematical terms; then, with a partner, take turns adding and subtracting.

+ más   − menos   = son

◆ **MODELO:** $7 + 4 = 11$ (Siete más cuatro son once.)
$20 − 6 = 14$ (Veinte menos seis son catorce.)

1. $20 + 15 =$
2. $16 − 11 =$
3. $17 − 13 =$
4. $11 + 16 =$

5. $19 + 11 =$
6. $13 − 8 =$
7. $30 − 12 =$
8. $18 + 18 =$

9. $23 − 14 =$
10. $17 + 13 =$

Entre nosotros[1]

¡Conversemos!

 Para conocernos mejor (*To get to know each other better*)   Get to know your partner better by asking each other the following questions.

1. ¿Cómo te llamas?
2. ¿Cómo estás?
3. ¿Eres canadiense?
4. ¿De dónde eres?
5. ¿Cuál es tu número de teléfono?
6. ¿Cuál es tu dirección?
7. ¿Quién (*Who*) es tu profesor(a) favorito(a)?
8. ¿Cómo es tu mejor amigo(a) (*best friend*)?

Una encuesta (*A survey*)   Interview your classmates to identify who fits the following descriptions. Include your instructor, but remember to use the **Ud.** form when addressing him or her.

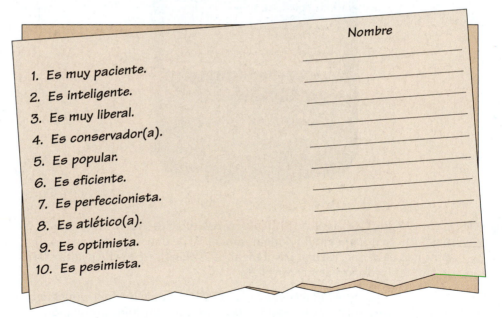

Nombre

1. Es muy paciente.
2. Es inteligente.
3. Es muy liberal.
4. Es conservador(a).
5. Es popular.
6. Es eficiente.
7. Es perfeccionista.
8. Es atlético(a).
9. Es optimista.
10. Es pesimista.

Y ahora...   Write a brief summary, indicating what you have learned about your classmates.

---

[1]*Among us*

¿Cómo lo decimos? (*How do we say it?*)   What would you say in the following situations? What might the other person say? Act out the scenes with a partner.

1. You meet Mrs. García in the evening and you ask her how she is.
2. You ask Professor Vega how to say "I'm sorry" in Spanish.
3. You ask a young girl what her name is.
4. You ask a classmate what her roommate is like.
5. You ask a classmate where he or she is from.
6. You say good-bye to someone you expect to see at some point in the future.
7. You ask a friend how he or she is and what is new with him or her.
8. You offer Miss Vega a seat and then ask her what her address is.
9. You didn't understand what someone said. He or she is speaking too fast.
10. You are going through a crowded room. You stepped on someone's foot.
11. Someone is introduced to you.
12. You ask a classmate what his or her phone number is.

¿Qué pasa aquí? (*What's going on here?*)   With a partner, look at the photograph on page 1 and create a dialogue between two of the people in the photo. The two people should greet each other, introduce themselves, and tell where they're from.

Para escribir (*To write*)

Un mensaje electrónico   A new cyber friend wants to know what you are like. Write him or her an e-mail, describing yourself with as much detail as you can. At the end, ask your new friend for a description.

Un dicho

Saber es poder.

This is a popular saying in Spanish. Find out what it means. Does it have an equivalent in English? Learn it in Spanish. You might want to make it part of your philosophy . . .

 Lisa

 Alina

 Miguel

 Pablo

Lisa, una chica canadiense, habla con Alina, su nueva compañera de cuarto, que es hispanocanadiense. Las dos estudian en la Universidad de Alberta, en Edmonton. tomar: to take

Lisa Alina, ¿cuántas clases tomas este semestre?

Alina Tomo cinco clases: inglés, matemáticas, física, psicología y biología. ¿Y tú?

Lisa Yo tomo historia, literatura y español. *subject.*

Alina ¿Español? ¡Buena idea!, *but* pero solamente tomas tres asignaturas.

Lisa *work* Sí, porque yo trabajo los lunes, miércoles y viernes por la tarde porque necesito dinero. *Me too. but from Wed Fri money summer*

Alina Yo también, pero trabajo en el verano, de julio a septiembre. *July*

Lisa Tú tomas materias muy difíciles. *all courses. my*

Alina Sí, pero todas mis clases son requisitos… además, la clase de psicología es fácil.

Lisa Pues, Alina, tu vida es muy aburrida. ¡Vamos a la playa! *boring*

Detalles culturales

En la mayoría de los países hispanos, el año escolar (*school year*) no se divide en semestres o trimestres; dura (*it lasts*) nueve meses. Los requisitos generales se toman en la escuela secundaria. En la universidad los estudiantes se concentran en su propio campo (*their own fields*).

◆ **En esta universidad, ¿el año académico se divide en semestres o en trimestres?**

Detalles culturales

En los países de habla hispana, muchos estudiantes estudian con un(a) compañero(a) o en grupos. Generalmente viven con su familia o en pensiones. Hay muy pocas residencias universitarias (*dormitories*).

◆ **¿Cómo estudian los estudiantes en Canadá?**

Miguel habla con su amigo Pablo, un chico chileno. Los dos conversan en la cafetería de la universidad.

Miguel ¿Deseas tomar una taza de café?

Pablo No, un vaso de leche. Yo no tomo café. Oye, ¿qué hora es?

Miguel Es la una y media. ¿Por qué?

Pablo Porque a las dos de la tarde hay un programa de televisión muy interesante.

Miguel ¡Ah! Necesito mi horario de clases.

Pablo Aquí está. Nuestra clase de química es a las cuatro en el aula[1] ciento noventa y cinco.

Miguel ¿A qué hora terminan tus clases hoy?

Pablo A las ocho de la noche.

Miguel Estudiamos juntos mañana, ¿verdad?

Pablo Entonces, ¿mañana no vamos a la playa? Eres un aguafiestas. Bueno, me voy.

¿Recuerda usted?

¿Verdadero o falso? With a partner, decide whether the following statements about the dialogues are true (**verdadero**) or false (**falso**).

1. Lisa y Alina son estudiantes universitarias. ☐ V ☐ F
2. Alina toma cinco requisitos. ☐ V ☐ F
3. Lisa trabaja porque necesita dinero. ☐ V ☐ F
4. Alina solamente estudia en el verano. ☐ V ☐ F
5. La clase de psicología es muy difícil para Alina. ☐ V ☐ F
6. Pablo es de Cuba. ☐ V ☐ F
7. El programa de televisión es a las dos de la tarde. ☐ V ☐ F
8. La clase de química es a las cuatro. ☐ V ☐ F
9. Pablo termina sus clases a las seis de la tarde. ☐ V ☐ F
10. Pablo y Miguel estudian juntos. ☐ V ☐ F

Y ahora... conteste Answer these questions, basing your answers on the dialogue.

1. ¿Alina es chilena o hispanocanadiense?
2. ¿Cuántas clases toma Lisa este semestre?
3. ¿Qué días trabaja Lisa?
4. ¿La vida de Alina es muy aburrida?
5. ¿Dónde conversan Miguel y Pablo?
6. ¿Pablo desea tomar café o leche?
7. ¿Miguel necesita el horario de clases o el libro?
8. ¿Dónde es la clase de química?

---

[1]The article **el** is used before a feminine noun that starts with a stressed **a** or **ha.**

Para hablar del tema: Vocabulario

Cognados

la biología
la cafetería
la física
el (la) hispanocanadiense
la historia
la idea
internacional
julio
la literatura
las matemáticas
el programa
la psicología
puertorriqueño(a)
el semestre
septiembre
la televisión

Nombres

el (la) aguafiestas spoilsport
el (la) amigo(a) friend
la asignatura* course, subject
el aula (*f.*) classroom
el café coffee
el dinero* money
el horario de clases[1] class schedule
el inglés English (*language*)
el lunes Monday
la leche milk
el miércoles Wednesday
la noche night
la playa beach
el requisito requirement
la química chemistry
la tarde afternoon
la taza cup
el vaso (drinking) glass
el verano summer
la vida life
el viernes Friday

Otras palabras y expresiones

a at (*with time of day*); to
¿A qué hora…? (At) What time . . . ?
además besides
Aquí está Here it is
¿Cuántos(as)? How many?
de of
entonces then
este semestre this semester
hay there is, there are
hoy today
los (las) dos both
mañana tomorrow
Me voy I'm leaving
no vamos we are not going
pero but
por la tarde in the afternoon
¿Por qué? Why?
porque because
pues then
que who, that
¿Qué? What?
¿Qué hora es? What time is it?
solamente, sólo only
también also, too
¿verdad? right?, true?
y media half past
ya es tarde it's already late

---

[1]Spanish uses prepositional phrases that correspond to the English adjectival use of nouns: **horario de clases** (*class schedule*).

<table>
<tr><td>

Verbos

conversar* to talk, converse
desear to wish, want
estudiar to study
hablar to speak
necesitar to need
terminar to end, finish, get through
tomar to take (*a class*); to drink
trabajar to work

</td><td>

Adjetivos

aburrido(a) boring
bueno(a) good
juntos(as) together
nuestro(a) our
nuevo(a) new
todos(as) all

</td></tr>
</table>

Amplíe su vocabulario

Para pedir bebidas (*Ordering drinks*)

Deseo una taza de
- café
- té — *tea*
- chocolate caliente — *hot chocolate*
- café con leche — *coffee and milk*

Deseo un vaso de
- agua (con hielo) — *water (with ice)*
- leche
- cerveza — *beer*
- té helado, té frío — *iced tea*

Deseo jugo* de
- manzana — *apple*
- naranja* — *orange*
- tomate
- toronja — *grapefruit*
- uvas — *grapes*

Deseo una copa de vino (*wine*)
- blanco
- rosado — *rosé*
- tinto — *red*

Deseo una botella (*a bottle*) de agua mineral

De país a país

la asignatura la materia (*Arg., Esp.*)
el dinero la plata (*Cono Sur, Cuba*)
conversar platicar (*Méx.*)
el jugo el zumo (*Esp.*)
la naranja la china (*Puerto Rico*)

Más asignaturas (*More course subjects*)

la administración de empresas business administration
la antropología anthropology
el arte art
las ciencias políticas political science
la contabilidad accounting
la danza aeróbica aerobic dance
la geografía geography
la geología geology
la informática computer science
la música music
la sociología sociology

Para practicar el vocabulario

A. Palabras y más palabras ¿Qué palabra o frase corresponde a lo siguiente?

1. opuesto de día
2. asignatura donde estudiamos novelas y poemas
3. Tiene seis meses.
4. opuesto de invierno
5. clases que necesitamos tomar
6. Lo tomamos con leche.
7. Debemos hacerlo antes de tomar un examen.
8. opuesto de malo
9. sólo
10. *Sleeman* o *Moosehead* por ejemplo
11. idioma de Shakespeare
12. opuesto de empezar

B. Preguntas y respuestas Match the questions in column *A* with the answers in column *B*.

A	B
1. ¿Qué clases tomas este semestre?	a. No, blanco.
2. ¿Es difícil la clase de biología?	b. Sí, de julio a septiembre.
3. ¿Tú trabajas?	c. A las ocho de la noche.
4. ¿Trabajas los lunes?	d. Sí, de toronja.
5. ¿Deseas un vaso de leche?	e. No, es aburrido.
6. ¿A qué hora terminas hoy?	f. Química, inglés y física.
7. ¿Deseas vino tinto?	g. No, una taza de café.
8. ¿Deseas jugo?	h. No, los miércoles.
9. ¿Trabajas en el verano?	i. No, es muy fácil.
10. ¿El programa es interesante?	j. Sí, en la biblioteca.

C. ¿Qué deciden? With a partner, take turns offering each other something to drink. Choose what you will have to drink according to the circumstances described in each case. Then indicate your choice, using **Voy a tomar...**

1. You are allergic to citrus fruit.
   a. un vaso de jugo de toronja
   b. un vaso de jugo de manzana
   c. un vaso de jugo de naranja

2. You are very hot and thirsty.
   a. una taza de chocolate caliente
   b. un vaso de té helado
   c. una taza de café

3. You don't drink alcohol.
   a. una botella de agua mineral
   b. una botella de cerveza
   c. una copa de vino tinto

4. You're having breakfast in Madrid.
   a. una copa de vino rosado
   b. un vaso de agua con hielo
   c. una taza de café con leche

5. It's a cold winter night.
   a. un vaso de jugo de uvas
   b. una taza de chocolate caliente
   c. un vaso de leche fría

 D. ¿Qué clases necesito? With a partner, take turns saying what class(es) you need according to the following situations. Start by saying **Necesito tomar...**

1. You need to get in shape.
2. You would like to get a job in the business world.
3. You need two humanities classes.
4. You need three social science classes.
5. You know very little about other countries.
6. You need to learn about computers.

¿Qué clase cree Ud. que toman estos estudiantes?

Pronunciación

Linking[1] Practise linking by reading aloud the following sentences.

1. Habla en la universidad.
2. Juan habla con Norma Acosta.
3. Termino a la una.
4. ¿A qué hora es su clase de español?
5. Deseo un vaso de agua.

---

[1]See Appendix A for an explanation of linking.

Puntos para recordar

1. Present indicative of *-ar* verbs
(*Presente de indicativo de los verbos terminados en* -ar)

♦ Spanish verbs are classified according to their endings. There are three conjugations: **-ar, -er,** and **-ir.**[1]

—Rosa, tú **hablas** inglés, ¿no?　　　*"Rosa, you **speak** English, don't you?"*
—Sí, **hablo** inglés y español.　　　*"Yes, **I speak** English and Spanish."*

hablar (*to speak*)		
Singular		
	Stem Ending	
yo	habl- **o**	Yo **hablo** español.
tú	habl- **as**	Tú **hablas** español.
Ud.	habl- **a**	Ud. **habla** español.
él	habl- **a**	Juan **habla** español. Él **habla** español.
ella	habl- **a**	Ana **habla** español. Ella **habla** español.
Plural		
nosotros(as)	habl- **amos**	Nosotros(as) **hablamos** español.
vosotros(as)	habl- **áis**	Vosotros(as) **habláis** español.
Uds.	habl- **an**	Uds. **hablan** español.
ellos	habl- **an**	Ellos **hablan** español.
ellas	habl- **an**	Ellas **hablan** español.

—¿Qué idioma **hablan** Uds. con el profesor?　　　*"What language **do you speak** with the professor?"*
—**Hablamos** español.　　　*"**We speak** Spanish."*

♦ Native speakers usually omit subject pronouns in conversation because the ending of each verb form indicates who is performing the action described by the verb. The context of the conversation also provides clues as to whom the verb refers. However, the forms **habla** and **hablan** are sometimes ambiguous even in context. Therefore, the subject pronouns **usted, él, ella, ustedes, ellos,** and **ellas** are used in speech with greater frequency than the other pronouns.

---

[1]The infinitive (unconjugated form) of a Spanish verb consists of a stem and an ending. The stem is what remains after the ending (**-ar, -er,** or **-ir**) is removed from the infinitive.

- Regular verbs ending in **-ar** are conjugated like **hablar.** Other verbs conjugated like **hablar** are **conversar, desear, estudiar, necesitar, terminar, tomar,** and **trabajar.**

—¿A qué hora **terminan** Uds. hoy?   *"What time do you finish today?"*
—**Terminamos** a las tres.   *"We finish at three o'clock."*

—¿Qué **necesitas**?   *"What do you need?"*
—**Necesito** el horario de clases.   *"I need the class schedule."*

> **¡Atención!** In Spanish, as in English, when two verbs are used together, the second verb remains in the infinitive.

Deseo **hablar** con Roberto.   *I want to speak with Roberto.*

- The Spanish present tense has three equivalents in English.

Yo hablo.   *I speak.*
I am speaking.
I do speak.

Práctica y conversación

**Online Study Center**

For more practice with lesson topics, see the related activities on the *¡Hola, amigos!* web site at college.hmco.com/PIC/holaamigos7e.

A. Olga habla con Sergio Complete the following conversation between two students. Use the present indicative of the verbs in the list. Then act it out with a partner.

desear   necesitar   tomar (2)   estudiar (2)   trabajar (2)   terminar (2)

Olga   ¿Cuántas clases _____ tú este semestre?
Sergio   _____ cuatro clases.
Olga   Tú y Álvaro _____ en la cafetería, ¿no?
Sergio   Sí, nosotros _____ los lunes y miércoles. Oye,
         ¿tú _____ tomar un vaso de agua?
Olga   Sí, gracias. ¿A qué hora _____ tú hoy?
Sergio   Mis clases _____ a las 4 de la tarde.
Olga   ¿Tú y Álvaro _____ juntos en la biblioteca?
Sergio   Sí, _____ por la noche. Ah, (yo) _____ tu número de teléfono.
Olga   Es el siete-treinta-veinticinco-doce.

B. Entreviste a su compañero(a) (*Interview your partner*) Interview your partner, using the following questions.

1. ¿Cuántas clases tomas este semestre?
2. ¿Qué asignaturas tomas? ¿Son fáciles o difíciles?
3. ¿Estudias en la biblioteca o en tu casa (*house*)?
4. ¿Trabajas en la universidad?
5. ¿Cuántas horas (*hours*) trabajas?
6. ¿Trabajas en el verano?
7. ¿Deseas un vaso de jugo o una botella de agua mineral?
8. ¿Tú tomas café o chocolate caliente? ¿Tú tomas vino?

2. Interrogative and negative sentences
(*Oraciones interrogativas y negativas*)

Interrogative sentences

Detalles culturales

Español y castellano son sinónimos. En muchos países de habla hispana para referirse al idioma no usan el término **español**; usan **castellano**. Este término también se usa para referirse al español como una asignatura en las escuelas (*schools*).

◆ **En su universidad, ¿cuál de los dos términos usan?**

◆ In Spanish, there are three ways of asking a question to elicit a *yes/no* response.

¿**Elena** habla español?
¿Habla **Elena** español? }   Sí, Elena habla español.
¿Habla español **Elena**?

◆ The three questions above ask for the same information and have the same meaning. The subject may be placed at the beginning of the sentence, after the verb, or at the end of the sentence. Note that written questions in Spanish begin with an inverted question mark.

—¿**Trabajan Uds.** en la biblioteca?   "**Do you work** in the library?"
—No, trabajamos en la cafetería.   "No, we work in the cafeteria."

—¿**Habla** español **la profesora**?   "**Does the professor speak** Spanish?"
—Sí, y también habla inglés.   "Yes, and she also speaks English."

—¿**Carmen es** bonita?   "**Is Carmen** pretty?"
—Sí y muy simpática.   "Yes, and very charming."

¡Atención!   Spanish does not use an auxiliary verb, such as *do* or *does*, in an interrogative sentence.

¿**Habla Ud.** inglés?   *Do you speak English?*
¿**Necesita él** el horario de clases?   *Does he need the class schedule?*

Negative sentences

◆ To make a sentence negative in Spanish, simply place the word **no** in front of the verb.

Yo tomo café.   *I drink coffee.*
Yo **no** tomo café.   *I **don't** drink coffee.*

◆ If the answer to a question is negative, the word **no** appears twice: once at the beginning of the sentence, as in English, and again before the verb.

—¿Trabajan Uds. en la cafetería?
—**No,** nosotros **no** trabajamos en la cafetería.

"Do you work in the cafeteria?"
*"**No,** we **don't** work in the cafeteria."*

Oui, oui!

¡Caramba! ¡Yo no hablo francés!

¡Atención! Spanish does not use an auxiliary verb, such as the English *do* or *does*, in a negative sentence.

Ella no estudia inglés.
Yo no estudio hoy.

She does not study English.
I do not study today.

Práctica y conversación

A. ¿Qué preguntó? (*What did he ask?*) Complete the following dialogues by supplying the questions that would elicit the responses given.

1. —¿_____?
   —Sí, estudiamos en la biblioteca.

2. —¿_____?
   —No, este semestre tomo sociología.

3. —¿_____?
   —No, deseamos agua mineral.

4. —¿_____?
   —Sí, ellos trabajan en el verano.

5. —¿_____?
   —No, tomo jugo.

6. —¿_____?
   —No, deseo una taza de chocolate.

Online Study Center

For more practice with lesson topics, see the related activities on the *¡Hola, amigos!* web site at college.hmco.com/PIC/holaamigos7e.

B. ¿Quiere saber? This person wants to know many things. Use the cues provided to give him the information.

◆ **MODELO:** —¿Ud. es de Halifax? (Regina)
—*No, no soy de Halifax, soy de Regina.*

1. ¿Tú necesitas el libro?   (el horario de clases)
2. ¿Tú tomas café?   (té frío)
3. ¿Necesitamos muchos libros?   (dos)
4. ¿Rebeca es colombiana?   (hispanocanadiense)
5. ¿Elsa termina a las ocho?   (a las siete)
6. ¿Ellos hablan español?   (inglés)
7. ¿Es difícil la clase de geografía?   (fácil)
8. ¿Tu nueva compañera de cuarto es baja?   (alta)

C. Sobre el diálogo (*About the dialogue*) With a partner, reread the dialogue on p. 22. Then ask each other questions that you know will elicit negative answers about the people in the dialogue.

◆ **MODELO:** —¿*Lisa es mexicana?*
—*No, Lisa no es mexicana, es canadiense.*

3. Possessive adjectives (*Adjetivos posesivos*)

Forms of the Possessive Adjectives		
Singular	*Plural*	
mi	mis	my
tu	tus	your (*fam.*)
su	sus	your (*form.*) his her its their
nuestro(a)	nuestros(as)	our
vuestro(a)	vuestros(as)	your (*fam. pl.*)

◆ Possessive adjectives[1] always precede the nouns they introduce. They agree in number (singular or plural) with the nouns they modify.

Yo necesito **mi** — libro.
mochila.

Yo necesito **mis** — libro**s**.
mochila**s**.

---
[1]See Appendix C.

◆ **Nuestro** and **vuestro** are the only possessive adjectives that have the feminine endings **-a** and **-as.** The others take the same endings for both genders.

Nosotros   necesitamos ⟨ **nuestro** libro.
                           nuestra computadora.

Nosotros   necesitamos ⟨ **nuestros** libros.
                           nuestras computadoras.

◆ Possessive adjectives agree with the thing possessed and *not* with the possessor. For instance, two male students would refer to their female professor as **nuestra profesora,** because **profesora** is feminine.

◆ Because **su** and **sus** have several possible meanings, the forms **de él, de ella, de ellos, de ellas, de Ud.,** or **de Uds.** can be substituted to avoid confusion. Use this pattern: *article* + *noun* + **de** + *pronoun.*

—¿Es **la amiga de él**?   *"Is she **his** friend?"*
—Sí, es **su** amiga.   *"Yes, she is **his** friend."*

Práctica y conversación

 **A. En la clase**   Complete the following exchanges using the appropriate possessive adjectives that correspond to each subject. Then act them out with a partner.

1. —¿Tú necesitas _____ bolígrafo rojo?

   —Sí, necesito _____ bolígrafo rojo y _____ lápices negros.

2. —¿De dónde es la profesora de Uds.?

   —_____ profesora es de Ottawa.

3. —¿Qué necesita Roberto?

   —Necesita _____ cuadernos y _____ libro de español.

   4. —Los alumnos de Uds., ¿son mexicanos?

   —No, _____ alumnos son argentinos.

   5. —¿Qué necesita Ana? ¿ _____ mochila?

   —No, necesita _____ reloj.

B. Entreviste a su compañero(a) Interview your partner, using the
   following questions.

   1. ¿De dónde es tu mejor (*best*) amigo(a)?
   2. ¿Tus padres (*parents*) son de Edmonton?
   3. ¿Necesitas tus libros hoy?
   4. ¿Son interesantes tus clases?
   5. ¿Es simpático(a) tu compañero(a) de cuarto?
   6. ¿Tú y tus amigos estudian juntos?
   7. ¿Dónde estudian?
   8. ¿Las clases de Uds. son fáciles o difíciles?

4. Gender of nouns, part II (*Género de los nombres, parte II*)

Here are practical rules to help you determine the gender of those nouns that
do not end in **-o** or **-a.** There are also a few important exceptions.

◆ Nouns ending in **-ción, -sión, -tad,** and **-dad** are feminine.

la lec**ción**	*lesson*	**la** liber**tad**	*liberty*
la televi**sión**	*television*	**la** universi**dad**	*university*

◆ Many words that end in **-ma** are masculine.

el progra**ma**	*program*	**el** cli**ma**	*climate*
el siste**ma**	*system*	**el** proble**ma**	*problem*
el te**ma**	*theme*	**el** poe**ma**	*poem*
el idio**ma**	*language*		

◆ The gender of nouns that have other endings and that do not refer to males
   or females must be learned. Remember that it is helpful to memorize a
   noun with its corresponding article.

el español	**el** borrador	**la** noche	**la** clase
el inglés	**el** reloj	**la** tarde	**la** leche
el café	**el** té	**la** luz	**la** calle

Práctica

Online Study Center

For more practice with lesson topics, see the related activities on the *¡Hola, amigos!* web site at college.hmco.com/PIC/holaamigos7e.

C. ¿Qué es...? For each illustration or set of words, give the Spanish noun together with its corresponding definite article.

1. _____ _____   2. _____ _____

3. francés, italiano, portugués   4. UBC, McGill, Dalhousie
_____ _____   _____ _____

5. _____ _____   6. _____ _____

7. _____ _____   8. _____ _____

9. Quito, Lima, Bogotá   10. "In Flanders Fields"
_____ _____   _____ _____

5. Numbers 40 to 200 (*Números de 40 a 200*)

40 cuarenta	90 noventa
41 cuarenta y uno	100 cien[1]
45 cuarenta y cinco	101 ciento uno
50 cincuenta	115 ciento quince
60 sesenta	175 ciento setenta y cinco
70 setenta	180 ciento ochenta
80 ochenta	200 doscientos

---

[1]When counting beyond 100, **ciento** is used: **ciento uno**

Práctica y conversación

 A. Sumas y restas With a partner, take turns solving the problems.

1. 27 + 13 =
2. 37 + 12 =
3. 90 + 15 =
4. 75 + 23 =

5. 52 − 20 =
6. 200 − 30 =
7. 65 − 35 =
8. 80 − 35 =

9. 16 + 56 =
10. 40 + 22 =
11. 200 − 10 =
12. 200 − 100 =

For more practice with lesson topics, see the related activities on the *¡Hola, amigos!* web site at college.hmco.com/PIC/holaamigos7e.

B. Números de teléfono Ask three or four classmates their phone numbers. To give a phone number, say the first number alone and the rest in pairs. This pattern is common in many Spanish-speaking countries.

◆ **MODELO:** —*¿Cuál es tu número de teléfono?*
—*Es el 9–24–85–97.*

6. Telling time (*La hora*)

◆ The following word order is used for telling time in Spanish:

Es la				**y**		
or	+	*hour*	+	*or*	+	*minutes*
Son las				**menos**		

Es la una y veinte.   Son las cinco menos diez.

◆ **Es** is used with **una.**

Es la una y cuarto.   *It is a quarter after one.*

◆ **Son** is used with all the other hours.

Son las dos y cuarto.   *It is a quarter after two.*
Son las cinco y diez.   *It is ten after five.*

36 treinta y seis   ◆   **Lección 2**

Programación de Telecaribe			
VIERNES			
6:00	Telecaribe	**9:00**	Noticiero Televisa
6:50	Noticiero Cartagena T.V.	**9:30**	Las Amazonas
7:00	Champagne	**10:00**	Amor gitano
7:30	Esta sí es la Costa	**11:00**	Noticiero Cartagena T.V.
8:00	Coralito	**11:10**	Cierre

(handwritten annotations: "show", "news", "closing show", "to close", "es a las siete menos diez.")

◆ The feminine definite article is always used before the hour, since it refers to **la hora.**

Es **la** una menos veinticinco.	*It is twenty-five to one.*
Son **las** cuatro y media.	*It is four-thirty.*

◆ The hour is given first, then the minutes.

Son las **cuatro** y **diez.**	*It is **ten** after **four.*** (literally, "four and ten")

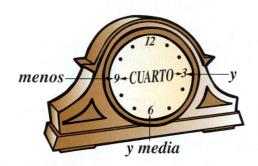

menos — CUARTO — y

y media

◆ The equivalent of *past* or *after* is **y.**

Son las doce **y** cinco.	*It is five **after** twelve.*

◆ The equivalent of *to* or *till* is **menos.** It is used with fractions of time up to a half hour.

Son las ocho **menos** veinte.	*It is twenty **to** eight.* (literally, "eight minus twenty")

¡Atención! To find out at what time an event will take place, use **¿A qué hora...?** as shown below. Observe that in the responses the equivalent of *at* + *time* is **a** + **la(s)** + *time.*

—**¿A qué hora** es la clase de arte?	*"**What time** is art class?"*
—**A la** una.	*"**At** one o'clock."*
—**¿A qué hora** termina Julio hoy?	*"**What time** does Julio finish today?"*
—**A las** cinco y media.	*"**At** five-thirty."*

◆ Note the difference between **de la** and **por la** in expressions of time.

◆ When a specific time is mentioned, **de la (mañana, tarde, noche)** should be used. This is the equivalent to the English A.M. and P.M.

Estudiamos a las **cuatro de la tarde.**	*We study at **4** P.M.*

◆ When no specific time is mentioned, **por la** (**mañana, tarde, noche**) should be used.

Yo trabajo **por la mañana** y ella trabaja **por la noche.**   *I work **in the morning** and she works **at night.***

Online Study Center

For more practice with lesson topics, see the related activities on the *¡Hola, amigos!* web site at college.hmco.com/PIC/holaamigos7e.

Práctica y conversación

A. ¿Qué hora es? Give the time indicated on the following clocks, writing out the numerals in Spanish. Start with clock number one; then read the times aloud.

B. Entreviste a su compañero(a) Interview your partner, asking the following questions.

1. ¿A qué hora es tu primera (*first*) clase?
2. ¿A qué hora termina?
3. ¿A qué hora termina tu última clase?
4. ¿Estudias por la mañana, por la tarde o por la noche?
5. ¿Mañana estudiamos juntos(as)? ¿A qué hora deseas estudiar?
6. ¿A qué hora trabajas?
7. ¿A qué hora terminas de trabajar?
8. ¿A qué hora es tu programa de televisión favorito?

C. Nuestros horarios With a partner, talk about your class schedule. Indicate whether your classes are in the morning, afternoon, or evening.

todos los días : every day

7. Days of the week, and months and seasons of the year
(*Los días de la semana, y los meses y las estaciones del año*)

La Fecha : the date

All Masculine

lunes	martes	miércoles	jueves	viernes	sábado	domingo
MARZO 2007						
el lunes — *en Monday*			*Cuando estudias con Ana? estudio con Ana el* 1	*Estudiar con Ana* 2	¡Fiesta! 3	4
el → Examen de arte 5	*it is on Monday es el mart* 6	7	8	9	10	11 *dinner*
12	Clase de tenis 13	*Cuando es la* Conferencia? 14	15	*- Cuando es la* 16	17	Cena con la familia 18
19	*Cuando* 20	21	22	23	24 *-es el domingo, diesiocho de Marzo*	25
26	*Cuando es* 27	*el* Examen de inglés 28	29	Clase de yoga 30	31	

es el martes, trese de Marzo
it is on Tues, 13 of March.

Hoy es Martes 13 de Marzo
Today is.

Days of the week (*Los días de la semana*)

◆ In Spanish-speaking countries, the week begins on Monday.

◆ Note that the days of the week are not capitalized in Spanish.

◆ The days of the week are masculine in Spanish. The masculine definite articles **el** and **los** are used with them to express *on:* **el lunes, los martes,** etc.

◆ To ask: "What day is today?" say: **"¿Qué día es hoy?"**

Months of the year (*Los meses del año*)

enero	*January*	**mayo**	*May*	**septiembre**	*September*
febrero	*February*	**junio**	*June*	**octubre**	*October*
marzo	*March*	**julio**	*July*	**noviembre**	*November*
abril	*April*	**agosto**	*August*	**diciembre**	*December*

es el verano, Cuatro de Julio

> **¡Atención!** In Spanish, months are not capitalized.

Seasons of the year (*Las estaciones del año*)

la **primavera**

el **verano**

el **otoño**

el **invierno**

- ◆ Note that all the seasons are masculine except **la primavera.**
- ◆ To ask for the date, say:

  ¿Qué fecha es hoy?   *What's the date today?*

- ◆ When telling the date, always begin with the expression **Hoy es...**

  Hoy es el 20 de mayo.   *Today is May 20.*

- ◆ Note that the number is followed by the preposition **de** (*of*), and then the month.

el 15 de mayo	*May 15*
el 10 de septiembre	*September 10*
el 12 de octubre	*October 12*

- ◆ The ordinal number **primero** (*first*) is used when referring to the first day of the month.[1]

  el primero de febrero   *February 1*

  —¿Qué fecha es hoy, el   *"What's the date today,*
      primero de octubre?   *October 1?"*
  —No, hoy es el **2 de octubre**.   *"No, today is **October 2.**"*

---

[1]In Spanish today, many people say **el uno de: el uno de febrero.**

Práctica y conversación

Online Study Center

For more practice with lesson topics, see the related activities on the *¡Hola, amigos!* web site at college.hmco.com/PIC/holaamigos7e.

A. Mi calendario With a partner, look at the calendar on p. 39 and take turns asking each other on which day each event takes place.

◆ MODELO: —¿Cuándo estudio con Ana?
—El viernes 2.

B. Fechas importantes On what dates do the following annual events take place?

1. Canada Day
2. Halloween
3. New Year's Day
4. Boxing Day
5. Christmas
6. the first day of spring
7. April Fool's Day
8. Remembrance Day

C. Las estaciones del año In which season does each of these months fall in the Northern Hemisphere?

1. febrero
2. agosto
3. mayo
4. enero
5. octubre
6. julio
7. abril
8. noviembre

D. ¿Cuándo es? On what dates do the following events occur?

1. your mother's birthday
2. your father's birthday
3. your best friend's birthday
4. your birthday
5. the first day of classes this semester
6. the end of classes

Detalles culturales

Las estaciones ocurren en épocas opuestas en los dos hemisferios. Por ejemplo, cuando en Canadá y Estados Unidos (hemisferio norte) es verano; en Chile y Argentina (hemisferio sur) es invierno.

◆ ¿Cuál es su estación favorita?

E. Feliz cumpleaños Ask four or five classmates when their birthday is. Ask: **¿Cuándo es tu cumpleaños?** Choose one of the birthdays and announce it to the rest of the class:

El cumpleaños de _____ es el _____ de _____.

Detalles culturales

Los hispanos generalmente celebran, además del día de su cumpleaños, el día de su santo, que corresponde al santo de su nombre en el calendario católico. Patricio celebra su santo el 17 de marzo. (*St. Patrick's Day*)

◆ ¿Le gusta la idea de celebrar su santo? ¿Sabe Ud. cuándo es?

Entre nosotros

¡Conversemos!

 Para conocernos mejor Get to know your partner better by asking each other the following questions.

1. ¿Qué asignaturas tomas tú este semestre?
2. ¿Cuál es tu clase favorita?
3. ¿Conversas con tus amigos en la cafetería? ¿Tomas café con ellos?
4. ¿Cuántas horas estudias? ¿Cuántas horas trabajas?
5. ¿Tú trabajas los sábados? ¿Y los domingos?
6. En el verano, ¿tomas clases o trabajas?
7. ¿Qué clases deseas tomar el próximo semestre?
8. ¿Qué estación te gusta?
9. ¿Deseas tomar café, leche o té?
10. ¿Deseas agua con hielo o jugo de naranja?

 Una encuesta Interview your classmates to identify who does the following activities. Be sure to change the statements to questions. Include your instructor, but remember to use the **Ud.** form when addressing him or her.

Nombre

1. Trabaja por la noche.
2. Trabaja cuatro horas al día (a day).
3. Toma clases en el verano.
4. Toma mucho café.
5. Toma cerveza o vino.
6. Estudia los domingos.
7. Estudia en la biblioteca.
8. Toma danza aeróbica.
9. Toma una clase de psicología.
10. Desea tomar una clase de música.

 Y ahora... Write a brief summary, indicating what you have learned about your classmates.

 ¿Cómo lo decimos? What would you say in the following situations? What might the other person say? Act out the scenes with a partner.

1. You want to ask a friend what subjects he or she is taking this semester.

2. You want to tell someone what subjects you are taking.
3. You want to ask someone where he or she works.
4. You want to order something to drink.
5. You want to know the time.
6. You want to ask a classmate if his or her classes are easy or difficult.

 ¿Qué dice aquí?   With a classmate, study Virginia's schedule and take turns asking each other the following questions.

1. ¿Qué días tiene (*has*) Virginia la clase de historia? ¿A qué hora?
2. ¿Cuántas clases tiene Virginia por la noche?
3. ¿Qué clases tiene ella los (*on*) lunes, miércoles y viernes a las ocho?
4. ¿Qué idioma estudia Virginia? ¿Qué días?
5. ¿Cuándo estudia con el grupo?
6. ¿A qué hora almuerza (*has lunch*) Virginia? ¿Dónde?
7. ¿Dónde trabaja Virginia?
8. ¿Cuántas horas trabaja por semana (*per week*)?
9. ¿Qué clases incluyen laboratorio?
10. ¿Qué estudia Virginia los sábados?

Horario de Virginia

	Lunes	Martes	Miércoles	Jueves	Viernes	Sábado
8:00	Biología		Biología		Biología	
9:00	Japonés	Japonés	Japonés	Japonés		
10:00	Estudiar con el grupo		Estudiar con el grupo		Estudiar con el grupo	Cibernética
11:00	↓	Educación física	↓	Educación física	↓	
12:00	Cafetería	Cafetería	Cafetería	Cafetería	Cafetería	
1:00		Biología (Laboratorio)		Japonés (Laboratorio)		
2:00	Trabajar en la biblioteca →				→	
3:00						
4:00	↓	↓	↓	↓	↓	
5:00						
6:00						
7:00	Historia		Historia			
8:00	↓		↓			

Un dicho

El saber no ocupa lugar.

This is a popular saying in Spanish; find out what it means. It doesn't have an equivalent in English. Can you make up one?

Para escribir

Tu horario   With a partner, create a schedule for him or her. Use the following questions to ask about your partner's schedule.

¿Qué clases tomas?
¿Qué días es la clase de...? ¿A qué hora?
¿Trabajas? ¿Qué días? ¿A qué hora?
¿Cuándo estudias? ¿A qué hora? ¿Dónde? ¿Con quién?

Lectura

Estrategia de lectura   The selection you are going to read talks about registration procedures at the **Universidad Nacional.** What types of information would you expect to find in such instructions?

Vamos a leer   As you read **Información sobre la matrícula,** find the answer to each of the following questions.

1. ¿Qué necesita revisar (*check*) el/la estudiante?
2. ¿Qué debe notificar?
3. ¿Qué debe hacer (*to do*) para tomar más de (*more than*) 18 unidades?
4. ¿Debe asistir (*attend*) a todas las clases?
5. ¿Qué información debe tener (*must have*) el carnet de estudiante?
6. ¿Cuándo debe pagar la matrícula (*pay tuition*)?
7. ¿Qué debe hacer si necesita un plan de pago (*payment*) especial?
8. ¿Con quién debe hablar si necesita cambiar (*to change*) una clase?

UNIVERSIDAD NACIONAL
Información sobre la matrícula

El estudiante debe:

- revisar su horario de clases
- notificar cualquier error
- recibir la aprobación de la Administración para tomar más de 18 unidades
- asistir a todas las clases
- sacar un carnet de estudiante con su nombre, su número de identificación y su foto
- pagar la matrícula antes del primer día de clases
- llenar una solicitud en la Oficina de Administración si necesita un plan de pago especial
- hablar con un consejero si necesita cambiar una clase

Video

¿Cuántas clases toma cada (*each*) uno de estos estudiantes? ¿Trabajan o solamente estudian?

Díganos Answer the following questions, based on your own thoughts and experience.

1. ¿Revisa Ud. su horario de clases cuidadosamente (*carefully*)?
2. ¿Toma usted más de 10 clases por año?
3. ¿Asiste usted a todas las clases?
4. ¿Qué información tiene su carnet de estudiante?
5. ¿Cuánto es la matrícula en su universidad?
6. ¿Necesita usted un plan de pago especial?
7. ¿Habla usted con un(a) consejero(a) (*adviser*) o con un(a) profesor(a) si necesita cambiar una clase?

Dos amigos

Pablo y Marisa, estudiantes de la Universidad de Costa Rica, estudian juntos y son buenos amigos. Cuando Marisa conoce a (*meets*) Fernando y Pablo conoce a Victoria, los dos amigos están un poco celosos (*jealous*).

El mundo hispánico

Los hispanos en Canadá

- El número de hispanos crece (*grows*) más cada año en Canadá. Hoy en día (*Today*) hay unos 600.000 hispanos de todas partes del mundo. La mayor parte de los habitantes hispanos son de El Salvador (13,2 %), México (12,4 %) y Chile (8,4 %). Las ciudades con más hispanos son Toronto, Montreal y Vancouver.

- En el siglo XVIII los españoles son los primeros exploradores europeos de la costa pacífica de Canadá. España cede (*concedes*) el territorio a los ingleses en 1790. Hay muchos lugares (*places*) con nombres españoles en esta parte de Canadá: el estrecho (*strait*) de Juan de Fuca, las islas (*islands*) de Texada, Cortes, Malvina, Quadra, Redonda y Gabriola son unos ejemplos.

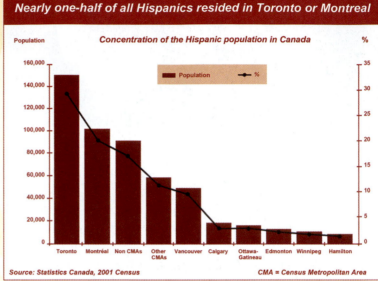

Nearly one-half of all Hispanics resided in Toronto or Montreal

Concentration of the Hispanic population in Canada

Source: Statistics Canada, 2001 Census   CMA = Census Metropolitan Area

▲ En Canadá, casi (*nearly*) la mitad de todos los hispanos viven en Toronto y en Montreal. ¿Qué otras ciudades tienen muchos hispanos?

- Del español vienen palabras como *rodeo, corral, lasso, bronco, lariat* y *ranch* asociadas con la vida de los vaqueros (*cowboys*) que se encuentran en el centro de nuestro país.

- Hoy en día hay hispanocanadienses que participan en una variedad de actividades: el gobierno, el arte, el teatro, el mundo literario, la televisión, la música y la comida (*food*).

Música

La múscia latina es muy popular no sólo para escuchar pero también para bailar. De Latinoamérica vienen el tango, la salsa y el merengue que se practican en muchas ciudades canadienses. Hay clases para aprender estos bailes (*dances*) y varios clubes nocturnos ahora tienen noches de música latina. En Canadá se puede escuchar música hispana tradicional como el flamenco, que viene de España, el tango y la música andina (*from the Andes*) pero también hay músicos de jazz, hip hop y otros estilos que cantan (*sing*) en español.

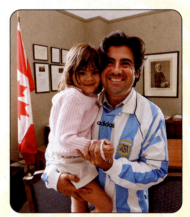

▲ MP Pablo Rodríguez y su hija Beatrice, 5 años, en su oficina en Ottawa.

◀ El Festival de Tango de Montreal es una oportunidad de explorar la cultura latina por medio del baile. Este evento lo tiene todo: pasión, movimiento y música.

Televisión

Telelatino (TLN) es un canal que presenta programas en italiano y español para todo el público canadiense. En Telelatino se presentan programas para niños, CNN en español, telenovelas (*soap operas*), y otros programas de interés a las personas hispanas. También muchas ciudades tienen canales locales que de vez en cuando (*from time to time*) tienen programas internacionales.

Comida

La comida hispana es muy popular en todas partes de Canadá. De St. John's en Terranova a Victoria en la Colombia Británica se pueden encontrar (*find*) restaurantes que sirven comida hispana. Tal vez (*Perhaps*) la comida más conocida es la mexicana. En muchos restaurantes hay tacos, enchiladas y guacamole. También hay comida como nachos, burritos y chimichangas que aunque (*even though*) no son tradicionales, son muy populares con los norteamericanos.

▲ Los anfitriones (*hosts*) del programa de televisión *¡Despierta* (Wake up) *América!* con su mascota "Cosita". *¡Despierta América!* se presenta en Telelatino de lunes a viernes a las 9 de la mañana—humor, información y noticias.

Turismo

Los países hispanos son muy populares con los canadienses para las vacaciones. A los canadienses les gustan las playas, los deportes acuáticos y el sol de lugares calurosos (*warm*). También les interesa la cultura hispana. Los lugares hispanos más visitados por canadienses son México, Cuba, la República Dominicana y España. A causa del (*Because of*) turismo a países hispanos, el estudio de español ha crecido (*has grown*) no sólo en las universidades pero también en las comunidades de muchas ciudades canadienses.

▶ Las playas de México son maravillosas. La Playa Bellenas y la Playa Chac Mool, que están cerca de Cancún, son dos playas muy populares.

 Comentarios...   With a partner answer these questions about the Hispanic presence in Canada.

1. ¿Cuáles son unas palabras del español que usamos (*we use*) en inglés?
2. ¿Cuáles son los bailes latinos más populares en Canadá?
3. ¿Hay un canal en tu ciudad que presenta programas en español?
4. ¿La comida hispana es común en Canadá? ¿Hay un restaurante hispano en tu ciudad? ¿Cuál es tu plato (*dish*) favorito?
5. ¿Cuál es el destino más popular para canadienses en el mundo hispano?

Tome este examen

Lección 1

A. Gender of nouns; plural forms of nouns; definite and indefinite articles
Place the corresponding definite and indefinite article before each noun.

Definite	Indefinite	Nouns
1. _____	_____	lápices
2. _____	_____	días
3. _____	_____	hombre
4. _____	_____	mujeres
5. _____	_____	mano
6. _____	_____	silla
7. _____	_____	borradores
8. _____	_____	mapas

B. Subject pronouns
Say which pronoun would be used to talk about the following people.

1. Ana y yo (*f.*)
2. Jorge y Rafael
3. la Dra. García
4. usted y el Sr. López
5. Amalia y Teresa
6. el doctor Torres

Now give the pronouns used to address the following people.

7. your professor
8. your best friend

C. Present indicative of *ser*
Complete the following sentences, using the present indicative of the verb *ser.*

1. Yo _____ mexicana y John ____ canadiense.
2. ¿Uds. _____ de Thunder Bay?
3. Teresa y yo _____ estudiantes.
4. Las plumas _____ rojas.
5. ¿Tú _____ de Windsor?
6. ¿De dónde _____ Ud.?

D. Forms of adjectives and agreement of articles, nouns, and adjectives   Change each sentence according to each new element.

1. Las alumnas son canadienses.   (*alumno*)
2. Las tizas son verdes.   (*lápices*)
3. El escritorio es blanco.   (*mesas*)
4. Es una mujer española.   (*hombre*)
5. El profesor es inglés.   (*profesoras*)
6. La chica es rica.   (*muchachos*)
7. Es un hombre inteligente   (*mujer*)
8. La señora es muy simpática.   (*señores*)

E. The alphabet   Spell the following last names in Spanish.

1. Díaz
2. Jiménez
3. Vargas
4. Parra
5. Feliú
6. Acuña

F. Numbers 0–39   Write the following numbers in Spanish.

1. 8 _____
2. 14 _____
3. 26 _____
4. 11 _____
5. 35 _____
6. 10 _____
7. 13 _____
8. 0 _____
9. 28 _____
10. 17 _____
11. 39 _____
12. 15 _____

G. Vocabulary   Complete the following sentences, using vocabulary from **Lección 1.**

1. ¿Cómo se _____ Ud.? ¿Teresa? ¿De _____ es Ud.?
2. Mucho _____ , señor Vargas.
3. ¿Cómo se _____ *"desk"* en español?
4. Mi compañera de _____ es _____ bonita.
5. Hay una profesora y diez _____ en la clase.
6. Rosa _____ con el profesor.
7. Buenos días. ¿Cómo _____ usted? ¿Bien?
8. Adiós. _____ a Marisa.
9. ¿Cómo _____ Sergio? ¿Guapo?
10. —Muchas gracias
    —De _____ .

H. Translation   Express the following in Spanish.

1. Good morning Miss Garcia. How are you?
2. Sergio speaks with Ana in class.
3. What is your phone number?
4. Lupe is intelligent and nice.
5. What is Viviana like?

I. Culture   Circle the correct answer, based on the cultural notes you have read.

1. El nombre María (no es/es) muy popular en los países hispanos.
2. El título "señorita" se usa solamente para mujeres (casadas / solteras (*single*)).

Lección 1

Lección 2

A. Present indicative of *-ar* verbs Complete each sentence with the correct form of the verb in parentheses.

1. ¿Tú _____ leche? (*drink*)
2. La señora Paz _____ con los alumnos. (*talks*)
3. Nosotros _____ inglés con la doctora Torres. (*speak*)
4. Yo _____ tomar café. (*wish*)
5. ¿Ud. _____ matemáticas o biología? (*study*)
6. Ana y Paco _____ en la biblioteca. (*work*)
7. Ernesto _____ la pluma roja. (*needs*)
8. Eva y yo _____ en agosto. (*finish*)

B. Interrogative and negative sentences Convert the following statements first into questions and then into negative statements.

1. Ellos hablan inglés con los estudiantes.
   a. _____
   b. _____
2. Ella es de México.
   a. _____
   b. _____
3. Ustedes terminan hoy.
   a. _____
   b. _____

C. Possessive adjectives Complete these sentences, using the Spanish equivalent of the word in parentheses.

1. ¿Tú necesitas _____ libro? (*your*)
2. Yo hablo con _____ profesor. (*her*)
3. Nosotros necesitamos hablar con _____ profesora. (*our*)
4. Trabajo con _____ compañeros de clase. (*my*)
5. ¿Ud. desea hablar con _____ amigos? (*your*)
6. Carlos habla con _____ profesores. (*our*)
7. Los estudiantes necesitan hablar con _____ profesor. (*their*)
8. Necesito _____ número de teléfono. (*his*)

D. Gender of nouns (Part II) Write *el, la, los,* or *las* before each of the following nouns.

1. _____ lecciones
2. _____ relojes
3. _____ idioma
4. _____ unidades
5. _____ problemas
6. _____ café
7. _____ libertad
8. _____ televisión

E. Numbers 40–200 Write the following phrases in Spanish. (Write the numbers in words.)

1. 80 ballpoint pens
2. 46 backpacks
3. 72 clocks
4. 33 windows
5. 200 books
6. 115 notebooks
7. 68 students
8. 50 maps
9. 95 computers

F. Telling time   Write the Spanish equivalent of the words in parentheses.

1. Oye, ¿qué hora es? ¿_____? (*Is it one o'clock?*)
2. Luis toma química _____. (*at nine-thirty in the morning*)
3. Estudiamos español _____. (*in the afternoon*)
4. _____ las ocho. (*It's*)
5. La clase es _____. (*at a quarter to three*)

G. Days of the week, and months and seasons of the year   Write the names of the missing days.

lunes, _____, _____, jueves, _____, _____, domingo

Give the following dates in Spanish.

1. March 1
2. June 10
3. August 13
4. December 26
5. September 3

6. October 28
7. July 17
8. April 4
9. January 2
10. February 5

During what seasons do these months fall in the Northern Hemisphere?

1. febrero
2. abril

3. octubre
4. julio

H. Vocabulary   Complete the following sentences, using vocabulary from **Lección 2.**

1. ¿Qué _____ es? ¿Las dos?
2. Necesito el _____ de clases. ¡Ah! ¡ _____ está!
3. Yo tomo _____ dos clases.
4. Deseo una _____ de café y un _____ de agua.
5. ¿Ellos _____ café en la cafetería?
6. Este _____ tomo tres clases.
7. Marzo, abril y mayo son los meses de la _____.
8. ¿Qué _____ estudias? ¿Historia?
9. Él toma una _____ de vino.
10. Deseo tomar _____ de manzana.

I. Translation   Express the following in Spanish.

1. —Clara, what classes are you taking?
   —I'm taking English, History, and Spanish.
2. Professor Salinas is from Mexico. He is our biology professor.
3. Martina wants to study, but Jorge wants a cup of coffee.
4. —What time is it?
   —It's ten thirty.
5. July 1st is Canada Day.

J. Culture   Circle the correct answer, based on the cultural notes you have read.

1. Hay unos (600.000 / 6.000.000) hispanos en Canadá.
2. La mayor parte de los habitantes hispanos son de (El Salvador / México)
3. En el siglo (XVII / XVIII) los españoles son los primeros exploradores europeos de la costa pacífica de Canadá.

Unidad

2

Objetivos

Lección 3

- ◆ Talk about household chores
- ◆ Talk about family
- ◆ Talk about how you feel

Lección 4

- ◆ Discuss plans for a party
- ◆ Extend, accept, and decline invitations
- ◆ Handle informal social situations such as parties

Una pareja celebra su boda en el Malecón en Puerto Vallarta.

En familia

Lección 3
Los trabajos de la casa

Lección 4
Una fiesta de cumpleaños

México

Vista panorámica de la Plaza de Las Tres Culturas, en México.

Guatemala

Estos turistas admiran un templo en Tikal, Guatemala.

El Salvador

El volcán Izalco, el más nuevo del país

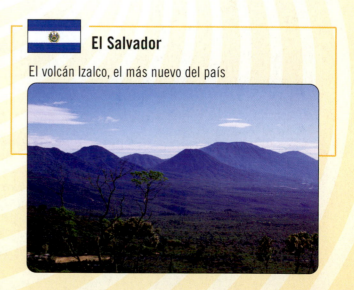

limpiar: to clean

Alicia

Susana

Héctor

busy   *siblings.*

🎧 Hoy es un día muy ocupado para Susana, Alicia y Héctor, tres hermanos que viven con sus padres en la Ciudad de México.
city

Alicia   Esta noche vienen papá y mamá de Guadalajara y esta casa es un desastre.
room   *sweep.*

Susana   Sí, especialmente el cuarto de Héctor. ¡Héctor! Tienes que limpiar tu recámara.
bedroom   *take out the garbage* → *mow the grass.*

Alicia   Y también tienes que <u>sacar la basura</u> y <u>cortar el zacate</u>.
to make, to do. irregular

Héctor   Ustedes dos son muy <u>mandonas</u>. Yo siempre tengo que hacer todo el trabajo en esta casa.
bossy

Susana   ¡Ja! Tu ocupación favorita es comer porque siempre tienes hambre.

Alicia   Yo <u>creo</u> que lo mejor es dividir el trabajo: yo limpio la cocina y los baños, Susana <u>sacude</u> los muebles de la sala y Héctor barre el garaje.
I believe (I think)   *kitchen*   *dust*   *furniture*   *living room*   *sweep*

Héctor   ¡Yo <u>hago</u> todo <u>eso</u>! No tengo tiempo porque viene Carlos para estudiar conmigo.
I do all of that!   *I don't have time.*

Susana   Tú siempre tienes excusas para no trabajar.

Detalles culturales

Actualmente (*At present*) muchos hombres hispanos, especialmente los más jóvenes, ayudan (*help*) a su esposa con los trabajos de la casa. Esto es debido a que, generalmente, los dos trabajan fuera de casa.

◆ **¿Los esposos canadienses ayudan con los trabajos de la casa?**

Detalles culturales

México tiene una comida típica excelente que hoy es popular en todo el mundo (*world*), pero en las grandes ciudades mexicanas los restaurantes sirven también comida internacional.

◆ **¿Qué comidas son típicas en Canadá?**

Handwritten annotations at top:
lavar: to wash
descansar: relax
pasar: to pass
poner: put

that afternoon.
Esa tarde.

still   iron   clothes.

Alicia Todavía tenemos que lavar y planchar la ropa y lavar los platos.

Susana ¡Hay mil cosas que hacer! *there are 1000 things to do.*

Héctor ¿Por qué no descansamos un rato y bebemos una limonada? *a while*
Yo tengo mucha sed.

Alicia Tienes razón. Hay limonada en el refrigerador. *your right*   *But after   necessitamos*

Susana Bueno... descansamos un momento, pero después debemos pasar
to vaccume la aspiradora y preparar la comida. *food.*   *type of food.   pass*

Héctor Yo hago la ensalada y ustedes preparan las enchiladas.

Alicia ¿Y quién pone la mesa? *who sets the table.*

Susana Yo. Héctor, oye. Tocan a la puerta. *Someone is knoking on the door.*

Héctor Debe ser Carlos. (*Héctor corre a abrir.*)   *dining room.*
it must be Carlos.

Esa noche, cuando llegan los padres, todos cenan y conversan en el comedor y después la mamá y las chicas miran su telenovela favorita.

Detalles culturales

La música mexicana es conocida (*known*) en todos los países y sus telenovelas se ven (*are seen*) no solamente en el mundo hispano sino que también son populares en países como Rusia, Japón y Canadá.

◆ **¿Qué telenovelas son famosas en Canadá?**

¿Recuerda usted?

¿Verdadero o falso?   With a partner, decide whether the following statements about the dialogue are true (**verdadero**) or false (**falso**).

1. Susana, Alicia y Héctor son hermanos. □ V □ F
2. Los padres de los chicos vienen de Acapulco. □ V □ F
3. Héctor tiene que limpiar su cuarto. □ V □ F
4. Héctor dice (*says*) que sus hermanas son muy mandonas. ☒ V □ F
5. Héctor come mucho. *a lot* ☒ V □ F
6. Susana limpia la cocina y los baños. □ V ☒ F
7. Por la tarde, los chicos todavía tienen que lavar los platos. ☒ V □ F
8. Los chicos beben jugo de uvas. □ V ☒ F
9. Alicia prepara la ensalada. □ V ☒ F
10. Tocan a la puerta. Son los padres de los chicos. □ V ☒ F

Y ahora... conteste   Answer these questions, basing your answers on the dialogue.

1. ¿De dónde vienen los padres de los chicos?
2. Según (*According to*) Susana, ¿cuál es la ocupación favorita de Héctor?
3. ¿Quién sacude los muebles de la sala?
4. ¿Quién viene a estudiar con Héctor?
5. ¿Dónde hay limonada?
6. ¿Qué preparan las chicas?
7. ¿Dónde cenan todos?
8. ¿Qué miran la mamá y las chicas?

Para hablar del tema: Vocabulario

Online Study Center

For more practice with lesson topics, see the related activities on the *¡Hola, amigos!* web site at college.hmco.com/PIC/holaamigos7e.

Cognados

el desastre	favorito(a)	el momento
la ensalada	el garaje	la ocupación
la excusa	la limonada	el refrigerador*
la familia		

Nombres

el baño, el cuarto de baño bathroom	**los muebles** furniture
la basura garbage	**los padres** parents
la casa house	**el papá** dad
la ciudad city	**el plato** plate, dish
la cocina kitchen, stove	**el dormitorio*** bedroom
la comida meal, food	**la ropa** clothes
la cosa thing	**la sala** living room
el cuarto room	**la telenovela** soap opera
la hermana sister	**el tiempo** time
el hermano brother	**el trabajo** work
la mamá mom	**los trabajos de la casa** housework
	el césped* lawn

Adjetivos

este(a) this
mandón(ona) bossy
ocupado(a) busy

Verbos

abrir to open	**limpiar** to clean
barrer to sweep	**llegar** to arrive
beber to drink	**mirar** to watch, to look at
cenar to dine	**planchar** to iron
comer to eat	**preparar** to prepare
cortar to cut, to mow	**sacar** to take out
deber to have to, must	**sacudir*** to dust
descansar to rest	**tener** to have
hacer (yo hago) to do, to make	**venir** to come
lavar to wash	**vivir** to live

De país a país

el refrigerador la heladera (*Méx., Cono Sur*) la nevera (*Esp.*)
el dormitorio la recámara (*Méx.*)
el césped el zacate (*Méx.*)
sacudir limpiar el polvo (*Esp.*)

conmigo with me
cortar el césped to mow the lawn
cosas que hacer things to do
cuando when
después after
eso that
especialmente especially
mil a thousand
para for, in order to
pasar la aspiradora to vacuum
poner la mesa to set the table
¿Quién (es)? Who (is it)?

siempre always
tener hambre to be hungry
tener que + *infinitivo* to have
  to + *infinitive*
tener razón to be right
tener sed to be thirsty
tocar (llamar) a la puerta to knock
  at the door
todavía still
todo(a) all
un rato a while

Amplíe su vocabulario

Aparatos electrodomésticos y batería de cocina (*Home appliances and kitchen utensils*)

el horno de microondas
el colador
el tazón
la lavadora
la licuadora
la cacerola
la tostadora
la cafetera
la sartén
la plancha
el horno
el lavaplatos
la secadora

Para practicar el vocabulario

A. Preguntas y respuestas Match the questions in column *A* with the answers in column *B*.

A	B
1. ¿A qué hora cenan? ____	a. No, la mamá.
2. ¿Qué necesitas? ____	b. Conmigo.
3. ¿Quién viene hoy? ____	c. Limonada.
4. ¿Ella es la hermana de Eva? ____	d. No, mi papá.
5. ¿Dónde viven? ____	e. No, gracias; no tengo sed.
6. ¿Qué deseas beber? ____	f. Mi hermano.
7. ¿Comes en tu cuarto? ____	g. Una telenovela.
8. ¿Con quién estudia Luis? ____	h. ¡No! ¡Siempre trabaja!
9. ¿Deseas una Coca-Cola? ____	i. A las ocho de la noche.
10. ¿Quién hace los trabajos de la casa? ¿Tu hermano? ____	j. En la ciudad de Lima.
11. ¿No descansa? ____	k. No, en la cocina.
12. ¿Qué miran por la noche? ____	l. ¡Muchas cosas!

B. ¡Hay mil cosas que hacer! Complete these exchanges, using vocabulary from Lección 3. Then act them out with a partner.

1. —¿Qué _____ (nosotros) que hacer hoy?
—Tenemos que _____ los muebles, _____ los platos y _____ el baño y la cocina.

2. —Tengo que _____ la aspiradora y _____ la comida.
—Yo tengo que _____ el garaje, _____ el césped y _____ la basura.

3. —Oye, Sara, tienes que planchar la _____ y _____ la mesa.
—Un _____, mamá. Tengo mucha _____ y deseo _____ una limonada.

¿Quiénes son estas personas y qué tienen que hacer hoy?

C. ¿Qué necesitas?

With a partner, look at the following list and take turns asking each other whether you need certain items.

◆ **MODELO:** —¿Necesitas la lavadora?
—Sí, porque tengo que lavar la ropa.

1. lavar la ropa
2. secar (*dry*) la ropa
3. planchar
4. lavar los platos
5. tostar el pan (*bread*)

6. preparar un batido (*shake*)
7. hacer sopa (*soup*)
8. preparar una ensalada
9. colar (*strain*) espaguetis
10. hacer café

D. Los trabajos de la casa

With a partner, play the roles of two family members trying to divide the housework by negotiating.

◆ **MODELO:** —Si tú preparas la ensalada, yo lavo los platos.

¿Qué quehaceres de la casa tienen que hacer Estela y su mamá después de comer?

Pronunciación

Las consonantes (*consonants*) **b, v** In Spanish, **b** and **v** have the same bilabial sound. To practise this sound, pronounce the following words, paying particular attention to the sound of **b** and **v.**

b	**b**asura	**b**arrer	**b**eber	**b**año	a**b**rir	**B**enavente
v	di**v**idir	**v**iene	**v**ivir	la**v**ar	fa**v**orito	

Puntos para recordar

1. Present indicative of *-er* and *-ir* verbs
(*Presente de indicativo de los verbos terminados en* -er *y en* -ir)

comer (*to eat*)		vivir (*to live*)	
yo	com**o**	yo	viv**o**
tú	com**es**	tú	viv**es**
Ud.		Ud.	
él	com**e**	él	viv**e**
ella		ella	
nosotros(as)	com**emos**	nosotros(as)	viv**imos**
vosotros(as)	com**éis**	vosotros(as)	viv**ís**
Uds.		Uds.	
ellos	com**en**	ellos	viv**en**
ellas		ellas	

- Regular verbs ending in **-er** are conjugated like **comer.** Other regular **-er** verbs are **barrer, beber, correr** (*to run*), **creer, leer** (*to read*), and **deber.**

  —Uds. **beben** café, ¿no?   *"**You drink** coffee, don't you?"*
  —No, **bebemos** limonada.   *"No, **we drink** lemonade."*

  —¿Nosotros **debemos** poner   *"**Do we have to** set the table?"*
     la mesa?
  —No, Uds. **deben** preparar   *"No, **you must** prepare the food."*
     la comida.

- Regular verbs ending in **-ir** are conjugated like **vivir.** Other regular **-ir** verbs are **abrir, escribir** (*to write*), **recibir** (*to receive*), **sacudir,** and **dividir.**

  —Tú **escribes** en inglés, ¿no?   *"**You write** in English, don't you?"*
  —No, **escribo** en español.   *"No, **I write** in Spanish."*

  —¿Uds. **viven** en D.F.[1]?   *"**Do you live** in D.F.?"*
  —No, nosotros **vivimos** en   *"No, **we live** in Guadalajara."*
     Guadalajara.

  —¿Qué **sacudes** tú?   *"What do **you dust**?"*
  —Yo **sacudo** los muebles de   *"**I dust** the living room furniture."*
     la sala.

---

[1]Distrito Federal (Mexico City)

Vivo en un apartamento.

Práctica y conversación

Online Study Center

For more practice with lesson topics, see the related activities on the *¡Hola, amigos!* web site at college.hmco.com/PIC/holaamigos7e.

A. Minidiálogos Complete the following exchanges appropriately, using the present indicative of the verbs in the list. Then act them out with a partner.

1. vivir
   —¿Dónde _____ Uds.?
   —Nosotros _____ en Guanajuato.
   —¿Y Pablo?
   —Él _____ en Puebla.

2. comer
   —¿A qué hora _____ tú?
   —Yo _____ a las dos.

3. leer
   —¿Qué libro _____ Uds.?
   —Nosotros _____ *El Quijote.*[1]

4. beber
   —¿Ud. _____ vino tinto?
   —No, yo _____ vino blanco.

5. correr
   —¿Uds. _____ por la mañana?
   —Sí, nosotros _____ por la mañana, pero Carlos _____ por la tarde.

6. sacudir
   —¿Tú _____ los muebles de la sala?
   —No, yo _____ los muebles del dormitorio.

_____

[1] *El ingenioso hidalgo don Quijote de la Mancha,* Miguel de Cervantes's famous novel.

7. deber

—¿Qué _____ limpiar Uds.?

—Yo _____ limpiar el baño y Alicia _____ limpiar la cocina.

8. barrer

—¿Quién _____ el garaje? ¿Tú?

—No, Teresa y yo _____ la sala.

9. recibir

—¿Uds. _____ cartas (_letters_)?

—No, nosotros _____ mensajes electrónicos.

10. escribir

—¿Ud. _____ con lápiz?

—No, yo _____ con pluma.

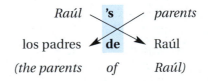 **B. Entreviste a su compañero(a)**   Interview a partner, using the following questions.

1. ¿Tú vives cerca de (_near_) la universidad? ¿Dónde vives?
2. ¿Bebes café por la mañana? Y por la tarde, ¿bebes té?
3. ¿Comes en la cafetería de la universidad? ¿A qué hora comes?
4. ¿Tú corres por la mañana?
5. ¿Tú escribes en inglés o en español? ¿Lees mucho?
6. ¿Tú abres la ventana de tu dormitorio por la noche?
7. ¿Qué días sacudes los muebles? ¿Qué días barres la cocina?
8. ¿Tú debes cortar el césped hoy? ¿Debes sacar la basura?

2. Possession with _de_ (_El caso posesivo_)

The **de** + _noun_ construction is used to express possession or relationship. Unlike English, Spanish does not use the apostrophe.

Raúl **'s** parents

los padres **de** Raúl

(_the parents_   _of_   _Raúl_)

—¿Ellos son **los hermanos de** Rafael?   "_Are they Rafael's brothers?_"
—No, son **los** hijos **de** Oscar.   "_No, they are Oscar's children._"

—¿Dónde viven Uds.?   "_Where do you live?_"
—En **la** casa **de Pedro.**   "_At Pedro's house._"

¡Atención!   Note the use of the definite article before the words **hijos** and **casa.**

Práctica y conversación

A. ¿Posesión o relación? Express the relationship of the people and/or objects in each illustration, using **de** + *noun* (i.e., the Spanish equivalent of *Marta's son*).

☼ **Online Study Center**

For more practice with lesson topics, see the related activities on the *¡Hola, amigos!* web site at college.hmco.com/PIC/holaamigos7e.

Marta

el hijo

la señorita Martínez

el número de teléfono

1. _____

2. _____

los libros

Elena

la profesora

el escritorio

3. _____

4. _____

B. ¿Quiénes son? According to the information given, you and a partner ask each other who everyone is. Answer expressing the relationship that exists among the people named.

◆ MODELO: La señora López tiene (*has*) dos estudiantes: Eva y Ana.

—¿Quiénes son Eva y Ana?
—Eva y Ana son las estudiantes de la señora López.

1. Elena tiene un hermano: Roberto.
2. La profesora Fernández tiene tres alumnos: Sergio, Daniel y Luis.
3. Jorge tiene una hermana: Marisa.
4. La señora Gutiérrez tiene una secretaria: Alicia.
5. Diana tiene un papá: el señor Alba.
6. Eva tiene dos profesoras: la doctora Vélez y la doctora Mena.
7. José Luis tiene un compañero de clase: David.
8. Marta tiene dos compañeras de cuarto: Silvia y Mónica.

3. Present indicative of *tener* and *venir*
(*Presente de indicativo de* tener *y* venir)

tener (*to have*)		venir (*to come*)	
yo	**tengo**	yo	**vengo**
tú	**tienes**	tú	**vienes**
Ud. } él } ella }	**tiene**	Ud. } él } ella }	**viene**
nosotros(as)	**tenemos**	nosotros(as)	**venimos**
vosotros(as)	**tenéis**	vosotros(as)	**venís**
Uds. } ellos } ellas }	**tienen**	Uds. } ellos } ellas }	**vienen**

—¿**Tienes** la sartén?
—Sí, **tengo** la sartén y la cacerola.

*"**Do you have** the frying pan?"*
*"Yes, **I have** the frying pan and the sauce pan."*

—¿**Vienes** mañana por la mañana?
—No, **vengo** el jueves.

*"**Are you coming** tomorrow morning?"*
*"No, **I'm coming** on Thursday."*

—¿Cuántos platos **tienen** Uds.?
—**Tenemos** ocho platos.

*"How many dishes **do you have?**"*
*"**We have** eight dishes."*

—¿Uds. **vienen** a la universidad los martes y jueves?
—No, nosotros **venimos** los lunes, miércoles y viernes.

*"**Do you come** to the university on Tuesdays and Thursdays?"*
*"No, **we come** on Mondays, Wednesdays, and Fridays."*

—¿**Tienes que** limpiar la casa hoy?

*"**Do you have to** clean the house today?"*

—No, hoy no **tengo que** limpiar.

*"No, I don't **have to** clean today."*

¡Atención! **Tener que** means *to have to,* and it is followed by an infinitive: **Elsa *tiene que limpiar* la casa hoy.** (*Elsa **has to clean** the house today.*)

Práctica y conversación

Online Study Center

For more practice with lesson
topics, see the related activities on
the *¡Hola, amigos!* web site at
college.hmco.com/PIC/holaamigos7e.

A. Minidiálogos Supply the missing forms of **tener** and **venir** to complete
the dialogues. Then act them out with a partner.

1. —¿Cuándo _____ Uds.?
   —Pedro _____ el sábado y yo _____ el domingo.
   —¿Con quién _____ tú?
   —Yo _____ con la Srta. Aranda.

2. —¿Tú _____ a mi casa mañana?
   —No, yo _____ el viernes.

3. —¿Uds. _____ una licuadora?
   —Sí, y también una cafetera.

4. —¿Cuándo _____ tú de Guadalajara?
   —_____ el jueves.

5. —¿Tú _____ que lavar la ropa hoy?
   —No, yo no _____ que lavar hoy.

B. ¿Quién puede ayudarme? (*Who can help me?*) You and your partner
take turns playing the role of René, who keeps asking everyone for help. Use
the elements given in your answers.

◆ MODELO: Elsa / la ensalada
  —¿*Elsa puede ayudarme?*
  —*No, Elsa (ella) tiene que preparar la ensalada.*

1. yo / los muebles
2. Ana y Eva / los platos
3. nosotros / la ropa
4. Marta / la aspiradora
5. Roberto / la basura
6. Sergio / el césped

C. ¿Hay mucho trabajo? With a partner, ask each other five questions
about what you have to do at different times and on different days. Follow the
model.

◆ MODELO: —¿*Qué tienes que hacer el sábado?*
  —*Tengo que barrer el garaje.*

4. Expressions with *tener* (*Expresiones con* tener)

The following idiomatic expressions are formed with **tener.**

tener (mucho) **frío**	*to be (very) cold*
tener (mucha) **sed**	*to be (very) thirsty*
tener (mucha) **hambre**	*to be (very) hungry*
tener (mucho) **calor**	*to be (very) hot*
tener (mucho) **sueño**	*to be (very) sleepy*
tener **prisa**	*to be in a hurry*

tener miedo	*to be afraid, scared*
tener razón	*to be right*
no tener razón	*to be wrong*
tener... años (de edad)	*to be . . . years old*
—¿**Tienes hambre?**	*"Are you hungry?"*
—No, pero **tengo** mucha **sed.**	*"No, but I am very thirsty."*
—¿Cuántos **años tiene** Eva?	*"How old is Eva?"*
—**Tiene** veinte **años.**	*"She is twenty years old."*

Online Study Center

For more practice with lesson topics, see the related activities on the *¡Hola, amigos!* web site at college.hmco.com/PIC/holaamigos7e.

Práctica y conversación

A. ¿Qué tienen? Describe the following people according to the illustrations below, using an expression with **tener.**

1. Elena _____ **2.** Yo _____ **3.** Nosotros_____

4. Él _____ **5.** Ellos _____ **6.** Tú _____

B. ¿Cómo se sienten? How do these people feel? Answer, using expressions with **tener,** according to the information given.

1. Carlos and Daniel are in the middle of the Sahara desert at 11 a.m.
2. Luis hasn't had a bite to eat for fifteen hours.
3. Marta sees a snake near her feet.
4. Darío and Eva have to get to the airport in a few minutes.
5. Rosa is in Northern Alberta in February.

C. ¿Por qué...? With a partner, take turns indicating why you are or are not doing the following, using an expression with **tener.**

1. ¿Por qué no abres las ventanas?
2. ¿Por qué corres?
3. ¿Por qué no comes ensalada?
4. ¿Por qué no tomas un vaso de limonada?
5. ¿Por qué cierras la puerta?

D. Entreviste a su compañero(a) Interview a partner, using the following questions.

1. ¿Cuántos años tienes? ¿Cuántos años tiene tu mamá?
2. ¿Qué comes cuando tienes hambre?
3. ¿Qué bebes cuando tienes frío? ¿Y cuando tienes calor?
4. ¿Tienes sueño en este momento?
5. ¿Tú tienes miedo a veces (*sometimes*)?
6. En tu familia, ¿quién tiene razón frecuentemente?

5. Demonstrative adjectives and pronouns
(*Adjetivos y pronombres demostrativos*)

Demonstrative adjectives

- Demonstrative adjectives point out persons and things. Like all other adjectives, they agree in gender and number with the nouns they modify. The forms of the demonstrative adjectives are as follows.

Masculine		Feminine		English Equivalent	
Sing.	*Pl.*	*Sing.*	*Pl.*	*Sing.*	*Pl.*
este	estos	esta	estas	this	these
ese	esos	esa	esas	that	those
aquel	aquellos	aquella	aquellas	that (*over there*)	those (*at a distance*)

aquella mesa

esa mesa

esta mesa

—¿Qué necesitas?
—**Estos** vasos y **aquellas** tazas.

"*What do you need?*"
"**These** glasses and **those** cups (over there)."

Demonstrative pronouns

◆ The forms of the demonstrative pronouns are as follows.

Masculine		Feminine		Neuter		English equivalent	
Sing.	*Pl.*	*Sing.*	*Pl.*	*Sing.*	*Pl.*	*Sing.*	*Pl.*
éste	éstos	ésta	éstas	esto	estos	this (one)	these
ése	ésos	ésa	ésas	eso	esos	that (one)	those
aquél	aquéllos	aquélla	aquéllas	aquello	aquellos	that (over there)	those (at a distance)

◆ The masculine and feminine demonstrative pronouns are the same as the demonstrative adjectives, except that they have a written accent.

◆ Each demonstrative pronoun has a neuter form. The neuter forms have no gender and refer to unspecified situations, ideas, or things: *this, this matter; that, that business.*

◆ Note that the demonstrative pronouns replace a noun.

—¿Qué libro quiere Ud., **éste** o **ése**?   *"Which book do you want, **this one** or **that one**?"*

— Quiero **aquél**.   *"I want **that one over there**."*

— ¿Qué es **eso**?   *"What is **that**?"*
— Es una plancha.   *"It's an iron."*

Práctica y conversación

A. Este, ese y aquel   Describe in Spanish the following illustrations, using the suggested demonstrative adjectives.

1. this, these:

a. _____

b. _____

c. _____

d. _____

2. that, those:

a. _____

b. _____

c. _____

d. _____

3. that (over there); those (over there):

a. _____

b. _____

c. _____

d. _____

B. Ud. está aquí   Say what you need according to the objects in the illustration, using the corresponding demonstrative adjectives.

C. Minidiálogos   Complete the following exchanges with the Spanish equivalent of the demonstrative pronouns in parentheses. Then act them out with a partner.

1. —¿Necesitas estos platos?
   —No, necesito _____ .   (*those*)
2. —¿Cuál de las mesas necesitan Uds.?
   —_____ .   (*This one*)
3. —¿Cuáles son tus tazas? ¿ _____ o _____ ?   (*These / those over there*)
   —_____ .   (*Those*)
4. —¿Cuál es tu casa? ¿ _____ o _____ ?   (*This one / that one*)
   —_____ .   (*That one over there*)

D. Nuestros compañeros   You and your partner take turns asking each other who the people in your class are. According to the relative distance. Use the appropriate demonstrative adjectives.

◆ MODELO: —¿*Quién es John?*
            —***Ese** muchacho.*

6. Numbers from 300 to 1,000 (*Números de 300 a 1.000*)

300	trescientos	600	seiscientos	900	novecientos
400	cuatrocientos	700	setecientos	1.000	mil
500	quinientos	800	ochocientos		

◆ In Spanish, one does not count in hundreds beyond one thousand; thus 1,100 is expressed as **mil cien.** Note that Spanish uses a comma where English uses a decimal point to indicate values below one: 1.095,99 (Spanish) = 1,095.99 (English).

◆ When a number from 200 to 900 is used before a feminine noun, it takes a feminine ending: **doscient*as* mes*as*.**[1]

_____

[1]This is also true for higher numbers that incorporate the numbers 200–900: **mil doscientas treinta sillas, dos mil ochocientos libros.**

Práctica y comunicación

 A. Sumas y restas With a partner, solve the following mathematical problems in Spanish.

1. 308 + 70 = _____
2. 500 − 112 = _____
3. 653 + 347 = _____
4. 892 − 163 = _____
5. 216 + 284 = _____

6. 1.000 − 450 = _____
7. 700 + 280 = _____
8. 125 + 275 = _____
9. 900 − 520 = _____
10. 230 + 725 = _____

 B. ¿Cuánto cuesta? With a partner, take turns asking each other how much everything costs.

◆ **MODELO:** —¿Cuánto cuesta el refrigerador? (13.650)
—*Cuesta trece mil seiscientos cincuenta pesos.*[1]

1. ¿Cuánto cuesta la pluma?
2. ¿Cuánto cuesta el vino?
3. ¿Cuánto cuesta la silla?
4. ¿Cuánto cuesta la computadora?
5. ¿Cuánto cuesta el reloj?
6. ¿Cuánto cuesta la mesa?
7. ¿Cuánto cuesta el escritorio?
8. ¿Cuánto cuesta el libro?

---

[1]Mexican currency: 1 Canadian dollar = 10 pesos (more or less). Rate of exchange subject to change.

Online Study Center

For more practice with lesson topics, see the related activities on the *¡Hola, amigos!* web site at college.hmco.com/PIC/holaamigos7e.

Entre nosotros

¡Conversemos!

 Para conocernos mejor   Get to know your partner better by asking each other the following questions.

1. ¿En qué ciudad vives tú? ¿Y tus padres?
2. ¿Cuántos años tienes? ¿Y tu mejor (*best*) amigo(a)?
3. ¿Qué días limpias tu casa?
4. ¿Quién prepara la comida en tu casa?
5. ¿Te gusta cortar el césped? ¿Te gusta pasar la aspiradora?
6. ¿Tú trabajas todos los días?
7. ¿Quién lava y plancha tu ropa?
8. ¿Qué aparatos electrodomésticos tienes en tu cocina?
9. ¿Qué bebes cuando tienes sed? ¿Agua o limonada?
10. ¿Qué tienes que hacer mañana?
11. ¿Tu casa es un desastre a veces (*sometimes*)?
12. ¿Qué trabajo de la casa no te gusta hacer?

 Una encuesta   Interview your classmates to identify who fits the following descriptions. Include your instructor, but remember to use the **Ud.** form when addressing him or her.

Nombre

1. Plancha su ropa los fines de semana.   _____
2. Corta el césped los domingos.   _____
3. Vive con sus padres.   _____
4. Limpia su casa los sábados.   _____
5. Llega a clase tarde (late).   _____
6. Tiene veinte años.   _____
7. Siempre tiene razón.   _____
8. Necesita descansar.   _____
9. Siempre tiene prisa.   _____
10. Es muy mandón (mandona).   _____

Y ahora...   Write a brief summary, indicating what you have learned about your classmates.

¿Cómo lo decimos?   What would you say in the following situations? What might the other person say? Act out the scenes with a partner.

1. You and a friend have invited guests for dinner and must decide what each of you has to do to prepare for them.
2. You tell your roommate that there is a knock at the door.
3. You ask a little boy how old he is.
4. You complain that there are a thousand things to do.

¿Qué pasa aquí?   Get together in groups of three or four and create a story about the people in the illustration. Say who they are, what their relationship is to one another, what they are doing, and what they might be getting ready for.

Para escribir

Para dividir el trabajo   You are in charge of organizing all the chores that must be done on a certain day. Indicate what you and everyone else has to do. Some of the chores must be done in pairs. To start out, brainstorm about all kinds of household chores and make a list. Then decide who is going to do what.

┌─ **Un dicho** ─────────────────────

Hogar, dulce hogar.

This is a saying about home life.
Can you guess the meaning?
Do you think it applies . . . ?

Silvia y Esteban deciden dar una fiesta para celebrar el cumpleaños de Mónica, una chica guatemalteca que ahora vive en San Salvador con la familia de Silvia.

Esteban Tenemos que mandar las invitaciones. ¿A quiénes vamos a invitar?

Silvia A todos nuestros amigos, a mis primos, al novio de Mónica y a Yolanda.

Esteban Yo no conozco a Yolanda. ¿Quién es?

Silvia Es la hermana del novio de Mónica.

Esteban ¿Ah, sí? ¿Es bonita? ¿Es rubia, morena o pelirroja? No es casada, ¿verdad?

Silvia Es morena, de ojos castaños, delgada, de estatura mediana… encantadora… y es soltera.

Esteban Bueno, si baila bien, ya estoy enamorado.

Silvia Oye, tenemos que planear la fiesta. Va a ser en el club, ¿no?

Esteban No, va a ser en la casa de mis abuelos. Ellos están en Costa Rica con mi madrina y yo tengo la llave de la casa.

Silvia ¡Perfecto! yo traigo los entremeses y la torta de cumpleaños.

Esteban Yo traigo las bebidas y los discos compactos. Yo sé que mis abuelos no tienen música para bailar.

Detalles culturales

Los jóvenes hispanos frecuentemente organizan fiestas en sus casas y casi siempre bailan.

◆ **En una fiesta, ¿los jóvenes canadienses prefieren bailar o conversar?**

Detalles culturales

En los países hispanos, muchas personas pertenecen (*belong*) a un club. Allí pueden nadar, practicar deportes, asistir a fiestas o reunirse con sus amigos.

◆ **¿Qué clase de clubes hay en Canadá?**

En la fiesta

Cuando Mónica, su novio y Yolanda llegan a la casa, todos gritan: ¡Feliz cumpleaños!

Mónica	(*Contenta*) ¡Qué sorpresa!
Silvia	¿Qué deseas tomar? ¿Champán, cerveza...? ¿O deseas comer algo?
Mónica	Una copa de champán para brindar con todos mis amigos.
Silvia	(*Levanta su copa*) ¡Un brindis! ¡Por Mónica! ¡Salud!
Todos	¡Salud!
Esteban	(*A Yolanda*) Hola, soy Esteban Campos. Tú eres Yolanda, ¿verdad?
Yolanda	Sí, mucho gusto.
Esteban	¿Bailamos? ¿Te gusta bailar salsa?
Yolanda	Sí, me gusta, aunque no sé bailar muy bien.

Esteban y Yolanda bailan y conversan. Todos los invitados lo pasan muy bien.

Silvia	(*A Mónica*) Veo que Yolanda y Esteban están muy animados.
Mónica	Sí, hacen una buena pareja. Oye, Silvia, la fiesta es todo un éxito. ¡Muchas gracias!

Detalles culturales

La palabra **salsa** (*sauce* o *spice*) se usa para referirse a la música caribeña, basada en la música afrocubana.

◆ ¿Cuáles son los ritmos típicos de Canadá?

Después de la fiesta, Esteban lleva a Silvia y a Mónica a su casa. Las chicas están cansadas, pero contentas.

¿Recuerda usted?

¿Verdadero o falso? With a partner, decide whether the following statements about the dialogue are true (**verdadero**) or false (**falso**).

1. Mónica es de Guatemala. ☐ V ☐ F
2. Mónica no tiene novio. ☐ V ☐ F
3. Esteban no sabe quién es Yolanda. ☐ V ☐ F
4. Yolanda es rubia, de ojos azules. ☐ V ☐ F
5. La fiesta es en el club. ☐ V ☐ F
6. Esteban hace la torta de cumpleaños. ☐ V ☐ F
7. Mónica desea brindar con champán. ☐ V ☐ F
8. Yolanda y Esteban bailan salsa. ☐ V ☐ F
9. Esteban y Yolanda están muy aburridos. ☐ V ☐ F
10. Todos lo pasan muy bien en la fiesta. ☐ V ☐ F

Y ahora... conteste Answer these questions, basing your answers on the dialogue.

1. ¿Qué deciden Silvia y Esteban?
2. ¿Quién es la hermana del novio de Mónica?
3. ¿Dónde están los abuelos de Esteban?
4. ¿Quién trae las bebidas?
5. ¿Yolanda sabe bailar bien?
6. ¿Con quién baila y conversa Yolanda?
7. ¿Quiénes hacen una buena pareja?
8. ¿Quién lleva a las chicas a su casa?

Para hablar del tema: Vocabulario

Online Study Center

For more practice with lesson topics, see the related activities on the *¡Hola, amigos!* web site at college.hmco.com/PIC/holaamigos7e.

Cognados

el champán
el club
guatemalteco(a)

la invitación
la música
la sorpresa

Nombres

la bebida beverage
el brindis toast (i.e., *at a celebration*)
el cumpleaños birthday
el disco compacto CD
los entremeses appetizers, finger food
el éxito success
la fiesta party
el (la) invitado(a) guest

la madrina godmother
la novia girlfriend
el novio boyfriend
los ojos eyes
el padrino godfather
la pareja couple
el (la) primo(a) cousin
la torta* cake

De país a país

la torta la tarta (*Esp.*)
el pastel (*Méx.*)
moreno(a) trigueño(a)
(*Cuba, Par.*)

Verbos

bailar to dance
brindar to toast
celebrar to celebrate
conocer to know, to be acquainted
dar to give
decidir to decide
estar to be
gritar to shout
invitar to invite

levantar to raise
llevar to take (*someone or something somewhere*)
mandar, enviar to send
planear to plan
saber to know
traer to bring
ver to see

Adjetivos

animado(a) enthused
cansado(a) tired
casado(a) married
castaño brown (*eyes, hair*)
contento(a) happy, content
enamorado(a) in love
encantador(a) charming
feliz happy
moreno(a)* dark, brunet(te)
pelirrojo(a) red-haired
rubio(a) blond(e)
soltero(a) single

Otras palabras y expresiones

¿a quién(es)? whom
ahora now
aunque although
¿Bailamos? Shall we dance?
comer algo to have something to eat
de estatura mediana of medium height

de ojos castaños with brown eyes
pasarlo bien to have a good time
¡Salud! Cheers!
¡Qué sorpresa! What a surprise!
todo un éxito quite a success
ya already

Amplíe su vocabulario (*Expand your vocabulary*)

La familia

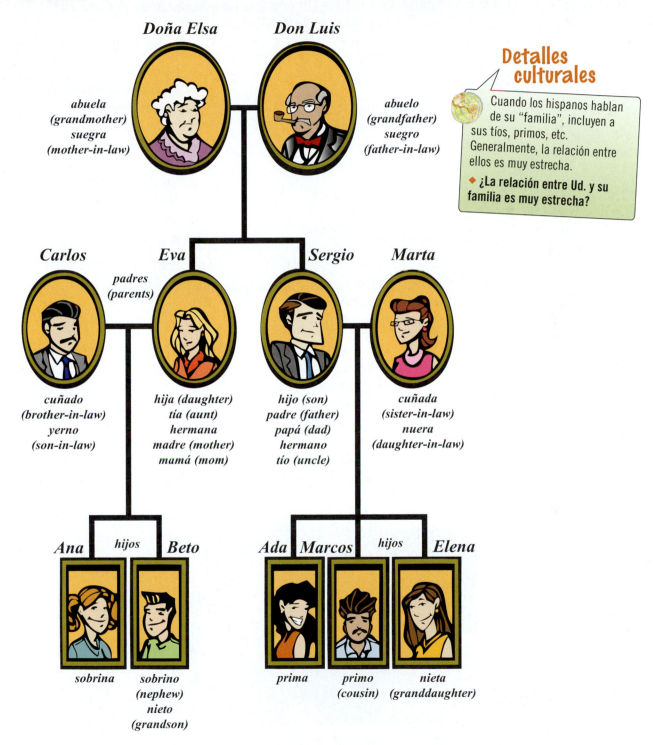

Doña Elsa
abuela
(grandmother)
suegra
(mother-in-law)

Don Luis
abuelo
(grandfather)
suegro
(father-in-law)

Detalles culturales

Cuando los hispanos hablan de su "familia", incluyen a sus tíos, primos, etc. Generalmente, la relación entre ellos es muy estrecha.

◆ **¿La relación entre Ud. y su familia es muy estrecha?**

Carlos
cuñado
(brother-in-law)
yerno
(son-in-law)

*padres
(parents)*

Eva
hija (daughter)
tía (aunt)
hermana
madre (mother)
mamá (mom)

Sergio
hijo (son)
padre (father)
papá (dad)
hermano
tío (uncle)

Marta
cuñada
(sister-in-law)
nuera
(daughter-in-law)

Ana
sobrina

hijos

Beto
sobrino
(nephew)
nieto
(grandson)

Ada
prima

Marcos
primo
(cousin)

hijos

Elena
nieta
(granddaughter)

Para practicar el vocabulario

A. Preguntas y respuestas With a partner, match the questions in column *A* with the answers in column *B*.

A	B
1. ¿Bailamos?	a. Champán.
2. ¿Es casada?	b. En la casa de mis abuelos.
3. ¿Es rubia o morena?	c. Las invitaciones.
4. ¿Qué bebida tienen?	d. No, es soltera.
5. ¿Qué celebran hoy?	e. No, es mi primo.
6. ¿Qué vas a mandar?	f. No, es guatemalteco.
7. ¿Luis es tu novio?	g. No, de estatura mediana.
8. ¿Dónde es la fiesta?	h. Ahora no; estoy cansada.
9. ¿Es alta?	i. Mi cumpleaños.
10. ¿Es de El Salvador?	j. Es pelirroja.

B. Planes para la fiesta Complete the following exchanges and then act them out with a partner.

1. —¿Qué vas a traer para comer?
   —Los _____ y la _____ de cumpleaños.
2. —¿Los invitados lo _____ bien?
   —Sí, la fiesta es todo un _____.
3. —¿Vamos a brindar?
   —Sí. (_____ *su copa*.) ¡Un _____!
   ¡Salud!
4. —¿Uds. _____ una fiesta el sábado?
   —Sí, y vamos a _____ a todos nuestros amigos.

Una pareja de enamorados hace planes para una fiesta.
¿Qué creen Uds. que van a celebrar?

C. **El parentesco** (*Relationship with relatives*)   With a partner, take turns saying what the relationship of one person to another is in the family tree. Mention eight to ten relationships.

◆ MODELO: —*Doña Elsa es la mamá de Eva.*

D. **De mi álbum de fotos**   Bring photos of family members and share information about them in small groups. Be prepared to present your family photos to the class.

Pronunciación

La consonante c   In Spanish, **c** has two different sounds: [s] and [k]. The [s] sound occurs in **ce** and **ci,** the [k] sound in **ca, co, cu, cl,** and **cr.** Read the following words aloud.

[s]		[k]	
cerveza	**ci**en**ci**as	**Ca**rmen	**cu**ándo
gra**ci**as	ne**ce**sito	**ca**nsado	**cl**ub
invita**ci**ón	**ce**lebrar	**có**mo	**cr**eo

Puntos para recordar

1. Verbs with irregular first-person forms
(*Verbos irregulares en la primera persona*)

◆ The following verbs are irregular in the first-person singular of the present tense.

Verb	yo form	Regular forms
salir (*to go out*)	**salgo**	sales, sale, salimos, salís, salen
hacer (*to do, make*)	**hago**	haces, hace, hacemos, hacéis, hacen
poner (*to put, place*)	**pongo**	pones, pone, ponemos, ponéis, ponen
traer (*to bring*)	**traigo**	traes, trae, traemos, traéis, traen
conducir (*to drive, to conduct*)	**conduzco**	conduces, conduce, conducimos, conducís, conducen
traducir (*to translate*)	**traduzco**	traduces, traduce, traducimos, traducís, traducen
conocer (*to know*)	**conozco**	conoces, conoce, conocemos, conocéis, conocen
caber (*to fit*)	**quepo**	cabes, cabe, cabemos, cabéis, caben
ver (*to see*)	**veo**	ves, ve, vemos, veis, ven
saber (*to know*)	**sé**	sabes, sabe, sabemos, sabéis, saben

Práctica y conversación

Online Study Center

For more practice with lesson topics, see the related activities on the *¡Hola, amigos!* web site at college.hmco.com/PIC/holaamigos7e.

A. **Olga y yo...** With a partner, take turns comparing what Olga does to what you do.

◆ MODELO: Olga traduce del inglés al español.
Yo traduzco del español al inglés.

Olga:

1. ...sale de su casa a las ocho de la mañana.
2. ...pone su dinero en el Banco de América.
3. ...conoce Guatemala.
4. ...sabe bailar salsa.
5. ...trae a su amiga a la universidad.
6. ...conduce un Honda.
7. ...ve a sus abuelos los domingos.
8. ...hace ejercicio (*exercises*) por la mañana.

B. **¿Y los otros...?** Now get together with another pair and compare your answers to theirs.

2. *Saber* vs. *conocer*

The verb *to know* has two Spanish equivalents, **saber** and **conocer,** which are used to express distinct types of knowledge.

◆ **Saber** means *to know something by heart, to know how to do something* (a learned skill), or *to know a fact* (information).

—¿**Sabes** el poema "In Flanders Fields"de memoria?	"***Do you know*** *the poem 'In Flanders Fields' by heart?"*
—¡No!	*"No!"*
—¿Ana **sabe** bailar salsa?	"***Does*** *Ana* ***know how*** *to dance salsa?"*
—No muy bien...	*"Not very well . . ."*
—¿Ud. **sabe** el número de teléfono de David?	"***Do you know*** *David's phone number?"*
—Sí, es 8–26–49–30.	*"Yes, it's 8–26–49–30."*

◆ **Conocer** means *to be familiar or acquainted with a person, a thing, or a place.*

—¿**Conoces** a Hugo?	"***Do you know*** *Hugo?"*
—Sí, es el primo de Alberto.	*"Yes, he's Alberto's cousin."*
—¿**Conocen** Uds. todas las novelas de Cervantes?	"***Are you acquainted with*** *all of Cervantes's novels?"*
—No, no todas.	*"No, not all of them."*
—¿**Conoces** San Salvador?	"***Do you know*** *(Have you been to) San Salvador?"*
— Sí, es una ciudad muy bonita.	*"Yes, it is a very pretty city."*

Práctica y conversación

Online Study Center

For more practice with lesson topics, see the related activities on the *¡Hola, amigos!* web site at college.hmco.com/PIC/holaamigos7e.

 A. ¿Qué sabes y qué conoces? With a partner, take turns interviewing each other, using the **tú** form. Ask if your partner *knows* the following. You'll have to decide whether to use **saber** or **conocer.**

◆ MODELO: bailar rumba
—¿*Sabes bailar rumba?*
—*Sí, yo sé bailar rumba. (No, no sé bailar rumba.)*

1. el número de teléfono de la universidad
2. Guatemala
3. las novelas de Rigoberta Menchú
4. hablar italiano
5. a los padres del profesor (de la profesora)
6. el poema "In Flanders Fields" de memoria
7. dónde vive el profesor (la profesora) de español
8. preparar entremeses

 B. Queremos saber... With a partner, use **saber** and **conocer** to prepare five or six questions to ask your instructor.

3. Personal *a* (*La* a *personal*)

◆ The preposition **a** is used in Spanish before a direct object (recipient of the action expressed by the verb) referring to a specific person or persons. When the preposition **a** is used in this way, it is called the *personal* **a** and has no English equivalent.

		(**Direct object**)
Yo conozco	**a**	Roberto.
I know		*Robert.*

—¿Tú conoces **a** Carmen y **a** Héctor?	*"Do you know Carmen and Héctor?"*
—Conozco **a** Carmen, pero no conozco **a** Héctor.	*"I know Carmen, but I don't know Héctor."*

> **¡Atención!** When there is a series of direct object nouns, referring to people, the personal **a** is repeated: **¿Tú conoces** *a* **Carmen y** *a* **Héctor?**

◆ The personal **a** is *not* used when the direct object is a thing or place.

Yo conozco Kingston.	*I know Kingston.*

◆ The personal **a** is seldom used following the verb **tener** even if the direct object is a person or persons.

Tengo dos hermanas.	*I have two sisters.*

◆ The personal **a** is also used when referring to pets.

Yo llevo **a** mi perro a la veterinaria.	*I take my dog to the vet.*

Online Study Center

For more practice with lesson topics, see the related activities on the *¡Hola, amigos!* web site at college.hmco.com/PIC/holaamigos7e.

Práctica y conversación

A. Minidiálogos Complete the following exchanges, using the personal **a** when appropriate. Leave the space blank if **a** is not needed.

1. —¿Tú conoces _____ Silvia y _____ Mónica?
   —Conozco _____ Mónica, pero no conozco _____ Silvia.
2. —¿_____ quién llevas a la fiesta?
   —Llevo _____ mi suegra y _____ mi cuñada.
3. —¿Tienes _____ hermanos?
   —Sí, tengo _____ un hermano y _____ dos hermanas.
4. —Qué tienes que hacer?
   —Tengo que llevar _____ mi perro a caminar (*for a walk*).

B. Los sábados With a partner, take turns asking whom you call (**llamar**), visit (**visitar**), or see on Saturdays.

 ◆ MODELO: —*¿A quién llamas todos los sábados?*
 —*Yo llamo a mi abuela.*

4. Contractions: *al* and *del* (*Contracciones:* al *y* del)[1]

 ◆ The preposition **a** and the article **el** contract to form **al.**

Llevamos	**a**	+	**el**	profesor.
Llevamos		**al**		profesor.

 ◆ Similarly, the preposition **de** and the definite article **el** contract to form **del.**

Tiene los libros	**de**	+	**el**	profesor.
Tiene los libros		**del**		profesor.

> **¡Atención!** **A** + **el** and **de** + **el** must *always* be contracted to **al** and **del.**

—¿Vienes **del** club?   *"Are you coming **from the** club?"*
—No, vengo **de la** biblioteca.   *"No, I'm coming **from the** library."*

—¿Vamos **al** cine?   *"Shall we go **to the** movies?"*
—Sí, vamos.   *"Yes, let's go."*

 ◆ None of the other combinations of preposition and definite article (**de la, de los, de las, a la, a los, a las**) is contracted.

   El esposo **de la** profesora viene **a la** clase de español.

¿Vamos al laboratorio de lenguas?

---
[1]See Appendix C.

Online Study Center

For more practice with lesson topics, see the related activities on the *¡Hola, amigos!* web site at college.hmco.com/PIC/holaamigos7e.

A. Ir y venir Using the list provided, you and your partner will take turns mentioning where everyone is going and whom everyone is taking.

◆ **MODELO:** Teresa / cine / Sr. López
*Teresa **va al** cine. Lleva **al** señor López.*

1. Inés / teatro / Sra. Vigo
2. El doctor Rojas / fiesta / profesor Vega
3. Fernando / club / Srta. Acosta
4. Paloma / zoológico / niños
5. Ramiro / parque / perro
6. Sara / biblioteca / estudiantes

Now you both use the same list to mention where everyone is coming from.

◆ **MODELO:** *Teresa y el Sr. López vienen **del** cine.*

B. Entreviste a su compañero(a) You and a partner take turns asking each other the following questions.

1. ¿Tú conoces a los amigos del profesor (de la profesora)?
2. ¿Tú vienes a la universidad antes de (*before*) las ocho de la mañana?
3. ¿Tú llamas al profesor (a la profesora) a veces (*sometimes*)?
4. ¿Tú tienes el libro del profesor (de la profesora)?
5. ¿Tú vienes a la universidad los domingos?
6. ¿Tú ves al profesor (a la profesora) los sábados?

5. Present indicative of *ir, dar,* and *estar*
(*Presente de indicativo de* ir, dar *y* estar)

	ir (*to go*)	dar (*to give*)	estar (*to be*)
yo	**voy**	**doy**	**estoy**
tú	**vas**	**das**	**estás**
Ud. / él / ella	**va**	**da**	**está**
nosotros(as)	**vamos**	**damos**	**estamos**
vosotros(as)	**vais**	**dais**	**estáis**
Uds. / ellos / ellas	**van**	**dan**	**están**

—¿Dónde **está** Aurora?	*"Where **is** Aurora?"*
—**Está** en el teatro.	*"**She is** at the theatre."*
—¿No **da** una fiesta hoy?	*"Isn't **she giving** a party today?"*
—No, yo **doy** una fiesta.	*"No, **I'm giving** a party."*
—¿Adónde **vas**?	*"Where **are you going** (to)?"*
—**Voy** al cine.	*"**I'm going** to the movies."*
—¿No **estás** cansada?	*"**Aren't you** tired?"*
—No, no **estoy** cansada.	*"**No, I am** not tired."*

¡Atención! The verb **estar** is used to indicate location and to describe condition at a given moment in time. **Estar** and **ser** are not interchangeable.

Location: Aurora está en el club.
Current condition: Estoy cansada.

Práctica y conversación

Online Study Center

For more practice with lesson topics, see the related activities on the *¡Hola, amigos!* web site at college.hmco.com/PIC/holaamigos7e.

A. Fiestas y más fiestas Complete the following statements about Mónica's birthday party, using the appropriate forms of **dar, ir,** and **estar.**

1. Todos los amigos de Silvia _____ a la fiesta que ella y Esteban _____ para Mónica. Esteban _____ dinero para la fiesta.
2. La abuela de Esteban no _____ a la fiesta; ella _____ en Costa Rica.
3. En la fiesta, Mónica _____ muy contenta y los invitados _____ muy animados.
4. Las bebidas y los entremeses _____ en la mesa (*table*).
5. Yo no _____ a la fiesta porque no _____ invitado.
6. Yo no _____ muchas fiestas en mi casa, pero mis amigos y yo _____ fiestas en el club.

B. Entreviste a su compañero(a) You and your partner take turns interviewing each other, using the following questions.

1. ¿Adónde vas los viernes?
2. ¿Vas al cine los sábados? ¿Con quién?
3. ¿Vas al trabajo los domingos?
4. ¿Tú y tus amigos van a muchas fiestas?
5. ¿Estás invitado(a) a una fiesta esta noche?
6. ¿Das muchas fiestas en tu casa?
7. ¿Estás cansado(a)?
8. ¿Dónde están tus padres ahora?

Now, you and your partner are interviewing Miss Muñoz. How would you ask her the same questions? Use the **Ud.** form.

6. *Ir a* + infinitive (Ir a + *el infinitivo*)

The **ir a** + *infinitive* construction is used in Spanish to express future time, in the same way English uses the expression *to be going to + infinitive*.

ir (*conjugated*)	+	**a**	+	*infinitive*
Voy		**a**		**estudiar.**
I am going				*to study.*

—¿Tú **vas a bailar** con Jorge?　　　*"**Are you going to dance** with Jorge?"*
—No, **voy a bailar** con Carlos.　　　*"No, **I'm going to dance** with Carlos."*

Ahora voy a estudiar un poco.

Elena va a estudiar ahora pero...
¿qué planea hacer después?

Práctica y conversación

Online Study Center

For more practice with lesson topics, see the related activities on the *¡Hola, amigos!* web site at college.hmco.com/PIC/holaamigos7e.

A. Entreviste a su compañero(a)   You and your partner take turns interviewing each other, using the following questions.

1. ¿Cuándo vas a estudiar? ¿Dónde?
2. ¿Cuántas horas vas a estudiar?
3. ¿Qué vas a hacer mañana?
4. ¿Dónde vas a comer mañana?
5. ¿Adónde van a ir tú y tus amigos el viernes?
6. ¿Vas a dar una fiesta el sábado?
7. ¿A quiénes vas a invitar a tu próxima (*next*) fiesta?
8. ¿Qué bebidas vas a servir (*serve*) en tu fiesta?

B. ¿Qué vamos a hacer?   What will be the result of each of the following situations? Indicate what *is going to happen.*

◆ MODELO: Yo tengo hambre.
  Voy a comer algo.

1. Ud. tiene un examen mañana.
2. Ud. y yo tenemos sed.
3. Mi tío tiene hambre.
4. Raquel y Luis van a ir a una fiesta.
5. Anita está cansada.
6. Marcelo quiere celebrar su cumpleaños.

¿Qué va a hacer cada (*each*) uno de estos estudiantes el sábado por la noche?

¡Conversemos!

 Para conocernos mejor   Get to know your partner better by asking each other the following questions.

1. ¿Cuándo planeas dar una fiesta?
2. ¿Tus discos compactos son de música para bailar o para escuchar (*to listen to*)?
3. ¿Sabes cantar (*to sing*) "Feliz cumpleaños" en español?
4. ¿Qué haces los sábados por la tarde? ¿Y por la noche?
5. ¿A qué hora sales de tu casa?
6. ¿Cuántas llaves (*keys*) de tu casa tienes?
7. ¿Tú conduces bien?
8. ¿Ves a tus abuelos frecuentemente?
9. ¿Estás enamorado(a)? ¿De quién?
10. ¿Tus ojos son azules, verdes o castaños?

 Una encuesta   Interview your classmates to identify who fits the following descriptions. Include your instructor, but remember to use the **Ud.** form when addressing him or her.

Nombre

1. Tiene un esposo muy simpático (una esposa muy simpática).
2. Es la nieta favorita de su abuela.
3. Visita a sus tíos frecuentemente.
4. Da muchas fiestas en su casa.
5. Va a muchas fiestas.
6. Sabe bailar salsa.
7. Conoce México.
8. Va a comer en la cafetería mañana.
9. Está enamorado(a).
10. Es soltero(a).

 Y ahora...   Write a brief summary, indicating what you have learned about your classmates.

¿Cómo lo decimos?   What would you say in the following situations? What might the other person say? Act out the scenes with a partner.

1. You and a friend are planning a party. You ask him or her what beverages he or she is going to bring.
2. You ask a friend what he or she is going to do on Saturday and with whom.
3. You talk to a friend about some members of your family.

¿Qué pasa aquí?   Get together in groups of three or four and create a conversation among the people in the picture. You might have them introduce one another and discuss their friends, their activities, the occasion, or the party itself.

Para escribir

Un mensaje electrónico   You are sending an e-mail to a friend, inviting him or her to a birthday party you are giving for someone.

Brainstorm about the place, the day and the time, whom you are going to invite, what you are going to serve, and what you are going to do. Now make a list of all the details and then organize the e-mail.

Un dicho

Come y bebe, porque la vida es breve.

This piece of advice reminds us of a similar one in English. Do you know what it is? Is it good advice? Memorize the Spanish saying!

Lectura

Estrategia de lectura Look at the **Sociales** reading below. Based on the headline and the photos, what do you think the reading is about? (**¿De qué trata la lectura?**) In which section of the newspaper can you find such articles?

Vamos a leer As you read the **Sociales** section of the newspaper, find the answers to the following questions.

1. ¿En qué iglesia tuvo lugar (*took place*) la boda de Isabel?
2. ¿Cómo se llama el esposo de Isabel?
3. ¿Qué ofrecieron los padres de la novia?
4. ¿Adónde va a ir la feliz pareja de luna de miel (*honeymoon*)?
5. ¿Qué tuvo lugar en el Club Deportivo Santiago?
6. ¿En qué universidad estudia Ana María?
7. ¿Qué estudian Ana María y Eduardo?
8. ¿Para cuándo planean la boda?
9. ¿Quién va de vacaciones a California?
10. ¿Qué ciudades va a visitar? ¿Con quiénes?
11. ¿Con qué celebraron el cumpleaños de Olguita? ¿Dónde?
12. ¿Qué hogar visitó la cigüeña (*stork*) y cómo se llama el bebé?

Detalles culturales

La mayoría de los hispanos generalmente usan dos apellidos: el apellido del padre y después el apellido de soltera (*maiden name*) de la madre.

◆ **¿Se usan dos apellidos en Canadá?**

SOCIALES

En la Catedral tuvo lugar la boda de la gentil señorita Isabel Gómez Vera con el distinguido caballero Juan Carlos Pérez Miranda el pasado sábado, 18 de agosto. Terminada la ceremonia religiosa, los padres de la novia ofrecieron un banquete en el Club Unión de San Salvador. La feliz pareja va a ir de luna de miel a la hermosa ciudad de Antigua. ¡Muchas felicidades al nuevo matrimonio!

Video

■ En el Club Deportivo Santiago tuvo lugar la fiesta de compromiso de la señorita Ana María Reyes y el señor Eduardo Alcalá. Ana María es estudiante de educación en la Universidad Nacional y su prometido está terminando la carrera de arquitecto. La pareja planea su boda para el mes de mayo. ¡Felicidades!

■ La semana próxima va de vacaciones a Banff la señora Rosalía Mena de Castro. Allí va a visitar a sus padres, que residen en Calgary. Acompañada de sus padres, visitará Lake Louise y Jasper. ¡Le deseamos buen viaje!

■ La cigüeña visitó el hogar del matrimonio Viera Colombo. El hermoso bebé llevará el nombre de Miguel Ángel. ¡Enhorabuena a los nuevos padres!

■ El viernes pasado se celebró, con una gran fiesta infantil, el cumpleaños de Olga Paz Soldán en la residencia de sus padres. ¡Feliz cumpleaños, Olguita!

Díganos Answer the following questions based on your own thoughts and experiences.

1. ¿En qué mes celebra Ud. su cumpleaños?
2. ¿Van a ofrecer sus amigos un banquete para celebrar su cumpleaños?
3. ¿Es Ud. miembro de un club? ¿De cuál?
4. Para Ud., ¿cuál es el lugar (*place*) ideal para pasar la luna de miel?
5. ¿Adónde planea Ud. ir de vacaciones?
6. ¿Qué ciudades canadienses desea visitar?
7. ¿Le gusta a Ud. viajar con sus padres, con sus amigos o solo(a) (*alone*)?
8. ¿Qué nombre le gusta para un bebé?

¡Qué sorpresa!

Los amigos de Marisa están en el apartamento de la muchacha, muy ocupados preparando una fiesta sorpresa para celebrar su cumpleaños. Cuando regresa más tarde y se esconden (*hide*), la sorpresa de Marisa es realmente grande…

El mundo hispánico

 ## México

◆ México, con más de cien millones de habitantes, ocupa por su población el primer lugar entre los países del mundo hispano, y tiene casi el área de Nunavut. Su capital, la Ciudad de México, D.F. (Distrito Federal), con unos 24 millones de habitantes, es el centro urbano más grande del mundo.

◆ La economía tradicional del país está basada en el petróleo y la agricultura, pero en las últimas décadas la industria, el turismo y el dinero que los emigrantes en los Estados Unidos envían a sus casas, son la principal fuente de ingreso (*source of income*).

▲ Vista del Ángel de la Independencia, en la ciudad de México.

◆ La importancia del turismo se debe a (*is due to*) la abundancia de bellezas naturales y de reliquias históricas y al servicio eficiente de sus centros turísticos. Playas famosas como Acapulco, Cancún y Puerto Vallarta; ruinas arquitectónicas como Teotihuacán, Chichén Itzá y Tulum, y la arquitectura de muchas ciudades atraen a turistas de todo el mundo. En México, D.F., coexisten restos arquitectónicos de la ciudad prehistórica Tenochtitlán, fundada en 1325 por los aztecas, edificios coloniales y modernas estructuras.

◆ Otras ciudades de gran interés turístico son Guadalajara, la segunda ciudad más grande del país, origen del mariachi y del tequila; Guanajuato, famosa por sus momias, y San Miguel de Allende, residencia de artistas de todo el mundo.

◆ En el mundo del arte, se destacan (*stand out*) pintores como Diego Rivera, José Clemente Orozco, David Alfaro Siqueiros y Frida Kahlo.

▲ Mural de Diego Rivera (1886–1957)

Guatemala

◆ Guatemala es uno de los países centroamericanos que fue (*was*) parte del imperio maya. Aunque el español es el idioma oficial, sólo lo habla el 60 por ciento de la población; el resto habla alguna lengua maya.

◆ Guatemala es un país de volcanes, montañas y bellos paisajes. Su clima es muy agradable y por eso se conoce como "el país de la eterna primavera". En Guatemala encontramos selvas tropicales (*jungles*), hermosas playas e innumerables centros arqueológicos. Uno de los más famosos es la ciudad maya de Tikal, que por su valor arqueológico fue declarada Patrimonio de la Humanidad por la UNESCO.

◆ La economía del país se basa en la agricultura. Los principales productos de exportación son café, bananas, algodón (*cotton*) y madera. En sus bosques hay numerosos pájaros (*birds*), entre ellos el quetzal, que le da nombre a la moneda del país, y que es el símbolo nacional de Guatemala.

◆ Una ciudad muy interesante de este país es Antigua, que fue la capital hasta 1776. Ciudad de Guatemala, la capital actual es, en su mayor parte, una ciudad moderna, aunque todavía hay algunas construcciones antiguas.

▲ Rigoberta Menchú (1959–), Premio Nobel de la Paz, 1992

El Salvador

◆ El Salvador es el país más pequeño de Centroamérica, pero es el más densamente poblado. Tiene más de seis millones de habitantes en un área más pequeña (*smaller*) que la Isla de Vancouver.

◆ En El Salvador hay más de 200 volcanes y por eso lo llaman "la tierra (*land*) de los volcanes". El país tiene unos 300 kilómetros de costa, y sus playas están entre las más hermosas de América. El "surfing" es el deporte (*sport*) que más se practica en las playas.

◆ El clima del país es tropical, con dos estaciones: la estación de las lluvias (de mayo a octubre) y la estación de la seca (*dry season*) (de noviembre a abril).

◆ La capital de El Salvador es San Salvador, la ciudad más industrializada de América Central.

▲ La Catedral Metropolitana frente a la plaza Barrios, en San Salvador.

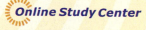

Online Study Center

For more practice with lesson topics, see the related activities on the *¡Hola, amigos!* web site at college.hmco.com/PIC/holaamigos7e.

Comentarios... With a partner, discuss, in Spanish, what impressed you the most about these three countries, and compare them to Canada. Which places do you want to visit and why?

Tome este examen

Lección 3

A. Present indicative of *-er* and *-ir* verbs   Complete each sentence with the correct form of the Spanish equivalent of the verb in parentheses.

1. El profesor _____ en la pizarra.   (*writes*)
2. Ana y yo _____ en la casa de la Sra. Paz.   (*live*)
3. Ellos _____ limpiar el baño.   (*must*)
4. ¿Tú _____ por la noche?   (*run*)
5. Yo _____ limonada.   (*drink*)
6. Esteban _____ en la cocina.   (*eats*)
7. María _____ las ventanas.   (*opens*)
8. ¿_____ Uds. libros de inglés?   (*receive*)

B. Possession with *de*   Write the Spanish equivalent of the words in parentheses.

1. Estela es _____.   (*Pedro's friend*)
2. Aquí está _____.   (*Paco's clothes*)
3. Ellos viven en _____.   (*Mrs. Peña's house*)
4. Ellos son _____.   (*Eva's brothers*)

C. Present indicative of *tener* and *venir*   Complete the following sentences, using the present indicative of **tener** or **venir.**

1. ¿Tú _____ a la universidad los lunes?
2. Eva y yo _____ con Roberto porque no _____ automóvil.
3. Ellos _____ mis libros de español, pero hoy no _____ a clase.
4. Yo no _____ a la universidad los viernes porque no _____ clases.
5. Sergio no _____ hijos.
6. Elvira _____ que planchar la ropa ahora.

D. Expressions with *tener*   Say how you and everybody else feel according to each situation, using expressions with **tener.**

1. It's July and you are in Montreal.   (*Yo...*)
2. Marcelo hasn't had anything to eat for the last twelve hours.   (*Marcelo...*)
3. Adela's throat is very dry.   (*Adela...*)
4. I am in Whitehorse and it is winter.   (*Tú...*)
5. We haven't slept for the last twenty-four hours.   (*Nosotros...*)
6. The boys are being chased by a big dog.   (*Los muchachos...*)
7. You have one minute to get to your next class, across campus.   (*Yo...*)

E. Demonstrative adjectives and pronouns   Use the appropriate demonstrative adjective.

1. (*those*)   a. _____ cosas   b. _____ muebles
2. (*this*)   a. _____ cocina   b. _____ dormitorio
3. (*that over there*) a. _____ café   b. _____ limonada
4. (*that*)   a. _____ casa   b. _____ refrigerador
5. (*these*)   a. _____ platos   b. _____ casas

F. Numbers 300–1,000   Write the following numbers in Spanish.

1. 567 _____   6. 874 _____
2. 790 _____   7. 965 _____
3. 1.000 _____   8. 825 _____
4. 345 _____   9. 481 _____
5. 615 _____   10. 13.816 _____

G. Vocabulary   Complete the following sentences, using vocabulary from Lección 3.

1. No me gusta hacer los _____ de la casa.
2. Tengo que descansar un _____ .
3. ¿_____ es ese señor?
4. Yo corto el _____ los sábados.
5. Ellos tienen muchas _____ que hacer hoy.
6. Jorge, necesito los platos para _____ la mesa.
7. Tenemos que _____ los muebles.
8. Tocan a la _____ y Héctor corre a _____ .
9. Debes _____ la basura.
10. Mis amigos _____ dentro de un _____ .
11. Yo _____ limonada cuando tengo _____ .
12. Andrés tiene que _____ la aspiradora.

H. Translation   Express the following in Spanish.

1. Juan has to take out the garbage.
2. —We are very hungry.
   —Why don't you eat?
3. Hector eats a lot, but he doesn't wash the dishes.
4. —How old are you?
   —I'm eighteen years old.
5. This house is big. That one over there is small.

I. Culture   Answer the questions based on the cultural information you have read.

1. Actualmente, ¿quiénes ayudan con los trabajos de la casa en los países hispanos?
2. ¿Dónde es popular la comida mexicana?
3. ¿En qué países son populares las telenovelas mexicanas?

Lección 4

A. Irregular first person in the present indicative Complete each sentence with the correct form of the verb in parentheses.

1. Yo _____ de mi casa a los ocho. (*leave*)
2. Yo_____ el auto de mi papá. (*drive*)
3. Yo_____ la lección al inglés. (*translate*)
4. Yo no _____ ejercicio (*exercises*) hoy. (*do*)
5. Yo no _____ en este auto. (*fit*)
6. Yo _____ las bebidas. (*bring*)

B. *Saber* vs. *conocer* Complete the following sentences, using the present indicative of **saber** or **conocer.**

1. ¿Tú _____ México? ¿_____ hablar español?
2. Yo no _____ el número de teléfono de Ana.
3. Nosotros _____ las novelas de Cervantes.
4. ¿Uds. _____ a Frida Kahlo?
5. ¿Olga _____ bailar?

C. Personal *a* Write a sentence with each group of words, adding any necessary words.

1. Yo / conocer / la tía / Julio
2. Luis / tener / tres tíos / dos tías
3. Ana / llevar / su prima / fiesta
4. Uds. / conocer / San Salvador

D. Contractions *al* and *del* Rewrite the following sentences, replacing the words in italics with the words in parentheses. Make all necessary changes.

1. No conocemos a la *señora* Vega. (señor)
2. Es la hermana de la *profesora*. (profesor)
3. Venimos de la *fiesta*. (club)
4. Voy a la *clase*. (laboratorio)
5. Vengo del *aula*. (playa)

E. Present indicative of *estar, ir,* and *dar* Complete the following sentences, using the present indicative of **dar, ir,** and **estar.**

1. Yo no _____ mi número de teléfono.
2. Ella no _____ en el aula.
3. Nosotros _____ a la fiesta.
4. ¿Tú _____ bien?
5. Ellos _____ en la cafetería.
6. ¿Ud. _____ a la universidad por la mañana?
7. ¿Uds. _____ fiestas los sábados?
8. Yo _____ al club.

F. *Ir a* + infinitive Write the question that originated each response, using the cues in italics.

1. Yo voy a estudiar *en el laboratorio.* (Use **tú.**)
2. Nosotros vamos a comer *sándwiches.*
3. Roberto va a ir *con Teresa.*
4. Yo voy a terminar *a las cuatro.* (Use **Ud.**)
5. Ellos van a trabajar *el sábado.*

G. Vocabulary Complete the following sentences, using vocabulary from **Lección 4.**

1. Tenemos muchos _____ compactos.
2. Vamos a comer _____.
3. Mi madrina es morena de ojos _____.
4. ¿Es rubia, morena o _____?
5. Es de _____ mediana.
6. Dan una fiesta de _____ para Ana hoy.
7. Elena no es casada; es _____.
8. Paco y Rosa hacen una buena _____.
9. Ellos traen los _____ para comer en la fiesta.
10. _____ una salsa. ¿Quieres _____?
11. Todos _____ su copa y brindan: ¡_____!
12. La fiesta es todo un _____.

H. Translation Express the following in Spanish.

1. My cousin's boyfriend has green eyes.
2. I go out a lot in the evening, but I don't drive.
3. —Tina, do you know Roberto?
   —Yes, and I know where he lives, too.
4. Mr. Rivera's children are going to the club.
5. We are going to have a party tomorrow because it's my birthday.

I. Culture Circle the correct answer based on the cultural information you have read.

1. La economía tradicional de México está basada en (el petróleo / la arquitectura).
2. Guanajuato es famosa por sus (momias / mariachis).
3. Guatemala es conocido como el país de la eterna (selva / primavera).
4. El Salvador tiene unos (200 / 300) kilómetros de costa.

Mercado de frutas y vegetales en Costa Rica

Objetivos

Lección 5

- ◆ Order meals at cafés and restaurants
- ◆ Request and pay your bill
- ◆ Talk about what is going on
- ◆ Describe people and things
- ◆ Make comparisons

Lección 6

- ◆ Shop for groceries in supermarkets and specialty stores
- ◆ Avoid repetition
- ◆ Contradict what someone else is saying
- ◆ Talk about how long something has been going on

¿Qué comemos hoy?

Lección 5
El menú, por favor

Lección 6
En el mercado

Costa Rica

Turistas admirando la selva desde un puente en el Parque Selvatura, en Costa Rica

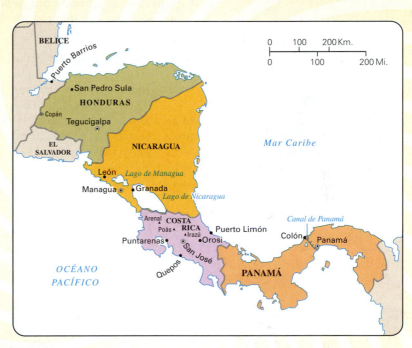

Panamá

Un barco de carga en el Canal de Panamá

Honduras

Ruinas mayas en Copán, Honduras

Nicaragua

Volcán Concepción, el más alto de Nicaragua, en la isla de Ometepe

Lección 5 ◆ El menú, por favor

Andrea   Javier   Camarero   Anita y Luisito

La familia Carreras, de Panamá, está de vacaciones en Costa Rica. Esta noche Andrea y Javier están en uno de los mejores restaurantes de San José, celebrando su aniversario de bodas. Ahora están conversando y esperando al camarero.

Andrea	(*Leyendo el menú*) ¡Ay, no sé qué pedir! Pollo a la parrilla, langosta, pescado asado...
Javier	Yo quiero bistec con puré de papas y verduras. ¡Oye!, ¿no quieres un coctel de camarones para empezar?
Andrea	¡Buena idea! Ah, aquí viene el camarero.
Camarero	La especialidad de hoy es cordero asado y bistec con langosta; ¿qué desean tomar?
Javier	Vermut.
Camarero	¿Y para comer?
Andrea	Para mí, sopa de cebolla, cordero asado y arroz.
Javier	Bistec con puré de papas y... una ensalada de tomates. Deseamos también un coctel de camarones.
Camarero	¿Qué desean beber con la comida?
Javier	Dos copas de vino tinto.

Detalles culturales

Cada país latinoamericano tiene platos típicos, pero la mayoría de los restaurantes sirve también comida internacional.

◆ **¿Es fácil encontrar comida internacional en tu ciudad?**

Detalles culturales

En los países hispanos, los restaurantes tienen camareros profesionales que trabajan tiempo completo. Por lo general, son hombres y usan uniforme: pantalones negros y chaqueta blanca.

◆ **¿Qué diferencia ve Ud. entre los camareros hispanos y los de Canadá?**

Detalles culturales

◆ En los países de habla hispana, el café se sirve después del postre, nunca durante la comida. Generalmente es café tipo espresso, y se sirve en tazas muy pequeñas.

◆ La propina que se ofrece en los restaurantes generalmente es del 10%, pero hay variación según el país y el tipo de restaurante. Con frecuencia la propina está incluida en la cuenta. Si Ud. no está seguro de esto, debe preguntar (*ask*), **¿Está incluido el servicio?**

◆ El desayuno típico en Costa Rica es gallo pinto (arroz con frijoles negros), huevo, tortilla, jugo de mango y café.

1. **¿Se bebe mucho café en Canadá? ¿Qué tipo de café prefiere beber Ud.?**
2. **Generalmente, ¿cuánto se deja de propina en un restaurante?**
3. **¿Cuál es el desayuno típico en Canadá?**

Más tarde.

Javier   (*Lee la lista de postres*) Flan, torta, helado, arroz con leche, pastel...

Andrea   Yo quiero helado de vainilla.

Javier   Yo voy a pedir flan con crema y después tomamos un café.

Javier paga la cuenta y deja una buena propina.

Al día siguiente Andrea y Javier llevan a sus hijos a desayunar. Anita es una niña muy bonita y un poco tímida. Es mayor que Luisito, pero él es más alto que ella. El niño es simpático y travieso.

Javier   (*Al mozo*) Jugo de naranja, huevos con jamón y pan tostado con mantequilla y mermelada.

Andrea   Una ensalada de frutas y un café con leche. (*A Anita*) ¿Qué quieres tú?

Anita   Yo quiero panqueques y un vaso de leche.

Luisito   Yo quiero un perro caliente y una Coca-Cola.

Javier   ¡No, no, no! Tienes que pedir algo mejor.

Luisito   Bueno..., una hamburguesa y una taza de chocolate.

Andrea   Está bien, pero en el almuerzo vas a comer pollo y verduras.

Luisito   No me gusta el pollo. No es tan sabroso como la pizza.

Cuando terminan de desayunar son las diez de la mañana.

¿Recuerda usted?

¿Verdadero o falso?   With a partner, decide whether the following statements about the dialogue are true (**verdadero**) or false (**falso**).

1. La familia Carreras es de Costa Rica y está de vacaciones en Panamá.   □ V   □ F
2. Hoy Andrea y Javier celebran su aniversario de bodas.   □ V   □ F
3. Javier come pollo a la parrilla.   □ V   □ F
4. Andrea no quiere comer camarones.   □ V   □ F
5. Andrea va a pedir sopa.   □ V   □ F
6. Javier y Andrea comen postre.   □ V   □ F
7. Javier y Andrea no tienen hijos.   □ V   □ F
8. El niño es mayor que la niña.   □ V   □ F
9. Javier come más que Andrea.   □ V   □ F
10. La mamá de Luisito quiere comer una hamburguesa.   □ V   □ F
11. Luisito prefiere comer pizza.   □ V   □ F
12. La familia termina de desayunar a las doce.   □ V   □ F

Y ahora... conteste   Answer these questions, basing your answers on the dialogue.

1. ¿Dónde están Andrea y Javier ahora?
2. ¿Qué están haciendo?
3. ¿Qué beben Javier y Andrea?
4. ¿Qué quiere Andrea de postre? ¿Y Javier?
5. ¿Cómo es Anita? ¿Cómo es Luisito?
6. ¿Anita quiere panqueques o pan tostado?
7. ¿Qué bebe Luisito en el desayuno?
8. ¿Qué debe comer Luisito en el almuerzo?

Para hablar del tema: Vocabulario

Online Study Center

For more practice with lesson topics, see the related activities on the *¡Hola, amigos!* web site at college.hmco.com/PIC/holaamigos7e.

Cognados

el aniversario	el menú
el coctel / cóctel	el panqueque*
la crema	el restaurante
la especialidad	la sopa*
la fruta	la vainilla
la hamburguesa	el vermut
la lista	

Nombres

el almuerzo lunch	**la mantequilla*** butter
el arroz rice	**la mermelada** jam
_____ con leche rice pudding	**el (la) niño(a)** child
el bistec, el biftec steak	**el pan** bread
la boda wedding	**_____ tostado** toast
el (la) camarero(a)* waiter, waitress	**la papa*** potato
los camarones* shrimp	**el pastel** pie
la cebolla onion	**el perro caliente** hot dog
el cordero lamb	**el pescado** fish
la cuenta check, bill	**el pollo** chicken
el flan caramel custard	**el postre** dessert
el helado* ice cream	**la propina** tip
el huevo egg	**el puré de papas** mashed potatoes
el jamón ham	**la verdura, el vegetal** vegetable
la langosta lobster	

Verbos

dejar to leave (*behind*)	**pagar** to pay
desayunar to have breakfast	**pedir** to order
empezar (e>ie), comenzar (e>ie) to begin, to start	**preferir (e>ie)** to prefer
esperar to wait	**querer (e>ie)** to want, to wish

Adjetivos

asado(a) baked, roasted	**sabroso(a), rico(a)** tasty, rich
mayor older, oldest	**tímido(a)** shy
mejor better, best	**travieso(a)** mischievous

Amplíe su vocabulario

Para poner la mesa (*To set the table*)

la pimienta · la sal · las copas · la taza · el platillo · la servilleta · el cuchillo · el plato · la cucharita · el tenedor · la cuchara · el mantel

De país a país

el panqueque el panqué (*Méx.*)

la sopa el caldo (*Méx.*)

el (la) camarero(a) el (la) mozo(a) (*Cono Sur*), el (la) salonero(a) (*Costa Rica*), el (la) mesonero(a) (*Ven.*), el (la) mesero(a) (*Méx.*)

los camarones las gambas (*Esp.*)

el helado la nieve (*Méx.*)

la mantequilla la manteca (*Cono Sur*)

la papa la patata (*Esp.*)

Para practicar el vocabulario

A. En el restaurante Choose the word or phrase that best completes each sentence.

1. Quiero una ensalada de (camareros, camarones, cuentas).
2. La especialidad de hoy es biftec con (langosta, pastel, mantequilla).
3. De postre quiero (cordero, pollo, helado).
4. No quiero salmón. No me gusta el (jamón, huevo, pescado).
5. Quiero puré de (gambas, papas, arroz).
6. Quiero (almuerzo, pollo, mermelada) a la parrilla.
7. Voy a pagar la (cuenta, cebolla, idea).
8. Javier deja una buena (boda, propina, verdura) para el mozo.

B. Preguntas y respuestas Match the questions in column *A* with the answers in column *B*.

A	B
1. ¿Qué quieres beber?	a. No, perros calientes.
2. ¿Quieres langosta?	b. Sí, a la parrilla.
3. ¿Quieren sopa?	c. A las once y media.
4. ¿Comen hamburguesas?	d. ¡Muy traviesos!
5. ¿Comes pan?	e. Sí, de cebolla.
6. ¿A qué hora es el almuerzo?	f. No, con helado.
7. ¿Quieres pollo?	g. Vermut.
8. ¿Comen flan con crema?	h. Quince dólares.
9. ¿Cómo son los niños?	i. Sí, con mantequilla y mermelada.
10. ¿Cuánto dejas de propina?	j. No, prefiero camarones.

C. Voy a pedir... With a partner, play the roles of two dining companions looking at the menu and talking about what they are going to order. Start by saying "Yo voy a pedir…".

Marisa está leyendo el menú. ¿Qué cree Ud. que ella va a pedir para comer? ¿Y para tomar?

D. Para poner la mesa With a partner, decide what items you are going to need to set the table according to what is going to be served. Start out with a tablecloth and napkins.

You will serve soup, salad, steak and lobster, dessert, water, red wine, and coffee.

Pronunciación

Las consonantes *g, j, h*

A. Practise the sound of Spanish **g** in the following words.

pa**g**ar	**g**racias
gambas	**g**uapo
lan**g**osta	trái**g**anos

B. Practise the sound of Spanish **j** (or **g** before **e** and **i**) in the following words.

ba**j**o	pare**j**a	**J**ulio
giro	anaran**j**ado	**J**avier
Gerardo	me**j**or	ve**g**etales

C. Repeat the following words. Remember that the Spanish **h** is silent.

hora	**h**asta	**h**elado
hoy	**h**ola	**h**amburguesas
hora	**h**istoria	**h**uevo

Puntos para recordar

1. Present progressive (Estar + *gerundio*)

The present progressive describes an action that is in progress. It is formed with the present tense of **estar** and the **gerundio** (equivalent to the English *-ing* form) of the verb. Study the formation of the **gerundio** in the following chart.

Infinitive	habl**ar**	com**er**	escrib**ir**
Gerundio	habl- **ando**	com- **iendo**	escrib- **iendo**

Yo	**estoy**	**comiendo.**
I	*am*	*eating.*

—¿**Estás estudiando?**   *"Are you studying?"*
—No, **estoy escribiendo.**   *"No, I am writing."*

◆ The following forms are irregular. Note the change in their stems.

pedir	→	**p*i*diendo**	*asking for*
decir	→	**d*i*ciendo**	*saying*
servir	→	**s*i*rviendo**	*serving*
dormir	→	**d*u*rmiendo**	*sleeping*
traer	→	**tra*y*endo**	*bringing*
leer	→	**le*y*endo**	*reading*

◆ Note also that the **i** of **-iendo** becomes **y** between vowels.

—¿Qué están haciendo las chicas?   *"What are the girls doing?"*
—Ana **está leyendo** y Eva está   *"Ana **is reading** and Eva is*
  durmiendo.   *sleeping."*

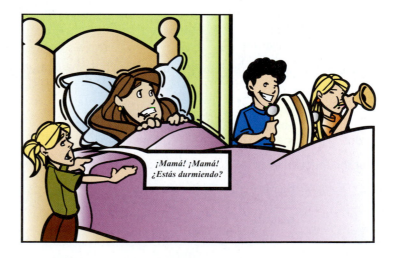

¡Mamá! ¡Mamá!
¿Estás durmiendo?

¡Atención! In Spanish, the present progressive is *never* used to indicate a future action. The present tense is used in future expressions that would require the present participle in English.

◆ Some verbs, such as **ser, estar, ir,** and **venir,** are rarely used in the progressive construction.

Práctica y conversación

Online Study Center

For more practice with lesson topics, see the related activities on the *¡Hola, amigos!* web site at college.hmco.com/PIC/holaamigos7e.

A. En casa de los Carreras   With a partner, say what is happening, using the cues provided.

1. Tú / preparar / una ensalada
2. Javier / traer / los manteles
3. Luisito y Anita / pedir / dinero
4. Yo / decir / que es tarde
5. Andrea y yo / desayunar / la cocina

B. ¿Qué están haciendo?   Describe what the following people are doing.

1. Tú...

2. Yo...

3. Ellos...

4. Eva...

5. La profesora...

6. Nosotros... y el chico...

C. En una fiesta   With a partner, take turns asking and answering what everybody is doing at Andrea's party. Use the cues provided and the present progressive to formulate the questions. Use your imagination when responding.

Persona	Pregunta
1. Javier	qué / hacer
2. Andrea	qué / servir
3. Pablo	con quién / bailar
4. Eva y Pablo	qué / beber
5. Juan	qué / comer
6. Olga y Estela	qué / pedir
7. la orquesta (*band*)	qué / tocar

2. Uses of *ser* and *estar* (*Usos de* ser *y* estar)

The English verb *to be* has two Spanish equivalents, **ser** and **estar,** which have distinct uses and are *not* interchangeable.

Uses of *ser*

Ser expresses a fundamental quality and identifies the essence of a person or thing: *who* or *what* the subject is.

- ◆ It describes the basic nature or inherent characteristics of a person or thing. It is also used with expressions of age that do not refer to a specific number of years.

Anita **es** tímida.	*Anita is shy.*
Estela **es** joven.	*Estela is young.*

- ◆ It is used with **de** to indicate origin and with adjectives denoting nationality.

Carmen **es** cubana; **es** de La Habana.	*Carmen is Cuban; she is from Havana.*

- ◆ It is used to identify professions and jobs.

Yo **soy** profesor de francés.	*I am a French professor.*

- ◆ With **de,** it is used to indicate possession or relationship.

El vaso **es** de Ana.	*The glass is Ana's.*
Ellas **son** las hermanas de Javier.	*They are Javier's sisters.*

- ◆ With **de,** it describes the material that things are made of.

El teléfono **es** de plástico.	*The telephone is (made of) plastic.*
La mesa **es** de metal.	*The table is (made of) metal.*

- ◆ It is used with expressions of time and with dates.

Son las cuatro y media.	*It is four-thirty.*
Hoy **es** jueves, primero de julio.	*Today is Thursday, July first.*

- ◆ It is used with events as the equivalent of "taking place."

La fiesta **es** en mi casa.	*The party is (**taking place**) at my house.*

Uses of *estar*

Estar is used to express more transitory qualities than **ser** and often implies the possibility of change.

- ◆ It indicates place or location.

Ana **está** en casa.	*Ana is at home.*

- ◆ It indicates a condition, often the result of an action, at a given moment in time.

Él **está** cansado.	*He's tired.*
La puerta **está** cerrada.	*The door is closed.*

- With personal reactions, it describes what is perceived through the senses—that is—how a subject tastes, feels, looks, or seems.

¡Estás muy bonita hoy!	***You look** very pretty today!*
La sopa **está** muy sabrosa.	*The soup **is** very tasty.*

- In present progressive constructions, it describes an action in progress.

Estoy desayunando.	***I am** having breakfast.*

Práctica y conversación

Online Study Center

For more practice with lesson topics, see the related activities on the *¡Hola, amigos!* web site at college.hmco.com/PIC/holaamigos7e.

A. Entreviste a su compañero(a)   Interview a partner, using the following questions.

1. ¿Eres canadiense?
2. ¿De dónde eres?
3. ¿Tu mejor amigo es alto, bajo o de estatura mediana?
4. ¿Tu mejor amiga es rubia, morena o pelirroja?
5. ¿Dónde están tus padres ahora?
6. ¿Estás cansado(a)?
7. ¿Qué día es hoy?
8. ¿Qué hora es?

B. Carlos Alberto y Marisa   Complete the following story about Carlos Alberto and his girlfriend, Marisa, using the present indicative of **ser** or **estar,** as appropriate.

Carlos Alberto _____ joven, alto y delgado. _____ estudiante de la Universidad Central. Él _____ de Panamá, pero ahora _____ en Costa Rica. _____ las nueve de la noche y Carlos Alberto decide ir a la casa de Marisa. Marisa _____ su novia y _____ una chica muy inteligente y simpática. —¡Qué bonita _____ hoy, Marisa! —exclama Carlos Alberto cuando ella abre la puerta. Los dos van a una fiesta. La fiesta _____ en casa de Andrea y Javier.

C. Ser o estar   With a partner, take turns making statements about each illustration, using **ser** or **estar** as needed.

- **MODELO:** Pedro _____ y Luis _____.
  Pedro es alto y Luis es bajo.

Pedro

Luis

Ana · Mario

cajero

1. Mario _____ moreno y
Ana _____ rubia.

2. Eva _____.

3. El doctor Torres _____.

4. Yo _____.

Mayo
6
Lunes

5. Hoy _____.

6. Los estudiantes _____.

7. _____.

8. Nosotros _____.

D. **En la clase** In groups of three or four, prepare twelve statements about objects and people in the classroom. Include as many uses of **ser** and **estar** as possible.

3. Stem-changing verbs: *e* > *ie*
(*Verbos que cambian en la raíz:* e > ie)

As you have already seen, Spanish verbs have two parts: a stem and an ending (**-ar, -er,** or **-ir**). Some Spanish verbs undergo a change in the stem in the present indicative tense. When **e** is the last stem vowel and it is stressed, it changes to **ie** as shown below.

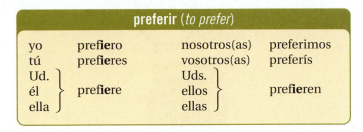

preferir (*to prefer*)			
yo	pref**ie**ro	nosotros(as)	preferimos
tú	pref**ie**res	vosotros(as)	preferís
Ud. él ella	pref**ie**re	Uds. ellos ellas	pref**ie**ren

- ◆ Note that the stem vowel is not stressed in the verb forms used with **nosotros(as)** and **vosotros(as);** therefore, the **e** does not change to **ie.**

- ◆ Stem-changing verbs have the same endings as regular **-ar, -er,** and **-ir** verbs.

- ◆ Other verbs that also change from **e** to **ie** are **cerrar** (*to close*), **comenzar, empezar, entender**[1] (*to understand*), **pensar**[2] (*to think*), and **querer.**

—¿**Quieres** bistec?   "***Do you want** steak?*"
—No, **prefiero** pollo.   "*No, **I prefer** chicken.*"

—¿A qué hora **comienzan**   "*At what time **do you begin** to*
    Uds. a trabajar?   *work?*"
—**Comenzamos** a las diez.   "***We begin** at ten.*"

Práctica y conversación

Online Study Center

For more practice with lesson topics, see the related activities on the *¡Hola, amigos!* web site at college.hmco.com/PIC/holaamigos7e.

A. No están de acuerdo   Alicia and Sergio cannot agree on anything. Supply the correct form for each verb and act out the conversation with a partner.

Alicia   ¿Tú _____ (pensar) ir a la fiesta de Olga?

Sergio   Yo no _____ (querer) ir a fiestas; _____ (preferir) ir a un restaurante con los muchachos.

Alicia   ¡Ellos también _____ (querer) ir a la fiesta!

Sergio   ¿A qué hora _____ (empezar) la fiesta?

Alicia   _____ (Comenzar) a las nueve, pero Beatriz y yo _____ (querer) estar allí (*there*) a las ocho porque tenemos que llevar las bebidas.

Sergio   Carlos y yo _____ (pensar) ir a la biblioteca.

Alicia   ¡¿Uds. _____ (pensar) ir a la biblioteca hoy?! Entonces yo voy a la fiesta con Roberto.

Sergio   ¡Magnífico! Yo voy al restaurante con Marisa.

---

[1]For a complete list of stem-changing verbs, see Appendix B.
[2]When followed by an infinitive, **pensar** means *to plan:* **Pienso** estudiar hoy.

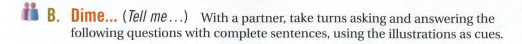

B. Dime... (*Tell me...*) With a partner, take turns asking and answering the following questions with complete sentences, using the illustrations as cues.

1. ¿Qué quieres tomar?

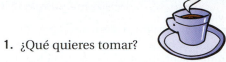

2. ¿A qué hora empieza la clase?

3. ¿Adónde quieren ir Uds.?

4. ¿Qué prefiere comer Adela?

5. ¿Cuándo comienzan las clases?

6. ¿A qué hora cierran la biblioteca?

7. ¿Qué prefieren beber Uds.: ponche o vino?

8. ¿En qué mes empieza el invierno?

9. ¿Con quién piensas ir?

C. Quiero saber... Write five original questions to ask a partner, using **e:ie** stem-changing verbs. Your partner will, in turn, ask you five questions.

4. Comparative and superlative adjectives, adverbs, and nouns
(*Comparativo y superlativo de adjetivos, adverbios y nombres*)

Comparisons of inequality

◆ In Spanish, the comparative of inequality of most adjectives, adverbs, and nouns is formed by placing **más** (*more*) or **menos** (*less*) before the adjective, the adverb, or the noun and **que** (*than*) after it.

más (*more*)		*adjective* or		
	+	*adverb*	+	**que** (*than*)
menos (*less*)		or *noun*		

—¿Tú eres **más alta que** Ana?   *"Are you **taller than** Ana?"*
—Sí, ella es mucho **más baja que** yo.   *"Yes, she is much **shorter than** I."*

¡Atención!   **De** is used instead of **que** before a numerical expression of quantity or amount.

Luis tiene **más de** treinta años.   *Luis is **over** thirty years old.*
Hay **menos de** veinte estudiantes   *There are **fewer than** twenty students* aquí.   *here.*

Comparisons of equality

◆ To form comparisons of equality with adjectives, adverbs, and nouns in Spanish, use the adjectives **tanto, -a, -os, as,** or the adverb **tan... como.**

When comparing adjectives or adverbs:	When comparing nouns:
tan (*as*) ⟨ bonita / tarde ⟩ + **como**	**tanto** (*as much*) din**ero** **tanta** plata (*money*) + **como** **tantos** (*as many*) lib**ros** **tantas** plum**as**

—¿Tu hermana habla bien el español?   *"Does your sister speak Spanish well?"*
—Sí, habla español **tan bien como** nosotros.   *"Yes, she speaks Spanish **as well as** we do."*

—Tú das muchas fiestas.   *"You give many parties."*
—Sí, pero no doy **tantas fiestas como** Uds.   *"Yes, but I don't give **as many parties as** you do."*

The superlative

◆ The superlative construction is similar to the comparative. It is formed by placing the definite article before the person or thing being compared.

definite article	+	(noun)	+	más or menos	+	adjective	+	de

—¿Quién es **el estudiante más inteligente** de la clase?
—Mario es **el**[1] **más inteligente** de todos.

*"Who is **the most intelligent student** in the class?"*
*"Mario is **the most intelligent** of all."*

¡Atención! Note that the Spanish **de** translates to the English *in* or *of* after a superlative.

Ellos son los más inteligentes **de** la clase.

*They are the most intelligent ones **in** the class.*

Irregular comparative forms

◆ The following adjectives and adverbs have irregular comparative and superlative forms in Spanish.

Adjective	Adverb	Comparative	Superlative
bueno (*good*)	bien (*well*)	**mejor**	**el (la) mejor**
malo (*bad*)	mal (*badly*)	**peor**	**el (la) peor**
grande (*big*)		**mayor**	**el (la) mayor**
pequeño (*small*)		**menor**	**el (la) menor**

◆ When the adjectives **grande** and **pequeño** refer to size, the regular comparative forms are generally used.

Tu clase es **más grande que** la de Antonio.

*Your class is **bigger than** Antonio's.*

When these adjectives refer to age, the irregular comparative forms **mayor** and **menor** are used.

—¿Felipe es **mayor que** tú?
—No, es **menor que** yo.

*"Is Felipe **older** than you?"*
*"No, he's **younger** than I (am)."*

---

[1]The noun may be omitted in the superlative construction to avoid repetition when meaning is clear from context.

Práctica y conversación

Online Study Center

For more practice with lesson topics, see the related activities on the *¡Hola, amigos!* web site at college.hmco.com/PIC/holaamigos7e.

A. Más o menos... Complete the following sentences, giving the Spanish equivalent of the words in parentheses.

1. ¿Tu esposo tiene _____ cuarenta años? (*less than*)
2. Mi primo baila _____ yo. (*as badly as*)
3. Mi amigo(a) es _____ tú. (*less intelligent than*)
4. Andrea es _____ su hermana. (*much younger than*)
5. Tú eres _____ ella. (*much thinner than*)
6. Luis es _____ Ariel. (*as nice as*)
7. Yo no tengo _____ tú. (*as many books as*)
8. Nosotros damos _____ Uds. (*as many parties as*)
9. Este restaurante es _____ todos. (*the best of*)
10. La langosta es _____ el pollo. (*tastier than*)

B. Comparaciones Establish comparisons between the following people and things, using the adjectives provided and adding any necessary words.

1. Hotel Hilton / Super 8 / mejor
2. Einstein / yo / inteligente
3. Penélope Cruz / Shakira / bonita
4. Terranova / Ontario / pequeño
5. Antonio Banderas / Danny De Vito / alto
6. Anita / Luisito / mayor
7. Brasil / Venezuela / grande
8. Margaret Atwood / Jennifer López / menor

Es un poco mayor que yo, pero...

C. En la clase Read each statement; then answer the questions that follow.

1. Mario tiene A en español, José tiene B y Lolo tiene F.
   ¿Quién es el mejor estudiante?
   ¿Quién es el peor estudiante?
2. Juan tiene veinte años, Raúl tiene quince y David dieciocho.
   ¿Quién es el mayor de los tres?
   ¿Quién es el menor de los tres?

3. Lolo no es inteligente, Beto es inteligente y Rosa es muy inteligente.

¿Quién es más inteligente que Beto?

¿Quién es menos inteligente que Beto?

¿Quién es el (la) más inteligente de los tres?

¿Quién es el (la) menos inteligente de los tres?

D. En mi familia With a partner, ask each other questions to find out how you compare to members of your family with respect to height, age, intelligence, etc.

5. Pronouns as objects of prepositions
(*Pronombres usados como complemento de preposición*)

The object of a preposition[1] is the noun or pronoun that immediately follows it.

La fiesta es *para María* (*ella*).   **Ellos van *con nosotros*.**

Singular		Plural	
mí	me	**nosotros(as)**	us
ti	you (*fam.*)	**vosotros(as)**	you (*fam.*)
Ud.	you (*form.*)	**Uds.**	you (*form. / fam.*)
él	him	**ellos**	them (*masc.*)
ella	her	**ellas**	them (*fem.*)

◆ Only the first- and second-persons singular, **mí** and **ti,** are different from regular subject pronouns.

◆ When used with the preposition **con**, **mí**, and **ti** become **conmigo** and **contigo**, respectively. The other forms do not combine: **con él**, **con ella**, **con ustedes**, and so on.

—¿El café es para **mí**?   *"Is the coffee for **me**?"*

—No, no es para **ti;** es para **él.**   *"No, it's not for **you**; it's for **him**."*

—¿Vas a la fiesta **conmigo**?   *"Are you going **with me** to the party?"*

—No, no voy **contigo;** voy con **ellos.**   *"No, I'm not going **with you**; I'm going with **them**."*

---

[1]See Appendix C.

Es para ti.

Práctica y conversación

Online Study Center

For more practice with lesson topics, see the related activities on the *¡Hola, amigos!* web site at college.hmco.com/PIC/holaamigos7e.

A. Entre amigos   Complete the following sentences with the correct forms of the pronouns and prepositions in parentheses.

1. Elena no va _____, Anita. (*with you*)
2. Esas servilletas son para _____ y el mantel es para _____. (*me / her*)
3. Teresa está hablando de _____. (*us*)
4. Elsa va a venir con _____. (*them, masc.*)
5. Olga no va a ir al restaurante _____; va a ir _____. (*with you, pl. / with me*)
6. El vino no es para _____, Paco; es para _____. (*him / you*)
7. El postre es para _____, señorita. (*you*)
8. El café es para _____. (*them, fem.*)

B. Entreviste a su compañero(a)   Interview a partner, using the following questions.

1. Cuando tú vas a un restaurante, ¿quién va contigo generalmente?
2. De postre, el camarero trae flan con crema; ¿es para ti?
3. Tú vas a preparar dos postres para tus padres: arroz con leche y pastel, ¿cuál es para él y cuál es para ella?
4. ¿Qué idioma hablan tú y tu familia entre (*among*) Uds.?
5. En tu familia, ¿quién piensa en ti?
6. ¿Quieres ir al restaurante conmigo hoy?

Entre nosotros

¡Conversemos!

 Para conocernos mejor   Get to know your partner better by asking each other the following questions.

1. ¿Cuál es el mejor restaurante de esta ciudad? ¿Cuál es la especialidad de la casa?
2. ¿A qué hora empiezan a servir el almuerzo en los restaurantes de tu ciudad?
3. Cuando pagas la cuenta en un restaurante, ¿dejas una buena propina?
4. ¿A qué hora es el almuerzo en tu casa? ¿A qué hora desayunas?
5. ¿Dónde piensas desayunar mañana? ¿Qué vas a desayunar?
6. ¿Prefieres tomar café con crema o café negro?
7. ¿Tú prefieres pollo a la parrilla, cordero asado, hamburguesas o perros calientes?
8. Generalmente, ¿qué comes de postre?
9. ¿Cuándo es el aniversario de bodas de tus padres? ¿Cómo lo celebran?
10. ¿Tu mamá es mayor o menor que tu papá?

 Una encuesta   Interview your classmates to identify who fits the following descriptions. Be sure to change the statements to questions. Include your instructor, but remember to use the **Ud.** form when addressing him or her.

Detalles culturales

En la mayoría de los países de habla hispana, el desayuno generalmente es café con leche y pan con mantequilla. El almuerzo (*lunch*), que es la comida principal del día, se sirve entre la una y las dos de la tarde; la cena generalmente no se sirve antes de las ocho o las nueve de la noche. La mayoría de los restaurantes no empiezan a servir la cena antes de las nueve de la noche.

◆ Generalmente, ¿qué se desayuna en Canadá? ¿A qué hora se empieza a servir la cena?

	Nombre
1. Es de otra provincia.	_____
2. Es tímido(a).	_____
3. Es el (la) más inteligente de la familia.	_____
4. Es tan alto(a) como su padre.	_____
5. Siempre está cansado(a).	_____
6. Piensa ir a comer más tarde.	_____
7. Está leyendo un buen libro.	_____
8. Comienza a trabajar a las ocho.	_____
9. Tiene más de un mes de vacaciones.	_____
10. Tiene un hermano(a) muy travieso(a).	_____

 Y ahora...   Write a brief summary, indicating what you have learned about your classmates.

¿Cómo lo decimos? What would you say in the following situations? What might the other person say? Act out the scenes with a partner.

1. You are at a café having breakfast. You are very hungry. Order a big breakfast.
2. You are having lunch with a friend. Suggest a few things he or she can have to eat and drink.
3. Call a restaurant and make reservations for dinner.
4. You have invited some friends to a party. Tell them it's at your house, and what time it starts.
5. Your friend has suggested having dinner at a restaurant you dislike. Tell him that it's the worst restaurant in town.

 ¿Qué pasa aquí? Get together in groups of three or four and create a conversation among some of the people in the picture. They discuss the menu, what they want to order, their preferences, etc.

✏ Para escribir

En un restaurante Following the style of the dialogues in this lesson, write a dialogue describing a dinner you may recently have had in a restaurant. Give as many details as you can.

 Marta

 Ariel

 Don José

 Doña Ada

Marta y Ariel son una pareja de recién casados. Ellos son de Honduras, pero hace un mes que viven en Managua, la capital de Nicaragua, en un apartamento que está cerca de la universidad.

Marta No hay nada en el refrigerador, excepto un poco de carne. Tenemos que ir al supermercado.

Ariel ¿Podemos almorzar antes de ir? Yo estoy muerto de hambre.

Marta Bueno, puedes llevarme a comer algo antes...

Más tarde, en el supermercado.

Ariel Necesitamos azúcar, una docena de huevos, mantequilla, papel higiénico, detergente, lejía... ¿qué más? ¿Dónde está la lista?

Marta Yo la tengo. A ver... papas, zanahorias, brócoli, apio, pimientos...

Ariel ¡Caramba! ¡Tantos vegetales! ¿Quién los va a comer?

Marta ¡Tú y yo! Mi mamá dice que debemos comer cuatro vegetales y cuatro frutas al día.

Detalles culturales

En los países hispanos, la gente mayor (*elderly*), generalmente vive en casa de un pariente (*relative*).

◆ **En Canadá, ¿dónde viven, generalmente, los ancianos?**

Detalles culturales

Muchas familias hispanas tienen criadas. Algunas viven en la casa donde trabajan y se les considera como parte de la familia.

◆ **¿Tiene Ud. criada? ¿Alguien lo (la) ayuda a Ud. con los trabajos de la casa?**

Don José y doña Ada, los padres de Ariel, están en un mercado al aire libre.

Don José	¿Cuánto cuestan las chuletas de cerdo?
Doña Ada	Son un poco caras, pero podemos comprarlas, si tú quieres. ¿Quieres chuletas de cerdo o chuletas de ternera?
Don José	Las dos, y también chuletas de cordero.
Doña Ada	¡No, no! Tienes que elegir una.
Don José	Está bien… elijo las chuletas de cerdo. Después tenemos que ir a la pescadería y a la panadería.
Doña Ada	Sí, pero antes voy a comprar pepinos, tomates y cebollas.
Don José	También necesitamos salsa de tomate porque quiero preparar mis famosos espaguetis con albóndigas.
Doña Ada	Buena idea. Tu hermana vuelve a las seis y puede cenar con nosotros.
Don José	¡Perfecto! La criada tiene el día libre hoy, de modo que yo soy el cocinero.
Doña Ada	¡Y tú cocinas mejor que ella!

¿Recuerda usted?

👥 **¿Verdadero o falso?**   With a partner, decide whether the following statements about the dialogues are true (**verdadero**) or false (**falso**).

1. Marta dice que hay muchas cosas en el refrigerador.   ☐ V   ☐ F
2. Ariel no tiene hambre.   ☐ V   ☐ F
3. Marta tiene la lista de lo que necesitan comprar.   ☐ V   ☐ F
4. Marta quiere comprar muchos vegetales.   ☐ V   ☐ F
5. Don José es el suegro de Marta.   ☐ V   ☐ F
6. Don José quiere comprar tres tipos de chuletas.   ☐ V   ☐ F
7. Don José no piensa comprar pan.   ☐ V   ☐ F
8. Don José no sabe cocinar.   ☐ V   ☐ F

Y ahora... conteste   Answer these questions, basing your answers on the dialogue.

1. ¿De dónde son Marta y Ariel y dónde viven ahora?
2. ¿Qué quiere hacer Ariel antes de ir al supermercado?
3. ¿Qué van a comprar Ariel y Marta para lavar la ropa?
4. ¿Qué dice la mamá de Marta?
5. ¿Dónde están los padres de Ariel?
6. ¿Las chuletas de cerdo son baratas o son caras?
7. ¿Qué chuletas elige don José?
8. ¿Por qué va a cocinar don José hoy?

Para hablar del tema: Vocabulario

Online Study Center

For more practice with lesson topics, see the related activities on the *¡Hola, amigos!* web site at college.hmco.com/PIC/holaamigos7e.

Cognados

el apartamento*	los espaguetis
el brócoli	excepto
el detergente	famoso(a)
la docena	la salsa

Nombres

el apio celery	**el mercado** market
la albóndiga meatball	———— **al aire libre** outdoor market
el azúcar sugar	**la panadería** bakery
la carne meat	**el papel higiénico** toilet paper
la chuleta chop	**el pepino** cucumber
———— **de cerdo** pork chop	**la pescadería** fish market
———— **de ternera** veal chop	**el pimiento, el ají** pepper
el (la) cocinero(a) cook	**el supermercado** supermarket
el (la) criado(a) servant	**la zanahoria** carrot
la lejía bleach	

Verbos

almorzar (o>ue) to have lunch	**decir (e>i)** to say, to tell
cocinar to cook	**elegir (e>i), escoger** to choose
comprar to buy	**poder (o>ue)** to be able to, can
costar (o>ue) to cost	**volver (o>ue)** to return, to go (come back)

Adjetivos

caro(a) expensive
tantos(as) so many

Otras palabras y expresiones

a ver let's see	**está bien** all right, o.k.
al día a day	**estar muerto de hambre** to be starving
antes (de) before	**libre** off, free (available)
cerca (de) near, close	**nada** nothing
de modo (manera) que so	**qué más** what else
don a title of respect, used with a man's first name	**los recién casados** newlyweds
doña a title of respect, used with a lady's first name	**un poco (de)** a little

Amplíe su vocabulario

Más comestibles

las frutas
- la piña
- las cerezas
- la sandía*
- el plátano*
- las fresas*
- el melocotón*
- la pera

los mariscos
- la langosta
- el cangrejo
- la lechuga
- el aguacate*

De país a país

el apartamento el departamento (*Méx., Arg.*)
el piso (*Esp.*)

el aguacate la palta (*Arg.*)

el plátano la banana (*Cono Sur*)

la fresa la frutilla (*Cono Sur*)

el melocotón el durazno (*Méx., Cono Sur*)

la sandía el melón de agua (*Cuba, Puerto Rico*)
la patilla (*Col., Puerto Rico, R. Dom., Ven.*)

Para practicar el vocabulario

A. Preguntas y respuestas
Match the questions in column *A* with the corresponding responses in column *B*.

A	B
1. ¿Quieres comer algo?	**a.** Sí, necesito lejía y detergente.
2. ¿Son novios?	**b.** Al supermercado.
3. ¿Necesitas huevos?	**c.** En el baño.
4. ¿Vas a lavar la ropa?	**d.** La criada.
5. ¿Quieres chuletas de cerdo?	**e.** Cerca de la universidad.
6. ¿Quién va a cocinar?	**f.** Sí, una docena.
7. ¿Adónde vamos?	**g.** No, yo no como carne.
8. ¿Tienes que trabajar?	**h.** Que vuelve a las dos.
9. ¿Dónde está el apartamento?	**i.** Sí, estoy muerto de hambre.
10. ¿Quieres albóndigas?	**j.** No, tengo el día libre.
11. ¿Dónde está el papel higiénico?	**k.** No, de ternera.
12. ¿Qué dice Ariel?	**l.** No, son recién casados.

B. Dime...
You and a partner take turns interviewing each other, using the following questions.

1. ¿Vives en una casa o en un apartamento?
2. ¿Vives cerca de la universidad? ¿Vives solo?
3. ¿Sabes cocinar? ¿Te gusta hacerlo?
4. En el desayuno, ¿tomas el café solo o con azúcar?
5. ¿Te gusta más comer carne o pescado?
6. ¿Comes mariscos? ¿Cuál prefieres?
7. ¿Qué frutas te gustan más?
8. ¿Prefieres comprar en un mercado al aire libre o en un supermercado? ¿Por qué?

C. ¿Qué les servimos?
You and your partner have several guests. Discuss what you are going to serve them based on their likes and dislikes.

1. A Marisa le gusta mucho el helado, pero no le gusta el chocolate.
2. A Raúl le gustan las chuletas, pero no come carne de cerdo.
3. A Sergio y a Daniel les gusta la comida italiana.
4. A Mirta y a Silvia les gustan los mariscos.
5. Raúl prefiere las frutas tropicales.
6. Mirta quiere comer pastel.
7. Alicia es vegetariana.
8. Luis está a dieta (*on a diet*).
9. A Marisa le gusta mucho la comida típica americana.

D. En el supermercado You and a classmate play the roles of two friends who are shopping at a supermarket. Talk about all the groceries that you need to buy for a week.

Eva va a comer una manzana mientras (*while*) descansa. ¿Qué frutas cree Ud. que va a comer Julio?

Pronunciación

Las consonantes *ll, ñ*

A. Practise the sound of Spanish **ll** in the following words.

llegar	cebolla	silla
llamar	Allende	allí
calle	ellos	mantequilla

B. Practise the sound of Spanish **ñ** in the following words.

señor	señora	niño
año	otoño	Peña
español	mañana	España

Puntos para recordar

1. Stem-changing verbs: *o > ue*
(*Verbos que cambian en la raíz:* o > ue)

◆ As you learned in **Lección 5,** some Spanish verbs undergo a stem change in the present indicative tense. When **o** is the last stem vowel and it is stressed, it changes to **ue,** as shown below.

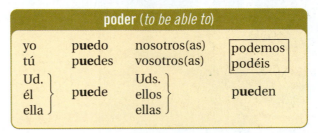

poder (*to be able to*)			
yo	**pue**do	nosotros(as)	podemos
tú	**pue**des	vosotros(as)	podéis
Ud.		Uds.	
él }	**pue**de	ellos }	**pue**den
ella		ellas	

◆ Note that the stem vowel is not stressed in the verb forms used with **nosotros(as)** and **vosotros(as)**; therefore, the **o** does not change to **ue.**

Some other verbs that undergo the **o > ue** changes:[1]

almorzar   costar   dormir (*to sleep*)   **encontrar   recordar   volver**

—¿A qué hora **pueden** Uds. ir a la panadería?   "*What time **can you** go to the bakery?*"
—**Podemos** ir a las dos.   "*We **can** go at two o'clock.*"

—¿A qué hora **vuelves** tú del mercado?   "*At what time **do you return** from the market?*"
—**Vuelvo** a las tres.   "*I **return** at three o'clock.*"

Detalles culturales

Hoy los supermercados son muy populares en los países de habla hispana, pero todavía es costumbre (*custom*) comprar uno o dos productos en pequeñas tiendas especializadas: panaderías, pescaderías, fruterías, etc.
◆ **¿Hay tiendas especializadas en Canadá?**

¿*En qué puedo servirle?*

Banco Nacional

---
[1]For a complete list of stem-changing verbs, see Appendix B.

Práctica y conversación

Online Study Center

For more practice with lesson topics, see the related activities on the *¡Hola, amigos!* web site at college.hmco.com/PIC/holaamigos7e.

A. Minidiálogos Complete the following exchanges appropriately, using the present indicative of the verbs given. Then act them out with a partner.

1. —¿A qué hora _____ (almorzar) Uds.?

   —Nosotros _____ (almorzar) a las dos y _____ (volver) a casa a las cuatro. ¿A qué hora _____ (volver) tú?

   —Yo _____ (volver) a las cinco.

2. —¿Ud. _____ (poder) ir conmigo al supermercado?

   —Sí, yo _____ (poder) ir contigo esta tarde.

   —¿Ud. sabe cuánto _____ (costar) el detergente?

   —No, no sé.

3. —Jorge no _____ (encontrar) el número de teléfono de Nora. ¿Tú lo sabes?

   —No, no lo _____ (recordar), pero _____ (poder) buscarlo (*look it up*).

4. —¿Dónde _____ (dormir) los niños?

   —En mi cuarto; yo _____ (dormir) en el sofá de la sala.

B. Entreviste a su compañero(a) Interview a partner, using the following questions.

1. ¿Puedes ir al mercado conmigo?
2. ¿Qué cuesta más, el pollo o el pescado?
3. ¿Sabes cuánto cuestan los camarones?
4. ¿Dónde puedo comprar frutas?
5. ¿A qué hora almuerzas tú? ¿Dónde?
6. ¿A qué hora vuelves a tu casa hoy?
7. ¿Recuerdas el número de teléfono de todos tus amigos?
8. Generalmente, ¿cuántas horas duermes? ¿Duermes bien?

2. Stem-changing verbs: *e > i* (*Verbos que cambian en la raíz:* e > i)

◆ Some **-ir** verbs undergo a stem change in the present indicative. For these verbs, when **e** is the last stem vowel and it is stressed, it changes to **i** as shown below.

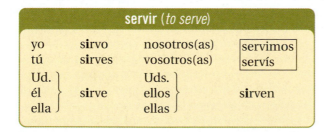

servir (*to serve*)		
yo	s**i**rvo	nosotros(as) servimos
tú	s**i**rves	vosotros(as) servís
Ud.		Uds.
él	s**i**rve	ellos s**i**rven
ella		ellas

◆ Note that the stem vowel is not stressed in the verb forms used with **nosotros(as)** and **vosotros(as);** therefore, the **e** does not change to **i.**

Some other verbs that undergo the **e > i** change:

decir[1] (*to say, to tell*)
conseguir[2] (*to get, to obtain*)
pedir[3] (*to ask for*)
seguir (*to follow, to continue*)

—¿A qué hora **sirven** Uds. el almuerzo?   *"What time **do you serve** lunch?"*
—**Servimos** el almuerzo a las doce.   *"**We serve** lunch at twelve o'clock."*

—¿Dónde **consigues** libros en español?   *"Where **do you get** books in Spanish?"*

—**Consigo** libros en la biblioteca.   *"**I get** books at the library."*

Práctica y conversación

Online Study Center

For more practice with lesson topics, see the related activities on the *¡Hola, amigos!* web site at college.hmco.com/PIC/holaamigos7e.

A. Minidiálogos   Complete the following exchanges, using the present indicative of the appropriate verb from the list. Then act them out with a partner.

servir	pedir	conseguir	decir	seguir

1. —Yo nunca (*never*) _____ carne buena.
   —Mis padres _____ carne muy buena en el Mercado Central.
2. —¿Marta y Ariel _____ viviendo en Managua?
   —Sí, ellos _____ que es una ciudad muy bonita.
3. —¿Qué _____ Uds. en sus fiestas?
   —Nosotros _____ hamburguesas y perros calientes.
4. —¿Qué _____ tú cuando vas a ese restaurante?
   —Yo _____ bistec con langosta.
   —Yo siempre _____ que en ese restaurante (ellos) _____ los mejores mariscos.

B. Entreviste a su compañero(a)   Interview a partner, using the following questions.

1. Cuando vas a un restaurante mexicano, ¿qué pides para comer? ¿Qué eliges para beber?
2. ¿La comida mexicana es mejor que la italiana? ¿Qué dices tú?
3. ¿Dónde consigues mariscos frescos (*fresh*)?
4. ¿Qué sirves tú en tus fiestas para comer? ¿Y para beber?
5. Cuando tú y tus amigos dan una fiesta, ¿sirven cerveza o refrescos?
6. ¿Tú consigues discos en español? ¿Dónde?

---

[1] First person: **yo digo.**
[2] Verbs like **conseguir** drop the **u** before **a** or **o: yo consigo.**
[3] **Pedir** also means *to order* (at a restaurant).

3. Direct object pronouns
(*Pronombres usados como complemento directo*)

◆ In addition to a subject, most sentences have an object[1] that directly receives the action of the verbs.

Él compra **el café.**		*He buys* ***the coffee.***
s.	v.	d.o.	

In the preceding sentence, the subject **él** performs the action, while **el café,** the direct object, directly receives the action of the verb. (The direct object of a sentence can be either a person or a thing.)

The direct object can be easily identified as the answer to the questions *whom?* and *what?*

Él compra **el café.**		(***What*** *is he buying?*)
s.	v.	d.o.	
Alicia llama **a Luis.**		(***Whom*** *is she calling?*)
s.	v.	d.o.	

◆ Direct object pronouns are used in place of direct objects. The forms of the direct object pronouns are as follows.

Singular		Plural	
me	me	**nos**	us
te	you (*fam.*)	**os**	you (*fam.*)
lo	him, you (*masc. form.*), it (*masc.*)	**los**	them (*masc.*), you (*masc. form. / fam.*)
la	her, you (*fem. form.*), it (*fem.*)	**las**	them (*fem.*), you (*fem. form. / fam.*)

Yo tengo **las sillas.**	¿Ustedes **las** necesitan?
I have the ***chairs.***	*Do you need* ***them***?

◆ Position of direct object pronouns

   ◆ In Spanish, object pronouns are normally placed before a conjugated verb.

Yo compro **el café.**			*I buy* ***the coffee.***
Yo	**lo**	compro.	*I buy* ***it.***

   ◆ In a negative sentence, **no** must precede the object pronoun.

Yo compro **el café.**				*I buy* ***the coffee.***
Yo		**lo**	compro.	*I buy* ***it.***
Yo	**no**	**lo**	compro.	*I* ***don't*** *buy* ***it.***

---

[1]See Appendix C.

- When a conjugated verb and an infinitive appear together, the direct object pronoun is either placed before the conjugated verb or attached to the infinitive. This is also the case in a negative sentence.

| **La** voy a llamar. | } *I'm going to call* **her.** |
| Voy a llamar**la.** | |

| No **la** voy a llamar. | } *I'm not going to call* **her.** |
| No voy a llamar**la.** | |

- In the present progressive, the direct object pronoun can be placed either before the verb **estar** or after the present participle.[1]

| **Lo** está leyendo. | } *He's reading* **it.** |
| Está leyéndo**lo.** | |

> **¡Atención!** Note the use of the written accent on present participles that have pronouns attached: **está leyéndolo, estamos mirándola.**

Online Study Center

For more practice with lesson topics, see the related activities on the *¡Hola, amigos!* web site at college.hmco.com/PIC/holaamigos7e.

Práctica y conversación

A. Minidiálogos Complete the following exchanges supplying the missing direct object pronouns. Then act them out with a partner.

1. —¿Tú tienes la lejía?
   —No, yo no _____ tengo. ¿Quién tiene el detergente?
   —Julián _____ tiene.
2. —¿A qué hora cierran el supermercado?
   —_____ cierran a las diez. ¿Tú vas a comprar las frutas?
   —Sí, _____ voy a comprar esta noche.
3. —Ariel, ¿Carlos _____ va a llevar a ti o a mí?
   —_____ va a llevar a mí.
4. —¿Tú conoces a los hermanos de Marta?
   —No, yo no _____ conozco.
5. —¿Ellos _____ invitan a Uds. a sus fiestas?
   —Sí, siempre _____ invitan.

Detalles culturales

La mayoría de los pueblos hispanos tienen un mercado central, con pequeñas tiendas. Mucha gente compra en estos mercados donde los precios generalmente son más bajos y los clientes pueden regatear (*bargain*) con los vendedores (*merchants*).

- ¿Es costumbre regatear en Canadá o los precios son fijos?

---

[1] *Present participle* is **gerundio** (**-ando** and **-iendo** forms) in Spanish.

B. Susana dice que sí
Susana has a car and her teacher and her friends often need rides. Susana always says yes. What does she say to the following people?

1. *Ana* — ¿Puedes llevarme a casa?
2. *Raúl y Jorge* — ¿Puedes llevarnos a la biblioteca?
3. *Profesora* — ¿Puedes llevarme a mi apartamento?
4. *Teresa* — ¿Puedes llevar a Rosa y a Carmen a casa?
5. *Sergio* — ¿Puedes llevar a Pedro y a Luis al restaurante?
6. *Marta y Raquel* — ¿Puedes llevarnos al Mercado Central?

C. ¿Qué hacemos?
Use the appropriate direct object pronouns to say what we do with respect to the following people or things.

◆ MODELO: el café
  Lo bebemos.

1. las cartas (*letters*)
2. las frutas
3. el pan
4. el coctel de camarones
5. los libros
6. la ensalada
7. el taxi
8. dos chicas (dos muchachos)

D. Planes
You and your friends Gustavo and Jaime are making plans to go out for the evening. Answer Gustavo's questions, using direct object pronouns and the cues provided.

1. ¿A qué hora me llamas? (a las cinco)
2. ¿Adónde nos llevas? (a un restaurante)
3. ¿Recuerdas el número de teléfono de Jaime? (no)
4. ¿Tienes tu licencia para conducir (*driver's licence*)? (sí)
5. ¿Cuándo vas a llamar a Teresa y a Susana? (más tarde)
6. ¿El novio de Teresa los conoce a Uds.? (no)

E. Necesitamos información With a partner, take turns answering the following questions, basing your answers on the illustrations. Use direct object pronouns in your responses.

1. ¿A qué hora llama Sara a Luis?
2. ¿Cuándo tiene que llamar Luis a Sara?

3. ¿Pepe puede llevar a los chicos a casa?
4. ¿Dónde tiene Pepe los libros?

5. ¿Quién sirve el café?

6. ¿Quién bebe el refresco?

7. ¿Quién tiene las cartas?

8. ¿Quién abre la puerta?

4. Affirmative and negative expressions
(*Expresiones afirmativas y negativas*)

Affirmative		Negative	
algo	something, anything	**nada**	nothing
alguien	someone, anyone	**nadie**	nobody, no one
algún **alguno(a)** **algunos(as)**	any, some	**ningún** **ninguno(a)**	none, not any; no one, nobody
siempre **alguna vez** **algunas veces, a veces**	always ever sometimes	**nunca** **jamás**	never
también **o... o**	also, too either . . . or	**tampoco** **ni... ni**	neither neither . . . nor

—¿Uds. **siempre** van a Tegucigalpa?   *"Do you **always** go to Tegucigalpa?"*
—No, **nunca** vamos.   *"No, we **never** go."*
—Nosotros **tampoco.**   *"**Neither** do we."*

—¿Conoces a **alguien** de Honduras?   *"Do you know **anyone** from Honduras?"*

—No, no conozco a **nadie** de Honduras.   *"No, I don't know **anyone** from Honduras."*

◆ **Alguno** and **ninguno** drop the final **-o** before a masculine singular noun, but **alguna** and **ninguna** keep the final **-a.**

—¿Hay **algún** libro o **alguna** pluma en la mesa?   *"Is there **any** book or pen on the table?"*
—No, no hay **ningún** libro ni **ninguna** pluma.   *"No, there is **no** book or pen."*

◆ **Alguno(a)** can be used in the plural form, but **ninguno(a)** is used only in the singular.

—¿Necesita mandar **algunas** cartas?   *"Do you need to send **some** letters?"*
—No, no necesito mandar **ninguna** carta.   *"No, I don't need to send **any** letters."*

- Spanish sentences frequently use a double negative. In this construction, the adverb **no** is placed before the verb. The second negative word either follows the verb or appears at the end of the sentence. **No** is never used, however, if the negative word precedes the verb.

—¿Habla Ud. francés siempre?	*"Do you always speak French?"*
—No, yo **no** hablo francés **nunca.**	*"No, I **never** speak French."*

or:

—No, yo **nunca** hablo francés.

—¿Compra Ud. **algo** aquí?	*"Do you buy **anything** here?"*
—No, **no** compro **nada nunca.**	*"No, I **never** buy **anything.**"*

or:

—No, yo **nunca** compro **nada.**

- In fact, Spanish often uses several negatives in one sentence.

Yo **nunca** pido **nada tampoco.**	*I **never** ask for **anything either.***

Práctica y conversación

A. No estoy de acuerdo (*I don't agree*) Contradict the following statements by saying that just the opposite is true.

- **MODELO:** Eva quiere comer algo.
  *Eva **no** quiere comer **nada.***

1. Jorge siempre va a ese mercado al aire libre.
2. Ellos tienen algunas verduras.
3. Ana siempre come langosta o cangrejo.
4. Pedro siempre va a ese restaurante y Eva también va.
5. Ella quiere hablar con alguien.

6. Luis tiene algunas amigas españolas.
7. Paco siempre compra algo.
8. Ella nunca habla con nadie.

B. Entreviste a su compañero(a) Interview a partner, using the
following questions.

1. ¿Vas al mercado por la mañana a veces?
2. En el mercado, ¿siempre compras mariscos?
3. ¿Siempre llevas dinero contigo?
4. ¿Necesitas comprar algo en la panadería?
5. Yo nunca voy a la pescadería los domingos. ¿Y tú?
6. ¿Comes algunas frutas tropicales?
7. ¿Alguien va contigo al mercado?
8. ¿Tú comes pan tostado o panqueques por la mañana?

C. Queremos saber... With a partner, prepare five affirmative and five
negative questions to ask your instructor.

D. Siempre... a veces... nunca... In groups of three, tell your classmates
two things you always do, two things you sometimes do, and two things
you never do.

5. *Hace... que*

◆ To express how long something has been going on, Spanish uses the following formula.

> **Hace** + length of time + **que** + verb (*in the present tense*)
> **Hace** dos años   **que**   vivo aquí.
> *I have been living here for two years.*

—Oye, ¿dónde está Eva?   *"Listen, where is Eva?"*
—No sé. **Hace dos días que no**   *"I don't know. **She hasn't come**
 viene a clase.   to class **for two days.**"*

◆ The following construction is used to ask how long something has been
going on.

> **¿Cuánto tiempo hace que** + verb (*present tense*)?[1]

—**¿Cuánto tiempo hace que ella**   *"**How long has she been working**
 trabaja aquí?   here?"*
—**Hace una semana que trabaja**   *"**She has been working** here **for**
 aquí.   **a week.**"*

---
[1]Note that English uses the present perfect progressive or the present perfect tense to express
the same concept.

Práctica y conversación

A. ¿Cuánto tiempo hace? In complete sentences, tell how long each action depicted below has been going on. Use **hace... que** and the length of time specified.

1. veinte minutos

2. tres años

3. una hora

4. dos horas

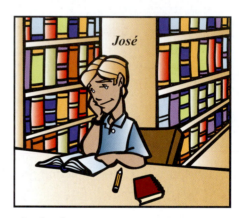

5. seis meses

6. cinco días

B. **Entreviste a su compañero(a)**   Interview one of your classmates and then report to the class.

1. ¿Cuánto tiempo hace que vives en esta ciudad?
2. ¿Cuánto tiempo hace que estudias en esta universidad?
3. ¿Cuánto tiempo hace que trabajas en esta ciudad?
4. ¿Cuánto tiempo hace que no comes?
5. ¿Cuánto tiempo hace que no ves a tus abuelos?
6. ¿Cuánto tiempo hace que no hablas con tus padres?
7. ¿Cuánto tiempo hace que no vas a la biblioteca?
8. ¿Cuánto tiempo hace que estudias español?

 C.   **¿Dónde están?**   In groups of three or four, mention three or four friends and relatives that you haven't seen for a while.

◆ **MODELO:** *Hace dos años que no veo a mi prima Eva.*

Ésta es una reunión familiar, pero el abuelo no está aquí. ¿Cuánto tiempo hace que no lo ven?

Entre nosotros

¡Conversemos!

 Para conocernos mejor   Get to know your partner better by asking each other the following questions.

1. ¿A qué hora almuerzas? ¿Con quién?
2. ¿Prefieres la comida italiana, la comida china o la comida mexicana?
3. ¿Qué prefieres: la ternera, la carne de cerdo o el pollo?
4. ¿Qué vegetales comes? ¿Cuáles no comes?
5. ¿Tú desayunas en tu casa o en la cafetería?
6. Generalmente, ¿qué días vas al mercado?
7. ¿Qué marca (*brand*) de detergente usas para lavar la ropa? ¿Usas lejía también?
8. Cuando das una fiesta, ¿sirves bebidas alcohólicas?
9. ¿Cuánto tiempo hace que vives en la misma (*same*) ciudad?
10. ¿Hay alguien en tu casa ahora?
11. ¿Tus amigos te llaman por teléfono todos los días?
12. ¿Tú puedes llamarme esta tarde?

 Una encuesta   Interview your classmates to identify who fits the following descriptions. Include your instructor, but remember to use the **Ud.** form when addressing him or her.

Nombre

1. Conoce a una pareja de recién casados.
2. Vive cerca de la universidad.
3. Tiene el día libre mañana.
4. Está muerto(a) de hambre.
5. Come cuatro vegetales y cuatro frutas al día.
6. A veces va a la pescadería.
7. Sabe preparar espaguetis con albóndigas.
8. Es buen(a) cocinero(a).
9. Cocina mejor que su madre.
10. No bebe ni vino ni cerveza.

 Y ahora...   Write a brief summary indicating what you have learned about your classmates.

¿Cómo lo decimos? What would you say in the following situations? What might the other person say? Act out the scenes with a partner.

1. You are telling a friend that you need many things from the supermarket. Tell him or her what they are.
2. You are at an outdoor market in Managua and you need vegetables, fish, meat, and bread. You inquire about prices and so on.
3. You are telling someone what ingredients you need to make vegetable soup.
4. You tell someone what you serve to eat and to drink when you give a party.
5. You tell a friend what fruits you need to prepare a fruit salad (**ensalada de frutas**).

¿Qué pasa aquí? Working with classmates in groups of three or four, describe what is happening in the picture. Create a story, naming the characters and explaining who is who, and what these people plan to buy. Each group will compare its story with the rest of the class.

Para escribir

Un invitado importante Imagine that next Saturday you are hosting a very important guest. Who is the guest? What are you going to do to prepare for the occasion? What housework do you have to do? What do you need to buy and prepare for dinner? What else are you going to do in honour of your guest's arrival?

Un proverbio

No sólo de pan vive el hombre.

You have probably heard this proverb before. Do you know where it comes from? What does it mean to you? Memorize it!

Lectura

Estrategia de lectura Look at the **Sección Gastronómica** of this newspaper. Based on the headline, what do you think the reading is about? What do you already know about the topic? Make a list in Spanish of key words that might appear in the reading.

Vamos a leer As you read this section of the paper, find the answers to the questions that follow.

Sección gastronómica

por Juan Carlos Miró

Si Ud. quiere celebrar un cumpleaños o un aniversario en un ambiente elegante, visite el restaurante Miramar, donde va a encontrar sabrosísimos platos típicos e internacionales.

Si le gusta el pescado, yo recomiendo el salmón a la parrilla; si prefiere comer mariscos, pida la langosta Termidor. Además de pescados y mariscos, el restaurante ofrece una gran variedad de carnes, entre otras: bistec, pollo y chuletas preparadas por el conocido chef Antonio.

La lista de postres es muy variada y todos son excelentes, pero si tengo que elegir uno, pido la torta de fresas con crema chantilly.

En cuanto a los vinos, puede escoger entre los mejores de Chile, España y Canadá.

¡Nos vemos en el restaurante Miramar!

1. ¿Cómo es el ambiente del restaurante Miramar?
2. ¿Qué tipos de platos va a encontrar en el restaurante?
3. Si Ud. quiere comer pescado o mariscos, ¿qué recomienda Miró?

Video

4. ¿Qué carnes ofrece el restaurante, entre otras?
5. ¿Quién es Antonio?
6. ¿Cuál es el postre favorito de Miró?
7. ¿Qué vinos tienen en el restaurante?

Díganos   Answer the following questions based on your own thoughts and experiences.

1. ¿Cuál es su restaurante favorito? ¿Cuál es su especialidad?
2. Si Ud. va a un restaurante que tiene un menú similar del restaurante Miramar, ¿qué pide?
3. ¿Cuál es su postre favorito?
4. ¿De dónde cree Ud. que vienen los mejores vinos?
5. Si Ud. va a celebrar su cumpleaños, ¿prefiere ir a un restaurante o celebrarlo en su casa?

Esta pareja de recién casados está en un restaurante. ¿Qué comidas creen Uds. que hay en el menú?

Marisa en la cocina

Marisa está preparando una cena para el cumpleaños de Pablo. No tiene los ingredientes necesarios para el guiso (*stew*), y usa otros, con el resultado que podemos imaginar.

El mundo hispánico

Costa Rica

◆ Costa Rica es uno de los países más pequeños del continente americano (51.000 km^2 —kilómetros cuadrados). Está situado en América Central y su capital es San José. Los productos principales del país son el café, las bananas, el cacao y la caña de azúcar (*sugar cane*).

◆ La mayoría de los "ticos" (como se les llama a los costarricenses) son católicos y de origen español. De todos los países centroamericanos, Costa Rica es el que tiene el menor número de analfabetos (*illiterates*). Tiene el mayor ingreso (*income*) per cápita y un gobierno democrático con muy pocos problemas políticos.

◆ En Costa Rica se le da una gran importancia a la educación, la cultura y las artes. Se dice (*It is said*) que en Costa Rica "hay más maestros (*teachers*) que soldados". Este país tiene excelentes programas para proteger la ecología, sobre todo (*especially*) la selva (*rainforest*).

▲ Miles de peregrinos visitan la Basílica de la Virgen de los Ángeles en Cartago, Costa Rica

▲ El Fuerte de Santiago de la Gloria en Portobello, Panamá

Panamá

◆ Panamá está situado en el istmo (*isthmus*) que une (*joins*) América del Sur con América del Norte. El país, que está dividido por el Canal de Panamá, tiene una superficie de unos 78.000 km^2 y una población de más de dos millones y medio de habitantes. Su cultura es una mezcla (*mixture*) de las tradiciones españolas, africanas, indígenas y norteamericanas. El idioma oficial del país es el español, pero también se usa mucho el inglés.

◆ La principal fuente de ingresos (*source of income*) del país está asociada con las operaciones del Canal, que es administrado por Panamá desde el año 2000. La construcción del Canal por parte del gobierno de los Estados Unidos duró (*lasted*) diez años y fue terminada en 1914. El Canal mide 82,4 km y tiene tres esclusas (*locks*) a cada lado del istmo que cruza.

◆ Junto al Canal están las dos ciudades más grandes del país: Ciudad de Panamá, la capital, y Colón, la segunda ciudad más importante del país.

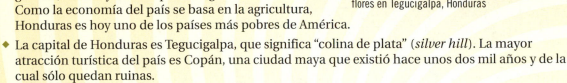

Honduras

- Cuando Colón llegó a la costa de esta región de Centroamérica, sorprendido por la profundidad (*depth*) de las aguas junto a la tierra, llamó al lugar Honduras. Aquí floreció el imperio maya unos 500 años antes de la llegada de los conquistadores. Hoy Honduras, un país pequeño, tiene casi seis millones de habitantes, en su mayoría mestizos.

- Honduras es el único país centroamericano que no tiene volcanes, pero esto no es favorable para el país, pues las tierras volcánicas son, por lo general, fértiles y buenas para la agricultura. Como la economía del país se basa en la agricultura, Honduras es hoy uno de los países más pobres de América.

- La capital de Honduras es Tegucigalpa, que significa "colina de plata" (*silver hill*). La mayor atracción turística del país es Copán, una ciudad maya que existió hace unos dos mil años y de la cual sólo quedan ruinas.

▲ La Iglesia de la Virgen de los Dolores y un puesto de flores en Tegucigalpa, Honduras

Nicaragua

- Nicaragua es el país más extenso de América Central, pero menos de una décima parte de su territorio es cultivable. Nicaragua es la tierra de los lagos y de los volcanes. Uno de los lagos, el Nicaragua, es el mayor lago de agua dulce de Centroamérica, y en él hay tiburones (*sharks*) y otros peces que sólo viven en agua salada en otras regiones.

- Las tres ciudades más importantes del país son Managua, la capital, León y Granada.

- La economía del país se basa en la agricultura, y sus principales productos de exportación son café, algodón (*cotton*), carne de res (*beef*) y madera (*wood*). El país tiene una selva virgen mucho más extensa que la de Costa Rica, pero lamentablemente no está debidamente (*duly*) protegida contra la explotación excesiva.

▲ Vista panorámica de Managua, la capital nicaragüense

 Comentarios... With a partner discuss, in Spanish, what impressed you the most about these four countries and compare them to Canada. Which places do you want to visit and why?

Online Study Center

For more practice with lesson topics, see the related activities on the *¡Hola, amigos!* web site at college.hmco.com/PIC/holaamigos7e.

Tome este examen

Lección 5

A. Present progressive
Use the present progressive of the verbs **bailar, comer, dormir, leer,** and **servir** to complete the following sentences. Use each verb once.

1. Nosotros _____ café.
2. Yo _____ un libro.
3. Fernando _____ en la fiesta.
4. ¿Qué _____ (tú)? ¿Pollo?
5. Carlos _____ en su cuarto.   (*room*)

B. Uses of *ser* and *estar*
Complete each sentence, using the present indicative of **ser** or **estar.**

1. Paco _____ de Madrid, pero ahora _____ en Panamá.
2. Gabriela _____ estudiando italiano. _____ una chica muy inteligente.
3. Las mesas _____ de metal.
4. ¡Tú _____ muy bonita hoy!
5. La fiesta _____ en el club "Los Violines".
6. Alina _____ la novia de Marcos.
7. Nosotros _____ muy cansados.
8. _____ las cinco de la tarde.
9. Los chicos _____ de Costa Rica.
10. Las frutas _____ muy sabrosas hoy.

C. Stem-changing verbs (*e > ie*)
Complete each sentence with the Spanish equivalent of the verb in parentheses.

1. ¿Tú _____ pollo o pescado?   (*prefer*)
   Ana _____ bistec.   (*wants*)
2. Las clases _____ a las seis y terminan a las nueve.   (*start*)
3. Nosotros _____ estudiar esta noche. No tenemos ganas de ir a la fiesta de Eva.   (*plan*)
4. Ellos _____ comer aquí.   (*prefer*)
5. Ana y yo _____ venir mañana.   (*want*)
6. Yo no _____ este menú; está en inglés.   (*understand*)

D. Comparative and superlative of adjectives, adverbs, and nouns

Complete these sentences with the Spanish equivalent of the words in parentheses.

1. Mi novio es _____ yo. (*much older than*)
2. Mi primo no es _____ mi tío. (*as tall as*)
3. Elsa es _____ la familia. (*the most intelligent in*)
4. Yo no bailo _____ tú. (*as well as*)
5. Este hotel es _____ la ciudad. (*the best in*)
6. Clara es _____ su hermana. (*much prettier than*)

E. Pronouns as object of prepositions Complete each sentence with the Spanish equivalent of the words in parentheses.

1. ¿Tú vas _____, Paquito? (*with me*)

   No, no voy _____, Anita. Voy _____. (*with you / with them*)

2. ¿Los camarones son _____, Tito? (*for you*)

   No, no son _____; son _____. (*for me / for her*)

F. Vocabulary Complete the following sentences, using vocabulary from **Lección 5.**

1. Voy a _____ la cuenta y a dejar una buena _____.
2. Julio quiere _____ de cebolla y yo _____ de camarones.
3. Ellos quieren pan _____ con _____ y _____.
4. Yo prefiero el pollo _____, no a la parrilla.
5. La _____ de la casa es _____ de cordero.
6. De postre quiero _____ de vainilla.
7. Tráiganos _____ de papas y _____ de tomates.
8. Andresito no es tímido; es muy _____.
9. Para desayunar quiero huevos con _____.
10. ¿Qué deseas comer, una _____ o un perro _____?

G. Translation Express the following in Spanish.

1. Who is more intelligent than Beto?
2. Are you going to the party with me or with Andrea?
3. I prefer to eat fruits and vegetables.
4. The soup at the cafeteria is very tasty today.
5. Carlos Alberto is over twenty years old.

H. Culture Circle the correct answer based on the cultural notes you have read.

1. En los países de habla hispana, el café se sirve (después de / durante) la comida.
2. En la mayoría de los países hispanos, el almuerzo es la comida (menos importante / principal) del día.

Lección 5

Lección 6

A. Stem-changing verbs: *o > ue*   Complete each sentence, using one of the following verbs: **costar, encontrar, recordar, poder** (use twice), **volver, dormir.**

1. Yo no _____ el número de teléfono de Raúl.
2. Jorge _____ a casa a las cinco.
3. ¿Cuánto _____ las chuletas?
4. ¿En qué _____ (yo) servirle?
5. Nosotros no _____ el dinero. ¿Dónde está?
6. Nosotros no _____ ir a la pescadería hoy.
7. Él _____ en su cuarto.

B. Stem-changing verbs: *e > i*   Complete these sentences, using the present indicative of the following verbs: **conseguir, servir, pedir, decir.** (Use each verb twice.)

1. Ellos _____ trabajo en el hotel.
2. Nosotros _____ ensalada y sándwiches en la fiesta.
3. ¿Dónde _____ tú fresas?
4. Él _____ que está cansado.
5. Ella me _____ una taza de café.
6. Yo _____ que van al mercado.
7. Mi esposo y yo siempre _____ vino cuando comemos en ese restaurante.
8. ¿Dónde _____ Ud. las tarjetas de México?

C. Direct object pronouns   Answer the following questions in the negative, replacing the italicized words with direct object pronouns.

1. ¿Vas a leer *estos libros*?
2. ¿Él *me* conoce? (*Use the* **Ud.** *form.*)
3. ¿*Te* llevan ellos al mercado?
4. ¿Ella *me* llama mañana? (*Use the* **tú** *form.*)
5. ¿Necesitas *el detergente*?
6. ¿Tienes *la lejía* aquí?
7. ¿Ellos *los* conocen a Uds.?
8. ¿Uds. consiguen *buenas frutas* en el supermercado?

D. Affirmative and negative expressions   Rewrite the following sentences, changing the negative expressions to the affirmative.

1. No tengo nada aquí.
2. ¿No quiere nada más?
3. Nunca vamos al supermercado.
4. No quiero ni la pluma roja ni la pluma verde.
5. Nunca llamo a nadie.

E. *Hace... que* Write the following sentences in Spanish.

1. I have been living in Honduras for five years.
2. How long have you been studying Spanish, Mr. Smith?
3. They have been writing for two hours.
4. She hasn't eaten for two days.

F. Vocabulary Complete the following sentences, using vocabulary from Lección 6.

1. Yo le pongo _____ al café.
2. Ellos no quieren _____ de cerdo.
3. Va a comprar el pan en la _____ .
4. En mi casa _____ a las doce.
5. ¿A qué hora _____ Uds. a su casa?
6. Ellos están _____ de hambre.
7. Ana y Jorge son _____ casados.
8. Ellos viven _____ de la universidad.
9. El _____ y la _____ son mariscos.
10. Necesito una _____ de huevos y _____ de tomate para los espaguetis.

G. Translation Express the following in Spanish.

1. At the market we buy celery, carrots, and cucumbers.
2. I'm starving! At what time do they serve lunch?
3. Hugo asks for pork chops. He wants them with spaghetti.
4. She never speaks to anyone.
5. —How long have you been living here?
   —I've been living here for four years.

H. Culture Circle the correct answers, based on the cultural notes you have read.

1. La capital de Costa Rica es (San José / San Juan).
2. La principal fuente de ingresos de Panamá está asociada con (la agricultura / las operaciones del Canal).
3. Honduras (tiene / no tiene) volcanes.
4. La principal exportación de Nicaragua es (el café / el petróleo).

Objetivos

Lección 7

- ◆ Discuss plans for a party
- ◆ Talk about what you like or dislike to do
- ◆ Extend, accept, and decline invitations
- ◆ Handle informal situations such as parties
- ◆ Talk about your daily routine

Lección 8

- ◆ Discuss activities you can do outdoors
- ◆ Discuss past actions and events
- ◆ Talk about the way things used to be

 Venezuela

El Salto Ángel, en Venezuela, es la catarata más alta del mundo. Fue descubierto en 1935 y nombrado en honor de James Ángel, un piloto norteamericano que estrelló su avión cerca de allí en el año 1937.

Para divertirse

Lección 7
Un fin de semana

Lección 8
Las actividades al aire libre

Cuba

Vista del Capitolio Nacional de Cuba. Al frente, un anuncio de los tabacos Partagás.

República Dominicana

Una playa en Bayahibe La Romana, en la República Dominicana.

Puerto Rico

El Castillo del Morro, situado en la Bahía de San Juan, Puerto Rico.

Colombia

Una réplica de la Balsa Muisca en el Museo del Oro en Colombia.

Lección 7 ◆ Un fin de semana

Ester

Carlos

Olga

Pablo

🎧 *Carlos Aranda y su esposa Ester son cubanos, pero ahora viven en un apartamento grande y moderno en Santo Domingo. Tienen dos hijos: Olga, de dieciocho años, y Pablo, de quince años.*

Carlos y Ester se levantan temprano hoy porque tienen muchos planes para el fin de semana. Los chicos duermen hasta las diez porque anoche fueron a una fiesta de cumpleaños en la casa de sus primos y volvieron muy tarde.

Ester ¿Vamos a ir al teatro con tus padres? Ellos nos invitaron la semana pasada.

Carlos Tú sabes que a mí no me gusta ir al teatro; me gusta más el cine. Papá quiere ver la película americana que ponen en el cine Rex…

Ester Bueno, voy a preguntarles si quieren cambiar sus planes.

Carlos ¡Ah! Recibimos una invitación a una boda. La recepción es mañana, en el club Náutico. ¿Quieres ir?

Ester Podemos ir un rato. ¿Ya se levantaron los chicos?

Carlos Sí, están desayunando. Olga se está quejando porque no puede ir a patinar con sus amigos esta tarde.

Ester Ella sabe que esta tarde tenemos que ir a visitar a tía Marcela, que nos invitó a merendar.

Carlos ¡Ay, pobre chica! En vez de divertirse con sus amigos se va a aburrir con tu tía Marcela…

Ester (*Se ríe*) ¡Está bien! Le voy a decir que no tiene que ir con nosotros.

Carlos (*Bromeando*) ¿Yo puedo ir a patinar con ella?

Detalles culturales

Las películas americanas son muy populares en el mundo hispánico. Generalmente tienen subtítulos en español o están dobladas (*dubbed*).

◆ ¿Le gusta ver películas extranjeras (*foreign*)?

Olga y Pablo están hablando en la cocina.

Pablo Yo voy a ir a nadar con Beto y René esta tarde y después vamos a ir a ver un partido de béisbol.

Olga ¿Me estás diciendo que no tienes que ir a la casa de la tía Marcela?

Pablo No, papá me dio permiso para salir con mis amigos.

Olga ¡Eso no es justo! ¡Mamá!

Ester (*Entra en la cocina.*) No tienes que ir con nosotros, Olga. La última vez que fuimos a la casa de la tía Marcela, tú rompiste su florero favorito. A ella tampoco le gustan tus visitas... ¡Ella compró ese florero en San Juan!

Olga ¡No fui yo! ¡Fue Pablo! Bueno, no me importa. Esta noche, ¿puedo ir a bailar con María Inés y su hermano? Hay una discoteca nueva...

Ester ¡Ajá! ¿El hermano... ?

Olga A los dos nos gusta bailar... eso es todo...

Ester Bueno, pero tienes que volver antes de la medianoche.

Olga Les voy a decir que me tienen que traer a las doce menos cinco.

¿Recuerda usted?

¿Verdadero o falso?
With a partner, decide whether the following statements about the dialogue are true (**verdadero**) or false (**falso**).

1. Olga es mayor que Pablo. ☐ V ☐ F
2. Carlos y Ester no piensan hacer nada este fin de semana. ☐ V ☐ F
3. Carlos y su esposa están invitados a una boda. ☐ V ☐ F
4. Los chicos se levantaron muy temprano hoy. ☐ V ☐ F
5. Olga nunca se queja de nada. ☐ V ☐ F
6. A Pablo le gusta el béisbol. ☐ V ☐ F
7. A Marcela no le gustan las visitas de Ester. ☐ V ☐ F
8. Alguien rompió el florero. ☐ V ☐ F
9. María Inés no tiene hermanos. ☐ V ☐ F
10. Olga tiene que volver a su casa antes de las diez. ☐ V ☐ F

Y ahora... conteste
Answer these questions, basing your answers on the dialogue.

1. ¿Dónde viven Carlos Aranda y su familia?
2. ¿Adónde fueron los chicos anoche?
3. ¿Qué quiere ver el papá de Carlos? ¿En qué cine?
4. ¿Cuándo y dónde es la recepción?
5. ¿Carlos cree que su hija se va a divertir o que se va a aburrir con la tía de Ester?
6. ¿Con quiénes va a ir a nadar Pablo?
7. ¿Qué quiere hacer Olga esta noche?
8. ¿Adónde van a ir a bailar?

Para hablar del tema: Vocabulario

Online Study Center

For more practice with lesson topics, see the related activities on the *¡Hola, amigos!* web site at college.hmco.com/PIC/holaamigos7e.

Cognados

el béisbol	**el plan**
la discoteca	**el teatro**
moderno(a)	**la visita**
el permiso	

Nombres

el cine movie theatre, the movies	**el partido, el juego** game
el fin de semana weekend	**la película** movie, film
el florero vase	**la semana** week
la medianoche midnight	**la vez** time, occasion

Verbos

aburrirse to be bored	**nadar** to swim
bromear to kid, to joke	**patinar** to skate
cambiar to change	**preguntar** to ask (*a question*)
divertirse (e>ie) to have a good time	**quejarse** to complain
entrar (en) to enter, to go in	**reírse**[1] to laugh
gustar to like, to appeal	**romper*** to break
levantarse to get up	**visitar** to visit
merendar (e>ie) to have an afternoon snack	

Adjetivos

justo(a) fair
pasado(a) last
pobre poor
último(a) last (*in a series*)

Otras palabras y expresiones

anoche last night	**ir a patinar** to go skating
en vez de instead of	**poner (pasar) una película*** to show a movie
hasta until	
importarle (a uno) to matter	**temprano** early

[1]me río, te ríes, se ríe, nos reímos, os reís, se ríen

Amplíe su vocabulario

¿Quieres ir...

a escalar una montaña? *mountain climbing*

a montar* en bicicleta? *bicycle riding*

a esquiar? *skiing (to ski)*

a montar a caballo? *horseback riding*

a un club nocturno? *to a nightclub*

a un concierto? *to a concert*

a la playa? *to the beach*

al museo? *to the museum*

al parque de diversiones*? *to the amusement park*

de picnic? *on a picnic*

al zoológico? *to the zoo*

De país a país

romper quebrar (*Méx.*)

poner una película dar una película (*Ecuador, Cono Sur*)

montar en bicicleta andar en bicicleta (*Arg.*)

el parque de diversiones el parque de atracciones (*Esp.*)

Para practicar el vocabulario

A. Preguntas y respuestas
Match the questions in column *A* with the answers in column *B*.

A	B
1. ¿Se divierten en esas fiestas?	a. La semana pasada.
2. ¿Viste a Roberto en el club?	b. No, no tenemos hambre.
3. ¿Cuándo volvieron?	c. Sí, pero no me importa.
4. ¿Los niños rompieron el florero?	d. Sí, vamos a ir a patinar.
5. ¿Van a merendar?	e. No, porque yo trabajo los sábados.
6. ¿Tiene dinero?	f. ¡Sí! ¡No es justo!
7. ¿Vas los fines de semana?	g. No, se aburren.
8. ¿Tienen planes?	h. A la medianoche.
9. ¿A qué hora vienen?	i. No, es muy pobre.
10. ¿Tú haces todo el trabajo?	j. Sí, dos veces.

B. Todos se divierten
Complete the following statements about a great weekend.

1. Hoy _____ una buena _____ en el cine Victoria.
2. Los chicos van a ir a _____ a caballo.
3. Sergio va a ir a ver un _____ de béisbol.
4. Ana y sus amigos van a una _____ a bailar.
5. Esta tarde yo voy a ir a _____ con mi novio.
6. Estoy invitada a la _____ de una boda.
7. Vamos a la piscina (*pool*) a _____ .
8. Vamos al _____ a ver *Romeo y Julieta*.
9. Voy a _____ a mi tía favorita.
10. Teresa y Armando van a un club _____ .

C. ¿Adónde vamos...?
Your friend has accepted your invitation. Where are you going to go? Begin your answers with **Vamos a ir...**

1. You want to sunbathe and swim.
2. You feel like climbing a mountain.
3. You want to go to Canada's Wonderland.
4. You want to dance salsa.
5. You want to see animals.
6. You want to see Picasso's paintings.
7. You want to have lunch and commune with nature.
8. You want to hear some live music.
9. You want to go to Whistler, British Columbia.
10. You want to go horseback riding or ride your bicycle.

D. ¿Quieres ir...? With a partner, play the roles of two friends who cannot agree on where to go or what to do on the weekend.

◆ **MODELO:** —*¿Quieres ir al cine?*
—*No, prefiero ir al teatro.*

Es evidente que estas chicas no están muy contentas. ¿Qué pueden hacer para divertirse un poco?

Pronunciación

Las consonantes *l, r, rr*

A. Practise the Spanish **l** in the following words.

Olga	abril	último
mil	Ángel	béisbol
Isabel	mal	volver

B. Practise the Spanish **r** in the following words.

moderno	teatro	florero
primero	París	cuarenta
partido	favorito	derecha

C. Practise the Spanish **rr** (spelled **r** both at the beginning of a word and after an **n**) in the following words.

recibir	borrador	correr
Enrique	aburrirse	romper
recepción	pizarra	reírse

Puntos para recordar

1. Preterit of regular verbs (*El pretérito de los verbos regulares*)

◆ Spanish has two simple past tenses: the preterit and the imperfect. (The imperfect will be presented in **Lección 8.**) The preterit of regular verbs is formed as follows. Note that the endings for **-er** and **-ir** verbs are identical.

-ar *verbs* tomar *(to take)*	-er *verbs* comer *(to eat)*	-ir *verbs* escribir *(to write)*
tom**é**	com**í**	escrib**í**
tom**aste**	com**iste**	escrib**iste**
tom**ó**	com**ió**	escrib**ió**
tom**amos**	com**imos**	escrib**imos**
tom**asteis**	com**isteis**	escrib**isteis**
tom**aron**	com**ieron**	escrib**ieron**

yo **tomé**	*I took; I did take*
Ud. **comió**	*you ate; you did eat*
ellos **decidieron**	*they decided; they did decide*

◆ Verbs ending in **-ar** and **-er** that are stem-changing in the present indicative are regular in the preterit.

enco**ntrar**	tú enc**ue**ntras	tú enc**o**ntraste
vo**lver**	yo v**ue**lvo	yo v**o**lví
ce**rrar**	yo c**ie**rro	yo c**e**rré

◆ Verbs ending in **-gar, -car,** and **-zar** change **g** to **gu, c** to **qu,** and **z** to **c** before **é** in the first person of the preterit.

pagar → pag***u***é   **buscar** → bus***qu***é   **empezar** → empe***c***é

◆ Verbs whose stem ends in a strong vowel change the unaccented **i** of the preterit ending to **y** in the third-person singular and plural of the preterit.

leer → le***y***ó   le***y***eron

◆ The preterit tense refers to actions or events that the speaker views as completed in the past.

—¿Qué **compraste** ayer?	*"What **did you buy** yesterday?"*
—**Compré** un florero.	*"**I bought** a vase."*
—¿Qué **comieron** Uds.?	*"What **did you eat**?"*
—**Comimos** ensalada.	*"**We ate** salad."*
—¿A qué hora **volvió** usted?	*"What time **did you return**?"*
—Yo **volví** a las seis.	*"**I returned** at six."*
—¿A qué hora **llegaste**?	*"What time **did you arrive**?"*
—**Llegué** a las seis.	*"**I arrived** at six."*

—¿**Encontraste** el dinero? "***Did you find*** *the money?*"
—No lo **busqué.** "***I didn't look for*** *it.*"

Práctica y conversación

A. Minidiálogos Complete the following dialogues, using the correct preterit forms of the verbs in parentheses. Then act them out with a partner.

1. —¿A qué hora _____ (volver) Uds. ayer?

   —Yo _____ (volver) a las siete y Mario _____ (volver) a las nueve. ¿A qué hora _____ (volver) tú?

2. —¿ _____ (Leer) Ud. este libro, Sr. Vega?

   —Sí, lo _____ (leer) ayer.

   —¿Ud. lo _____ (sacar) de la biblioteca o lo _____ (comprar)?

   —Lo _____ (sacar) de la biblioteca.

3. —¿Cuándo _____ (empezar) a trabajar tú?

   — _____ (Empezar) la semana pasada.

   —¿En qué mes _____ (llegar) aquí?

   — _____ (Llegar) en noviembre del año pasado.

4. —¿Con quién _____ (hablar) Uds.?

   —Yo _____ (hablar) con mi madrina y Ramiro _____ (hablar) con su abuela.

B. Ayer... Read what the following people typically do. Then complete each sentence telling how they varied from their normal routines yesterday.

1. Yo siempre hablo con mis padres, pero ayer...
2. Yo siempre escribo en inglés, pero ayer...
3. Tú siempre estudias por la mañana, pero ayer...
4. Alberto siempre compra café, pero ayer...
5. Los chicos siempre toman café, pero ayer...
6. Nosotros siempre comemos en la cafetería, pero ayer...
7. Adela siempre sale con su novio, pero ayer...
8. Ustedes siempre vuelven a las seis, pero ayer...
9. Yo siempre llego a la universidad a las ocho, pero ayer...
10. Yo siempre empiezo a trabajar a las tres, pero ayer...

C. Entreviste a su compañero(a)   Interview a classmate about his or her activities yesterday, using the following questions.

1. ¿A qué hora saliste de tu casa ayer?
2. ¿A qué hora llegaste a la universidad?
3. ¿Trabajaste mucho?
4. ¿Cuántas horas estudiaste?
5. ¿Dónde comiste? ¿Qué comiste?
6. ¿Qué tomaste?
7. ¿Compraste algo? ¿Qué?
8. ¿A qué hora volviste a tu casa?
9. ¿Qué programa de televisión viste?
10. ¿A qué hora cenaste?
11. ¿Leíste algo antes de acostarte?
12. ¿A qué hora te acostaste?

2. Preterit of *ser, ir,* and *dar* (*El pretérito de* ser, ir *y* dar)

◆ The preterits of **ser, ir,** and **dar** are irregular.

ser (*to be*)	ir (*to go*)	dar (*to give*)
fui	fui	di
fuiste	fuiste	diste
fue	fue	dio
fuimos	fuimos	dimos
fuisteis	fuisteis	disteis
fueron	fueron	dieron

—¿**Fuiste** al club ayer? "**Did you go** to the club yesterday?"

—Sí, **fui** para comprar ropa. Papá me **dio** el dinero. "Yes, **I went** to buy clothes. Dad **gave** me the money."

—¿Quién **fue** tu profesor de español? "Who **was** your Spanish professor?"
—El Dr. Vega. "Dr. Vega."

¡Atención!   Note that **ser** and **ir** have identical preterit forms; however, there is no confusion as to meaning, because the context clarifies it.

Práctica y conversación

A. Minidiálogos Complete the following dialogues, using the preterit of **ser, ir,** and **dar.** Then act them out with a partner, adding your own original lines of dialogue.

1. —¿Con quién _____ tú al cine?
   —_____ con mi hijo.
   —¿_____ (Uds.) por la mañana o por la tarde?
   —_____ por la tarde.

2. —¿Cuánto dinero _____ Uds. para la fiesta?
   —Yo _____ 10 dólares y Carlos _____ 5 dólares.
   —¿Luisa _____ a la fiesta con Roberto?
   —No, ella y Marisol _____ con Juan Carlos al cine.

3. —¿Quién _____ el profesor de literatura de Uds. en la universidad?
   —El Dr. Rivas.
   —¿Uds. no _____ estudiantes de la Dra. Torres?
   —No, no _____ estudiantes de ella.

B. Entreviste a su compañero(a) Interview a partner, using the following questions.

1. ¿Quién fue tu profesor(a) favorito(a) el año pasado?
2. ¿Fuiste a la biblioteca ayer? ¿A qué hora?
3. ¿Adónde fuiste el fin de semana pasado?
4. ¿Tus amigos fueron también?
5. ¿Cuándo diste una fiesta?
6. ¿Dónde la diste?
7. ¿Fueron tú y tus amigos al cine el sábado pasado?
8. ¿Fuiste de vacaciones el verano pasado? ¿Adónde fuiste?

C. Queremos saber... With a partner, prepare five questions to ask your instructor about his or her activities. Use the preterit of **ser, ir,** and **dar.**

3. Indirect object pronouns (*Los pronombres usados como complemento indirecto*)

◆ In addition to a subject and direct object, a sentence can have an indirect object.[1]

Ella les da **el dinero a los muchachos.**

s.   v.   d.o.   i.o.

What does she give? (**el dinero**)

To whom does she give it? (**a los muchachos**)

In this sentence, **ella** is the subject who performs the action, **el dinero** is the direct object, and **a los muchachos** is the indirect object, the final recipient of the action expressed by the verb.

---
[1]See Appendix C.

Online Study Center

For more practice with lesson topics, see the related activities on the *¡Hola, amigos!* web site at college.hmco.com/PIC/holaamigos7e.

◆ Indirect object nouns are for the most part preceded by the preposition **a.**

◆ An indirect object usually tells to whom or for whom something is done. Compare these sentences:

Yo voy a mandar**lo** a México.   (**lo:** *direct object*)
I'm going to send **him** *to Mexico.*

Yo voy a mandar**le** dinero.   (**le:** *indirect object*)
I'm going to send **him** *money.*   (*I'm going to send money* **to him.**)

◆ An indirect object pronoun can be used with or in place of the indirect object. In Spanish, the indirect object pronoun includes the meaning *to* or *for*. The forms of the indirect object pronouns are shown in the following table.

Singular		Plural	
me	(to/for) me	**nos**	(to/for) us
te	(to/for) you (*fam.*)	**os**	(to/for) you (*fam.*)
le	⎰ (to/for) you (*form.*) ⎨ (to/for) him ⎱ (to/for) her	**les**	⎰ (to/for) you (*form., fam.*) ⎱ (to/for) them (*masc., fem.*)

◆ Indirect object pronouns have the same form as direct object pronouns, except in the third person.

◆ Indirect object pronouns are usually placed in front of the conjugated verb.

Le dimos una propina.   *We gave* **him** *a tip.*

◆ When used with an infinitive or in the present progressive, however, the indirect object pronoun may either be placed in front of the conjugated verb or attached to the infinitive or the present participle.

Le voy a escribir una carta.
or: ⎱ *I'm going to write* **you** *a letter.*
Voy a escribir**le** una carta.

Les estoy diciendo la hora.
or: ⎱ *I'm telling* **them** *the time.*
Estoy diciéndo**les**[1] la hora.

¡Atención! The indirect object pronouns **le** and **les** require clarification when the context does not specify the gender or the person to which they refer. Spanish provides clarification by using the preposition **a** + *pronoun or noun.*

Le doy la información.   *I give the information . . .*
                                       (to whom? to him? to her?
but: *to you?)*

Le doy la información **a ella.**   *I give the information* **to her.**

---
[1]When an indirect object pronoun is attached to a present participle, an accent mark is added to maintain the correct stress.

The prepositional phrase provides clarification or emphasis; it is not, however, a substitute for the indirect object pronoun. Although the prepositional form can be omitted, the indirect object pronoun must always be used.

—¿Qué vas a comprar**le** a tu hija? *"What are you going to buy (for) your daughter?"*

—**Le** voy a comprar un florero. *"I'm going to buy **her** a vase."*

Práctica y conversación

Online Study Center

For more practice with lesson topics, see the related activities on the *¡Hola, amigos!* web site at college.hmco.com/PIC/holaamigos7e.

A. Frutas para todos Mom went to the market and bought fruit for everyone. Indicate for whom she bought each fruit, using indirect object pronouns. Clarify when necessary.

◆ MODELO: Mamá compró duraznos *para él.*
   *Mamá **le** compró duraznos **a él.***

1. Mamá compró manzanas *para mí.*
2. Mamá compró peras *para nosotros.*
3. Mamá compró uvas *para ella.*
4. Mamá compró una piña *para ti.*
5. Mamá compró melocotones *para Ud.*
6. Mamá compró una sandía *para ellos.*
7. Mamá compró cerezas *para Uds.*
8. Mamá compró fresas *para él.*
9. Mamá compró bananas *para Rodolfo.*
10. Mamá compró mangos *para Sofía.*

B. Entreviste a su compañero(a) Interview a partner, using the following questions.

1. ¿Cuándo vas a escribirles a tus amigos?
2. ¿Le escribiste a alguien ayer?
3. ¿Tú siempre le escribes a tu mejor amigo(a)?
4. ¿Tus padres te escribieron esta semana?
5. ¿Tus padres te dan dinero para comprar ropa?
6. ¿Tú vas a mandarle dinero a alguien? ¿A quién?
7. ¿Tus padres les hablan a Uds. en inglés o en español?
8. ¿Tú siempre les dices la verdad a tus padres?

C. Son bilingües What languages do the people below speak and what languages are spoken to them? With a partner, match each name to the most likely language.

alemán (*German*)   italiano
español   japonés
francés   portugués
inglés   ruso (*Russian*)

◆ MODELO: María del Pilar (a mí)
   María del Pilar me habla en español.
   Yo le hablo en español a ella.

1. Boris (a ti)
2. Giovanni (a ellos)
3. John (a mí)
4. El Sr. Kurosawa (a Uds.)
5. Monique y Pierre (a nosotros)
6. Hans (a Ud.)
7. Nelson (de Brasil) (a él)
8. Rosa y José (a ella)

D. Regalos (*Presents*) In groups of three or four, tell each other about four or five gifts that you bought your friends and relatives for Christmas (*la Navidad*) or a birthday and describe what they bought you.

◆ **MODELO:** *A mi mamá le compré una licuadora para su cumpleaños.*
El día de mi cumpleaños, mi mamá me compró un escritorio.

4. The verb *gustar* (*El verbo* gustar)

◆ The verb **gustar** means to like something or somebody (literally, *to be pleasing*). A special construction is required in Spanish to translate the English *to like*. Note that the equivalent of the English direct object becomes the subject of the Spanish sentence. The English subject then becomes the indirect object of the Spanish sentence.

<table>
<tr><td></td><td>*I like* **your house.**</td></tr>
<tr><td>**Me** gusta **tu** *casa.*</td><td>S.   D.O.</td></tr>
<tr><td>I.O.   S.</td><td>**Your house** *is pleasing* **to me.**</td></tr>
<tr><td></td><td>S.   I.O.</td></tr>
</table>

◆ **Gustar** is *always* used with an indirect object pronoun—in this example, **me.**

◆ The two most commonly used forms of **gustar** are the third-person singular **gusta** if the subject is singular or if the verb is followed by one or more infinitives, and the third-person plural **gustan** if the subject is plural.

Indirect Object Pronouns

Me		el café.
Te	gust**a**	bailar.
Le		comer y beber.
Nos		
Os	gust**an**	**esos** mantele**s.**
Les		

◆ Note that **gustar** agrees in number with the *subject* of the sentence, that is, the person or thing being liked.

Me gust**an las manzanas.**   ***Apples are*** *pleasing to me.*

◆ The person who does the liking is the indirect object.

Me gustan las manzanas.   *Apples are pleasing **to me.***

—¿**Te** gusta este mantel rojo?   *"Do **you** like this red tablecloth?"*
—No, no **me** gustan los   *"No, **I** don't like red tablecloths."*
mantels rojos.

—¿**Les** gusta el francés?   *"Do **you** like French?"*
—Sí, **nos** gusta mucho el   *"Yes, **we** like French very*
francés, pero **nos** gusta   *much, but **we** like Spanish*
más el español.   *better."*

¡Atención! Note that the words **más** and **mucho** immediately follow **gustar**.

- The preposition **a** + *a noun* or *pronoun* is used to clarify meaning or to emphasize the indirect object.

A Aurora (A ella) le gusta esa panadería, pero **a mí** no me gusta.	**Aurora** likes that bakery, but **I** don't like it.
A Beto y **a Rosa** les gusta ese restaurante.	**Beto** and **Rosa** like that restaurant.

¡Atención! If the thing liked is an action, the second verb is an infinitive: **Me gusta patinar.**

Detalles culturales

En la cultura hispánica, los sobrenombres son muy populares. Roberto: **Beto**; Enrique: **Quique**; Dolores: **Lola**.

- **¿Qué sobrenombres son populares en Canadá? ¿Ud. tiene sobrenombre?**

Práctica y conversación

A. ¿Qué les gusta? Tell who likes what.

- MODELO: Yo / ese cine
  Me gusta ese cine.

1. Nosotros / más / estos floreros
2. Tú / visitar / tus tíos
3. Yo / mucho / cocinar
4. Ellos / mucho / La Habana
5. Él / no / mucho / ese parque de diversiones
6. Uds. / más / esas ciudades
7. Ella / ese club nocturno
8. Yo / mucho / los restaurantes italianos
9. Uds. / no/ la música jazz
10. Mi mamá / mucho / esquiar

Online Study Center

For more practice with lesson topics, see the related activities on the *¡Hola, amigos!* web site at college.hmco.com/PIC/holaamigos7e.

B. Entreviste a su compañero(a) Interview a classmate, asking the following questions.

1. ¿A ti te gusta más el invierno o el verano?
2. ¿Te gusta más venir a clase por la mañana o por la tarde?
3. ¿A ti te gusta más el rojo o el azul?
4. ¿Te gusta más vivir en una casa o en un apartamento?
5. ¿Te gustan más las ciudades grandes o las ciudades pequeñas?
6. ¿Te gustan más las peras o las manzanas?
7. ¿A tu mamá le gusta más bailar o cantar (*sing*)?
8. ¿A tus amigos les gusta más ir al cine o al teatro?

C. Los sábados With a partner, talk about what you, your parents, and your friends like and don't like to do on Saturdays.

- MODELO: A mi papá...
  A mi papá le gusta leer. No le gusta trabajar.

1. A mí...
2. A mi mamá...
3. A mi papá...
4. A nosotros...
5. A mis amigos...
6. A mi mejor amigo(a)...

D. Preferencias... Look at these illustrations and say what these people like and what they don't like to do.

◆ MODELO:

Juan

A Juan le gusta leer.

Inés

1. _____

Jorge **Mario**

2. _____

Yo

3. _____

Nostotras

4. _____

Tú

5. _____

Ud.

6. _____

Carmen

7. _____

E. Queremos saber With a partner, prepare three or four questions to ask your instructor about what he or she likes or doesn't like to do.

5. Reflexive constructions (*Construcciones reflexivas*)

◆ The reflexive construction (e.g., *I introduce myself*) consists in Spanish of a reflexive pronoun and a verb.

◆ Reflexive pronouns[1] refer to the same person as the subject of the sentence does.

Subjects	Reflexive Pronouns	
yo	**me**	myself, to (for) myself
tú	**te**	yourself, to (for) yourself (*fam.*)
nosotros(as)	**nos**	ourselves, to (for) ourselves
vosotros(as)	**os**	yourselves, to (for) yourselves (*fam.*)
Ud.	**se**	yourself, to (for) yourself (*form.*)
Uds.		yourselves, to (for) yourselves (*form., fam.*)
él		himself, to (for) himself
ella		herself, to (for) herself
		itself, to (for) itself
ellos, ellas		themselves, to (for) themselves

> **¡Atención!** Reflexive pronouns are positioned in the sentence in the same manner as object pronouns.

◆ Note that except for **se,** reflexive pronouns have the same forms as the direct and indirect object pronouns.

◆ The third-person singular and plural **se** is invariable, that is, it does not show gender or number.

◆ Any verb that can act upon the subject can be made reflexive in Spanish with the aid of a reflexive pronoun.

Julia **le** prueba el vestido **a su hija.**
  (*Julia tries the dress on her daughter.*)

Julia **se prueba** el vestido.
  (*Julia tries on the dress.*)

---

[1]See Appendix C.

vestirse (e > i) (*to dress oneself, to get dressed*)	
Yo **me visto.**	I dress myself.
Tú **te vistes.**	You dress yourself. (*fam.*)
Ud. **se viste.**	You dress yourself. (*form.*)
Él **se viste.**	He dresses himself.
Ella **se viste.**	She dresses herself.
Nosotros **nos vestimos.**	We dress ourselves.
Vosotros **os vestís.**	You dress yourselves. (*fam.*)
Uds. **se visten.**	You dress yourselves. (*form., fam.*)
Ellos **se visten.**	They (*masc.*) dress themselves.
Ellas **se visten.**	They (*fem.*) dress themselves.

◆ The following commonly used verbs are reflexive.

aburrirse   *to get bored*
acostarse (o>ue)   *to go to bed*
afeitarse, rasurarse   *to shave*
bañarse   *to bathe*
despertarse (e>ie)   *to wake up*
divertirse (e>ie)   *to have fun*

lavarse   *to wash oneself*
levantarse   *to get up*
ponerse   *to put on*
probarse (o>ue)   *to try on*
quitarse   *to take off*
sentarse (e>ie)   *to sit down*

—¿A qué hora **se levantan** Uds.?
—Yo **me levanto** a las seis y Jorge **se levanta** a las ocho.

—Uds. **se levantaron** muy tarde hoy.

—Sí, porque anoche **nos acostamos** a la medianoche.

"What time do you get up?"
"I get up at six o'clock and Jorge gets up at eight."

"You got up very late today."

"Yes, because last night we went to bed at midnight."

Práctica y conversación

A. Entreviste a su compañero(a)   Interview a partner, using the following questions.

1. ¿A qué hora te despertaste esta mañana?
2. Generalmente, ¿te levantas temprano o tarde? ¿A qué hora te levantas?
3. ¿Te acuestas temprano? ¿Te acuestas antes de las once?
4. ¿Te bañas por la mañana o por la noche? ¿Con qué jabón (*soap*) te bañas?
5. ¿Puedes bañarte y vestirte en diez minutos?
6. ¿Con qué jabón te lavas las manos?
7. ¿Tu papá se afeita todos los días?
8. ¿Siempre te pruebas la ropa antes de comprarla?
9. En la clase de español, ¿prefieres sentarte cerca de la puerta o cerca de la pizarra?
10. ¿Te sientas cerca de la ventana? ¿Por qué?
11. ¿Te diviertes en la clase de español?
12. ¿En qué clase te aburres?

B. **¿Qué pasó...?** Use your imagination to complete the following sentences.

1. Yo me levanté a las seis y Jorge…
2. Mi hermana se bañó por la noche y tú…
3. Yo me desperté temprano y Rosa…
4. Nosotras nos probamos los vestidos negros y ellas…
5. Tú te sentaste cerca de la puerta y ella…
6. Yo me vestí en diez minutos y tú…
7. Yo me afeité por la noche y él…
8. Nosotros nos acostamos a las once y Uds….
9. Yo me aburrí en la fiesta y tú…
10. Yo me lavé las manos con jabón Dove y ellos…

C. **La rutina diaria** Look at the illustrations below. How would José describe his routine and that of his family?

1. Yo…

2. Mi papá…

3. Yo…

los sábados

4. Nosotros…

5. Mamá…

6. Nosotros…

7. Yo...

8. ¿Tú...?

 D. **¿Con qué frecuencia?** (*How often . . . ?*)   In groups of three or four, talk about how often you do the following things. Use **siempre, todos los días, nunca, a veces,** and **frecuentemente.**

1. levantarse antes de las siete
2. despertarse muy tarde
3. bañarse por la noche
4. ponerse pijama para dormir
5. acostarse muy tarde
6. quejarse de sus profesores

Rodeo

Summary of the Pronouns (Resumen de los pronombres)

Subject	Direct Object	Indirect Object	Reflexive	Object of Prepositions
yo	**me**	**me**	**me**	**mí**
tú	**te**	**te**	**te**	**ti**
usted (*masc.*)	**lo**			**usted**
usted (*fem.*)	**la**	**le**	**se**	**usted**
él	**lo**			**él**
ella	**la**			**ella**
nosotros(as)	**nos**	**nos**	**nos**	**nosotros(as)**
vosotros(as)	**os**	**os**	**os**	**vosotros(as)**
ustedes (*masc.*)	**los**			**ustedes**
ustedes (*fem.*)	**las**	**les**	**se**	**ustedes**
ellos	**los**			**ellos**
ellas	**las**			**ellas**

Online Study Center

For more practice with lesson topics, see the related activities on the *¡Hola, amigos!* web site at college.hmco.com/PIC/holaamigos7e.

Práctica

Queridos padres   Supply all the missing pronouns in the letter that Oscar wrote to his parents and read the letter aloud.

Queridos padres:

_____ escribo para decir_____ que estoy bien y estoy trabajando mucho. Ayer hablé con Eva. _____ está estudiando en la universidad y dice que quiere conocer_____ porque _____ siempre _____ hablo de _____. _____ invitó a una fiesta que ella da esta noche.

Hoy _____ levanté muy temprano y fui de compras. Para _____, papá, compré un reloj. A _____, mamá, _____ compré un vestido. Para _____, compré un par de zapatos para la fiesta de Eva.

¿Cómo está mi hermana? Hace mucho que no _____ llamo por teléfono ni _____ escribo. ¡Ah! A _____ _____ compré un libro.

Bueno, ya son las seis y tengo que bañar_____ y vestir_____ para ir a la fiesta.

_____ quiero mucho.

Un abrazo,

Oscar

Sergio le envía un mensaje electrónico a su novia. ¿Qué le dice de sus planes para el sábado? ¿Va a salir con ella? ¿La va a llamar por teléfono?

Entre nosotros

¡Conversemos!

 Para conocernos mejor Get to know your partner better by asking each other the following questions.

1. ¿Te gusta levantarte temprano? ¿A qué hora te levantaste hoy?
2. ¿A qué hora te acostaste anoche?
3. ¿Qué te gusta hacer los fines de semana? ¿Qué no te gusta hacer?
4. ¿Qué actividades planeas para este fin de semana?
5. Si te invitan a un concierto de música clásica, ¿tú vas?
6. ¿Te gusta más patinar o esquiar?
7. ¿Adónde fuiste el sábado pasado? ¿Con quién fuiste?
8. ¿Le escribiste a alguien? ¿A quién?
9. ¿Cuándo fue la última vez que tus padres te dieron dinero para comprar ropa?
10. ¿Fuiste alumno(a) de esta universidad el año pasado?

 Una encuesta Interview your classmates to identify who fits the following descriptions. Include your instructor, but remember to use the **Ud.** form when addressing him or her.

	Nombre
1. Dio una fiesta el mes pasado.	
2. Fue al zoológico el año pasado.	
3. Va al cine todos los fines de semana.	
4. Fue a un parque de diversiones el verano pasado.	
5. Va a la playa frecuentemente.	
6. Fue de picnic con sus amigos.	
7. Sabe montar a caballo.	
8. Le gusta escalar montañas.	
9. Se queja de sus profesores a veces.	
10. Se despierta muy temprano.	

Y ahora...   Write a brief summary, indicating what you have learned about your classmates.

 ¿Cómo lo decimos?   What would you say in the following situations? What might the other person say? Act out the scenes with a partner.

1. You ask a friend three questions about his or her daily routine.
2. While leaving a movie theatre, you see a friend. Ask him what movie he saw and whether he liked it.
3. You and a friend are making plans for the weekend and are discussing activities that you like.

¿Qué pasa aquí?   The people in this photo are friends trying to plan a weekend. Two of them are making different suggestions and the third one rejects them all. In groups of three, indicate who they are and what they are saying. Say what happens at the end.

 # Para escribir

Un día típico   Describe a typical day in your life: what time you get up, what you generally eat, where you go, what you do, and so on.

Un dicho

Todo tiempo pasado fue mejor.

Is there an English equivalent to this saying? Do we all tend to see the past as better? Can you memorize the saying?

Jaime | Gloria | David | Susana

🎧 *Susana y Gloria son dos hermanas colombianas que están casadas con Jaime y David, de Venezuela. Los dos matrimonios viven en Caracas, y frecuentemente se juntan para ir a cenar, al cine o a la playa. Ahora están planeando un fin de semana.*

Jaime Cuando yo era chico, mi familia y yo siempre íbamos a acampar al Parque Nacional de Canaima, de modo que soy un experto en armar tiendas de campaña, en hacer fogatas...

Susana En cambio Gloria y yo pasábamos nuestras vacaciones en ciudades grandes, y nos hospedábamos en hoteles muy buenos.

Gloria ¡Ay, sí! Ya te dije que nosotras no estábamos acostumbradas a todas estas actividades que te gustan a ti, mi amor.

Jaime ¡Les va a encantar dormir bajo las estrellas, en una bolsa de dormir!

David Oye, tu hermano prometió prestarte sus bolsas de dormir. ¿Te las trajo?

Jaime No, me las va a traer esta noche. También me va a prestar su caña de pescar.

David ¡Ah! No hay nada como comer pescado frito que uno acaba de pescar.

Detalles culturales

El Parque Nacional de Canaima es una de las áreas naturales más importantes de Venezuela y su mayor atracción turística. Aquí se encuentran las cataratas del Salto Ángel, las más altas del mundo. También existe en el parque una gran variedad de animales, muchos en peligro (*danger*) de extinción. Muchas de las plantas que hay en el parque son exclusivas de esta región.

◆ **¿Qué parques nacionales importantes hay en Canadá?**

Detalles culturales

En Latinoamérica son muy populares los vendedores ambulantes a los que se les pueden comprar diversos artículos. Los productos que ellos venden son más baratos y con ellos es más fácil regatear (*to haggle*).

◆ **¿Son populares los vendedores ambulantes en Canadá?**

Llegaron al parque el viernes por la tarde. Por la noche no durmieron muy bien y hoy están un poco cansados. Se levantaron muy temprano para hacer una caminata y ahora Jaime y David están tratando de pescar algo en el lago.

David   Cuando veníamos para acá vi a unos hombres que vendían pescado. Si no pescamos nada...

Jaime   Pronto vamos a tener pescado para el almuerzo. ¡Te lo prometo!

David   Espero que sí, porque tengo mucha hambre. Jaime, ¿dónde pusiste el termo de café?

Jaime   Se lo di a Gloria esta mañana, porque ella me lo pidió. Oye, después de almorzar podemos alquilar una canoa para ir a remar.

Dos horas más tarde.

David   ¿Por qué no llamamos a Gloria y a Susana y les decimos que no pudimos pescar nada?

Jaime   ¡Porque nos van a tomar el pelo! ¡Silencio! ¡Ahí vienen!

Susana y Gloria traen dos cestas de picnic.

Susana   Gloria y yo trajimos comida, por si acaso...

Gloria   Pollo frito, ensalada de papas, pastel de manzana...

David   ¡Excelente idea! ¡Vamos a comer!

¿Recuerda usted?

¿Verdadero o falso?   With a partner, decide whether the following statements about the dialogue are true (**verdadero**) or false (**falso**).

1. Los dos matrimonios viven en la capital de Venezuela.   ☐ V   ☐ F
2. Jaime sabe armar tiendas de campaña.   ☐ V   ☐ F
3. Gloria y su hermana siempre iban a acampar cuando eran niñas.   ☐ V   ☐ F   ☐ V   ☐ F
4. El hermano de David tiene bolsas de dormir.   ☐ V   ☐ F
5. A David y a Jaime no les gusta pescar.   ☐ V   ☐ F
6. El sábado todos se despertaron muy tarde.   ☐ V   ☐ F
7. Jaime es muy optimista.   ☐ V   ☐ F
8. Gloria tiene el termo de café.   ☐ V   ☐ F
9. A Jaime no le gusta remar.   ☐ V   ☐ F
10. Todos comieron pescado.

Y ahora... conteste   Answer these questions, basing your answers on the dialogue.

1. ¿Para qué se juntan, frecuentemente, los dos matrimonios?
2. ¿Adónde iban a acampar Jaime y su familia cuando él era chico?
3. ¿Dónde pasaban sus vacaciones Gloria y Susana?
4. Según (*According to*) Jaime, ¿qué les va a encantar a Gloria y a Susana?
5. ¿Cómo durmieron todos anoche?
6. ¿Qué le promete Jaime a David?
7. ¿Qué pueden hacer todos después de almorzar?
8. ¿Qué trajeron Susana y Gloria?

Para hablar del tema: Vocabulario

Online Study Center

For more practice with lesson topics, see the related activities on the *¡Hola, amigos!* web site at college.hmco.com/PIC/holaamigos7e.

Cognados

la actividad	experto(a)	el hotel
la canoa	excelente	el termo

Nombres

la actividad al aire libre outdoor activity	**el coche** car	**el matrimonio** married couple
la bolsa de dormir* sleeping bag	**la estrella** star	**el remo** oar
la caña de pescar fishing rod	**la fogata** bonfire	**la tienda de campaña** tent
la cesta basket	**el lago** lake	

Verbos

acampar to camp	**hospedarse** to stay (e.g., *at a hotel*)	**prestar** to lend
alquilar* to rent	**juntarse** to get together	**prometer** to promise
armar to pitch (*a tent*), to put together	**pasar** to spend (time)	**remar** to row
encantar[1] to love, to like very much	**pescar** to fish, to catch a fish	**tratar (de)** to try to
		vender to sell

Adjetivos

acostumbrado(a) accustomed or used to
chico(a), pequeño(a) little
frito(a) fried

Otras palabras y expresiones

acá here	**hacer una caminata** to go hiking
acabar de + *infinitive* to have just (*done something*)	**ir a acampar** to go camping
ahí there	**mi amor** darling, my love
bajo under	**por si acaso** just in case
en cambio on the other hand	**pronto** soon
Espero que sí. I hope so.	**tomarle el pelo a alguien** to pull someone's leg
frecuentemente, a menudo often	**Vamos a comer.** Let's eat.

De país a país

la bolsa de dormir el saco de dormir (*Col., Cono Sur*)

alquilar rentar (*Méx.*)

el velero el bote de vela (*Cuba, Arg.*)

el traje de baño la trusa (*Cuba*), el bañador (*Esp.*), la malla (*Cono Sur*)

---

[1]Conjugated like **gustar**

Amplíe su vocabulario

Más sobre las actividades al aire libre

el palo de golf

jugar al golf

la escopeta

cazar

la raqueta

jugar al tenis

el salvavidas

la arena

el mar

bucear

hacer surfing

la tabla de mar

el velero*

tomar el sol

el esquí acuático

el traje de baño*

Para practicar el vocabulario

A. Preguntas y respuestas
Match the questions in column *A* with the answers in column *B*.

A	B
1. ¿Tienes hambre?	**a.** Sí, me encanta.
2. ¿Vas a ir a acampar?	**b.** Sí, soy un experto.
3. ¿Uds. se juntan para salir?	**c.** Sí, bajo las estrellas.
4. ¿Tú sabes armar tiendas de campaña?	**d.** En la cesta de picnic.
5. ¿Dónde se hospedaron?	**e.** Sí, necesito la tienda de campaña.
6. ¿Te gusta pescar?	**f.** En el termo.
7. ¿Compraste una caña de pescar?	**g.** En el hotel Hilton.
8. ¿Dormiste en una bolsa de dormir?	**h.** No, acabo de almorzar.
9. ¿Dónde pusiste el café?	**i.** No, no me gusta remar.
10. ¿Qué vendían esos hombres?	**j.** No, me la prestaron.
11. ¿Vas a ir en canoa?	**k.** Sí, frecuentemente.
12. ¿Dónde pusiste el pollo frito?	**l.** Pescado.

B. ¿Lógico o ilógico?
 With a partner, indicate whether each of the following statements is logical (**L**) or illogical (**I**).

1. Necesitamos el traje de baño para ir a cazar.
2. En la playa generalmente hay salvavidas.
3. Necesito el coche para hacer una fogata.
4. Voy a ir a bucear porque quiero tomar el sol.
5. Vamos a hacer esquí acuático en el lago.
6. Para remar usamos la tabla de mar.
7. Hicimos una caminata y ahora estamos muy cansados.
8. Traje los palos de golf para jugar al tenis.
9. Siempre dejamos el velero en el cuarto del hotel.
10. Anoche comimos arena.

C. Palabras y más palabras
¿Qué palabra o frase corresponde a lo siguiente?

1. La necesito para pescar.
2. Las vemos en el cielo (*sky*).
3. pequeño
4. a menudo
5. La necesito para jugar al tenis.
6. opuesto de comprar
7. muy, muy bueno
8. Me gusta mucho.
9. quedarse (en un hotel)
10. La necesito para cazar.

D. Planes de vacaciones You and a classmate play the roles of two friends who are planning a fun weekend. Talk about everything you can do.

Estas chicas fueron a acampar el fin de semana pasado. ¿Qué hicieron?

Pronunciación

Pronunciation in context

In this lesson, there are some words or phrases that may be challenging to pronounce. Listen to your instructor and pronounce the following sentences.

1. **Pasábamos** nuestras **vacaciones** en ciudades grandes y **nos hospedábamos** en hoteles muy buenos.
2. Ya te dije que nosotras no estábamos **acostumbradas** a todas estas **actividades.**
3. **Se levantaron** muy temprano para **hacer** una caminata.
4. **Después** de almorzar podemos **alquilar** una canoa para ir a **remar.**
5. ¿Por qué no **llamamos** a Gloria y a Susana y les **decimos** que no pudimos pescar nada?

Puntos para recordar

1. Preterit of some irregular verbs (*El pretérito de algunos verbos irregulares*)

◆ The following Spanish verbs are irregular in the preterit.

tener	tuve, tuviste, tuvo, tuvimos, tuvisteis, tuvieron
estar	estuve, estuviste, estuvo, estuvimos, estuvisteis, estuvieron
poder	pude, pudiste, pudo, pudimos, pudisteis, pudieron
poner	puse, pusiste, puso, pusimos, pusisteis, pusieron
saber	supe, supiste, supo, supimos, supisteis, supieron
hacer	hice, hiciste, hizo, hicimos, hicisteis, hicieron
venir	vine, viniste, vino, vinimos, vinisteis, vinieron
querer	quise, quisiste, quiso, quisimos, quisisteis, quisieron
decir	dije, dijiste, dijo, dijimos, dijisteis, dijeron
traer	traje, trajiste, trajo, trajimos, trajisteis, trajeron
conducir[1]	conduje, condujiste, condujo, condujimos, condujisteis, condujeron
traducir[1]	traduje, tradujiste, tradujo, tradujimos, tradujisteis, tradujeron

¡Atención! The third-person singular of the verb **hacer** changes the **c** to **z** in order to maintain the original soft sound of the **c** in the infinitive. The **i** is omitted in the third-person plural ending of the verbs **decir, traer, conducir,** and **traducir.**

—¿Qué **trajeron** Uds. ayer?
—**Trajimos** las cestas.
*"What **did you bring** yesterday?"*
"We brought the baskets."

—Ayer no **viniste** a clase. ¿Qué **hiciste?**
—**Tuve** que trabajar. ¿**Hubo** un examen?
—No.
*"You did not come to class yesterday. What **did you do**?"*
"I had to work. Was there an exam?"
"No."

¡Atención! The preterit of **hay** (impersonal form of **haber**) is **hubo.**

---

[1]**conducir** = *to drive;* **traducir** = *to translate.*

178 ciento setenta y ocho ◆ **Lección 8**

¡Hola!

¡Hola! ¿Trajiste algo de Colombia?

Práctica y conversación

Online Study Center

For more practice with lesson topics, see the related activities on the *¡Hola, amigos!* web site at college.hmco.com/PIC/holaamigos7e.

A. Minidiálogos Complete the following exchanges, using the preterit of the verbs in parentheses. Then act them out with a partner.

1. —¿Dónde _____ (estar) tú la semana pasada?
   —(Yo) _____ (estar) en el Parque Nacional de Canaima.
   —¿Y tus padres?
   —Ellos _____ (estar) en Caracas.
2. —¿Qué _____ (hacer) Roberto ayer?
   —Él _____ (tener) que trabajar.
3. —¿Tus padres te _____ (traer) las bolsas de dormir?
   —No, no _____ (poder) traerlas porque _____ (venir) en autobús.
4. —Cuando Uds. _____ (venir) al parque, ¿qué coche (car) _____ (conducir)?
   —_____ (conducir) el coche de papá.
5. —¿Dónde _____ (poner) Uds. la cesta de picnic?
   —La _____ (poner) en la mesa.
   —¿Sergio comió con Uds.?
   —No, él no _____ (querer) comer con nosotros.

B. La semana pasada Rewrite this paragraph, changing all the verbs to the preterite to indicate that everything happened last week.

Tengo que limpiar mi apartamento porque Ana y Eva vienen a visitarme. Después hago una torta para ellas. Las chicas traen bolsas de dormir porque no quieren dormir en mi cuarto. Las ponen en la sala y miran televisión hasta tarde. Mi prima Julia está con nosotras hasta las diez, pero no puede quedarse a dormir porque tiene que ir a trabajar.

C. Entreviste a su compañero(a) Interview a partner, using the following questions.

1. ¿A qué hora viniste a la universidad ayer?
2. ¿Condujiste tu coche o viniste en ómnibus (*bus*)?
3. ¿Tuviste algún examen? ¿En qué clase?
4. ¿Estuviste en la biblioteca por la tarde?
5. ¿Trajiste algún libro de la biblioteca a la clase?
6. ¿Dónde pusiste tus libros?
7. ¿Hiciste la tarea (*homework*) de la clase de español?
8. ¿Pudiste terminarla?
9. ¿Estuviste en tu casa por la noche?
10. ¿Tuviste una fiesta en tu casa? (¿Quiénes vinieron?)

D. Queremos saber... In groups of three, prepare some questions for your instructor about what he or she did yesterday, last night, or last week. Use irregular preterit forms in your questions.

2. Direct and indirect object pronouns used together
(Los pronombres de complemento directo e indirecto usados juntos)

◆ When an indirect object pronoun and a direct object pronoun are used together, the indirect object pronoun always comes first.

◆ With an infinitive, the pronouns can be placed either before the conjugated verb or after the infinitive.

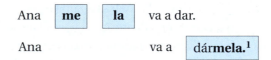

*Ana is going to give **it to me**.*

◆ With a present participle, the pronouns can be placed either before the conjugated verb or after the present participle.

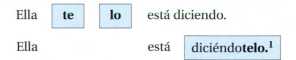

*She is saying **it to you**.*

◆ If both pronouns begin with **l,** the indirect object pronoun (**le** or **les**) is changed to **se.**

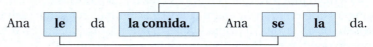

---

[1]Note that the use of the written accent follows the standard rules for the use of accents. See Appendix A.

For clarification, it is sometimes necessary to add **a él, a ella, a Ud., a Uds., a ellos,** or **a ellas.**

—¿A quién le dio la comida Ana?   *"To whom did Ana give the meal?"*
—**Se la** dio **a él.**   *"She gave **it to him.**"*

A proper name may also be given for clarification.
    Se la dio **a Luis.**   *She gave **it to Luis.***

Necesito veinte dólares.
¿Puedes dármelos?

Online Study Center

For more practice with lesson topics, see the related activities on the *¡Hola, amigos!* web site at college.hmco.com/PIC/holaamigos7e.

Práctica y conversación

A. Un tío generoso   We want to go camping, but we don't have anything that we need. Our generous uncle Ernesto provides everything. Rewrite the statements following the model.

    ◆ MODELO: No tenemos dinero. (dar)
                   Él nos lo da.

1. Yo necesito una caña de pescar. (prestar)
2. Tú no tienes traje de baño. (comprar)
3. Nosotros necesitamos tablas de mar. (traer)
4. Daniel no tiene esquíes acuáticos. (prestar)
5. Mis hermanas quieren una cesta de picnic. (conseguir)
6. Mis primos necesitan unas raquetas de tenis. (comprar)

B. **Excusas, excusas**   What excuses would you give in response to these questions? Follow the model and use the cues provided.

◆ MODELO: —¿Por qué no le diste el dinero a Ada? (no estuvo aquí)
    —*No se lo di porque no estuvo aquí.*

1. ¿Por qué no me trajiste las raquetas? (no pude)
2. ¿Por qué no les mandaste los palos de golf? (no tuve tiempo)
3. ¿Por qué no te compró tu papá la canoa? (no quiso)
4. ¿Por qué no les dio Lupe el dinero a Uds.? (no vino a casa)
5. ¿Por qué te escribió Johnny la carta en inglés? (no sabe español)
6. ¿Por qué no les llevaste el pastel a los niños? (no lo hice)

C. **Lo siento**   With a partner, take turns asking and answering questions about what the following people want, saying you cannot help them. Use the verbs **mandar, dar, prestar, comprar, traer,** and **conseguir** and the cues provided.

◆ MODELO: —¿Qué quiere Elisa? (dinero)
    —*Elisa quiere dinero, ¿tú se lo puedes conseguir?*
    —*No, lo siento, yo no puedo conseguírselo.*

1. ¿Qué quiere Susana? (un traje de baño)
2. ¿Qué quiere David? (una caña de pescar)
3. ¿Qué quieren Susana y Gloria? (raquetas de tenis)
4. ¿Qué quiere Jaime? (una tabla de mar)
5. ¿Qué quiere Lucía? (palos de golf)
6. ¿Qué quieren Jaime y David? (comida)

D. **Comprando comestibles**   You went to the market to get groceries for your family. Talk about your errands.

◆ MODELO: ¿Quién te dio la lista?   (mi mamá)
    Mi mamá me la dio.

1. ¿Tu papá te escribió la lista de los comestibles?   (sí)
2. ¿A quién le pediste el dinero?   (a mi papá)
3. ¿A quién le trajiste las naranjas?   (a mi mamá)
4. ¿A quién le compraste el helado?   (a mi hermana)
5. ¿Quién te dio el dinero para comprar la leche?   (mi hermano)
6. ¿Le trajiste la carne a tu hermana?   (sí)
7. Nosotros te pedimos uvas. ¿Nos las compraste?   (no)
8. ¿Dónde le compraste el pan a tu mamá?   (la panadería)

E. **Necesitamos ayuda** (*help*)   With a partner, take turns indicating who does what for whom. Use the cues provided.

◆ MODELO: Raquel no sabe traducir las cartas. (Ana)
    Ana se las traduce.

1. Marta no tiene dinero para comprar una bolsa de dormir. (nosotros)
2. Tú no sabes armar la tienda de campaña. (yo)
3. Nosotras no sabemos hacer una fogata. (papá)
4. Yo no puedo comprar un velero. (mi abuelo)
5. Los chicos no pueden llevarle las raquetas a Teresa. (mi hermana)
6. Ud. no puede conseguir trabajo de salvavidas. (su padre)

3. Stem-changing verbs in the preterit
(*Los verbos con cambio radical en el pretérito*)

◆ As you will recall, **-ar** and **-er** verbs with stem changes in the present tense have no stem changes in the preterit. However, **-ir** verbs with stem changes in the present tense have stem changes in the third-person singular and plural forms of the preterit (**e > i** and **o > u**), as shown below.

servir (*e > i*)		dormir (*o > u*)	
serví	servimos	dormí	dormimos
serviste	servisteis	dormiste	dormisteis
s**i**rvió	s**i**rvieron	d**u**rmió	d**u**rmieron

◆ Other **-ir** verbs that follow the same pattern are **pedir** (*to order, to request*), **seguir** (*to continue, to follow*), **sentir(se)** (*to feel*), **conseguir, divertirse** (*to have fun*), and **morir** (*to die*).

—¿Qué te **sirvieron** en la cafetería?   *"What **did they serve** you at the cafeteria?"*

—Me **sirvieron** café y sándwiches.   *"**They served** me coffee and sandwiches."*

—¿Cómo **durmió** Ud. anoche?   *"How **did you sleep** last night?"*
—**Dormí** muy bien.   *"**I slept** very well."*

—¿Se **divirtieron** ayer?   *"Did **you have a good time** yesterday?"*

—Sí, nos **divertimos** mucho.   *"Yes, **we had a** very **good time.**"*

¿Cómo dormiste anoche?

Online Study Center

For more practice with lesson topics, see the related activities on the *¡Hola, amigos!* web site at college.hmco.com/PIC/holaamigos7e.

Práctica y conversación

A. Minidiálogos Complete the following exchanges by supplying the preterit of the verbs given. Then act them out with a partner.

1. **dormir**
—¿Cómo _____ Uds. anoche?
—Yo _____ muy bien, pero mamá no _____ bien.

2. **pedir**
—¿Qué _____ ellos?
—Ana _____ pastel y los niños _____ torta.

3. **seguir**
—¿Hasta qué hora _____ hablando Uds.?
—_____ hablando hasta las doce.

4. **servir**
—¿Qué _____ Uds. en la fiesta?
—_____ torta y café.

5. **divertirse**
—¿_____ Uds. mucho?
—Yo _____ pero Julio no _____ mucho.

6. **conseguir**
—¿_____ ellos el dinero?
—No, no lo _____.

7. **morir**
—Hubo un accidente, ¿no?
—Sí, y _____ mucha gente.

B. ¿Qué hicieron anoche? With a partner, take turns describing what the following people did last night.

1. Arturo _____.
2. Ernesto _____.
3. Paco _____.

4. Mirta y Rafael _____.
5. El mozo _____.
6. Pilar _____.

C. Fuimos a cenar In groups of three, tell your classmates about a recent meal at a restaurant. Tell where you went and with whom, what you ordered, and whether or not you had a good time.

4. The imperfect tense (*El imperfecto de indicativo*)

Forms of the imperfect

◆ There are two simple past tenses in the Spanish indicative: the preterit, which you have been studying, and the imperfect. To form the imperfect, add the following endings to the verb stem.

-ar *verbs*	-er *and* -ir *verbs*	
hablar	*comer*	*vivir*
habl- **aba**	com- **ía**	viv- **ía**
habl- **abas**	com- **ías**	viv- **ías**
habl- **aba**	com- **ía**	viv- **ía**
habl- **ábamos**	com- **íamos**	viv- **íamos**
habl- **abais**	com- **íais**	viv- **íais**
habl- **aban**	com- **ían**	viv- **ían**

Note that the endings of the **-er** and **-ir** verbs are the same. Observe the accent on the first-person plural form of **-ar** verbs: **hablábamos.** Note also that there is a written accent on the first **í** of the endings of the **-er** and **-ir** verbs.

—Tú siempre te **levantabas** a las seis, ¿no?

—Sí, porque mis clases **empezaban** a las siete y media y yo **vivía** lejos de la universidad.

*"You always **used to get up** at six, didn't you?"*

*"Yes, because my classes **started** at seven-thirty and I **lived** far from the university."*

¡Atención! Stem-changing verbs are regular in the imperfect.

◆ Only three Spanish verbs are irregular in the imperfect tense: **ser, ir,** and **ver.**

ser	ir	ver
era	iba	veía
eras	ibas	veías
era	iba	veía
éramos	íbamos	veíamos
erais	ibais	veíais
eran	iban	veían

—Cuando yo **era** chica, siempre **iba** a acampar en el verano.

—Nosotros **íbamos** también.

—¿Cuándo **veías** a tus amigos?

—Los **veía** sólo los sábados y los domingos.

*"When I **was** little, I always **went** camping in the summer."*

*"**We used to go** too."*

*"When **did you see** your friends?"*

*"**I used to see** them only on Saturdays and Sundays."*

Las actividades al aire libre ◆ ciento ochenta y cinco **185**

Uses of the imperfect

◆ The Spanish imperfect tense is equivalent to three English forms.

Yo **vivía** en Caracas.
> I **used to live** in Caracas.
> I **was living** in Caracas.
> I **lived** in Caracas.

◆ The imperfect is used to describe actions or events that the speaker views as in the process of happening in the past, with no reference to when they began or ended.

Empezábamos a estudiar cuando él vino.　　*We **were beginning** to study when he came.*

◆ It is also used to refer to habitual or repeated actions in the past, again with no reference to when they began or ended.

—¿Uds. **hablaban** inglés cuando **vivían** en Bogotá?　　*"**Did** you **speak** English when **you lived** in Bogotá?"*

—No, cuando **vivíamos** allí siempre **hablábamos** español.　　*"No, when **we lived** there we always **spoke** Spanish."*

En mi casa, hablábamos español.

◆ It describes physical, mental, or emotional conditions in the past.

Mi casa **era** muy grande.　　*My house **was** very big.*
No me **gustaba** estudiar.　　*I **didn't like** to study.*
Yo no me **sentía** bien.　　*I **wasn't feeling** well.*

◆ It expresses time and age in the past.

—¿Qué hora **era**?　　*"What time **was it**?"*
—**Eran** las seis.　　*"**It was** six o'clock."*
Julia **tenía** veinte años.　　*Julia **was** twenty years old.*

◆ The imperfect is used to describe or set the stage in the past.

Mi novia **era** bonita.
Era muy tarde.

*My girlfriend **was** pretty.*
***It was** very late.*

Práctica y conversación

Online Study Center

For more practice with lesson topics, see the related activities on the *¡Hola, amigos!* web site at college.hmco.com/PIC/holaamigos7e.

A. La vida cambia...   Things have changed; tell how they used to be.

1. Ahora vivo en..., pero cuando era niño(a)...
2. Ahora hablamos español, pero cuando éramos niños(as)...
3. Ahora comemos pescado, pero cuando éramos niños(as)...
4. Ahora mis padres no se divierten mucho, pero cuando tenían veinte años...
5. Ahora Julia no ve a sus tíos, pero cuando era niña...
6. Ahora tú vas al teatro, pero cuando eras niño(a)...
7. Ahora mi hermana no da fiestas, pero cuando tenía dieciocho años...
8. Ahora me gustan los vegetales, pero cuando era niño(a)...
9. Ahora mi mamá nada muy bien, pero cuando era pequeña...
10. Ahora Ud. se levanta a las nueve, pero cuando era pequeño(a)...

B. Entreviste a su compañero(a)   Interview a partner, using the following questions.

1. ¿Dónde vivías cuando eras niño(a)?
2. ¿Con quién vivías?
3. ¿Tu casa era grande o pequeña?
4. ¿Cuántos dormitorios tenía?
5. ¿En qué idioma te hablaban tus padres?
6. ¿A qué escuela (*school*) ibas?
7. ¿Te gustaba estudiar?
8. ¿Qué te gustaba comer?
9. ¿Qué te gustaba hacer los sábados? ¿Y los domingos?
10. ¿Pasabas mucho tiempo con tus amigos los fines de semana?
11. ¿Sabías nadar? ¿Ibas a acampar?
12. ¿Jugabas al béisbol o al fútbol?

Detalles culturales

El béisbol es un deporte (*sport*) muy popular en Venezuela, Cuba, Puerto Rico y la República Dominicana. Muchos de los jugadores (*players*) de las Grandes Ligas de Canadá y los Estados Unidos son de estos países. En España y en la mayoría de los otros países latinoamericanos el deporte más popular es el fútbol (*soccer*).

◆ ¿Cuáles son los deportes más populares en Canadá?

C. En el parque Use your imagination to tell what was happening when you and your friends were seen in the park.

Anoche te vi en el parque con unos amigos.

1. ¿Qué hora era?
2. ¿Con quiénes estabas?
3. ¿De dónde venían Uds.?
4. ¿Adónde iban?
5. ¿De qué hablaban?
6. ¿Quién era la chica pelirroja?
7. ¿Quién era el muchacho alto y moreno?
8. ¿Esperaban a alguien?

D. Queremos saber With a partner, prepare five questions to ask your instructor about what he or she used to do when he or she was a teenager (**adolescente**).

5. Formation of adverbs (*La formación de los adverbios*)

◆ Most Spanish adverbs are formed by adding **-mente** (the equivalent of the English *-ly*) to the adjective.

general	*general*	general**mente**	*generally*
reciente	*recent*	reciente**mente**	*recently*

—¿La fiesta de bienvenida es para Olga y sus amigas?
—No, es **especialmente** para Olga.

"The welcome party is for Olga and her friends?"
*"No, it's **especially** for Olga."*

◆ Adjectives ending in **-o** change the **-o** to **-a** before adding **-mente**.

lent**o**	*slow*	lent**amente**	*slowly*
rápid**o**	*rapid*	rápid**amente**	*rapidly*

La fiesta es especialmente para él.

◆ If two or more adverbs are used together, both change the **-o** to **-a,** but only the last one in the sentence ends in **-mente.**

Habla clar**a** y lent**amente.**   *She speaks clear**ly** and slow**ly.***

◆ If the adjective has an accent mark, the adverb retains it.

fácil   *easy*   **fá**cilmente   *easily*

Práctica y conversación

Online Study Center

For more practice with lesson topics, see the related activities on the *¡Hola, amigos!* web site at college.hmco.com/PIC/holaamigos7e.

A. De adjetivos a adverbios   You can recognize the following Spanish adjectives because they are cognates. Change them to adverbs.

1. real
2. completo
3. raro
4. frecuente

5. posible
6. general
7. franco
8. normal

B. Lo entiendo perfectamente   Use some of the adverbs you have learned to complete the following sentences appropriately.

1. Ellos hablan _____ y _____.
2. Viene a casa _____.
3. Yo _____ estudio por la mañana.
4. _____, no quiero bailar con Ud.
5. Ellos vuelven mañana, _____.
6. Los chicos escriben muy _____.
7. _____ estoy muy cansado.
8. Yo no escribo cartas; _____ escribo mensajes electrónicos (*e-mail*).

C. ¿Cuándo...?   With a partner, talk about what you and your friends generally do, frequently do, and rarely do.

Entre nosotros

¡Conversemos!

Detalles culturales

En muchos países latinoamericanos y en España se usa el sistema de estrellas para clasificar los hoteles de lujo (*luxury*) y de primera clase.

♦ ¿Se hospeda Ud. a veces en hoteles de cinco estrellas?

Para conocernos mejor   Get to know your partner better by asking each other the following questions.

1. ¿Esperas poder ir de vacaciones este verano? ¿Adónde quieres ir?
2. La última vez que fuiste de vacaciones, ¿te hospedaste en un hotel de cinco estrellas?
3. ¿Dónde pasaste las vacaciones el año pasado? ¿Te aburriste o te divertiste?
4. ¿Te juntas a veces con tus amigos para salir?
5. ¿Te gusta ir a acampar, o prefieres ir a un buen hotel?
6. ¿Qué actividades al aire libre te gustaban cuando eras chico?
7. ¿Ahora prefieres hacer esquí acuático, hacer surfing o bucear?
8. ¿Qué prefieres, mirar televisión o hacer una caminata?
9. Necesito tu raqueta de tenis, ¿puedes prestármela?
10. ¿Te gusta jugar al golf? ¿Tienes palos de golf?

Una encuesta   Interview your classmates to identify who does the following. Be sure to change the statements to questions. Include your instructor, but remember to use the **Ud.** form when addressing him or her.

Nombre

1. Hizo esquí acuático en un lago el año pasado. _____
2. Va a tratar de alquilar una cabaña (cabin) el verano próximo (next). _____
3. Prometió ser más paciente. _____
4. Va a acampar a menudo. _____
5. Acaba de comer. _____
6. Pronto va a tener vacaciones. _____
7. Le gusta tomar el sol. _____
8. Compró un traje de baño recientemente. _____
9. Es experto(a) en armar tiendas de campaña. _____
10. Siempre les toma el pelo a sus amigos. _____

Y ahora...   Write a brief summary, indicating what you have learned about your classmates.

👥 **¿Cómo lo decimos?**   What would you say in the following situations? What might the other person say? Act out the scenes with a partner.

1. You ask a friend if he or she prefers to go to the beach, to go hiking, or to go camping near a lake or a river (**río**) for a couple of days.
2. You are going on a camping trip for the first time. Tell a friend what items you need and what you need to learn to do.
3. Tell someone what your favourite outdoor activities are. Mention at least four.

👥 **¿Qué pasa aquí?**   In groups of three or four, create a story about the people in the illustration. Say who they are and what their relationships are to one another. Also say what activities they are doing and what they will do later.

🖊 Para escribir

De vacaciones   Write a conversation between you and a friend, in which you are deciding what you are going to do when you have a couple of days off. One of you loves outdoor activities and the other doesn't. Try to compromise.

Un dicho

El que ríe último, ríe mejor.

Undoubtedly, you know the English version of this saying. Memorize it in Spanish, and use it at appropriate times.

Lectura

Estrategia de lectura   What images or ideas do you associate with the colours green, red, and white? Scan the two poems and make a list of the words associated with nature.

Vamos a leer   As you read the introduction to Martí and the poems, answer the following questions.

1. ¿En qué año nació (*was born*) el poeta?
2. ¿Dónde y en qué año murió?
3. ¿Cuáles son los temas principales de la poesía de Martí?
4. ¿Cómo se describe el poeta en el primer poema?
5. ¿Qué quiere hacer Martí antes de morirse?
6. ¿Qué imágenes usa Martí para describir sus versos?
7. ¿Con quiénes quiere echar su suerte el poeta?
8. ¿Qué flor (*flower*) cultiva el poeta?
9. ¿Cultiva el poeta la rosa solamente para sus amigos o también para sus enemigos?
10. ¿Qué simboliza la rosa blanca?
11. Según este poema, ¿el poeta odia a sus enemigos?

José Martí (Cuba: 1853–1895) dedicó su vida y su obra a la independencia de Cuba, donde murió en el campo de batalla° en 1895. Es famoso, no sólo como poeta y ensayista, sino también como orador.

Campo... battlefield

*   Los poemas de Martí se caracterizan por la melodía, el ritmo y el uso de oraciones cortas, con las que expresa ideas muy profundas. Sus temas principales son la libertad, la justicia, la independencia de su patria y la defensa de los pobres y los oprimidos.°*

oppressed

Video

De Versos sencillos[1]

JOSÉ MARTÍ

I

Yo soy un hombre sincero
de donde crece° la palma;   grows
y antes de morirme, quiero
echar° mis versos del alma.°   to pour out / soul

V

Mi verso es de un verde claro,°   light
y de un carmín encendido°:   carmín... bright red
mi verso es un ciervo herido°   ciervo... wounded deer
que busca en el monte amparo.°   shelter

III

Con los pobres de la tierra,°   earth, land
quiero yo mi suerte echar;°   mi... to share my destiny
el arroyo° de la sierra   brook
me complace° más que el mar.   pleases

XXXIX

Cultivo una rosa blanca,
en julio como en enero,
para el amigo sincero
que me da su mano franca.°   open

Y para el cruel que me arranca°   tears out
el corazón con que vivo,
cardo° ni ortiga° cultivo: thistle / nettle
cultivo la rosa blanca.

----

[1]Este poema es la letra de la canción "Guantanamera".

Díganos Answer the following questions based on your own thoughts and experiences.

1. ¿Ha oído Ud. la canción "Guantanamera"?
2. Al final del segundo poema, el poeta perdona (*forgives*) las ofensas de sus enemigos. ¿Haría Ud. (*Would you do*) lo mismo?

Recuerdos

Pablo y Marisa están en la casa de los padres de ella. Marisa y su mamá invitan a Pablo cenar y también a acampar con la familia ese fin de semana. El problema es que Pablo no sabe nada de acampar y ellas creen que él es un experto en actividades al aire libre.

El mundo hispánico

Cuba

▲ La Catedral, construida entre 1748 y 1767, en La Habana Vieja.

- Cuba es la mayor de las islas del archipiélago de las Antillas. Su figura es similar a la de un cocodrilo y, como es larga (*long*) y estrecha (*narrow*), tiene extensas costas en las cuales hay playas de gran belleza (*beauty*). Muchos llaman a Cuba "la Perla de las Antillas".

- Hoy Cuba exporta azúcar, níquel, tabaco y frutas. El tabaco cubano tiene fama mundial. Sin embargo, las principales fuentes de ingreso (*sources of income*) del país son el turismo y el dinero que les envían a sus familiares más de un millón de cubanos que viven en el extranjero (*abroad*).

- La Habana, la capital, es la ciudad más grande del Caribe. La Habana Vieja (*old*), su sección antigua, se caracteriza por sus iglesias, plazas, fortalezas y edificios coloniales, como la Catedral y su plaza, y las fortalezas de El Morro y la Cabaña. En la Habana nació José Martí, escritor, poeta y el más famoso de los patriotas cubanos.

- La música cubana o afrocubana es muy popular en todo el mundo. De Cuba vienen el son, el danzón, la rumba, la conga, el cha cha cha, el mambo y, en buena parte, la salsa. El deporte más popular del país es el béisbol, al que los cubanos llaman "la pelota".

Colombia

▲ Vista panorámica de Bogotá de noche

- Colombia es la única nación nombrada en honor de Cristóbal Colón. Es el cuarto país suramericano en tamaño (*size*), y es el único con costas en el Pacífico y en el mar Caribe.

- Colombia produce y exporta café, bananas, flores y petróleo. El café colombiano tiene fama mundial por su alta calidad. Colombia es también famosa por sus esmeraldas, consideradas las mejores del mundo. El 90 por ciento de todas las esmeraldas provienen de este país.

- La música típica de Colombia es muy variada. Incluye la cumbia y el vallenato, que han alcanzado fama internacional. Shakira, Juanes y Carlos Vives son cantantes populares en Canadá y en los Estados Unidos.

- La capital de Colombia es Bogotá, una ciudad rodeada (*surrounded*) de montañas, por lo que el transporte entre ella y el resto del país es principalmente por vía aérea. En la ciudad hay muchos museos, pero el más famoso de ellos es el Museo del Oro, que tiene una de las mejores colecciones de la artesanía precolombina, incluidos unos 30.000 objetos de oro.

- El deporte más popular en todo el país es el fútbol, y Colombia es uno de los cuatro países latinoamericanos donde se celebran las corridas de toros (*bullfights*).

Online Study Center

For more practice with lesson topics, see the related activities on the *¡Hola, amigos!* web site at college.hmco.com/PIC/holaamigos7e.

Puerto Rico

- Puerto Rico, "la isla del encanto", es la menor de las islas de las Antillas Mayores. Los indios la llamaban **Boriquén** (modernizado luego como **Borinquen**), y aún hoy muchos la llaman así, y llaman **boricuas** a sus habitantes.

- Puerto Rico está muy densamente poblado; en un área de menos de 9.104 kilómetros cuadrados de superficie, viven cerca de (*around*) 4 millones de habitantes. Desde 1952 el país es un Estado libre asociado de los Estados Unidos.

▲ Jugada (*play*) sensacional durante el Campeonato Mundial de Béisbol entre Cuba y Puerto Rico, 2006

- San Juan, la capital, es la ciudad más grande y más poblada. Su parte antigua, el Viejo San Juan, es un centro de atracción turística por sus interesantes museos, sus edificios coloniales y las fortalezas de El Morro y San Cristóbal. Otros puntos de interés son sus playas y el Yunque, un bosque (*forest*) tropical.

- Igual que en Cuba, se ve la influencia de España, de África y de Estados Unidos en el arte y en la música. De los deportes, el más popular es el béisbol.

Venezuela

- Cuando los conquistadores españoles llegaron al lago Maracaibo, las construcciones de los indígenas a orillas del lago les recordaron las de Venecia, y por eso llamaron al país Venezuela, nombre que significa "pequeña Venecia".

- El país es uno de los diez mayores exportadores de petróleo del mundo. Más de la octava parte del petróleo importado por los Estados Unidos viene de Venezuela. La mayor parte de su gran reserva de petróleo se encuentra debajo del lago Maracaibo. Este lago es el mayor de Venezuela y de toda América del Sur.

- La principal atracción turística del país es el Salto Ángel, mucho más alto que las cataratas del Niágara.

- Caracas, la capital de Venezuela, es el centro gubernamental, financiero, cultural y artístico del país. En Caracas nació Simón Bolívar, llamado el Libertador de América.

▲ Una familia cruza una calle en Caracas. Al fondo se ven los modernos edificios de la ciudad y una majestuosa montaña.

▲ Juan Luis Guerra es un compositor y cantante (*singer*) de merengue

La República Dominicana

- La República Dominicana ocupa las dos terceras partes de la isla que Colón descubrió en su primer viaje y a la que llamó La Española. La parte occidental de la isla está ocupada por la República de Haití. Su economía se basa en la agricultura, pero el turismo comienza a ser una buena fuente de ingresos para el país. Sus principales atracciones son sus construcciones coloniales y sus hermosas playas.

- La música típica del país es el merengue, pero además son populares otros ritmos del Caribe como la rumba y la salsa. Como en Cuba y en Puerto Rico, el béisbol es el deporte más popular de la isla.

- Casi la mitad de la población del país vive en la capital, Santo Domingo, la primera ciudad europea fundada en el Nuevo Mundo. Aquí se encuentran algunas de las construcciones coloniales más antiguas de América.

Comentarios... With a partner, discuss in Spanish what impressed you most about these countries, and compare them to Canada. Which places do you want to visit and why?

Tome este examen

Lección 7

A. Preterit of regular verbs
Rewrite the following sentences, changing the verbs to the preterit.

1. Ellos comen tortilla y beben limonada.
2. Luis sale a las ocho y vuelve a las cinco.
3. Tú cierras la puerta y abres las ventanas.
4. Yo empiezo a las seis y termino a las ocho.
5. Nosotros leemos un poema y ella lee una novela.
6. Yo busco el dinero y no lo encuentro.
7. Yo llego temprano y comienzo a trabajar.
8. Yo compro carne aquí y pago menos.

B. Preterit of *ser*, *ir*, and *dar*
Change the verbs in the following sentences to the preterit.

1. Ella va a la discoteca.
2. Dan mucho dinero.
3. ¿Ud. es mi profesor?
4. Yo voy más tarde.
5. Ellos son mis alumnos.
6. Doy muchas fiestas.
7. Yo soy su novio.
8. Nosotros vamos al cine.

C. Indirect object pronouns
Answer the following questions in the negative.

1. ¿Te traen el jugo?
2. ¿Le das el dinero a él?
3. ¿Me vas a comprar los libros?
4. ¿Le vas a dar los cuadernos a Elsa?
5. ¿Le gusta el café a Ud.?
6. ¿Ellos les van a dar las invitaciones a Uds.?

D. The verb *gustar*
Complete the following sentences with the Spanish equivalent of the words in parentheses.

1. _____ patinar, pero _____ nadar.   (*I like / I don't like*)
2. ¿_____ esta película, Anita?   (*Do you like*)
3. _____ ese club.   (*My mother likes better*)
4. _____ levantarnos temprano.   (*We like*)
5. _____ bailar salsa.   (*My brother likes*)

E. Reflexive constructions
Complete these sentences, using the verbs from the following list appropriately. Use each verb once.

acostarse   afeitarse   bañarse   levantarse   probarse   sentarse   vestirse

1. Mis hijos _____ muy temprano y _____ tarde.
2. Yo voy a _____ la barba (*beard*).
3. ¿Tú _____ el vestido (*dress*) antes de comprarlo?
4. Ella siempre _____ en esa silla.
5. Nosotros nunca _____ por la noche.
6. Él va a _____ ahora. Necesita el traje (*suit*) azul.

F. Vocabulary
Complete the following sentences, using vocabulary from **Lección 7.**

1. Este _____ de semana voy a ir a la playa.
2. No me _____; me aburrí.
3. Ellos _____ a las siete de la mañana.
4. Mañana vamos a ir a un _____ de fútbol.
5. En el _____ Rex, ponen hoy una película muy buena.
6. El niño _____ el florero ayer.
7. En el _____ hay muchos animales.
8. Ellos van a ir a _____ montañas este verano.
9. Carlos fue a _____ a caballo.
10. Son las doce de la noche: es _____.
11. Voy a _____ en el lago (*lake*).
12. Esta noche vamos a estudiar, en _____ de ir al teatro.

G. Translation
Express the following in Spanish.

1. —Are you going to the theatre with your friends?
   —No, I can't. I have to study.
2. I get up at seven and go to bed at eleven.
3. Do your grandparents give you money to buy clothes?
4. We like Spanish very much, but we don't like studying mathematics.
5. I paid seventy-five dollars for a vase. Do you think it is a lot?

H. Culture
Complete the following sentences, based on the cultural notes you have read.

1. El sobrenombre de Enrique es _____.
2. Las películas americanas son muy _____ en el mundo hispano.

Lección 8

A. Preterit of some irregular verbs
Change the verbs in the following sentences to the preterit tense.

1. Ellos traen la raqueta y yo traigo la caña de pescar.
2. Tengo que ir al hotel.
3. ¿Qué hace él con la cesta?
4. Tú dices que sí y ellos dicen que no.
5. Laura viene al parque conmigo y tú vienes con Sergio.
6. Tú y yo estamos aquí y ellos están allá.
7. Ellas hacen el postre.
8. Yo sé toda la verdad.
9. Ellas conducen muy bien, pero yo conduzco muy mal.
10. Enrique no quiere ir a pescar.

B. Direct and indirect object pronouns used together
Answer the following questions in the affirmative, replacing the direct objects with direct object pronouns.

1. ¿Me compraste *las raquetas*?
2. ¿Nos trajeron Uds. *los palos de golf*?
3. ¿Ellos te van a dar *el traje de baño*? (*two ways*)
4. ¿Él les va a traer *los termos* a Uds.? (*two ways*)
5. ¿Ella me va a comprar *la canoa*? (*Use the* **Ud.** *form.*) (*two ways*)
6. ¿Ellos te traen *las cestas*?

C. Stem-changing verbs in the preterit
Complete the following sentences in the preterit tense, using the verbs listed.

conseguir	divertirse	dormir
morir	pedir	seguir

1. Ana y Eva _____ mucho en la fiesta. Cuando volvieron a casa, _____ hablando y no _____ mucho por la noche.
2. Elsa _____ la comida y Juan se la trajo.
3. Hubo un accidente, pero no _____ nadie.
4. Roberto _____ el pescado en el mercado.

D. The imperfect tense
Change the verbs in the following sentences to the imperfect.

1. ¿Tú vas al supermercado con tu papá?
2. Ella es muy bonita.
3. Ellos hablan español.
4. Nosotros no vemos a nuestros amigos.
5. Uds. nunca pescan en el lago.
6. Yo siempre como frutas por la mañana.

E. Formation of adverbs   Write the following adverbs in Spanish.

1. easily
2. especially
3. slowly
4. rapidly
5. slowly and clearly
6. frankly

F. Vocabulary   Complete the following sentences, using vocabulary from **Lección 8.**

1. ¿Qué actividades al _____ libre prefieres?
2. Voy a jugar al tenis; necesito la _____.
3. Él no sabe _____ una tienda de campaña.
4. Voy a poner el pollo en la _____ de picnic.
5. No quiero ir en la canoa porque no sé _____.
6. Ellos siempre me toman el _____.
7. Un sinónimo de "a menudo" es _____.
8. No me gusta hacer esquí _____.
9. Cuando voy a la playa, me gusta _____ el sol.
10. Necesito mi _____ de mar.
11. Ellos van a _____ una caminata.
12. Me gusta mucho nadar. Me _____.

G. Translation   Express the following in Spanish.

1. On Saturday we couldn't go camping with our friends.
2. Ana lent me her racket. She lent it to me yesterday.
3. At the restaurant Eduardo and Marisol asked for coffee. The waiter served it to them.
4. When I was little, I often played outdoors.
5. The students like Professor Guzmán. She speaks slowly and clearly.

H. Culture   Complete the following sentences, based on the cultural notes you have read.

1. Cuba es la _____ de las Antillas.
2. La música típica de la República Dominicana es el _____.
3. Él _____ es un bosque tropical de Puerto Rico.

Unidad

Objetivos

Lección 9

- Shop for clothing and shoes, conveying your needs with regard to sizes and fit
- Talk about the weather
- Discuss past actions and events
- Talk about possession

Lección 10

- Open an account and cash cheques at the bank
- Mail letters and buy stamps at the post office
- Describe people and things
- Refer to actions, states, and events that have been completed in the past
- Tell others what to do

Una calle dedicada exclusivamente a los peatones *(pedestrians)* en la ciudad de Lima, Perú

¿Qué hacemos hoy?

Lección 9
No tengo nada que ponerme

Lección 10
Diligencias

Ecuador

Monumento Mitad del Mundo en la línea del ecuador, latitud 0°

Perú

Departamento de Química, Universidad de San Marcos, Lima

Bolivia

Lago Titicaca, situado entre Bolivia y Perú

Paraguay

Represa hidroeléctrica de Itaipú, en el río Paraná

Sara

Pablo

Empleado

Sara y Pablo son muy buenos amigos. Los dos son de Ecuador, pero ahora viven y estudian en Lima. Se conocieron en la facultad de medicina hace dos años. Ahora están en una tienda porque Pablo necesita comprar ropa y, según Sara, ella sabe exactamente lo que él necesita.

Sara ¿Por qué no te pruebas estos pantalones? No son muy caros y están de moda.

Pablo ¿Qué? Yo tenía unos pantalones como éstos cuando tenía quince años.

Sara (*Se ríe*) Bueno... todo vuelve... Tú usas talla mediana ¿no? Allí está el probador. Voy a buscarte una camisa.

Pablo Quiero una camisa blanca de mangas largas y una de mangas cortas.

Sara También necesitas un traje y una corbata para la boda de tu hermano... ¡y una chaqueta! Ya empezó el invierno y hace frío.

Pablo Oye, todo esto me va a costar un ojo de la cara.

Sara También tienes que comprar un regalo para tu mamá; me dijiste que era su cumpleaños.

Pablo No sé qué comprarle. ¿Un vestido? ¿Una blusa y una falda? Pero... no sé qué talla usa.

Sara No sé... quizá un par de aretes o una cadena de oro...

Pablo Sí, como la tuya. A ella le gusta mucho. A ver cuánto puedo gastar.

Detalles culturales

En la mayoría de los países hispanos la talla de la ropa se basa en el sistema métrico. Por ejemplo, la medida (*measure*) del cuello (*collar*) y el largo de las mangas (*sleeves*) de una camisa se dan en centímetros. Una talla 10 en Canadá es equivalente a la 30 en España. Estas equivalencias varían de país a país.

◆ **La talla de la ropa, ¿se basa en el sistema métrico en Canadá?**

Detalles culturales

El sistema métrico decimal se usa en todos los países de habla hispana. La unidad básica del sistema es el metro.

◆ **¿Solamente se usa el sistema métrico en Canadá?**

Más tarde, en la zapatería.

Empleado   ¿En qué puedo servirle, señor?

Pablo   Necesito un par de zapatos. Creo que calzo el número cuarenta y cuatro.

Sara   Las botas que compraste el mes pasado eran cuarenta y tres.

Pablo   Sí, pero como me quedaban chicas y me apretaban un poco, se las mandé a mi hermano.

Sara   Buena idea. ¡Los zapatos tienen que ser cómodos!

Pablo   (*Se ríe.*) Entonces, ¿por qué usas esas sandalias de tacones altos?

Sara   Las compré porque eran baratas, pero prefiero usar zapatos de tenis.

Pablo   Yo prefiero andar descalzo. Cuando era chico, me quitaba los zapatos en cuanto llegaba de la escuela.

Sara   Oye, ¿qué hora es?

Pablo   No sé. Eran las cuatro cuando salimos de la tienda. ¿Quieres ir a comer algo?

Sara   Bueno, voy a llamar a Teresa para decirle que no voy a cenar con ella.

Pablo   Bueno, tú llamas a tu compañera de cuarto y yo llamo al mío.

¿Recuerda usted?

¿Verdadero o falso?   With a partner, decide whether the following statements about the dialogues are true (**verdadero**) or false (**falso**).

1. Hace tres años que Sara y Pablo se conocieron. ☐ V ☐ F
2. Pablo se va a probar unos pantalones de talla mediana. ☐ V ☐ F
3. Pablo quiere comprar una camisa. ☐ V ☐ F
4. Pablo necesita un traje para su boda. ☐ V ☐ F
5. Pronto va a empezar el verano. ☐ V ☐ F
6. Pablo compró botas el mes pasado. ☐ V ☐ F
7. A Pablo le quedaban grandes las botas. ☐ V ☐ F
8. Pablo usa tacones altos. ☐ V ☐ F
9. A Pablo no le gustaba usar zapatos cuando era chico. ☐ V ☐ F
10. Pablo y Sara salieron de la tienda a las cinco. ☐ V ☐ F

Y ahora... conteste   Answer the following questions, basing your answers on the dialogue.

1. ¿De dónde son Sara y Pablo y dónde viven ahora?
2. ¿Qué dice Sara de los pantalones?
3. ¿Pablo quiere una camisa de mangas cortas o de mangas largas?
4. ¿Qué más dice Sara que necesita Pablo?
5. ¿Qué número calza Pablo?
6. ¿Qué tipo de zapatos prefiere usar Sara?
7. ¿Qué hacía Pablo en cuanto llegaba de la escuela?
8. ¿A quiénes van a llamar Sara y Pablo?

Para hablar del tema: Vocabulario

 **Online Study Center**

For more practice with lesson topics, see the related activities on the *¡Hola, amigos!* web site at college.hmco.com/PIC/holaamigos7e.

Cognados

la blusa	**la medicina**
exactamente	**el par**
la facultad	**las sandalias**

Algunos saludos y despedidas Nombres

los aretes* earrings
la bota boot
la cadena chain
la camisa shirt
la chaqueta* jacket
la corbata tie
el (la) empleado(a) clerk
la escuela school
la falda skirt
la manga sleeve
el oro gold

los pantalones, el pantalón pants
el probador fitting room
el regalo gift
el tacón* heel
la talla size (*of clothing*)
la tienda store
el traje* suit
el vestido dress
la zapatería shoe store
el zapato shoe

Verbos

apretar (e >ie) to be tight
buscar to look for, to get
calzar to wear (*a certain shoe size*)
gastar to spend (i.e. *money*)
usar to wear, to use

Otras palabras y expresiones

andar descalzo(a) to go barefoot
como like
costar un ojo de la cara to cost an arm and a leg
en cuanto as soon as
¿en qué puedo servirle? how may I help you?

estar de moda to be in style
lo que what, that which
no tener nada que ponerse not to have anything to wear
quedarle chico(a) (grande) a uno to be too small (big) (on someone)
quizás, tal vez maybe, perhaps
según according to

De país a país

los aretes los pendientes (*Esp.*)
los aros (*Par., Arg.*)
las pantallas (*P.R.*)
la chaqueta la chamarra (*Méx.*)
el tacón el taco (*Arg.*)
el traje el vestido (*Colombia*)
el camisón la bata de dormir (*Cuba*)
el cinturón la correa (*P.R.*)

Adjetivos

alto(a) high
barato(a) inexpensive, cheap
cómodo(a) comfortable
corto(a) short
largo(a) long
mediano(a) medium

Amplíe su vocabulario

Más Ropa (*More clothes*)

la camiseta

el suéter

la bata

el sombrero

los calzoncillos

la bufanda

el cinturón, cinto*

el camisón*

la billetera

los guantes

el chaleco

el pijama, los pijamas

las zapatillas

El tiempo (*The weather*)

El cielo está	nublado.	The sky is	cloudy.
	despejado.		clear.

el grado   *degree*

el clima	cálido		hot	
	templado		warm	
	frío		cold	*climate*
	seco		dry	
	húmedo		humid	

¿Qué temperatura hace?   *What is the temperature?*

Hay... grados.   *It's . . . degrees.*

Para practicar el vocabulario

A. En la tienda y en la zapatería Complete the following statements appropriately.

1. Pablo se va a probar la camisa de _____ cortas y también los _____ en el _____.
2. La chaqueta no es _____; cuesta un _____ de la cara.
3. Cuando él _____ el traje azul, se pone una camisa blanca y una _____ roja.
4. Compré un _____ de botas, pero me _____ chicas; me _____ mucho.
5. Ella se puso una _____ blanca y una blusa negra. También se puso unas sandalias de _____ altos.
6. No uso talla grande ni chica. Uso talla _____.
7. Busco unos aretes y una _____ de _____ para mi mamá.
8. No quiero usar zapatos en mi casa; prefiero andar _____.
9. Voy a comprar el vestido. Está de _____ y no es muy caro. Cuesta solamente 50 dólares.
10. Tengo que comprar ropa. No _____ nada que _____. ¿Vamos a la _____?

B. ¿Qué se ponen? Describe what Pablo and Sara usually wear, based on the cues provided.

Pablo

1. con el traje
2. debajo del pantalón
3. debajo de la camisa
4. para sujetarse (*hold*) los pantalones
5. para dormir
6. en las manos, cuando tiene frío
7. en los pies (*feet*)

Sara

1. cuando tiene frío
2. para dormir
3. en la cabeza (*head*)
4. con el camisón
5. en los pies
6. en el cuello (*neck*), cuando tiene frío

¿Y dónde ponen los dos el dinero?

C. Hablando del tiempo

1. ¿Cómo es el clima de
   a. Nunavut?   c. Victoria?   e. Montreal?
   b. Winnipeg?   d. Ontario?
2. Va a llover (*rain*). ¿Cómo está el cielo?
3. El cielo no está nublado. ¿Cómo está?
4. ¿Cuál es la temperatura de hoy?

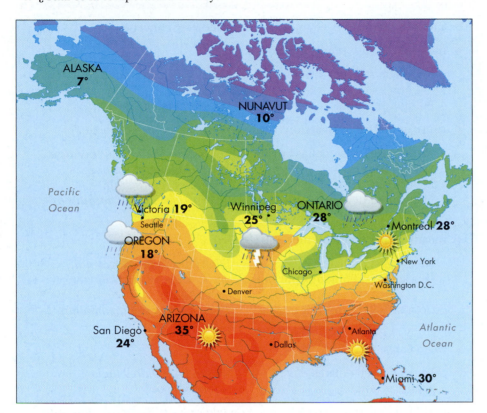

 D. Haciendo compras   With a partner, play the roles of two friends who are shopping together, giving each other suggestions and making comments. Use questions such as **¿Por qué no te pruebas…?** or **¿Te gusta…?** and comments like **Te queda(n)…**

Pronunciación

Pronunciation in context   In this lesson, there are some words or phrases that may be challenging to pronounce. Listen to your instructor and pronounce the following sentences.

1. **Se conocieron** en la **facultad** de **medicina** hace dos años.
2. **Ahora** están en una tienda porque Pablo necesita **comprar ropa.**
3. Necesito un par de **zapatos.** Creo que **calzo** el **número** cuarenta y cuatro.
4. Cuando era chico, **me quitaba** los zapatos en cuanto **llegaba** de la escuela.
5. Tú **llamas** a tu **compañera** de **cuarto** y yo llamo al mío.

Puntos para recordar

1. Some uses of *por* and *para* (*Algunos usos de* por *y* para)

The preposition **por** is used to express the following concepts.

- motion (*through, along, by, via*)

No puedo salir **por** la ventana.	*I can't go out **through** the window.*
Fuimos **por** la calle Quinta.	*We went **via** Fifth Street.*

- cause or motive of an action (*because of, on account of, on behalf of*)

No compré las sandalias **por** no tener dinero.	*I didn't buy the sandals **because** I didn't have any money.*
Lo hice **por** ti.	*I did it **on** your **behalf.***
Llegaron tarde **por** el tráfico.	*They arrived late **on account of** the traffic.*

- means, manner, unit of measure (*by, per*)

No me gusta viajar **por** tren.	*I don't like to travel **by** train.*
Va a setenta kilómetros **por** hora.	*She is doing seventy kilometre **per** hour.*
Cobran 100 dólares **por** noche.	*They charge a hundred dollars **per** night.*

- *in exchange for*

Pagamos cien dólares **por** las botas.	*We paid a hundred dollars **for** the boots.*

- period of time during which an action takes place (*during, in, for*)

Voy a quedarme aquí **por** un mes.	*I'm going to stay here **for** a month.*
Ella prepara la comida **por** la mañana.	*She prepares the meal **in** the morning.*

The preposition **para** is used to express the following concepts.

◆ destination

¿Cuándo sales **para** Quito?   *When are you leaving **for** Quito?*

◆ goal for a specific point in the future (*by* or *for* a certain time in the future)

Necesito la camisa y el pantalón **para** mañana.   *I need the shirt and the pants **for** (**by**) tomorrow.*

◆ whom or what something is for

La blusa es **para** ti.   *The blouse is **for** you.*

◆ objective or goal

Mi novio estudia **para** profesor.   *My boyfriend is studying **to be** a professor.*

◆ *in order to*

—Ayer fui a su casa.   *"Yesterday I went to his house."*
—¿**Para** qué?   *"What **for**?"*
—**Para** hablar con él.   *"**(In order) To** talk with him."*

Práctica y conversación

Online Study Center

For more practice with lesson topics, see the related activities on the *¡Hola, amigos!* web site at college.hmco.com/PIC/holaamigos7e.

A. Minidiálogos   Supply **por** or **para** in each dialogue. Then act each one out with a partner.

1. —¿_____ qué calle fuiste?
   —Fui _____ la calle Esperanza.

2. —¿_____ cuándo necesitas los pantalones?
   —Los necesito _____ el sábado _____ la noche.

3. —¿Para qué fuiste al mercado?
   —_____ comprar frutas. Lo hice _____ ti, porque estabas muy cansada... Y no compré más carne _____ no tener más dinero.

4. —¿Cuánto pagaron Uds. _____ ese vestido?
   —Cien soles. Es _____ nuestra hija.
   —¿Cuándo sale ella _____ Cuzco?
   —El 3 de enero. Va a estar allí _____ dos meses. Va _____ visitar a su abuela.
   —¿Va _____ tren?
   —Sí.

5. —¿Ofelia está en la universidad?
   —Sí, estudia _____ profesora.

Detalles culturales

Sol: moneda peruana
◆ ¿Sabe Ud. cuáles son las monedas de otros países hispanos?

B. Cosas que pasan Look at the illustrations and describe what is happening, using **por** or **para.**

1. Fuimos _____ a Lima.

2. Roberto salió _____.

3. Marisa va a estar en Medellín _____.

4. La torta es _____ Ana.

5. Jorge pagó _____ el vino.

6. Ana sale mañana _____.

C. Diferentes circunstancias In groups of three, and using your imagination, add some details to the following circumstances. Use **por** or **para** and think of various possibilities.

◆ MODELO: Marisa compró un vestido.
   *Pagó 100 dólares **por** el vestido. El vestido es **para** su tía.*

1. Mi sobrino va a ir a Ecuador.
2. Mi prima está en la universidad.
3. Amalia trabaja de siete a once de la mañana.
4. Marité tiene una fiesta el sábado. Necesita comprar un vestido.
5. David compró una corbata.
6. Mi cuñado no pudo pagar la cuenta.

7. Este hotel es muy barato.
8. Julio conduce muy rápido (*fast*).
9. Ellos llegaron tarde a la fiesta.
10. Luis no pudo salir por la puerta.

2. Weather expressions (*Expresiones para describir el tiempo*)

◆ The following expressions are used when talking about the weather.

Hace (mucho) frío.	*It is (very) cold.*
Hace (mucho) calor.	*It is (very) hot.*
Hace (mucho) viento.	*It is (very) windy.*
Hace sol.	*It is sunny.*
—¿Qué tiempo **hace** hoy?	*"What's the weather **like** today?"*
—**Hace buen (mal) tiempo.**	*"**The weather is good (bad).**"*

¡Atención! All of the expressions above use the verb **hacer** followed by a noun.

—¿Abro la ventana?	*"Shall I open the window?"*
—¡Sí! ¡**Hace** mucho **calor**!	*"Yes! **It's** very **hot!**"*

◆ The impersonal verbs **llover (o > ue)** (*to rain*) and **nevar (e > ie)** (*to snow*) are also used to describe the weather. They are used only in the third-person singular forms of all tenses, and in the infinitive, the present participle, and the past participle.

En Vancouver **llueve** mucho.	*It **rains** a lot in Vancouver.*
Creo que va a **nevar** hoy.	*I think it's going to **snow** today.*
Está **lloviendo;** no podemos salir.	*It's **raining;** we can't go out.*

Other weather-related words are **lluvia** (*rain*) and **niebla** (*fog*).

Hay **niebla.**	*It's **foggy.***
No me gusta **la lluvia.**	*I don't like **rain.***

Práctica y conversación

A. ¿Qué tiempo hace? Describe the weather in each illustration.

1. _____

2. _____

3. _____

4. _____

5. _____

6. _____

B. Minidiálogos With a partner, complete the exchanges in a logical manner.

1. —¿Necesitas un paraguas (*umbrella*)?
   —Sí, porque _____.
2. —¿No necesitas un abrigo (*coat*)?
   —No, porque _____.
3. —¿Quieres un impermeable (*raincoat*)?
   —Sí, porque _____ mucho.
4. —¿No quieres llevar el suéter?
   —¡No! ¡Hace _____!
5. —¿Vas a llevar el sombrero?
   —Sí, porque _____.
6. —¿Necesitas un suéter y un abrigo?
   —Sí, porque _____.
7. —¿Un impermeable? ¿Por qué? ¿Está lloviendo?
   —No, pero _____.
8. —¡Qué _____! Necesito un paraguas y un impermeable.
9. —No hay vuelos (*flights*) porque hay mucha _____.

C. De viaje (*On a trip*) A friend of yours from Lima is going to travel in Canada for a year. With a partner, discuss what kind of weather he's going to find in cities like St. John's, Mississauga, Saskatoon, and Kelowna.

3. The preterit contrasted with the imperfect (*El pretérito contrastado con el imperfecto*)

◆ The difference between the preterit and imperfect tense can be visualized in the following way.

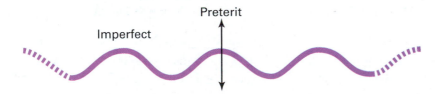

The wavy line representing the imperfect shows an action or event taking place over a period of time in the past. There is no reference as to when the action began or ended. The vertical line representing the preterit shows an action or event completed at a certain time in the past.

In many instances, the choice between the preterit and the imperfect depends on how the speaker views the action or event. The following table summarizes the most important uses of both tenses.

Preterit	Imperfect
• Reports past actions or events that the speaker views as completed Ella **vino** ayer. • Sums up a condition or state viewed as a whole (and no longer in effect). **Estuve** cansada todo el día.	• Describes past actions or events in the process of happening, with no reference to their beginning or end. **Íbamos** al cine cuando... • Indicates a repeated or habitual action (*used to . . . , would*) Todos los días **íbamos** con él.[1] • Describes a physical, mental, or emotional state or condition in the past. **Estaba** muy cansada. • Expresses time and age in the past. **Eran** las dos. **Tenía** veinte años. • Is used in indirect discourse. Dijo que **venía.** • Describes in the past or sets the stage. Mi novia **era** muy bonita. **Hacía** frío y **llovía.**

—¿**Viste** a Eva ayer?
—Sí, **estaba** en el restaurante cuando la **vi.**

*"**Did you see** Eva yesterday?"*
*"Yes, **she was** at the restaurant when **I saw** her."*

—¿Qué te **dijo** Raúl?
—Dijo que **necesitaba** dinero.

*"What **did** Raúl **say** to you?"*
*"He said **he needed** money."*

¡Atención!   *Direct discourse:*   Juan dijo: "Vengo mañana".
                 Indirect discourse: Juan dijo que **venía** mañana.

---

[1]Note that this use of the imperfect corresponds to the English *would* used to describe a repeated action in the past. *Every day **we used to** go with him.* = *Every day **we would** go with him*. Do not confuse this with the English conditional *would*, as in: *If I had the time **I would go** with him.*

Práctica y conversación

Online Study Center

For more practice with lesson topics, see the related activities on the *¡Hola, amigos!* web site at college.hmco.com/PIC/holaamigos7e.

A. Pequeñas historias Complete the following stories, using the appropriate form of the preterit or the imperfect of the verbs provided. Then read the stories aloud.

1. _____ (Ser) las once y _____ (hacer) frío cuando Ada _____ (llegar) a su casa anoche. La chica _____ (estar) cansada y no _____ (sentirse) bien. Su mamá _____ (levantarse) y le _____ (hacer) una taza de té.

2. Cuando yo _____ (ser) niño yo _____ (vivir) en Chile. Todos los veranos _____ (ir) a visitar a mis abuelos, que _____ (vivir) en el campo. El año pasado mi familia y yo _____ (mudarse) a Cuzco y mis abuelos _____ (venir) a vivir con nosotros.

3. Ayer Ana y Carlos _____ (ir) a la tienda La Peruana. Ana _____ (comprar) una camisa. El empleado les _____ (decir) que ellos _____ (tener) mucha ropa buena y barata. Ana y Carlos _____ (volver) a su casa a las siete, _____ (cenar) y _____ (acostarse). Ana no _____ (dormir) muy bien.

 **B. Entreviste a su compañero(a)** Interview a partner, using the following questions.

1. ¿Dónde vivías tú cuando eras niño(a)?
2. ¿Qué idioma hablabas tú cuando eras niño(a)?
3. ¿Tú siempre estudiabas mucho cuando eras niño(a)?
4. ¿Cómo era tu primer(a) novio(a)?
5. ¿En qué año comenzaste a estudiar en la universidad?
6. ¿De qué hablaste con tus amigos ayer?
7. ¿Tú estudiaste mucho anoche?
8. ¿Qué hora era cuando llegaste a la universidad hoy?
9. ¿Qué hacías cuando llegó el (la) profesor(a)?
10. ¿Qué te dijo el (la) profesor(a) que tenías que estudiar esta noche?

C. ¿Qué hacíamos... qué hicimos...? With a partner, talk about what you used to do when you were in high school and then discuss what you did last week. Use the following phrases to start.

1. Cuando yo estaba en la escuela secundaria,
   a. todos los días yo...
   b. los fines de semana mi familia y yo...
   c. en mi clase de inglés mi profesor(a)...
   d. en la cafetería mis amigos y yo...
   e. mi mejor amigo(a) siempre...
   f. los viernes por la noche yo...

2. La semana pasada,
   a. el lunes por la mañana yo...
   b. en mi clase de español mi profesor(a)...
   c. el martes por la noche...
   d. el jueves por la tarde...
   e. el sábado mis amigos y yo...
   f. el domingo yo...

D. Ricitos de oro y los tres osos Working with your classmates in groups of three or four, write the Spanish version of the story "Goldilocks and the Three Bears." Some useful vocabulary is provided.

Había una vez   (*Once upon a time there was/were*)
Ricitos de oro   (*Goldilocks*)
el oso   (*bear*)
la avena   (*porridge*)
mediana   (*medium*)
el bosque   (*forest*)
caliente   (*hot*)
la cama   (*bed*)
el tazón   (*bowl*)

E. Soy escritor (*I'm a writer*)   Use your imagination to finish the following story.

Eran las dos de la mañana y yo estaba durmiendo en mi apartamento. Tocaron a la puerta y yo fui a abrir. Cuando la abrí, vi...

4. *Hace...* meaning *ago* (Hace... *como equivalente de* ago)

In sentences in the preterit and in some cases the imperfect, **hace** + *period of time* is equivalent to the English *ago*. When **hace** is placed at the beginning of the sentence, the construction is as follows.

> **Hace** + period of time + **que** + verb (*preterit*)
> **Hace** + **dos años**   + **que** + la conocí.
> *I met her two years **ago**.*

An alternative construction is:
La conocí hace dos años.

¡Atención!   To find out how long ago something took place, ask:

¿Cuánto tiempo hace que... + *verb in the preterit*
¿ Cuánto tiempo hace que viniste a Guayaquil?

—¿**Cuánto tiempo hace que** tú llegaste?   *"**How long ago did** you arrive?"*

—**Hace tres años que** llegué.   *"I arrived **three years ago**."*

Práctica y conversación

A. ¿Cuánto tiempo hace...? Say how long ago the following events took place.

◆ MODELO: Son las cuatro. Yo llegué a las tres.
Hace una hora que yo llegué.

1. Estamos en noviembre. Los García celebraron su aniversario de bodas en septiembre.
2. Son las seis. Yo almorcé a la una.
3. Hoy es viernes. Esteban salió para Bolivia el martes.
4. Son las diez. Pedimos el postre a las diez menos cuarto.
5. Estamos en el año 2008. Vinimos a London, Ontario,   en el año 1994.
6. Son las diez. Ellos empezaron a estudiar a las siete.

B. ¿Cuándo pasó eso? Discuss with a partner how long ago the following events happened in your life.

1. ¿Cuánto tiempo hace que empezaste a estudiar español?
2. ¿Cuánto tiempo hace que Uds. tomaron el último examen?
3. ¿Cuánto tiempo hace que hablaste con tus padres?
4. ¿Cuánto tiempo hace que le escribiste a un(a) amigo(a)?
5. ¿Cuánto tiempo hace que tu mejor amigo(a) te llamó por teléfono?
6. ¿Cuánto tiempo hace que estuviste en un buen restaurante?
7. ¿Cuánto tiempo hace que compraste ropa?
8. ¿Cuánto tiempo hace que saliste con tus amigos?

Detalles culturales

En las ciudades hispanas hay excelentes tiendas donde se puede comprar ropa hecha (*ready-to-wear*), pero muchas personas prefieren utilizar los servicios de un sastre (*tailor*) o de una modista (*dressmaker*).

◆ ¿Le gusta a Ud. la idea de tener una modista (un sastre)?

5. Possessive pronouns (*Pronombres posesivos*)

◆ Possessive pronouns in Spanish agree in gender and number with the person or thing possessed. They are generally used with the definite article.

Singular		Plural		
Masc.	**Fem.**	**Masc.**	**Fem.**	
(el) **mío**	(la) **mía**	(los) **míos**	(las) **mías**	mine
(el) **tuyo**	(la) **tuya**	(los) **tuyos**	(las) **tuyas**	yours (*fam.*)
(el) **suyo**	(la) **suya**	(los) **suyos**	(las) **suyas**	yours (*form.*) / his / hers
(el) **nuestro**	(la) **nuestra**	(los) **nuestros**	(las) **nuestras**	ours
(el) **vuestro**	(la) **vuestra**	(los) **vuestros**	(las) **vuestras**	yours (*fam.*)
(el) **suyo**	(la) **suya**	(los) **suyos**	(las) **suyas**	yours (*form.*) / theirs

Este zapato no puede ser suyo…

—Mis libros están aquí.
 ¿Dónde están los **tuyos**?
—Los **míos** están en la mesa.

"My books are here.
 *Where are **yours**?"*
*"**Mine** are on the table."*

> **¡Atención!** Note that **los tuyos** substitutes for **los *libros* tuyos**; the noun has been deleted. Also note that after the verb **ser,** the article is usually omitted.

—¿Estas invitaciones son **tuyas**?
—Sí, son **mías**.

*"Are these invitations **yours**?"*
*"Yes, they're **mine**."*

- Because the third-person forms of the possessive pronouns (**el suyo, la suya, los suyos, las suyas**) can be ambiguous, they can be replaced with the following for clarification.

el	de	**Ud.**
la	de	**él**
los	de	**ella**
las	de	**Uds.**
		ellos
		ellas

¿El diccionario? Es **suyo.** (*unclarified*)   *The dictionary? It's hers/his/theirs.*
Es **el de ellas.** (*clarified*)   (*fem. pl. possessor*)

Práctica y conversación

Online Study Center

For more practice with lesson topics, see the related activities on the *¡Hola, amigos!* web site at college.hmco.com/PIC/holaamigos7e.

A. Todo es nuestro Supply the correct possessive pronoun to agree with each subject. Clarify when necessary.

- ◆ MODELO: Yo tengo una camisa. Es _____.
  Es *mía.*

1. Nosotros tenemos un apartamento. Es _____.
2. Ellos tienen una tienda. Es _____. (Es _____ _____ _____.)
3. Él tiene dos trajes. Son _____. (Son _____ _____ _____.)
4. Yo tengo una billetera. Es _____.
5. Tú tienes dos cinturones. Son _____.
6. Uds. tienen muchos zapatos. Son _____. (Son _____ _____ _____.)
7. Ella tiene dos camisones. Son _____. (Son _____ _____ _____.)
8. Nosotros tenemos una casa. Es _____.

B. ¿De quién es...? Who owns the following items? Answer the questions affirmatively.

1. Aquí hay una blusa verde. ¿Es tuya?
2. Yo encontré 100 dólares. ¿Son tuyos?
3. ¿La cartera roja es de tu mamá?
4. El libro que tú tienes, ¿es mío?
5. Las plumas que están en mi escritorio, ¿son de ustedes?
6. Aquí hay un diccionario. ¿Es de ustedes?

C. Vamos a comparar With a partner, make comparisons between the objects and people described. Use appropriate possessive pronouns when asking each other questions.

- ◆ MODELO: —Mi hermano tiene... años. ¿Cuántos años tiene el tuyo?
  —*El mío tiene dieciocho.*

1. Mi casa está en la calle...
2. Mis abuelos son de...
3. Mi mejor amigo(a) se llama...
4. Mis profesores son...
5. Mis padres están en...
6. Mis tías viven en...

Entre nosotros

¡Conversemos!

 Para conocernos mejor Get to know your partner better by asking each other the following questions.

1. ¿Dónde conociste a tu mejor amigo(a)? ¿Cuántos años tenías cuando lo (la) conociste?
2. ¿Qué le compraste a tu mejor amigo(a) para su cumpleaños?
3. Cuando vas de compras, ¿prefieres ir solo(a) o con un(a) amigo(a)?
4. Yo compré mi ropa en la tienda _____. ¿Dónde compras tú la tuya?
5. ¿Cuándo fue la última vez que fuiste a la tienda? ¿Qué compraste?
6. Generalmente, ¿usas camisas (blusas) de mangas largas o de mangas cortas?
7. ¿Qué ropa te vas a poner mañana? ¿Te vas a poner sandalias o zapatos?
8. ¿Cuánto te costaron los zapatos? ¿Qué número calzas tú?
9. Si te gustan unos zapatos pero te quedan un poco chicos, ¿los compras?
10. ¿Qué te pones cuando hace mucho frío? ¿Te gustan más los climas fríos o los cálidos?

 Una encuesta Interview your classmates to identify who fits the following descriptions. Include your instructor, but remember to use the **Ud.** form when addressing him or her.

	Nombre
1. Prefiere los climas cálidos.	_____
2. Usa impermeable cuando llueve.	_____
3. Le gusta viajar por tren.	_____
4. Llegó tarde a clase por el tráfico.	_____
5. Siempre dice que no tiene nada que ponerse.	_____
6. Estudia para profesor(a).	_____
7. Celebró su cumpleaños el mes pasado.	_____
8. Nació (was born) en el mes de julio.	_____
9. Compró algo para un amigo (una amiga) recientemente.	_____
10. Gastó mucho dinero en ropa este mes.	_____

Y ahora... Write a brief summary, indicating what you have learned about your classmates.

¿Cómo lo decimos?   What would you say in the following situations? What might the other person say? Act out the scenes with a partner.

1. You are shopping for clothes in Lima. Tell the clerk what clothes you need, your size, and discuss colours and prices.
2. You go shopping for shoes, sandals, and boots. You try on several pairs, but have problems with them. You finally buy a pair of boots.
3. Your friends went to the store without you. Ask them what they bought and how much they spent.
4. You ask a new acquaintance from Ecuador where she lived when she was a child and what she liked to do. Give her the same information about you.

¿Qué dice aquí?   Look at the following ad and help a friend of yours who is shopping at **La Limeña,** in Lima. Answer his or her questions, using the information provided in the ad.

1. ¿Cómo se llama la tienda?
2. ¿En qué mes son las rebajas (*sales*)?
3. Tengo una hija de nueve años. ¿Qué puedo comprarle en la tienda?
4. Mi esposo necesita zapatos. ¿Qué tipo de zapatos están en liquidación?
5. Además de (*Besides*) los zapatos, ¿qué puedo comprar para mi esposo?
6. Vamos a ir a la playa (*beach*). ¿Qué puedo comprar para mis hijos?
7. Soy profesora y necesito más ropa para el trabajo. ¿Qué puedo comprar?

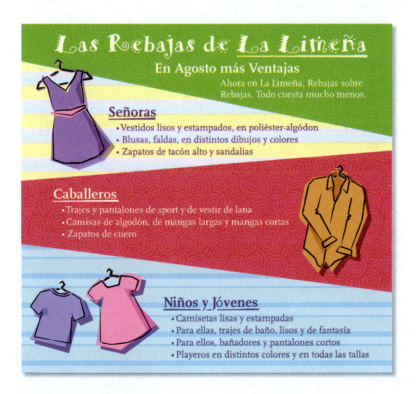

 **Un dicho**

Lo barato sale caro.

Do you only buy clothes that are of good quality? If you do, you will agree with this saying. What does it mean? Can you memorize it?

Para escribir

¿Cómo era Ud.?   Write a short narration about your life when you were twelve. Where were you living? What were you like? What did you like to do? Make a list of all the facts and then organize them.

Roberto

Cajero

Empleada

Roberto ha estado muy ocupado últimamente y no ha tenido tiempo de ir al banco. Hoy, por fin, tiene un par de horas para hacer diligencias. Primero va al Banco Nacional de Asunción.

Roberto Buenas tardes. Dígame, ¿qué tengo que hacer para abrir una cuenta de ahorros?

Cajero Siéntese, por favor. ¿Tiene usted alguna otra cuenta en este banco?

Roberto Sí, tengo una cuenta corriente.

Cajero ¿Quiere abrir una cuenta individual o una cuenta conjunta?

Roberto Una cuenta individual.

Cajero Bien, llene esta planilla, féchela y fírmela, por favor. ¿Cuánto va a depositar?

Roberto Trescientos mil guaraníes.[1] También quiero cobrar este cheque por cuarenta mil guaraníes. ¿Cuál es el saldo de mi cuenta, por favor?

Cajero Déjeme buscarlo en la computadora. A ver... quinientos mil guaraníes, señor.

Detalles culturales

Abrir una cuenta bancaria no es muy fácil en los países latinoamericanos, especialmente si es una cuenta corriente. La gente que puede ahorrar, generalmente deposita su dinero en la caja postal de ahorros, un servicio que las oficinas de correo ofrecen en algunos países.

◆ **¿Existe ese tipo de servicio en Canadá?**

Detalles culturales

El uso de cheques no es tan común en América Latina como en Canadá y en los Estados Unidos, pero muchos bancos tienen sus propias (*own*) tarjetas de crédito.

◆ **¿Paga Ud. siempre con cheques o prefiere pagar en efectivo o con tarjetas de crédito?**

---

[1]Paraguayan currency

Media hora más tarde, Roberto está en la oficina de correos. Está haciendo cola, porque hay mucha gente.[1]

Roberto	Quiero mandar esta carta a La Paz, certificada.
Empleada	Sí, señor. Son diez mil guaraníes.
Roberto	¿Cuánto cuesta enviar un giro postal a Montevideo?
Empleada	Seis mil guaraníes. ¿Quiere mandar uno?
Roberto	No, voy a volver otro día.
Empleada	Bien, ¿necesita algo más, señor?
Roberto	Sí, deme estampillas para tres tarjetas postales.
Empleada	Aquí las tiene.
Roberto	Gracias. ¡Ah! ¿El correo está abierto mañana?
Empleada	No, señor. Está cerrado. Mañana es día feriado.

Roberto salió de la oficina de correos y trató de recordar dónde había estacionado su coche. Por fin lo encontró a una cuadra del correo. Como les había dicho a sus padres que iba a cenar con ellos, fue directamente a casa.

Detalles culturales

En muchos países de habla hispana, las estampillas sólo pueden comprarse en el correo o en tiendas especializadas que están autorizadas para venderlas.

◆ **¿Dónde puede Ud. comprar estampillas en Canadá?**

¿Recuerda usted?

¿Verdadero o falso? With a partner, decide whether the following statements about the dialogue are true (**verdadero**) or false (**falso**).

1. Roberto va a hacer algunas diligencias hoy. ☐ V ☐ F
2. Roberto va a abrir una cuenta corriente. ☐ V ☐ F
3. Roberto no tiene ninguna cuenta en el Banco Nacional. ☐ V ☐ F
4. Roberto va a depositar más de 100.000 guaraníes. ☐ V ☐ F
5. Roberto manda una carta certificada. ☐ V ☐ F
6. Roberto manda un giro postal a Montevideo. ☐ V ☐ F
7. Roberto puede ir al correo mañana. ☐ V ☐ F
8. Roberto fue al correo en taxi. ☐ V ☐ F

Y ahora... conteste Answer these questions, basing your answers on the dialogue.

1. ¿En qué ciudad está el Banco Nacional?
2. ¿Por qué no ha tenido tiempo Roberto para ir al banco?
3. ¿Qué tipo de cuenta quiere abrir Roberto?
4. ¿Dónde va a buscar el empleado el saldo de la cuenta de Roberto?
5. En el correo, ¿por qué tiene que hacer cola Roberto?
6. ¿Cuántas tarjetas postales quiere enviar Roberto?
7. ¿Por qué está cerrado el correo mañana?
8. ¿Dónde encontró Roberto su coche?

---
[1] **Gente** (*People*) is considered singular in Spanish.

Para hablar del tema: Vocabulario

Cognados

el banco	la computadora*
certificado(a)	directamente
el cheque	individual

Nombres

el (la) cajero(a) teller, cashier	la gente people
la carta letter	el giro postal money order
el coche* car	la hora hour
la cuadra* block	la oficina office
la cuenta account	____ de correos, el correo post office
____ corriente chequing account	la planilla form
____ conjunta joint account	el saldo balance
____ de ahorros savings account	la tarjeta card
la estampilla* stamp	____ postal postcard

Verbos

cobrar to cash
depositar to deposit
estacionar* to park
fechar to date
firmar to sign
llenar to fill, to fill out

Adjetivos

abierto(a) open	ocupado(a) busy
cerrado(a) closed	otro(a) another, other
medio(a) half	

Otras palabras y expresiones

¿Algo más? Anything else?	hacer diligencias to run errands
Aquí las tiene. Here you are.	por fin finally
día feriado holiday	primero first
hacer cola to stand in line	últimamente lately

De país a país

la computadora el ordenador (*Esp.*)
el coche el carro (*Méx.*)
la cuadra la manzana (*Esp.*)
la estampilla el timbre (*Méx.*)
estacionar parquear (*Antillas*)

Detalles culturales

El uso del "Internet" o la "Red", como se llama en español, es cada día más popular en el mundo hispánico, y muchas instituciones (empresas y organizaciones) tienen su propia página (*home page*).

◆ En Canadá, ¿la mayoría de las instituciones tienen su propia página en la Red? ¿Cree Ud. que esto es importante? ¿Por qué?

Amplíe su vocabulario

Más sobre el banco

ahorrar to save
la caja de seguridad safe-deposit box
el cajero automático automatic teller machine (ATM)
la casa central home office
en efectivo in cash
gratis free (of charge)
la libreta de ahorros passbook
el plan de ahorros savings plan
el talonario de cheques cheque book
solicitar un préstamo to apply (ask) for a loan
la sucursal branch office
la memoria memory
la microcomputadora laptop
el ordenador personal, la computadora personal personal computer
archivar la información to store information
navegar la Red to surf the net
tener acceso a la Red to have access to the Internet

Un poco de tecnología (*A little about technology*)

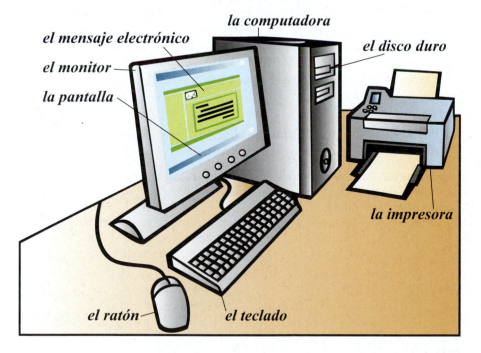

el mensaje electrónico
el monitor
la pantalla
la computadora
el disco duro
la impresora
el ratón
el teclado

Para practicar el vocabulario

A. Preguntas y respuestas Match the questions in column *A* with the answers in column *B*.

A	B
1. ¿Cuál es el saldo de tu cuenta?	a. No, en una sucursal.
2. ¿Vas a depositar el cheque?	b. No, es un día feriado.
3. ¿Qué debo llenar?	c. No, abierto
4. ¿Qué vas a solicitar?	d. No, voy a cobrarlo.
5. ¿Necesitas algo más?	e. No, con un cheque.
6. ¿Trabajas hoy?	f. Quinientos dólares.
7. ¿Dónde pusiste el dinero?	g. Esta planilla.
8. ¿Trabajas en la casa central?	h. No, nada. Gracias.
9. ¿El banco está cerrado?	i. En la caja de seguridad.
10. ¿Pagas en efectivo?	j. Un préstamo.

Detalles culturales

En España y en la mayoría de los países latinoamericanos una persona debe tener por lo menos (*at least*) 18 años para obtener una licencia de conducir y los exámenes para obtenerla son muy difíciles.

◆ ¿A qué edad se puede obtener una licencia para conducir en Canadá? Es igual (*same*) en todas las provincias?

B. Rubén y Eva hacen diligencias Complete the following description of Rubén and Eva's busy morning.

1. 8:15: Van al banco y abren una cuenta de _____ y una cuenta _____. Las cuentas no son individuales; son _____.
2. 8:50: Sacan dinero del _____ automático.
3. 10:15: Van al Departamento de Vehículos. Eva llena una _____ para sacar su licencia para conducir (*driver's licence*); la fecha y la _____.
4. 11:30: Van a la oficina de _____ y después de hacer _____ por unos cinco minutos mandan una carta _____ a La Paz. También envían un giro _____ y compran _____ para tres _____ postales.
5. 12:00: Van a buscar el coche que Rubén había _____ a dos _____ del correo.

C. ¿Qué necesito o qué tengo que hacer? Say what you need or what you have to do, according to each circumstance.

1. Quieres comprar un automóvil, pero no tienes dinero.
2. Quieres saber cuánto dinero tienes en el banco.
3. Quieres ahorrar dinero.
4. Quieres guardar (*to keep*) documentos muy importantes en el banco.
5. En la sucursal del banco no tienen lo que necesitas.
6. No puedes pagar con un cheque ni con tu tarjeta de crédito.

D. ¿Qué necesita hacer? With a partner, take turns saying what parts of the computer you need to use or what you need to do, according to each circumstance. Use **Necesito** (+ *infinitive*)**...** or **Necesito usar...**

1. You need to write a report on the computer.
2. You need to print the report.
3. You need to read your e-mails.
4. You need to save a résumé.
5. You need to use a computer during a plane trip.
6. You need to look something up on the Internet.

Miguel está comprando ropa por Internet. ¿Qué va a comprar?

Pronunciación

Pronunciation in context In this lesson, there are some words or phrases that may be challenging to pronounce. Listen to your instructor and pronounce the following sentences.

1. Hoy, por **fin,** tiene un par de **horas** para hacer **diligencias.**
2. ¿Qué tengo que **hacer** para abrir una cuenta de **ahorros**?
3. ¿Quiere abrir una cuenta **individual** o una cuenta **conjunta**?
4. Quiero mandar esta carta a **La Paz, certificada.**
5. Trató de **recordar** dónde había **estacionado** su coche.

1. Past participles (*Los participios pasados*)

◆ In Spanish, regular past participles are formed by adding the following endings to the stem of the verb.

-ar *verbs*	-er *verbs*	-ir *verbs*
habl- **ado** (*spoken*)	com- **ido** (*eaten*)	recib- **ido** (*received*)

The following verbs have irregular past participles in Spanish.[1]

abrir	**abierto**	poner	**puesto**
decir	**dicho**	romper	**roto**
escribir	**escrito**	ver	**visto**
hacer	**hecho**	volver	**vuelto**
morir	**muerto**		

¡Atención! The past participle of **ir** is **ido.**

◆ Past participles used as adjectives

In Spanish, most past participles can be used as adjectives. As such, they agree in number and gender with the nouns they modify.

—¿**Las cartas** están **firmadas**?   *"Are **the letters signed?**"*
—Sí, ya están **firmadas** y   *"Yes they are already **signed** and*
  fechadas.   ***dated.***

—¿**Las ventanas** están **abiertas**?   *"Are **the windows open?**"*
—No, están **cerradas.**   *"No, they're **shut.**"*

Práctica y conversación

A. Participios pasados   Give the past participles of the following verbs.

1. decir
2. cerrar
3. hacer
4. beber
5. morir
6. poner
7. vivir
8. ver
9. recetar
10. volver
11. ir
12. tener
13. romper
14. abrir
15. parar
16. ser
17. escribir
18. buscar
19. leer
20. salir

Online Study Center

For more practice with lesson topics, see the related activities on the *¡Hola, amigos!* web site at college.hmco.com/PIC/holaamigos7e.

---

[1]Verbs ending in **-er** and **-ir** whose stem ends in a strong vowel require an accent mark on the **i** of the **-ido** ending: **leer, leído; oír, oído; traer, traído; creer, creído.**

B. ¿Qué pasa? With a partner, take turns completing the description of each illustration, using the verb **estar** and the appropriate past participle.

1. El coche _____ en la esquina (*corner*).

2. Los niños _____.

3. El restaurante _____.

4. La ventana _____.

5. La puerta _____.

6. La carta _____ en español.

7. Los vestidos _____ en México.

8. El cuaderno _____.

9. La señora _____ cerca de la ventana.

Preguntas de un turista With a partner, take turns answering a tourist's questions.

1. ¿Los bancos están abiertos a las ocho de la mañana?
2. Hoy es feriado, ¿están abiertas las tiendas?
3. ¿El correo ya está cerrado a las siete de la noche?
4. ¿En Canadá todos los letreros (*signs*) están escritos en inglés?
5. ¿Dónde están hechos estos vinos?
6. ¿Los restaurantes están cerrados los domingos?

2. Present perfect tense (*Pretérito perfecto*)

◆ The present perfect tense is formed by using the present tense of the auxiliary verb **haber** with the past participle of the verb that expresses the action or state.

Present Indicative of haber (*to have*)[1]	
he	hemos
has	habéis
ha	han

Formation of the Present Perfect Tense			
	Present of haber +	**Past Participle**	
yo	**he**	**hablado**	I have spoken
tú	**has**	**comido**	you (*fam.*) have eaten
Ud., él, ella	**ha**	**vuelto**	you (*form.*) have returned; he, she has returned
nosotros(as)	**hemos**	**dicho**	we have said
vosotros(as)	**habéis**	**roto**	you (*fam.*) have broken
Uds., ellos, ellas	**han**	**hecho**	you (*form., fam.*) have done, made; they have done, made

◆ The present perfect tense is equivalent to the use in English of the auxiliary verb *have + past participle,* as in *I have spoken.*

—¿Nora **ha ido** al correo?   *"**Has** Nora **gone** to the post office?"*
—No, no **ha podido** ir.   *"No, she **hasn't been** able to go."*

◆ Note that in Spanish, when the past participle is part of a perfect tense, its form does not vary for gender or number agreement.

Él **ha estacionado** aquí.   *"He has parked here."*
Ella **ha estacionado** aquí.   *"She has parked here."*

---

[1]Note that the English verb *to have* has two equivalents in Spanish: **haber** (used as an auxiliary verb) and **tener.**

◆ Unlike English, the past participle in Spanish is never separated from the auxiliary verb **haber.**

Ella **nunca ha hecho** nada. 　　 She **has never done** anything.
Él **siempre ha escrito** las cartas 　 He **has always written** the letters
　 en inglés. 　　　　　　　　　　　　 in English.

Online Study Center

For more practice with lesson topics, see the related activities on the *¡Hola, amigos!* web site at college.hmco.com/PIC/holaamigos7e.

Práctica y conversación

A. Hoy llega mamá   Mrs. Aranda is coming home today after a business trip. With a partner, take turns saying what everybody has done to get ready for her homecoming. Use the cues provided.

◆ MODELO: Viviana / preparar / comida
　　　　　 Viviana ha preparado la comida.

1. El Sr. Aranda / lavar / coche
2. Jorge / barrer / garaje
3. Yo / sacudir / muebles
4. Tú / hacer / una torta
5. Los niños / poner / mesa
6. Andrés / comprar / rosas
7. Raquel / pasar/ aspiradora
8. Rolando y yo / traer / bebidas

B. Entreviste a su compañero(a)   Interview a classmate, using the following questions.

1. ¿Has ido al banco últimamente?
2. ¿Has pedido un préstamo recientemente?
3. ¿Has tenido que sacar dinero del cajero automático esta semana?
4. ¿Tus padres han abierto una cuenta conjunta contigo?
5. ¿Alguien te ha mandado tarjetas postales recientemente?
6. ¿Tú y tu familia han estado en Suramérica alguna vez (*ever*)?
7. ¿Dónde has estacionado tu coche hoy?
8. ¿Has llegado tarde a clase?

C. Lo que hemos hecho   In groups of three, discuss what you have done since yesterday. Include what you have eaten, whom you have seen and spoken to, and so on. Be prepared to report to the class something that all of you have done.

3. Past perfect (pluperfect) tense (*Pretérito pluscuamperfecto*)

◆ The past perfect tense is formed by using the imperfect tense of the auxiliary verb **haber** with the past participle of the verb that expresses the action or state.

Imperfect of haber	
había	habíamos
habías	habíais
había	habían

Formation of the Past Perfect Tense

	Imperfect of haber	+	*Past Participle*	
yo	había		hablado	I had spoken
tú	habías		comido	you (*fam.*) had eaten
Ud., él, ella	había		vuelto	you (*form.*), he, she had returned
nosotros(as)	habíamos		dicho	we had said
vosotros(as)	habíais		roto	you (*fam.*) had broken
Uds., ellos, ellas	habían		hecho	you (*form., fam.*) had done, made; they had done, made

◆ The past perfect tense is equivalent to the use in English of the auxiliary verb *had + past participle*, as in *I had spoken.*

In Spanish, as in English, this tense refers to actions, states, or events that were already completed before the start of another past action, state, or event.

—¿Uds. **habían estado** en Chile antes del año pasado? — "***Had** you **been** in Chile before last year?*"

—No, nunca **habíamos estado** allí. — "*No, **we had** never **been** there.*"

—¿Ricardo está aquí? — "*Is Ricardo here?*"

—Sí, cuando yo vine, él ya **había llegado.** — "*Yes, when I came, he **had** already arrived.*"

Online Study Center

For more practice with lesson topics, see the related activities on the *¡Hola, amigos!* web site at college.hmco.com/PIC/holaamigos7e.

Práctica y conversación

A. Minidiálogos Complete the following exchanges with the past perfect of the verbs given.

1. —¿Qué _____ (hacer) el empleado?
   —Le _____ (traer) las estampillas.

2. —¿Tú ya _____ (ver) a Roberto?
   —Sí, yo ya _____ (hablar) con él.

3. —¿El niño _____ (romper) el florero?
   —Sí, y por eso tuve que comprar otro.

4. —Cuando papá vino a buscarnos, ¿Uds. ya _____ (ir) al correo?

—No, no _____ (ir) todavía.

5. —¿Qué _____ (decir) tu mamá?

—Que necesitaba su talonario de cheques.

6. —¿Adónde _____ (ir) Uds., a la casa central del banco?

—No _____ (ir) a una sucursal.

7. —¿Dónde _____ (poner) tú los documentos?

—Los _____ (poner) en la caja de seguridad.

8. —¿Qué le _____ (comprar) a Jorge Uds.?

—Le _____ (comprar) una computadora personal.

B. Están de vuelta Your parents just got back from a vacation. Say what everybody had done by the time they came back.

1. yo **3.** mis hermanos **5.** tú

2. mi amiga **4.** mi tío y yo **6.** Uds.

C. Antes de los 16 Find out which of the following things your partner had done before turning 16.

♦ MODELO: conducir

—*¿Habías conducido antes de cumplir dieciséis años?*

—*Sí (No),...*

1. abrir una cuenta corriente **4.** vivir en otro país (*country*)

2. trabajar **5.** estudiar un idioma

3. tener novio(a) **6.** terminar la escuela secundaria

4. Formal commands: *Ud.* and *Uds.* (*Mandatos formales:* Ud. *y* Uds.)

♦ The command forms for **Ud.** and **Uds.**[1] are formed by dropping the **-o** of the first-person singular of the present indicative and adding **-e** and **-en** for **-ar** verbs and **-a** and **-an** for **-er** and **-ir** verbs.

| | First-Person Sing. | | Commands | |
Infinitive	Present Indicative	Stem	*Ud.*	*Uds.*
habl**ar**	yo habl**o**	habl-	habl**e**	habl**en**
com**er**	yo com**o**	com-	com**a**	com**an**
abr**ir**	yo abr**o**	abr-	abr**a**	abr**an**
cerr**ar**	yo c**ie**rr**o**	c**ie**rr-	c**ie**rr**e**	c**ie**rr**en**
volv**er**	yo v**ue**lv**o**	v**ue**lv-	v**ue**lv**a**	v**ue**lv**an**
ped**ir**	yo p**i**d**o**	p**i**d-	p**i**d**a**	p**i**d**an**
dec**ir**	yo d**i**g**o**	d**i**g-	d**i**g**a**	d**i**g**an**

—¿Con quién debo hablar? *"With whom must I speak?"*

—**Hable** con el cajero. *"**Speak** with the teller."*

—¿Cuándo debemos volver? *"When must we come back?"*

—**Vuelvan** mañana. *"**Come back** tomorrow."*

---

[1]The command form for **tú** will be studied in **Lección 12.**

◆ The command forms of the following verbs are irregular.

	dar	estar	ser	ir
Ud.	**dé**	**esté**	**sea**	**vaya**
Uds.	**den**	**estén**	**sean**	**vayan**

—¿Vamos al correo ahora?   *"Shall we go to the post office now?"*
—No, no **vayan** ahora; **vayan**   *"No, don't go now; go at two*
  a las dos.   *o'clock."*

◆ With all direct *affirmative* commands, object pronouns are placed after the verb and are attached to it, thus forming only one word. With all *negative* commands, the object pronouns are placed in front of the verb.

—¿Dónde pongo las cartas?   *"Where shall I put the letters?"*
—**Póngalas** aquí; **no las ponga**   *"**Put them** here; **don't put them**
  allí.   there."*

¡Atención!   Note the use of the written accent in **póngalas**.

¡Digan la verdad!
¿No es fantástico
ser bilingüe?

¡Guau, guau!

Online Study Center

For more practice with lesson topics, see the related activities on the *¡Hola, amigos!* web site at college.hmco.com/PIC/holaamigos7e.

Práctica y conversación

A. Instrucciones   A bank employee must give the customers certain instructions. Following the model, change each sentence to the appropriate command.

◆ MODELO: Tiene que llenar la planilla.
         Llene la planilla.

1. Tienen que fechar y firmar la planilla.
2. Tienen que hacer cola.

3. Tienen que estar aquí a las tres.
4. Tiene que hablar con el cajero.
5. Tiene que sentarse y esperar unos minutos.
6. Tiene que venir más tarde y traer el número de su cuenta.
7. Tiene que darle su nombre al gerente (*manager*).
8. Tiene que dejarme su número de teléfono.
9. Tienen que decirle que los cheques son gratis.
10. Tiene que volver mañana.

B. Mamá (Papá) y nosotros
Two teenagers are helping their Mom (Dad) and asking what to do. Take the role of the parent and answer their questions. Use the command forms and the cues provided.

1. ¿Adónde vamos ahora? (al mercado)
2. ¿Qué compramos? (frutas)
3. ¿A quién le pedimos el dinero? (a su abuelo)
4. ¿Qué más traemos? (detergente)
5. ¿Qué coche llevamos? (el mío)
6. ¿A qué hora empezamos a cocinar? (a las tres)
7. ¿Qué hacemos de postre? (arroz con leche)
8. ¿Invitamos a cenar a Roberto o a Miguel? (Miguel)

C. ¿Que sí o que no?
Andrés says yes to everything, while Ana always says no. With your partner, play the roles of Ana and Andrés. Answer each question as he or she would, using a formal command and a direct object pronoun to replace each direct object.

1. ¿Mando las cartas hoy? (Andrés)
2. ¿Compramos los sellos? (Ana)
3. ¿Traigo el talonario de cheques? (Ana)
4. ¿Compramos las tarjetas postales? (Andrés)
5. ¿Llamo a Rafael? (Andrés)
6. ¿Llamamos a nuestros amigos? (Ana)
7. ¿Mando el giro postal? (Andrés)
8. ¿Hacemos las diligencias hoy? (Ana)

D. A mi secretaria
Using commands, tell your secretary to do the following tasks.

1. *Escribirles* al Dr. López y al Dr. Smith. *Escribirle* al Dr. López en español y *escribirle* al Dr. Smith en inglés. *Decirles* que los documentos ya están listos. *Mandarles* las cartas hoy.
2. *Comprarle* (a él) papel y lápices.
3. *Darle* al Sr. Gómez su número de teléfono, pero no *darle* su dirección.
4. *No hablarles* a los empleados del nuevo horario.
5. *Llevarle* las planillas al Sr. Soto, pero *no llevarle* los cheques.
6. *No decirle* a la Sra. Castro que los cheques son gratis.

E. Una nota
You and your partner are going to be gone for a few days, and you have two very irresponsible roommates. Write them a note telling them four things to do and four things not to do in your absence.

Entre nosotros

¡Conversemos!

 Para conocernos mejor   Get to know your partner better by asking each other the following questions.

1. ¿En qué banco tienes tu cuenta de ahorros? ¿Y tu cuenta corriente?
2. ¿Usas el cajero automático a veces?
3. Cuando compras algo, ¿pagas en efectivo o con cheque?
4. ¿Vas a depositar dinero en tu cuenta de ahorros mañana?
5. ¿Tienes tu talonario de cheques contigo?
6. ¿Tú sabes cuál es el saldo de tu cuenta corriente?
7. ¿Tienes tus documentos importantes en una caja de seguridad?
8. Cuando vas al correo, ¿a veces tienes que hacer cola?
9. ¿Envías muchas tarjetas de Navidad (*Christmas*)?
10. ¿Usas microcomputadora o computadora personal?
11. ¿Navegas mucho la Red?
12. ¿Cuántos mensajes electrónicos recibes al día?

 Una encuesta   Interview your classmates to identify who fits the following descriptions. Include your instructor, but remember to use the **Ud.** form when addressing him or her.

Nombre

1. Hace sus diligencias los sábados.
2. A veces manda giros postales.
3. A veces envía cartas certificadas.
4. Recuerda su número de Seguro Social (Social Insurance).
5. Piensa abrir una cuenta en el banco.
6. Tiene un buen plan de ahorros.
7. Necesita ahorrar más.
8. Tiene una cuenta conjunta.
9. Siempre manda tarjetas postales cuando viaja (he or she travels).
10. Deposita dinero en el banco todos los meses.

 Y ahora...   Write a brief summary, indicating what you have learned about your classmates.

¿Cómo lo decimos?   What would you say in the following situations? What might the other person say? Act out the scenes with a partner.

1. Ask for the information necessary to open a savings account.
2. You need to cash a cheque. Tell the teller how much you want to deposit in your chequing account, and how much cash you want.
3. You are in Asunción, and you need to send some letters and postcards to Canada. Tell the employee what you need.
4. You are teaching a computer class for beginners. In Spanish, identify the parts of a computer for your students.
5. You are at a computer lab at closing time. Tell the attendant three things you need to do before you leave.

¿Qué dice aquí?   Read the following ad, and answer the questions that follow.

1. ¿Cuánto hay que pagar por tener una cuenta corriente?
2. ¿Cuánto se debe tener depositado para recibir los cheques gratis?
3. ¿Cuánto cobra el banco por el uso del cajero automático?
4. ¿En qué tipos de cuentas se pueden depositar los cheques automáticamente?
5. ¿Que otro servicio ofrece gratis el banco?
6. ¿Dónde se puede obtener más información sobre los servicios que da el banco?
7. ¿Cómo se llama el banco? ¿Cuál es la dirección de la nueva sucursal?

Para escribir

En el banco   Write about your banking practices. Mention . . .

1. the name of your bank and types of accounts you have.
2. the interest (**interés**) your bank pays.
3. whether you need to pay for the cheques or if they are free.
4. whether you pay for purchases by cheque or by a credit card.
5. whether you save money, and why.

Lectura

Estrategia de lectura   Make a list of some aspects of English that make it difficult to learn as a second language. Think about some of the problems that Spanish-speaking students might face.

Vamos a leer   As you read the story, find the answers to the following questions.

1. ¿Qué deletrea (*spell*) un inglés cuando se presenta?
2. Según el autor, ¿de cuántas maneras puede escribirse una palabra?
3. ¿Es más difícil el deletreo cuando se hace por teléfono?
4. ¿Qué se puede decir como tesis fundamental?
5. ¿Cuál es el título de su libro en español? ¿Y en inglés?
6. Cuando Arciniegas habla de su libro en inglés, nadie sabe si él escribió un nocturno o un libro de caballería. ¿Por qué?
7. ¿Cómo anunciaron un día una conferencia de Arciniegas en el periódico?
8. Para el autor, ¿dónde está la dificultad del inglés?
9. ¿Qué dice Arciniegas de las vocales?
10. ¿Qué causa el esfuerzo que un hispanohablante realiza para producir "eres" o "eses"?
11. ¿Qué deja en el rostro?
12. ¿Qué explicación les da siempre el autor a sus colegas?

Germán Arciniegas (1900–1999) es uno de los escritores colombianos más distinguidos. Sus brillantes ensayos° se centran en la cultura, la sociología, la — essays
historia, el arte y la literatura de su país y de toda Latinoamérica. Su estilo es ligero° y ágil. Su famosa biografía, El caballero de El Dorado *(1942), sobre la* — light
vida° de Gonzalo Jiménez de Quesada, conquistador de Colombia y fundador — life
de Bogotá, es una de las mejor escritas° en este continente. Muchos de sus — written
libros han sido traducidos al inglés.

Video

Lecciones de inglés (*Adaptado*)

GERMÁN ARCINIEGAS

Un inglés que en algo se estima° se presenta de esta manera: "Soy Mr. John Nielsen, Ene-i-e-ele-ese-e-ene". Esto es porque en inglés se supone que una palabra se pronuncia de un modo —cosa que no es exacta— pero que en todo caso puede escribirse de mil maneras. Aun el deletreo° puede no ser suficientemente claro, principalmente si se hace por teléfono. En este caso lo más discreto y usual es decir: "Mr. Arciniegas, *A* como en Argentina, *R* como en Rusia, *C* como en Colombia, *I* como en Irlanda..." De esta manera, siendo el idioma de Shakespeare tan conciso, un apellido puede extenderse indefinidamente.

que... who has some self esteem

spelling

Las confusiones no quedan limitadas a los apellidos. Como tesis fundamental usted puede decir que toda palabra inglesa es un jeroglífico. Yo tengo un libro que, en la edición española, se llama *El caballero° de El Dorado*. Aquí, *The Knight of El Dorado.* Pero como en inglés "noche" y "caballero" se pronuncian de un mismo modo°, cuando estoy hablando de mi libro nadie sabe si escribí un nocturno° o una obra de caballería°. En la cubierta de este libro aparece la siguiente advertencia°: "Germán Arciniegas (se pronuncia *Hairmáhn Ar-seen-yay-gus*)". La advertencia es indispensable.

knight

way

nocturne / chivalry

warning

Pero si el lector° quiere saber más sobre los problemas de mi apellido en este país, puedo informarle que un día en el periódico anunciaron una conferencia mía así: "Hoy da una conferencia sobre la América Latina el doctor *Arthur Nagus*".

reader

La dificultad del inglés está en la emisión de los sonidos. Cuando uno se da cuenta° de que cada letra de las vocales se pronuncia de cuatro o cinco modos distintos, desfallece°. El esfuerzo que uno realiza para producir "eres" o "eses" no sólo causa una gran fatiga a quienes estamos acostumbrados al español, sino que deja en el rostro° una impresión de dolor o de gran torpeza°. Yo siempre les doy esta explicación a mis colegas: "Yo no soy bobo; es que no sé inglés".

se... realizes

one faints

face, stupidity

Díganos   Answer the following questions, based on your own thoughts and experience.

1. ¿Sabe usted deletrear en español?
2. ¿Qué cree usted que es lo más difícil en español? ¿Pronunciar las palabras? ¿Conjugar verbos? ¿Escribir?
3. ¿Qué problemas tiene usted para aprender español?
4. ¿Usted tiene que realizar un gran esfuerzo para hablar español?
5. ¿Cuánto tiempo hace que usted empezó a estudiar español? ¿Lo practica frecuentemente?
6. ¿Usted piensa continuar estudiando español?

Un día funesto

Marisa, Teresa y Pablo han tenido un día difícil en el que todo les fue mal (*went badly for them*). ¿Qué van a hacer? Los tres están demasiado cansados. ¿Encuentran una solución...?

El mundo hispánico

Ecuador

- Ecuador debe su nombre a su posición geográfica. El país está situado justamente sobre la línea del ecuador. Su territorio, incluidas las islas Galápagos, es un poco más grande que Prince Edward Island, y su población es de unos 13,5 millones de habitantes.

- Debido a la inestabilidad del sucre, su antigua moneda, en septiembre de 2000 el país adoptó el dólar de Estados Unidos como su moneda oficial.

- Quito, la capital de Ecuador, está situada en las laderas (*hillsides*) del volcán Pichincha, a más de 9.000 pies de altura sobre el nivel del mar. Por eso, aunque la ciudad está muy cerca de la línea del ecuador, su clima es templado (*mild*) y agradable. Quito es la capital más antigua de América del Sur, y todavía mantiene su aspecto colonial, con sus calles estrechas (*narrow*) y sus viejas iglesias.

- A 22 millas de Quito, cerca de la villa de San Antonio, está el monumento La Mitad del Mundo, que marca el sitio exacto por donde pasa la línea del ecuador.

- Las islas Galápagos, situadas frente a las costas de Ecuador, son una de las zonas ecológicas mejor conservadas del mundo. Charles Darwin hizo la mayor parte de sus estudios sobre la evolución de las especies en estas islas.

▲ Estas enormes tortugas les dieron nombre a las famosas Islas Galápagos.

Perú

- Perú es el tercer país más grande de Suramérica. Su territorio es un poco más grande que la provincia de Ontario, y su población es de unos 28 millones de habitantes. La moneda del país es el nuevo sol. La principal fuente de ingreso del país continúa siendo la industria pesquera.

- Entre los animales típicos de la fauna de Perú están las llamas, alpacas y vicuñas. De su lana dependen muchas de las artesanías del país. La llama, además, se usa como animal de carga y para el transporte.

- Las principales atracciones turísticas del país son Cuzco, la antigua capital de los incas, y las impresionantes ruinas de Machu Picchu, situadas en las montañas cerca de Cuzco a una altura de 2.350 metros. Machu Picchu fue una fortaleza incaica que después de la conquista quedó perdida hasta 1911, cuando fue descubierta por el arqueólogo norteamericano Hiram Bingham.

- La capital de Perú es Lima. En esta ciudad se encuentra la Universidad de San Marcos, que es la más antigua de Suramérica.

▲ Machu Picchu es el más conocido de los símbolos del Imperio Inca.

Online Study Center

For more practice with lesson topics, see the related activities on the *¡Hola, amigos!* web site at college.hmco.com/PIC/holaamigos7e.

Bolivia

▲ La plaza del estudiante en La Paz, Bolivia

- Bolivia, llamada así en honor del Libertador Simón Bolívar, es un país de superlativos. Tiene la capital (La Paz), el aeropuerto y el lago navegable más altos del mundo, y unas de las ruinas más antiguas. En realidad, La Paz es una de las dos capitales de Bolivia; la otra es Sucre. La Paz, situada a 3.657 metros de altura, es la capital administrativa, y Sucre, la capital política. El lago Titicaca está a 3.810 metros de altura y es, después del lago Maracaibo, el segundo más grande de América del Sur. El país es tan grande como la provincia de Ontario, pero apenas puede explotar sus riquezas naturales porque no tiene salida al mar y su territorio es muy montañoso.

- Los indios quechua y aymará, que constituyen más de la mitad de su población, mantienen su cultura y sus lenguas tradicionales. El resto de la población lo constituyen las personas de ascendencia europea (un 15% de la población) y los mestizos producto de la integración de las razas indígenas y europeas. La mayor parte de los habitantes del país vive en el altiplano (*plateau*).

- Bolivia es uno de los más atractivos destinos turísticos por sus bellísimos paisajes andinos, que le han valido el nombre de "el Tibet de América", y por las ruinas doblemente milenarias de Tiahuanaco.

Paraguay

- Paraguay tiene una superficie de 406.750 km^2, pero su población es de menos de 6 millones de habitantes. La mayoría de los paraguayos hablan dos idiomas: el español y el guaraní.

- Paraguay es un país principalmente agrícola y su economía depende de sus bosques y sus fértiles tierras (*lands*). Sin embargo, desde la construcción de la planta hidroeléctrica de Itaipú, el país ha comenzado a industrializarse. Itaipú, la mayor planta hidroeléctrica del mundo, obra del esfuerzo conjunto de Brasil y Paraguay, ha hecho de este país el mayor exportador de energía hidroeléctrica.

▲ El Panteón de los Héroes, en Asunción, Paraguay

- Al igual que Bolivia, Paraguay no tiene salida al mar, pero tiene más de 2.800 km de ríos navegables, que son sus principales vías de transporte. En la frontera de Paraguay, Argentina y Brasil están las famosas cataratas de Iguazú, nombre guaraní que significa "agua grande".

- Asunción, la capital de Paraguay, es también su principal puerto. Es una ciudad de más de dos millones de habitantes en la que se mezclan los edificios coloniales con modernas construcciones.

 Comentarios... With a partner, discuss, in Spanish, what impressed you the most about these four countries, and compare them to Canada. Which places do you want to visit and why?

Tome este examen

Lección 9

A. Some uses of *por* and *para*   Complete each sentence, using **por** or **para.**

1. El vestido es _____ ti, mamá.
2. ¿Cuánto pagaron _____ los aretes?
3. Yo no trabajo _____ la mañana.
4. Los chicos salieron _____ la puerta principal.
5. Ellos fueron al club nocturno _____ bailar.
6. Necesito la falda _____ mañana _____ la tarde.
7. El sábado salimos _____ Lima. Vamos _____ avión (*airplane*). Vamos a estar allí _____ una semana.
8. En ese hotel cobran 100 dólares _____ noche.

B. Weather expressions   Complete each sentence with the appropriate word(s).

1. En verano _____ mucho _____ en Ontario.
2. En invierno en Yukón _____ mucho _____ y _____ mucho.
3. En Vancouver _____ todo el año.
4. Hoy no hay vuelos (*flights*) porque _____ mucha _____.
5. Necesito la sombrilla porque _____ mucho _____.

C. The preterit contrasted with the imperfect   Complete each sentence, using the preterit or the imperfect tense of the verbs in parentheses.

1. Ayer nosotros _____ (celebrar) nuestro aniversario.
2. _____ (Ser) las cuatro de la tarde cuando yo _____ (salir) del restaurante. _____ (Llegar) a mi casa a las cinco.
3. El mozo me _____ (decir) que la especialidad de la casa _____ (ser) cordero y yo lo _____ (pedir).
4. Cuando Raúl _____ (ser) pequeño _____ (vivir) aquí.
5. Jorge _____ (estar) en el café cuando yo lo _____ (ver).
6. Ella no _____ (ir) a la fiesta anoche porque _____ (estar) muy cansada. _____ (Preferir) quedarse en su casa.
7. Ayer yo _____ (hacer) las reservaciones.
8. Nosotros _____ (estar) almorzando cuando tú _____ (llamar).

D. *Hace...* meaning *ago*   Indicate how long ago everything took place.

1. Llegué a las seis. Son las nueve.
2. Ellos vinieron en marzo. Estamos en julio.
3. Empecé a trabajar a las dos. Son las dos y media.
4. Terminaron el domingo. Hoy es viernes.
5. Llegaste en 1998. Estamos en el año 2008.

E. Possessive pronouns   Complete each sentence, giving the Spanish equivalent of the word in parentheses.

1. Mi vestido es mejor que _____, María.   (*yours*)
2. Las camisas azules son _____.   (*mine*)
3. Yo voy a invitar a mis amigos. ¿Tú vas a invitar a _____?   (*yours*)
4. Estos zapatos son _____.   (*ours*)
5. Mi abuelo es de México. _____ es de Cuba.   (*Theirs*)
6. Ese libro no es _____; es _____.   (*mine / hers*)

F. Vocabulary   Complete the following sentences, using vocabulary from **Lección 9.**

1. Estos zapatos no son caros, son muy _____.
2. Voy a la _____ para comprar unas sandalias.
3. Estudia en la _____ de medicina.
4. Necesito un _____ de botas.
5. Necesito una camisa de _____ largas.
6. ¿En que puedo _____, Srta.?
7. Este traje no está de _____ ahora.
8. No me gusta andar _____. Siempre uso zapatos.
9. Voy a comprar ropa porque no tengo nada que _____.
10. Los aretes me costaron un _____ de la _____.
11. ¿Qué número _____ Ud.?
12. En el verano, el clima de Manitoba no es seco, es _____.

G. Translation   Express the following in Spanish.

1. Yesterday I went to his house to talk to him.
2. Where did you used to live when you were a child?
3. When was the last time that you went to the store?
4. —What did the professor say?
   —She said that we had to study more.
5. The weather is not good today. It's raining and I need a raincoat.

H. Culture   Complete the following sentences, based on the cultural notes you have read.

1. En los países hispanos se usa el sistema _____ decimal.
2. La moneda de Perú es el _____.

A. Past participles
Complete each sentence, using the past participle of the verb in parentheses.

1. Las puertas están _____. (cerrar)
2. La oficina está _____. (abrir)
3. El florero está _____. (romper)
4. Los niños están _____. (dormir)
5. Las cartas están _____ en italiano. (escribir)
6. La cena ya está _____. (hacer)

B. Present perfect tense
Complete each sentence, using the present perfect of the verb in parentheses.

1. El cajero no _____. (llegar)
2. Yo _____ los vasos. (romper)
3. Ellos no _____ las cartas. (traer)
4. Como los niños no _____, nosotros no _____ salir. (volver / poder)
5. Ellos _____ en el accidente. (morir)
6. Tú se lo _____ antes. (decir)

C. Past perfect (Pluperfect) tense
Indicate what had taken place by the time Ana arrived home, using the past perfect tense.

Ana llegó a su casa a las diez.

1. Los chicos volvieron a casa.
2. Yo firmé la planilla.
3. Tú hiciste los cheques.
4. Nosotros escribimos las cartas.
5. Carlos puso el dinero en su cuenta.
6. Uds. fueron al banco.

D. Formal commands
Complete each sentence, using the command form of the verb in parentheses. Use the **Ud.** or **Uds.** form, as needed.

1. _____ a su esposa, Sr. García. (Llamar)
2. _____, Sr. Vega. (Caminar)
3. _____ en seguida, señoritas. (Salir)
4. _____ aquí a las dos, señora. (Estar)
5. No _____ ahora, Sr. Sosa. (venir)
6. _____ a la izquierda, señores. (Ir)
7. No _____ Ud. ahora. (hacerlo)
8. Señor, no _____ su número de teléfono. (dar)
9. Chicos, _____ buenos, por favor. (ser)
10. _____ aquí. Srta. Pérez. (Ponerla)

E. Vocabulary
Complete the following sentences, using vocabulary from Lección 10.

1. Ud. debe _____ y _____ esta planilla.
2. ¿Cuánto dinero va a _____ en su cuenta?
3. El banco no está _____ hoy, porque es un día _____.
4. Quiero saber cuál es el _____ de mi cuenta corriente.
5. Mi esposa y yo queremos abrir una cuenta de ahorros _____.
6. Estacioné mi coche a dos _____ de aquí.
7. Tengo que hacer _____ porque hay mucha gente en el banco.
8. Necesito mi _____ de cheques.
9. No tengo mi dinero en el banco central, sino en una _____.
10. Ellos van a sacar dinero del _____ automático.
11. Necesito dinero. Voy a solicitar un _____ en el banco.
12. No quiero pagar con cheque, prefiero pagar en _____.
13. Tengo mis documentos en una _____ de seguridad.
14. Necesito comprar _____ para estas cartas.
15. Hoy tengo que hacer muchas _____.

F. Translation
Express the following in Spanish.

1. In the classroom the door is open, but the windows are closed.
2. —Gustavo, have you written the letters?
   —Yes, but I have to buy stamps.
3. Isabel had never gone to Argentina before last year.
4. Mrs. Peña, please sign the cheque and deposit it today.
5. —Where do we go to open a chequing account?
   —Go to the bank!

G. Culture
Complete the following sentences, based on the cultural notes you have read.

1. Las islas _____ son una de las zonas ecológicas mejor conservadas.
2. Machu Picchu y _____ son las principales atracciones turísticas de Perú.
3. Bolivia tiene dos capitales: La Paz y _____.
4. En Paraguay está _____, la mayor planta hidroeléctrica del mundo.

Unidad

6

Objetivos

Lección 11

- ◆ handle routine travel arrangements
- ◆ discuss tour features and prices
- ◆ request information regarding stopovers, plane changes, gate numbers, and seating
- ◆ express feelings and reactions

Lección 12

- ◆ register at a boarding house, discuss room prices, accommodations, and service
- ◆ tell others what to do
- ◆ describe needs and wants
- ◆ ordinal numbers

Situado entre lagos, ríos y glaciares, está el hotel Llao Llao en Bariloche, Argentina.

De vacaciones

Argentina

El obelisco en la famosa Avenida 9 de Julio en Buenos Aires, Argentina

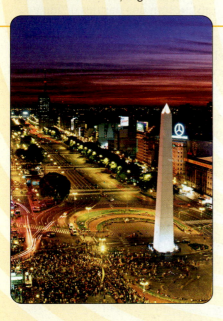

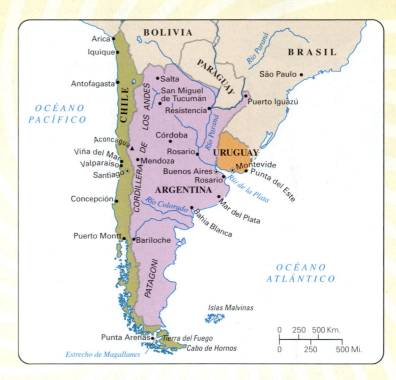

Uruguay

Vista del famoso balneario de Punta del Este

Chile

Vista del Lago Pehoé, Parque Nacional Torres del Paine, en la Patagonia

Héctor

Sofía

Agente

🎧 *Héctor Rivas y su esposa Sofía Vargas viven en Santiago, la capital de Chile. Ahora están planeando sus vacaciones de verano. No pueden ponerse de acuerdo porque ella quiere pasar un mes en Viña del Mar, y él quiere ir a Buenos Aires y a Mar del Plata.*

Héctor   Espero que hoy podamos decidir lo que vamos a hacer, porque tenemos que ir a la agencia de viajes para comprar los pasajes.

Sofía   Yo te sugiero que averigües lo que cuestan dos pasajes de ida y vuelta a Buenos Aires, por avión. Podemos ahorrar dinero si vamos a Viña del Mar en coche...

Héctor   ¡Pero hemos estado en Viña del Mar muchas veces! ¡Estoy empezando a cansarme de hacer siempre lo mismo!

Sofía   ¡Y yo temo que el viaje a Buenos Aires nos cueste mucho dinero!

Héctor   Yo busqué información en Internet. Hay paquetes que incluyen vuelo directo a Buenos Aires, hotel y algunas excursiones.

Sofía   Siento no poder compartir tu entusiasmo, querido, pero viajar a otro país es complicado... Necesitamos pasaporte...

Héctor   Eso no es problema. Un momento... ¿Es porque no quieres viajar en avión?

Sofía   Bueno... en parte... un poco.

Héctor   ¡Pero, mi amor! Sólo necesitas que tu médico te dé alguna pastilla para los nervios.

Sofía   Está bien, pero te pido que me dejes pensarlo antes de tomar una decisión.

Detalles culturales

Viña del Mar es el más conocido de los balnearios (*resorts*) de Chile, y uno de los centros turísticos más populares de Suramérica. Allí hay numerosas playas, parques, hoteles y casinos. La ciudad es también un centro comercial e industrial importante.

◆ **¿Cuál es un famoso balneario de Canadá?**

Sofía decidió ir a Buenos Aires en avión. El día del viaje, hablan con el agente de la aerolínea en el aeropuerto.

Agente	¿Qué asientos desean? ¿De ventanilla o de pasillo?
Héctor	Dos asientos juntos.
Sofía	Cerca de la salida de emergencia.
Héctor	El avión no hace escala, ¿verdad?
Agente	No, señor. ¿Cuántas maletas tienen?
Sofía	Cinco maletas y dos bolsos de mano.
Agente	Tienen que pagar exceso de equipaje.
Héctor	Pero, Sofía, ¿has puesto toda nuestra ropa en las maletas?
Sofía	¡Es que no sabía qué llevar!
Agente	La puerta de salida es la número tres. ¡Buen viaje!

En la puerta número tres.

"Última llamada para los pasajeros del vuelo 340 a Buenos Aires. Suban al avión, por favor."

Héctor y Sofía le dan las tarjetas de embarque a la auxiliar de vuelo, suben al avión y ponen los bolsos de mano en el compartimento de equipajes.

Sofía	Tenemos que abrocharnos el cinturón de seguridad. ¡Espero que el piloto tenga mucha experiencia!

¿Recuerda usted?

¿Verdadero o falso?   With a partner, decide whether the following statements about the dialogue are true (**verdadero**) or false (**falso**).

1. Sofía quiere pasar las vacaciones en Chile. ☐ V ☐ F
2. Héctor piensa comprar los pasajes por Internet. ☐ V ☐ F
3. Sofía dice que es más barato viajar en coche. ☐ V ☐ F
4. Héctor y Sofía han pasado muchas vacaciones en Viña del Mar. ☐ V ☐ F
5. A Sofía le encanta viajar en avión. ☐ V ☐ F
6. Héctor y Sofía quieren dos asientos de ventanilla. ☐ V ☐ F
7. El vuelo a Buenos Aires es directo. ☐ V ☐ F
8. Héctor y Sofía viajan con poco equipaje. ☐ V ☐ F
9. Héctor y Sofía no llevan bolsos de mano. ☐ V ☐ F
10. Sofía espera que el piloto sepa lo que está haciendo. ☐ V ☐ F

Y ahora... conteste   Answer these questions, basing your answers on the dialogue.

1. ¿Dónde quiere pasar sus vacaciones Héctor?
2. ¿De qué está empezando a cansarse Héctor?
3. ¿Qué incluyen los paquetes?
4. ¿Qué puede tomar Sofía para viajar en avión?
5. En el avión, ¿dónde quiere sentarse Sofía?
6. ¿Qué tienen que pagar Héctor y Sofía?
7. ¿Cuál es el número del vuelo?
8. ¿Qué le dan Héctor y Sofía a la auxiliar de vuelo?

Para hablar del tema: Vocabulario

Online Study Center

For more practice with lesson topics, see the related activities on the *¡Hola, amigos!* web site at college.hmco.com/PIC/holaamigos7e.

Cognados

la aerolínea	la emergencia
el aeropuerto	el entusiasmo
la agencia	la experiencia
el (la) agente	la información
la capital	los nervios
complicado(a)	el pasaporte
directo(a)	el piloto

Nombres

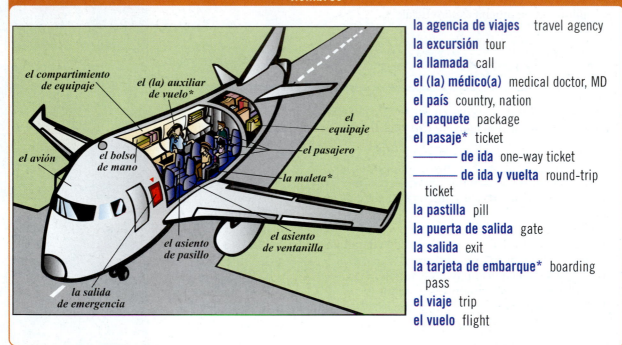

el compartimiento de equipaje
el (la) auxiliar de vuelo*
el avión
el bolso de mano
el equipaje
el pasajero
la maleta*
el asiento de pasillo
el asiento de ventanilla
la salida de emergencia

la agencia de viajes travel agency
la excursión tour
la llamada call
el (la) médico(a) medical doctor, MD
el país country, nation
el paquete package
el pasaje* ticket
——— de ida one-way ticket
——— de ida y vuelta round-trip ticket
la pastilla pill
la puerta de salida gate
la salida exit
la tarjeta de embarque* boarding pass
el viaje trip
el vuelo flight

Adjetivos

querido(a) dear

Verbos

ahorrar to save
averiguar to find out
cansarse to get tired
compartir to share
dejar to let
incluir to include

sentir (e>ie) to regret
subir, abordar to board
sugerir (e>ie) to suggest
temer to fear, to be afraid
viajar to travel

Otras palabras y expresiones

abrocharse el cinturón de seguridad to fasten the seat belt
¡Buen viaje! Have a good trip!
en parte in part
exceso de equipaje excess luggage
hacer escala to make a stop over

lo mismo the same thing
ponerse de acuerdo to come to an agreement, to agree upon
tomar una decisión to make a decision
¿verdad? right?

Amplíe su vocabulario

Más sobre los viajes

¿A cuánto está el cambio de moneda? What's the rate of exchange?
cancelar to cancel
el cheque de viajero traveller's cheque
(de) clase turista tourist class
confirmar to confirm
crucero cruise
la lista de espera waiting list
los lugares de interés places of interest
el maletín small suitcase, hand luggage
(de) primera clase first class

De país a país

la auxiliar de vuelo la azafata (*Esp.*)
la maleta la valija (*Cono Sur*) el veliz (*Méx.*)
el pasaje el billete (*Esp.*)
la tarjeta de embarque la tarjeta de embarco (*Arg.*)

Para practicar el vocabulario

A. **Preguntas y respuestas** With a partner, match the questions in column *A* with the answers in column *B*.

A	B
1. ¿Dónde compraste los pasajes?	a. A la auxiliar de vuelo.
2. ¿Es un vuelo directo?	b. Estas pastillas.
3. ¿Quieres un asiento de pasillo?	c. No sé, voy a averiguar.
4. ¿Qué te dio el médico?	d. No, hace escala.
5. ¿Tienen que pagar exceso de equipaje?	e. En el compartimiento de equipaje.
6. ¿A qué país van a viajar?	f. Abrocharse el cinturón.
7. ¿A quién le doy la tarjeta de embarque?	g. No, no se pusieron de acuerdo.
8. ¿Dónde pongo el bolso de mano?	h. Sí, tienen cinco maletas.
9. ¿Qué deben hacer los pasajeros?	i. A Chile.
10. ¿Cuál es la puerta de salida?	j. En la agencia de viajes.
11. ¿Tomaron una decisión?	k. No, de ventanilla.
12. ¿A qué hora sale el avión?	l. La número cuatro.

B. **¿Qué hago? ¿Adónde voy?** Complete the following sentences.

1. Van a _____ el vuelo porque hay mucha niebla.
2. Los pasajes de _____ clase son más caros.
3. ¿Cuáles son los _____ de interés en la ciudad donde Ud. vive?
4. Vamos a viajar. Tenemos que _____ la reservación del hotel.
5. ¿A cómo está el _____ de _____?
6. ¿Vas a llevar tu tarjeta de crédito o vas a llevar cheques de _____?
7. No tenemos mucho dinero. Vamos a viajar en clase _____.
8. Solamente puede llevar un _____ con Ud. en el avión.
9. Este verano vamos a hacer un _____ por el Caribe.
10. No hay pasaje para hoy pero podemos ponerlo en la lista de _____.

C. **Definiciones** Write the words or phrases that correspond to the following.

1. Air Canada, West Jet
2. Allí tomamos el avión.
3. decidir
4. que no hace escala
5. Argentina, por ejemplo
6. maletas y bolsos de mano
7. subir
8. dar una sugerencia
9. lo que le decimos a una persona que va a viajar
10. donde ponemos el bolso de mano durante el vuelo

D. En la agencia de viajes   With a partner, play the roles of a travel agent and someone getting a round-trip-ticket to Buenos Aires. The "traveller" asks pertinent questions, talks about date of travel, and reserves a seat.

¿A qué ciudad suramericana van los pasajeros de este avión? ¿A qué hora llegan? ¿Qué quieren hacer allí?

Pronunciación

Pronunciation in context

In this lesson, there are some words or phrases that may be challenging to pronounce. Listen to your instructor and pronounce the following sentences.

1. Tenemos que ir a la **agencia de viajes** para comprar los **pasajes.**
2. Yo te **sugiero** que **averigües** lo que cuestan dos pasajes de ida y vuelta.
3. Hay **paquetes** que **incluyen** vuelo directo a Buenos Aires, hotel y algunas **excursiones.**
4. El día del viaje, hablan con el **agente** de la **aerolínea** en el **aeropuerto.**
5. **Héctor** y Sofía le dan las tarjetas a la **auxiliar** de vuelo.

Puntos para recordar

1. Introduction to the subjunctive mood
(*Introducción al modo subjuntivo*)

Until now, you have been using verbs in the indicative mood. The indicative is used to express factual, definite events. By contrast, the subjunctive is used to reflect the speaker's feelings or attitudes toward events, or when the speaker views events as uncertain, unreal, or hypothetical. Because expressions of volition, doubt, surprise, fear, and the like all represent reactions to the speaker's perception of reality, they are followed in Spanish by the subjunctive.

Forms (*Formas*)

◆ Present subjunctive forms of regular verbs

To form the present subjunctive, add the following endings to the stem of the first-person singular of the present indicative, after dropping the **o.** Note that the endings for the **-er** and **-ir** verbs are identical.

-ar *verbs*	-er *verbs*	-ir *verbs*
habl- **e**	com- **a**	viv- **a**
habl- **es**	com- **as**	viv- **as**
habl- **e**	com- **a**	viv- **a**
habl- **emos**	com- **amos**	viv- **amos**
habl- **éis**	com- **áis**	viv- **áis**
habl- **en**	com- **an**	viv- **an**

The following table shows how to form the first-person singular of the present subjunctive.

Verb	First-Person Sing. (Indicative)	Stem	First-Person Sing. (Subjunctive)
habl**ar**	hablo	habl-	habl**e**
aprend**er**	aprendo	aprend-	aprend**a**
escrib**ir**	escribo	escrib-	escrib**a**
conoc**er**	conozco	conozc-	conozc**a**
dec**ir**	digo	dig-	dig**a**
hac**er**	hago	hag-	hag**a**
tra**er**	traigo	traig-	traig**a**
ven**ir**	vengo	veng-	veng**a**

Práctica

Online Study Center

For more practice with lesson topics, see the related activities on the *¡Hola, amigos!* web site at college.hmco.com/PIC/holaamigos7e.

Formas del subjuntivo I   Give the present subjunctive forms of the following verbs.

1. *yo:*   comer, venir, hablar, hacer, salir
2. *tú:*   decir, ver, traer, trabajar, escribir
3. *él:*   vivir, aprender, salir, estudiar, ver
4. *nosotros:*   escribir, caminar, poner, desear, tener
5. *ellos:*   salir, hacer, llevar, conocer, ver

Present subjunctive forms of stem-changing and irregular verbs

◆ Verbs ending in **-ar** and **-er** undergo the same stem changes in the present subjunctive as in the present indicative.

recomendar (e > ie)		recordar (o > ue)	
recomiende	recomendemos	recuerde	recordemos
recomiendes	recomendéis	recuerdes	recordéis
recomiende	recomienden	recuerde	recuerden

entender (e > ie) (*to understand*)		volver (o > ue)	
entienda	entendamos	vuelva	volvamos
entiendas	entendáis	vuelvas	volváis
entienda	entiendan	vuelva	vuelvan

◆ For verbs ending in **-ir,** the three singular forms and the third-person plural form undergo the same stem changes in the present subjunctive as in the present indicative. However, in addition, observe that unstressed **e** changes to **i** and unstressed **o** changes to **u** in the first- and second-person plural forms.

mentir (*to lie*)		dormir	
mienta	mintamos	duerma	durmamos
mientas	mintáis	duermas	durmáis
mienta	mientan	duerma	duerman

◆ The following verbs are irregular in the present subjunctive.

dar	estar	saber	ser	ir
dé	esté	sepa	sea	vaya
des	estés	sepas	seas	vayas
dé	esté	sepa	sea	vaya
demos	estemos	sepamos	seamos	vayamos
deis	estéis	sepáis	seáis	vayáis
den	estén	sepan	sean	vayan

¡Atención! The present subjunctive of **hay** (impersonal form of **haber**) is **haya**.

Práctica

Formas del subjuntivo II   Give the present subjunctive forms of the following verbs.

1. *yo:*   dormir, ir, cerrar, sentir, ser
2. *tú:*   mentir, volver, ir, dar, recordar
3. *ella:*   estar, saber, perder, dormir, ser
4. *nosotros:*   pensar, recordar, dar, morir, cerrar
5. *ellos:*   preferir, dar, ir, saber, dormir

Uses of the subjunctive (*Usos del subjuntivo*)

- The Spanish subjunctive is used in subordinate, or dependent, clauses. The subjunctive is also used in English, although not as often as in Spanish. For example:

Sugiero	que **llegue** mañana.	*I suggest*	*that **he arrive** tomorrow.*
Main clause	**Dependent clause**	**Main clause**	**Dependent clause**

The expression that requires the use of the subjunctive is in the main clause, *I suggest.* The subjunctive appears in the dependent clause, *that he arrive tomorrow.*

- There are four main conditions that call for the use of the subjunctive in Spanish.

  - *Volition:* demands, wishes, advice, persuasion, and other impositions of will

Ella **quiere** que yo lo llame.	*She wants me to call him.*
Te **aconsejo** que no **vayas** a ese viaje.	*I advise you not to go on that trip.*

  - *Emotion:* pity, joy, fear, surprise, hope, and so on

Me **sorprende** que **llegues** tan temprano.	*I am surprised that you are arriving so early.*

  - *Unreality:* expectations, indefiniteness, uncertainty, nonexistence

—¿**Hay alguien** aquí que **hable** español?	*"Is there anyone here who speaks Spanish?"*
—No, **no hay nadie** que lo **sepa.**	*"No, there is no one who knows it."*

  - *Doubt and denial:* negated facts, disbelief

No es verdad que Rosa **sea** azafata.	*It isn't true that Rosa is a flight attendant.*
Dudo que **tengas** dinero.	*I doubt that you have money.*
Roberto **niega** que ella **sea** su esposa.	*Roberto denies that she is his wife.*

2. Subjunctive with verbs of volition (*El subjuntivo con verbos que indican voluntad o deseo*)

All expressions of will require the use of the subjunctive in subordinate clauses. Note that the subject in the main clause must be different from the subject in the subordinate clause. Some verbs of volition that require the use of the subjunctive are:

aconsejar (*to advise*)	mandar (*to order*)	querer
decir	necesitar	recomendar
desear	pedir	sugerir

Mi	madre	**quiere**	que	yo	**trabaje.**
My	*mother*	*wants*		*me*	*to work.*

—¿Qué **quieres** que **haga**?
"What do you want me to do?"

—**Quiero** que **vayas** al aeropuerto.
"I want you to go to the airport."

—Necesito hablar con un médico.
"I need to talk with a doctor."

—Te **sugiero** que **hables** con el Dr. Paz.
"I suggest that you talk with Dr. Paz."

¡Atención! Note that the infinitive is used following verbs of volition if there is no change of subject: **Quiero comer.**

¿*Que querés que te mande de África?*

Detalles culturales

En Argentina, como también en Costa Rica, Paraguay, Uruguay y Guatemala, la forma tú no se usa en la conversación. En lugar de (*In place of*) esta forma, se usa la forma **vos.** Por ejemplo, en estos países no dicen **"tú quieres"** sino **"vos querés".** Este fenómeno se llama **voseo.**

◆ ¿Existen formas formales e informales para referirse a diferentes personas en Canadá?

◆ Certain verbs of volition (**mandar, sugerir, aconsejar,** and **pedir**) are often preceded by an indirect object pronoun, which indicates the subject of the verb in the subjunctive.

Te sugiero que **vayas** al médico.
I suggest that you go to the doctor.

Le aconsejo que **venga** temprano.
I advise you to come early.

A. Minidiálogos Complete the following dialogues, using either the subjunctive or the infinitive, as appropriate. Then act them out with a partner.

1. —Marcos quiere que (nosotros) _____ (ir) a su casa esta noche. ¿Tú quieres _____ (ir)?

   —No, hoy me quiero _____ (acostar) temprano porque no me siento bien.

   —Te sugiero que _____ (tomar) dos aspirinas antes de acostarte.

   —No quiero _____ (tomar) aspirina porque soy alérgica a la aspirina.

2. —Necesito que tú me _____ (traer) las maletas hoy.

   —No puedo porque mamá quiere que la _____ (llevar) a la agencia de viajes.

3. —Sofía me aconseja que _____ (ir) al médico, pero yo no quiero _____ (ir) hoy.

   —Pues yo te sugiero que lo _____ (ver) lo más pronto posible (*as soon as possible*).

4. —Elena quiere que yo le _____ (comprar) un pasaje, pero yo no deseo _____ (ir) a la agencia de viajes ahora.

   —En ese caso te sugiero que le _____ (decir) que no puedes ir.

5. —Adela, quiero que hoy _____ (volver) antes de las nueve y que te _____ (acostar) porque mañana tienes que levantarte a las cinco.

   —¿Por qué quieres que nos _____ (levantar) a las cinco?

   —Porque mamá quiere que nosotros _____ (estar) en el aeropuerto a las seis.

B. Nadie está de acuerdo Complete each sentence creatively, using a verb in the infinitive or the subjunctive, as appropriate.

   ◆ **MODELO:** Yo quiero volver en agosto, pero mi padre quiere que...
   Yo quiero volver en agosto, pero mi padre quiere que vuelva en julio.

1. Luis quiere que yo hable sobre Chile, pero yo quiero...
2. El médico les aconseja que tomen las pastillas ahora, pero yo les aconsejo que...
3. Yo quiero ir a casa, pero mis amigos quieren...
4. Ellos le sugieren que pase todo el día aquí, pero ella quiere...
5. Mi esposo quiere que yo haga un crucero por el Mediterráneo, pero yo prefiero...
6. Ellos quieren ir al aeropuerto, pero nosotros queremos que...
7. Nora quiere viajar en avión, pero yo le sugiero que...
8. Los niños se quieren acostar a las once, pero su mamá quiere que...

C. Deseos y sugerencias (*Wishes and suggestions*) With a partner, take turns completing the following according to the illustrations below.

1. Ana quiere

_____ .

2. Te sugiero

_____ .

3. Te aconsejo

_____ .

4. Olga quiere que Paco le

_____ .

5. La doctora le recomienda

_____ .

6. Pablo no quiere que su mamá _____ .

 D. ¿Qué queremos? Say what you and these people want (or don't want) everybody to do. Compare notes with your partner.

1. Yo quiero que mi mamá...
2. Mis padres no quieren que yo...
3. La novia de Julio quiere que él...
4. El profesor quiere que nosotros...
5. El médico quiere que mi padre...
6. Tu papá no quiere que tú...
7. Yo quiero que mis abuelos...
8. Nosotros no queremos que ellos...

E. **Soluciones** In groups of three, advise each of the following people what to do according to each circumstance. Use **sugerir, recomendar,** or **aconsejar.**

1. Julio no quiere viajar en avión.
2. A la Sra. Ruiz no le gusta viajar a otros países.
3. Mireya está muy nerviosa (*nervous*).
4. Ramiro quiere comprar un pasaje a Chile.
5. Aurora no quiere pagar exceso de equipaje.
6. A Nora no le gustan los asientos de ventanilla.
7. Enrique no quiere un vuelo que haga escala.
8. Rosario no puede viajar en primera clase.

3. Subjunctive with verbs of emotion (*El subjuntivo con verbos que expresan emoción*)

◆ In Spanish, the subjunctive mood is always used in the subordinate clause when the verb in the main clause expresses the emotions of the subject, such as fear, joy, pity, hope, regret, sorrow, surprise, and anger. Again, the subject in the subordinate clause must be different from the subject in the main clause for the subjunctive to be used.

◆ Some verbs of emotion that call for the subjunctive are **temer, esperar, alegrarse (de),** and **sentir.**

—Mañana salgo para Quito.
—**Espero** que **te diviertas** mucho.

"Tomorrow I leave for Quito."
"I hope you have a very good time."

—**Temo** no **poder** ir de vacaciones con ustedes este verano.
—**Espero** que **puedas** ir con nosotros el verano que viene.

"I'm afraid that I cannot go on vacation with you this summer."
"I hope that you can go with us next summer."

Práctica y conversación

Online Study Center

For more practice with lesson topics, see the related activities on the *¡Hola, amigos!* web site at college.hmco.com/PIC/holaamigos7e.

A. Minidiálogos   Complete the following exchanges, using the subjunctive or the infinitive, as appropriate. Then act them out with a partner.

1. —Temo que Estela no _____ (ir) a la fiesta, porque tiene que trabajar.
   —Siento mucho que _____ (tener) que trabajar; pero espero que _____ (poder) ir la próxima vez.
2. —Me alegro de _____ (estar) aquí con Uds.
   —Y nosotros nos alegramos de que tú _____ (estar) aquí. Esperamos que te _____ (divertir) mucho.
3. —Necesito comprar un pasaje hoy. Espero que _____ (haber) una agencia de viajes cerca.
   —Hay una agencia cerca, pero temo que no _____ (estar) abierta a esta hora.
4. —Temo no _____ (poder) ir al aeropuerto a buscar a Rita. Espero que Ud. _____ (poder) ir.
   —Rita va a sentir mucho que tú no _____ (estar) allí.
5. —Espero que Jorge no _____ (dejar) de ir hoy al banco.
   —Ojalá que le _____ (dar) el préstamo que pidió.

B. Emociones   Complete each sentence in an original manner. Use the subjunctive or the infinitive, as appropriate.

1. Ojalá que yo...
2. Siento mucho no poder...
3. Me alegro de que mi papá...
4. Temo no...
5. Mi amigo(a) espera...
6. El (La) profesor(a) siente que nosotros...
7. Mi madre se alegra de...
8. Tememos que las clases...

C. **¿Cómo reaccionas...?** React appropriately to a friend's statements.

1. Mi mamá está enferma (*sick*).
2. Mi papá está mejor.
3. No puedo ir contigo.
4. Son las cinco. Tengo que estar en casa a las cinco y media.
5. Quiero comprar un coche, pero es muy caro.
6. El mes próximo voy a Uruguay de vacaciones.

 D. **Amigos y parientes** In groups of three, tell two or three things you hope your friends and relatives will do and one or two things you fear they can't or won't do.

4. Some uses of the prepositions *a, de,* and *en*
(*Algunos usos de las preposiciones* a, de *y* en)

◆ The preposition **a** (*to, at, in*) expresses direction toward a point in space or a moment in time. It is used for the following purposes:

◆ to indicate the time (hour) of day

> **A** las cinco salimos para Lima.   *At five we leave for Lima.*

◆ after verbs of motion, when followed by an infinitive, a noun, or a pronoun

> Siempre vengo **a** comprar aquí.   *I always come to buy here.*

◆ after the verbs **empezar, comenzar, enseñar,** and **aprender,** when followed by an infinitive

> Ellos empezaron **a** salir.   *They began to go out.*
> Te enseñé **a** bailar el tango.   *I taught you to dance the tango.*

◆ after the verb **llegar**

> Cuando él llegó **a** su casa, le   *When he arrived **at** his house,*
> dieron los pasajes.   *they gave him the tickets.*

Detalles culturales

El tango tuvo su origen en los suburbios de Buenos Aires a finales del siglo (*century*) XIX. Para muchos, Argentina es la tierra del tango, y éste se considera la música típica del país, pero hoy la música argentina es muy variada e incluye diferentes tipos de ritmos.

◆ **¿Hay un tipo de música típica en Canadá?**

◆ before a direct object noun that refers to a specific person. It may also be used to personify an animal or a thing

Yo no conozco **a** ese médico.   *I don't know that doctor.*
Bañé **a** mi perro.   *I bathed my dog.*

¡Atención! If the direct object is not a definite person, the personal **a** is not used.

Busco un buen médico.   *I'm looking for a good doctor.*

◆ The preposition **de** (*of, from, about, with, in*) indicates possession, material, and origin. It is also used in the following ways:

   ◆ to refer to a specific period of the day or night when telling time

   El sábado pasado trabajamos   *Last Saturday we worked*
      hasta las ocho **de** la noche.   *until 8 P.M.*

   ◆ after the superlative to express *in* or *of*

   Orlando es el más simpático   *Orlando is the nicest **in** the*
      de la familia.   *family.*

   ◆ to describe personal physical characteristics

   Es morena, **de** ojos negros.   *She is brunette, **with** dark eyes.*

   ◆ as a synonym for **sobre** or **acerca de** (*about*)

   Hablaban **de** todo menos   *They were talking **about** everything*
      del viaje.   *except **about** the trip.*

◆ The preposition **en** (*at, in, on, inside, over*) in general situates someone or something within an area of time or space. It is used for the following purposes:

   ◆ to refer to a definite place

   Él siempre se queda **en** casa.   *He always stays **at** home.*

   ◆ as a synonym for **sobre** (*on*)

   Está sentada **en** la silla.   *She is sitting **on** the chair.*

   ◆ to indicate means of transportation

   Nunca he viajado **en** ómnibus.   *I have never travelled **by** bus.*

Práctica y conversación

A. La carta de Isabel Complete the following letter, adding the missing prepositions **a**, **de**, or **en**.

Querida Alicia:

Como te prometí, te escribo en seguida. Ayer llegamos _____ Quito. Es una _____ las ciudades más antiguas _____ Suramérica. Llegamos _____ las tres _____ la tarde y fuimos _____ buscar hotel. _____ el hotel conocimos _____ unos chicos muy simpáticos que nos invitaron a salir con ellos. Yo salí con Carlos, que es alto, moreno, _____ ojos verdes. Me ha dicho que me va _____ enseñar _____ bailar salsa. Espero aprender _____ bailar otros bailes también. Mañana vamos _____ ir _____ visitar los museos. Vamos _____ ir _____ el coche _____ Carlos.

Bueno, _____ la próxima carta espero poder contarte más _____ mi vida _____ esta hermosa ciudad.

Isabel

B. Entre amigos Use the illustrations to complete the following information about a group of friends. Use appropriate prepositions.

Delia

1. Delia va a...

2. Sergio y Toña están...

3. Beatriz es rubia...

4. Teresa se quedó...

5. Rogelio quiere ir al club...

6. Tito salió de su casa...

7. Julio es... grupo.

8. Eva llega...

 C. Charlemos (*Let's chat*)   With a partner, talk about someone you met recently or someone you went out with. Include information about where you went, what time you left and returned home, what the person is like, and what you talked about. Your partner will ask you pertinent questions and make comments.

Aurora llama a una amiga. ¿De qué están hablando?

Entre nosotros

¡Conversemos!

 Para conocernos mejor Get to know your partner better by asking each other the following questions.

1. ¿Adónde piensas ir de vacaciones el verano que viene? ¿Con quién vas?
2. ¿Prefieres viajar solo(a) o con tu familia?
3. ¿Compras los pasajes en una agencia de viajes o por Internet?
4. Generalmente, ¿viajas en clase turista o en primera clase?
5. ¿Prefieres un asiento de ventanilla o de pasillo?
6. ¿Hiciste un crucero el verano pasado?
7. ¿Cuántas maletas llevaste la última vez que viajaste?
8. ¿Has tenido que pagar exceso de equipaje alguna vez?
9. ¿Dónde pones tu bolso de mano cuando viajas?
10. ¿Conoces a alguien que trabaje de auxiliar de vuelo?

 Una encuesta Interview your classmates to identify who fits the following descriptions. Include your instructor, but remember to use the **Ud.** form when addressing him or her.

Detalles culturales

En los países hispanos no existe tanta separación entre (*among*) las generaciones como en Canadá. Los niños, los padres y los abuelos frecuentemente van juntos a viajes o a fiestas y reuniones.

◆ Generalmente, ¿Ud. viaja con otros miembros de su familia o prefiere ir con sus amigos?

	Nombre
1. Hace muchos viajes.	_____
2. Le gusta viajar los fines de semana.	_____
3. Conoce muchos lugares de interés en Canadá.	_____
4. Prefiere volar por la noche.	_____
5. Tuvo que hacer escala la última vez que viajó.	_____
6. Necesita ahorrar más.	_____
7. Siempre lleva cheques de viajero cuando va de viaje.	_____
8. Lleva mucho equipaje cuando viaja.	_____
9. No fue de vacaciones el año pasado.	_____
10. Fue de excursión el mes pasado.	_____

 Y ahora... Write a brief summary, indicating what you have learned about your classmates.

¿Cómo lo decimos?
What would you say in the following situations? What might the other person say? Act out the scenes with a partner.

1. You want to find out how much a round-trip ticket to Santiago costs.
2. You ask the travel agent to give you information on several types of tours.
3. You need to know if there are flights to Buenos Aires on Sundays.
4. A friend of yours is travelling abroad for the first time. Give him or her suggestions and advice about what to do and what not to do.

¿Qué dice aquí?
Answer the questions about the new flight of Aerolíneas del Sur using the information provided in the ad.

Más Viajes a Latinoamérica
Viaje por Aerolíneas del Sur y acumule millas más rápido.

Aerolíneas del Sur le ofrece, desde el 15 de enero, un vuelo diario más, sin escala

Toronto-Buenos Aires
Para reservaciones consulte a su agente de viajes, visite nuestro sitio en la Internet o llame gratis al teléfono 1-800-342-4538, 24 horas al dia, 7 días a la semana.

Aerolíneas del Sur
Precios más bajos   Mejor servicio

1. ¿Qué compañía ofrece más viajes a Latinoamérica?
2. ¿Qué puedo acumular si viajo por Aerolíneas del Sur?
3. ¿De qué ciudad sale el nuevo vuelo?
4. ¿Había antes vuelos a Buenos Aires desde Toronto? ¿Cuándo comienza el nuevo vuelo?

5. Si tomo ese vuelo, ¿tengo que hacer escala?
6. ¿Qué puedo hacer para obtener más información y para hacer la reservación?
7. ¿Puedo llamar cualquier (*any*) día y a cualquier hora?
8. ¿Qué ventajas me ofrece Aerolíneas del Sur?

Para escribir

En una agencia de viajes
Write a dialogue between you and a travel agent. Choose your destination, ask about prices, flights, and any necessary documentation. Then make your reservations and choose your seat.

Un dicho

Martes 13, no te cases ni te embarques.

This saying advises you not to get married or get on a ship . . . on what day? If you are superstitious, you now have two days to worry about! Remember the saying in Spanish.

 Estrella

 Mariana

 Sr. Ruiz

🎧 *Estrella y Mariana, dos chicas peruanas, están de vacaciones en Montevideo.*

Estrella Tenemos que encontrar un hotel que no sea muy caro y que quede cerca de la playa.

Mariana ¡Estrella! ¡No hicimos reservaciones! ¡Y no hay ningún hotel que tenga habitaciones libres!

Estrella No seas pesimista. A ver... queremos un hotel que tenga aire acondicionado, teléfono, televisor, servicio de habitación y, si es posible, vista al mar.

Mariana ¡Qué optimista! Hay muchos hoteles que tienen todo eso, pero están llenos. Hay un montón de turistas, y un montón de convenciones.

Estrella ¡Espera! Ahí hay un hotel...

Mariana Pero, dime una cosa: ¿No ves que es un hotel de lujo? Probablemente cobran cinco mil pesos por noche. Nosotras necesitamos uno que cobre mucho menos...

Estrella Pero tú tienes una tarjeta de crédito, ¿no? Bueno, ven. Vamos a buscar un taxi que nos lleve a Pocitos. Allí va a haber hoteles más baratos...

Mariana O una pensión. ¡Acuérdate de que las pensiones son más baratas...!

Detalles culturales

En los países hispanos, los hoteles y restaurantes generalmente aceptan tarjetas de crédito como Visa o MasterCard.

◆ **¿Cuáles son las tarjetas de crédito que más se usan en Canadá?**

Detalles culturales

Las pensiones son muy populares en los países de habla hispana. Son más económicas que los hoteles y generalmente el precio incluye el cuarto y las comidas.

◆ **¿Dónde se hospeda Ud. cuando viaja?**

Estrella y Mariana están hablando con el Sr. Ruiz, el dueño de la pensión.

Estrella	¿Tiene un cuarto libre para dos personas?
Sr. Ruiz	Sí, hay uno disponible en el segundo piso, con dos camas chicas. Cobramos 4.800 pesos por semana...
Mariana	¿Eso incluye las comidas?
Sr. Ruiz	Sí, es pensión completa.
Estrella	¿Los cuartos tienen baño privado y televisor?
Sr. Ruiz	No, señorita. Hay tres baños en el segundo piso. Tienen bañadera y ducha con agua caliente y fría... y hay un televisor en el comedor.
Mariana	(*A Estrella*) ¿Por qué no nos quedamos aquí? La pensión parece limpia y está en un lugar céntrico.
Estrella	¿Hay alguna playa que esté cerca de aquí?
Sr. Ruiz	Sí, hay una a dos cuadras. ¡Ah!, señorita, necesito el número de su cédula de identidad.
Mariana	(*A Estrella*) ¡Uf! Estoy muy cansada. Ayúdame con las valijas, ¿quieres? Aquí no hay botones. Lo primero que voy a hacer es dormir un rato.
Estrella	Bueno, pero después te voy a mostrar unos folletos sobre Río y San Pablo.
Mariana	¡Caramba! ¡Ya estás planeando nuestras próximas vacaciones!

¿Recuerda usted?

¿Verdadero o falso?   With a partner, decide whether the following statements about the dialogue are true (**verdadero**) or false (**falso**).

1. Estrella y Mariana son de Perú.   ☐ V   ☐ F
2. A Estrella le gusta estar cerca de la playa.   ☐ V   ☐ F
3. Mariana dice que los hoteles no tienen habitaciones libres. ☐ V   ☐ F
4. Mariana quiere hospedarse en un hotel de lujo.   ☐ V   ☐ F
5. Las chicas llevaron su coche a Montevideo.   ☐ V   ☐ F
6. El señor Ruiz es el botones.   ☐ V   ☐ F
7. En la pensión hay un cuarto libre.   ☐ V   ☐ F
8. Las chicas tienen que pagar extra por la comida.   ☐ V   ☐ F
9. A Mariana le gusta la pensión.   ☐ V   ☐ F
10. El botones lleva las maletas al cuarto.   ☐ V   ☐ F

Y ahora... conteste   Answer these questions, basing your answers on the dialogue.

1. ¿En qué ciudad están de vacaciones las chicas?
2. ¿Qué están buscando las chicas?
3. ¿Estrella quiere un cuarto con vista al jardín?
4. ¿Por qué están llenos los hoteles?
5. ¿En qué piso está la habitación disponible?
6. ¿Qué tienen los baños?
7. ¿Qué es lo primero que va a hacer Mariana?
8. ¿Qué le va a mostrar Estrella a Mariana?

Para hablar del tema: Vocabulario

Online Study Center

For more practice with lesson topics, see the related activities on the *¡Hola, amigos!* web site at college.hmco.com/PIC/holaamigos7e.

Cognados

la convención	privado(a)
el (la) optimista	probablemente
el (la) peruano(a)	la reservación
el (la) pesimista	el taxi
posible	el (la) turista

Nombres

el aire acondicionado air conditioning	**el lugar** place
la bañadera* bathtub	**el lujo** luxury
el botones bellhop	**la pensión** boarding house
la cama bed	**la persona** person
—————— **chica** twin bed	**el piso** floor
la cédula de identidad* I.D. card	**el servicio de habitación (cuarto)** room service
la ducha* shower	**la tarjeta de crédito** credit card
el (la) dueño(a), propietario(a) owner	**el televisor** TV set
el folleto brochure	**la vista al mar** ocean view

Verbos

acordarse (de) (o>ue) to remember
ayudar to help
enseñar, mostrar (o>ue) to show
parecer (yo parezco) to seem

Adjetivos

caliente hot	**lleno(a)** full
céntrico(a) central	**próximo(a)** next
libre, disponible vacant, available	**segundo(a)** second
limpio(a) clean	

Amplíe su vocabulario

Más sobre los hoteles

Quiero una habitación con vista
- **al jardín** garden
- **a la piscina*** swimming pool
- **al patio**
- **al mar** ocean, sea
- **a la playa** beach

Quiero una habitación
- interior
- exterior

desocupar to vacate

no funciona it doesn't work

ocupado(a) occupied

el precio price

el puesto* de revistas magazine stand

el sofá-cama sleeper sofa

la tienda de regalos souvenir shop

el vestíbulo lobby

De país a país

la bañadera la bañera (*Cono Sur*)
el baño (*Esp.*)

la cédula de identidad el carnet de identidad (*Esp.*)

la ducha la regadera (*Méx.*)

la piscina la alberca (*Méx.*)

el ascensor el elevador (*Méx., Cuba, Puerto Rico*)

el puesto de revistas el kiosko (*Arg., Esp.*)

el inodoro

el lavabo

la cama doble

el ascensor*

la calefacción

el sofá-cama

Para practicar el vocabulario

A. Preguntas y respuestas   Match the questions in column *A* with the answers in column *B*.

A	B
1. ¿Tenemos que ir a un restaurante?	a. No, con vista al mar.
2. ¿Hay cuartos libres?	b. Sí, pero yo no pienso ir.
3. ¿Elsa es argentina?	c. Sí, y calefacción.
4. ¿Tu habitación es interior?	d. Un folleto sobre Cuzco.
5. ¿Tiene aire acondicionado?	e. No, el hotel está lleno.
6. ¿Va a haber una fiesta?	f. Sí, y hablamos por un rato.
7. ¿El baño tiene bañadera?	g. Sí, es de Buenos Aires.
8. ¿Qué estás leyendo?	h. El inodoro no funciona.
9. ¿Viste a Susana?	i. Sí, porque el hotel no tiene servicio de habitación.
10. ¿Cuál es el problema?	j. No, tiene ducha.
11. ¿Qué documento necesita?	k. La semana próxima.
12. ¿Cuándo llegan?	l. Una cédula de identidad.

B. En el hotel   With a partner, indicate whether the following statements are logical(L) or illogical(I). If it is illogical, say why.

1. Mi cuarto está en el quinto (*fifth*) piso. Voy a tomar el ascensor.
2. Voy a llamar al empleado del hotel porque ni el inodoro ni el baño funcionan.
3. Hace mucho calor. Necesitamos poner la calefacción.
4. El baño tiene agua fría y caliente.
5. Es muy barato porque es un hotel de lujo.
6. No queremos comer en un restaurante. Preferimos el servicio de habitación.
7. No puedo llevar todas las maletas al cuarto. Necesito que me ayudes.
8. El precio no incluye las comidas; es pensión completa.

C. ¿Cuál es la solución?   What is the solution to these problems?

1. Quiero leer *Maclean's* pero no hay una copia en mi habitación.
2. No me gustan las habitaciones interiores.
3. Somos tres y sólo hay una cama doble en el cuarto.
4. Quiero comprar algo para llevarles a mis padres.
5. No sé cuánto cobran en el hotel.
6. No quiero recibir a mi amigo(a) en la habitación del hotel.
7. Tengo que subir a mi cuarto, que está en el décimo (*tenth*) piso.
8. Nos dieron una habitación con vista al patio, pero a nosotros nos gusta ver el mar.

D. Minidiálogos Complete the following short exchanges in a logical manner, using vocabulary from **Lección 12.**

1. —¿Tú usas *Visa*?
   —Bueno, yo uso varias _____.
2. —¿Dónde compraste la revista?
   —En el _____.
3. —¿Necesitan una cama chica?
   —No, una _____.
4. —¿Quién lleva las maletas al cuarto?
   —El _____.
5. —¿Están en un hotel?
   —No, en una _____.

Silvia está de vacaciones en Lima. ¿En qué tipo de hotel está hospedada?

Pronunciación

Pronunciation in context   In this lesson, there are some words or phrases that may be challenging to pronounce. Listen to your instructor and pronounce the following sentences.

1. A ver… queremos un hotel que tenga **aire acondicionado.**
2. Vamos a buscar un taxi que nos lleve a **Pocitos. Allí va a haber** hoteles más baratos.
3. ¿Por qué no nos quedamos aquí? La **pensión** parece limpia y está en un lugar **céntrico.**
4. Necesito el número de su **cédula** de **identidad.**
5. Bueno, pero después te voy a mostrar unos **folletos** sobre **Río** y San Pablo.

Puntos para recordar

1. Subjunctive to express indefiniteness and nonexistence
(*El subjuntivo para expresar lo indefinido y lo no existente*)

◆ The subjunctive is always used in the subordinate clause when the main clause refers to something or someone that is indefinite, unspecified, hypothetical, or nonexistent.

—¿**Hay alguna excursión** que **incluya** el hotel?
—No, **no hay ninguna** que lo **incluya.**

*"**Is there any tour** that **includes** the hotel?"*
*"No, **there is not any** that **includes** it."*

—**Necesito un secretario** que **hable** francés.
—**No conozco a nadie** que **hable** francés.

*"**I need a secretary** who **speaks** French."*
*"**I don't know anyone** who **speaks** French."*

—**Estamos buscando un restaurante** donde **sirvan** comida italiana.
—**Hay varios restaurantes** donde **sirven** comida italiana.

*"**We're looking for a restaurant** where **they serve** Italian food."*
*"**There are several restaurants** where **they serve** Italian food."*

> **¡Atención!** If the subordinate clause refers to existent, definite, or specified persons or things, the indicative is used instead of the subjunctive.

Hay varios restaurantes donde **sirven** comida italiana.

Práctica y conversación

**Online Study Center**

For more practice with lesson topics, see the related activities on the *¡Hola, amigos!* web site at college.hmco.com/PIC/holaamigos7e.

A. Minidiálogos Complete the following dialogues, using the indicative or the subjunctive, as appropriate. Then act out the dialogues with a partner.

1. —¿Hay algún hotel que _____ (quedar) cerca de la playa?

   —Sí, el hotel La Uruguaya _____ (quedar) a una cuadra de la playa.

2. —¿Sabes si hay algún cuarto libre que _____ (tener) vista al mar?

   —No, pero hay uno que _____ (tener) vista a la piscina.

3. —¿Hay alguien aquí que no _____ (tener) pasaporte?

   —No, todos _____ (tener) pasaporte y visa.

4. —Necesito un botones que _____ (poder) llevar las maletas.

   —No hay ninguno que no _____ (estar) ocupado.

B. Vienen los uruguayos A family from Uruguay has recently moved into your neighbourhood. Answer their questions.

1. ¿Hay alguien que quiera vender su casa?
2. ¿Hay algún restaurante que sirva comida argentina?
3. ¿Hay alguien que sepa español y quiera trabajar de secretario(a)?
4. ¿Hay algún mercado que venda productos de Sudamérica?
5. Nuestro hijo es agente de viajes. ¿Sabe Ud. de alguna agencia que necesite empleados?
6. Queremos vender nuestro coche. ¿Conoce Ud. a alguien que necesite un auto?

C. En la pensión Use your imagination to complete each statement.

1. Nuestro cuarto tiene vista al jardín, pero preferimos uno...
2. El baño tiene bañadera, pero yo quiero uno...
3. Esta pensión no incluye las comidas, pero yo necesito una...
4. Esta pensión es buena pero no está en un lugar céntrico; queremos una...
5. Este folleto es sobre Montevideo, pero nosotras necesitamos uno...

D. Dime una cosa You and a classmate want to find out about each other's relatives and friends. Ask each other questions about the following, always beginning with:

¿Hay alguien en tu familia o entre tus amigos que...?

1. jugar al béisbol
2. viajar a México todos los veranos
3. bailar muy bien
4. tener una piscina en su casa
5. celebrar su aniversario de bodas este mes
6. ser muy optimista
7. conocer Brasil
8. hablar portugués
9. saber varios idiomas
10. trabajar para un hotel
11. ser empleado(a) de banco
12. ser peruano(a)

E. Nuestro viaje a Brasil In groups of three or four, play the role of very wealthy and lazy travellers who want to make arrangements for a trip to Brazil. Say what you need people to do for you.

◆ MODELO: *Necesitamos a alguien que vaya a la agencia de viajes.*

2. Familiar commands (*Las formas imperativas de* tú *y de* vosotros)

◆ Regular affirmative commands in the **tú** form have exactly the same forms as the third-person singular (**él** form) of the present indicative.

Verb	Present Indicative Third-Person Sing.	Familiar Command (*tú*)
hablar	él habla	**habla**
comer	él come	**come**
abrir	él abre	**abre**
cerrar	él cierra	**cierra**
volver	él vuelve	**vuelve**
pedir	él pide	**pide**
traer	él trae	**trae**

—¿Qué quieres que haga ahora?   *"What do you want me to do now?"*
—**Compra** los billetes para el viaje.   *"**Buy** the tickets for the trip."*

—¿Vas a poner el equipaje aquí?   *"Are you going to put the luggage here?"*
—Sí, **tráeme** las maletas y el bolso de mano.   *"Yes, **bring me** the suitcases and the carry-on bag."*

¡Atención! As with the formal commands, direct, indirect, and reflexive pronouns are always placed *after* an affirmative command and are attached to it. A written accent must be placed on the stressed syllable.

◆ Eight Spanish verbs are irregular in the affirmative command for the **tú** form. They are listed below.

decir	**di**		salir	**sal**
hacer	**haz**		ser	**sé**
ir	**ve**[1]		tener	**ten**
poner	**pon**		venir	**ven**

—**Dime,** ¿a qué hora quieres que venga?   *"**Tell me,** at what time do you want me to come?"*
—**Ven** a las ocho.   *"**Come** at eight."*

—**Haz**me un favor: **pon** estos folletos en la mesa.   *"**Do** me a favour: **put** these brochures on the table."*
—Sí, en seguida.   *"Yes, right away."*

◆ The affirmative command form for **vosotros** is formed by changing the final **r** of the infinitive to **d.**

Infinitive	Familiar Command (*vosotros*)
habla**r**	habla**d**
come**r**	come**d**
escribi**r**	escribi**d**
i**r**	i**d**
sali**r**	sali**d**

---

[1]Note that **ir** and **ver** have the same affirmative **tú** command, **ve.**

When the affirmative command of **vosotros** is used with the reflexive pronoun **os,** the final **d** is dropped.

bañar	bañad	**bañaos**
poner	poned	**poneos**
vestir	vestid	**vestíos**[1]

Bañaos antes de cenar.	**Bathe** before dinner.
Poneos los zapatos.	**Put** your shoes **on.**
Vestíos aquí.	**Get dressed** here.

Only one verb doesn't drop the final **d** when the **os** is added.

| irse | **¡Idos!** | **Go away!** |

◆ The negative commands of **tú** and **vosotros** use the corresponding forms of the present subjunctive.

hablar	no **hables** tú	no **habléis** vosotros
vender	no **vendas** tú	no **vendáis** vosotros
decir	no **digas** tú	no **digáis** vosotros
salir	no **salgas** tú	no **salgáis** vosotros

—**No vayas** a la agencia de viajes hoy.	"**Don't go** to the travel agency today."
—Entonces voy mañana.	"Then I'll go tomorrow."
—**No** me **esperes** para comer.	"**Don't wait for** me to eat."
—¡**No** me **digas** que hoy también tienes que trabajar!	"**Don't tell** me you have to work today also!"

¡Atención! In a negative command, all object pronouns are placed before the verb.

No **me** esperes para comer.

Práctica y conversación

A. Órdenes   Using command forms, tell your friend what to do.

◆ MODELO: Tienes que hablar con el dueño ahora.
   Habla con el dueño ahora.

1. Tienes que llamarme este fin de semana.
2. Tienes que hacer las camas.
3. Tienes que tener paciencia con él.
4. Tienes que decirle que no venga hoy.
5. Tienes que ir a la agencia de viajes y comprar los pasajes.
6. Tienes que salir en seguida.
7. Tienes que quedarte aquí.
8. Tienes que venir dentro de quince días.

B.   Now make all commands above negative.

○ **Online Study Center**

For more practice with lesson topics, see the related activities on the *¡Hola, amigos!* web site at college.hmco.com/PIC/holaamigos7e.

---

[1]Note that the **-ir** verbs take a written accent over the **i** when the reflexive pronoun **os** is added.

C. A mi hermanito You are going away for the day. Tell your younger brother what to do and what not to do.

1. levantarse temprano y bañarse
2. preparar el desayuno
3. no tomar refrescos
4. hacer la tarea
5. no abrirle la puerta a nadie
6. limpiar su cuarto
7. no mirar la televisión y no traer a sus amigos a la casa
8. traer pan y ponerlo en la mesa
9. ir al mercado y comprar frutas
10. llamar a papá y decirle que venga temprano

D. Haz esto... haz lo otro... (*Do this... do that...*) With a partner, take turns giving two commands, one affirmative and one negative, that the following people would likely give.

1. una madre (un padre) a su hijo de quince años
2. un(a) estudiante a su compañero(a) de cuarto (de clase)
3. un muchacho a su novia (una muchacha a su novio)
4. un(a) doctor(a) a una niña
5. un(a) profesor(a) a un estudiante
6. un esposo a su esposa (una esposa a su esposo)

3. Verbs and prepositions (*Verbos y preposiciones*)

The prepositions **con, de,** and **en** can be used with verbs to form certain expressions. Some of the idioms are as follows:

casarse con	to marry, to get married (to)
comprometerse con	to get engaged to
acordarse de	to remember
alegrarse de	to be glad
darse cuenta de	to realize
enamorarse de	to fall in love with
olvidarse de	to forget
confiar en	to trust
convenir en	to agree on
entrar en	to go (come) into
fijarse en	to notice
insistir en	to insist on

—Celia **se comprometió con** David.
—Yo creía que iba a **casarse con** Alberto.
—No, ella **se enamoró de** David.

—**Insistieron en** venir esta noche.
—Sí, no **se dieron cuenta de** que teníamos que trabajar.

*"Celia **got engaged to** David."*
*"I thought **she** was going **to marry** Alberto."*
*"No, she **fell in love with** David."*

*"**They insisted on** coming tonight."*
*"Yes, **they didn't realize** that we had to work."*

> **¡Atención!** Notice that the English translation of these expressions may not use an equivalent preposition.

Práctica y conversación

A. Lo que pasa... Look at the pictures below and complete each statement.

Online Study Center

For more practice with lesson topics, see the related activities on the *¡Hola, amigos!* web site at college.hmco.com/PIC/holaamigos7e.

Marisa · Daniel

1. Marisa decidió _____ _____ Daniel.

¡Mi amor! · Raúl · Mirta

2. Mirta_____ _____. Piensan casarse en junio.

Pepe: ¿745-3210? ¿785-2301? · Graciela

3. Graciela no _____ _____ .

Marisol · ¡Tito! ¡Tito!

4. Marisol _____ _____ a Tito.

5. Rodolfo _____

_____ .

6. Pedro _____

_____ .

 B. Entreviste a su compañero(a)   Interview your partner by asking the following questions.

1. ¿En quién confías?
2. ¿Prefieres casarte con un(a) médico(a) o con un(a) profesor(a)?
3. ¿De quién te enamoraste por primera vez?
4. ¿Algún amigo tuyo se ha comprometido últimamente? ¿Con quién?
5. ¿Te fijaste en el tiempo hoy?
6. ¿Te acordaste de traer tus libros a clase?
7. ¿Te alegras de estar en esta universidad?
8. ¿A qué hora entró el (la) profesor(a) en la clase?

4. Ordinal numbers (*Números ordinales*)

primero(a)[1]	first	**sexto(a)**	sixth
segundo(a)[1]	second	**séptimo(a)**	seventh
tercero(a)[1]	third	**octavo(a)**	eighth
cuarto(a)	fourth	**noveno(a)**	ninth
quinto(a)	fifth	**décimo(a)**	tenth

◆ Ordinal numbers agree in gender and number with the nouns they modify.

el segundo **chico**   la segunda **chica**
los primeros **días**   las primeras **semanas**

◆ Ordinal numbers are seldom used after **décimo.**

¡Atención!   The ordinal numbers **primero** and **tercero** drop the final **-o** before masculine singular nouns.

el **primer**[2] día   el **tercer**[3] año

---

[1] abbreviated 1°, 2°, 3°, and so on
[2] abbreviated 1er
[3] abbreviated 3er

—Nosotros estamos en el **segundo** piso. ¿Y Uds.?
—Estamos en el **tercer** piso.

*"We are on the **second** floor. And you?"*
*"We are on the **third** floor."*

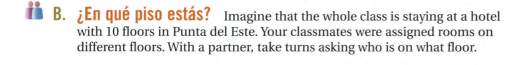

Práctica y conversación

Online Study Center

For more practice with lesson topics, see the related activities on the *¡Hola, amigos!* web site at college.hmco.com/PIC/holaamigos7e.

A. Los meses del año With a partner, quiz each other on the order of the first 10 months of the year. Follow the model.

◆ MODELO: —*Septiembre.*
—*Septiembre es el noveno mes del año.*

B. ¿En qué piso estás? Imagine that the whole class is staying at a hotel with 10 floors in Punta del Este. Your classmates were assigned rooms on different floors. With a partner, take turns asking who is on what floor.

Todos los hoteles están llenos. ¿Dónde va a poder hospedarse Carmen?

Entre nosotros

¡Conversemos!

 Para conocernos mejor   Get to know your partner better by asking each other the following questions.

1. Cuando viajas, ¿te hospedas en un hotel o en una pensión?
2. Generalmente, ¿haces reservaciones en los hoteles antes de viajar?
3. ¿Prefieres un hotel que esté en un lugar céntrico o uno que quede lejos de todo?
4. Cuando vas a un hotel, ¿tú llevas tus maletas al cuarto o las lleva el botones?
5. Cuando vas a un hotel, ¿qué tipo de cuarto prefieres?
6. Si tu cuarto en el hotel está en el segundo piso, ¿usas el ascensor o la escalera (*stairs*)?
7. Cuando vas a un hotel, ¿a qué hora desocupas el cuarto?
8. ¿Tu casa tiene aire acondicionado y calefacción?
9. ¿Tenías televisor en tu cuarto cuando eras niño(a)?
10. En tu cuarto, ¿tienes una cama chica o una cama doble?

 Una encuesta   Interview your classmates to identify who fits the following descriptions. Include your instructor, but remember to use the **Ud.** form when addressing him or her.

> Nombre
>
> 1. Tiene una piscina en su casa. _____
> 2. Tiene un sofá-cama en su casa. _____
> 3. Generalmente usa la ducha y no la bañadera. _____
> 4. Compró algo en una tienda de regalos la semana pasada. _____
> 5. Piensa viajar el próximo verano. _____
> 6. Probablemente va a viajar con su familia. _____
> 7. Nunca paga más de 100 dólares por noche en un hotel. _____
> 8. Fue a una convención el año pasado. _____
> 9. Es una persona pesimista. _____
> 10. Tiene un montón de cosas que hacer. _____

 Y ahora...   Write a brief summary indicating what you have learned about your classmates.

¿Cómo lo decimos? What would you say in the following situations? What might the other person say? Act out the scenes with a partner.

1. You need a room for two people with a private bathroom and air conditioning. Find out the price, when you have to check out, whether the room overlooks the street, and whether the hotel has room service.
2. At a boarding house, find out what meals the price includes.
3. A friend will be staying at your house while you are away. Tell him or her what to do.

¿Qué dice aquí? Answer the questions about the Hotel Tabaré. Base your answers on the information provided in the ad.

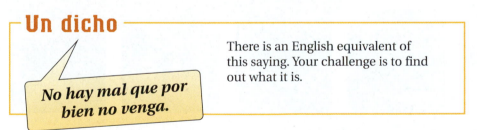

HOTEL TABARÉ *En el centro de Montevideo*

★ ★ ★ ★

- ☑ *Habitacions dobles y sencillas con baño privado*
- ☑ *Aire acondicionado y TV por cable*
- ☑ *Acceso a Internet y servicio de Fax*
- ☑ *Restaurante con comida típica e internacional*
- ☑ *Servicio de habitación las 24 horas del día*
- ☑ *Música en vivo sábados y domingos, de 8 a 11 de la noche*
- ☑ *Piscina y gimnasio*
- ☑ *Amplio estacionamiento*

Se aceptan tarjetas de crédito y cheques de viajeros

Avenida Artigas, 214 • A 20 minutos del aeropuerto • ☎ 990-73-32

1. ¿Cómo se llama el hotel? ¿Está en un lugar céntrico? ¿Es un hotel de lujo?
2. ¿Cómo son las habitaciones?
3. ¿Vamos a tener calor en la habitación?
4. ¿Podemos ver la tele en nuestro cuarto?
5. Si necesitamos mandar mensajes electrónicos, ¿podemos hacerlo desde el hotel?
6. ¿Qué clase de comida sirven? ¿Tienen servicio de habitación?
7. Nos gusta hacer ejercicio y nadar todos los días, ¿podemos hacerlo en el hotel?
8. ¿El hotel está cerca del aeropuerto? ¿Podemos dejar el coche en el hotel?
9. ¿Con qué podemos pagar en el hotel?

Para escribir

En un hotel Write a conversation between you and a hotel clerk. Make reservations and ask about prices and accommodations.

┌─ Un dicho ─

There is an English equivalent of this saying. Your challenge is to find out what it is.

No hay mal que por bien no venga.

Lectura

Estrategia de lectura   Before you read the fable of the canary (*el canario*) and the crow (*el cuervo*), think about what you know about the characteristics of these two types of birds and try to predict what might happen.

Vamos a leer   As you read the fable, try to find the answers to the following questions.

1. ¿Qué es lo que caracteriza las fábulas de Iriarte?
2. ¿Cuáles son las características de los personajes de las fábulas?
3. ¿Qué talento tenía el canario? ¿Quién lo elogió?
4. ¿Qué causó esta aprobación en otros pájaros?
5. ¿Qué hizo el cuervo para desacreditar al canario?
6. ¿Qué comparación hizo el cuervo?
7. ¿Qué hizo el águila cuando el canario dejó de cantar?
8. ¿Qué pasó cuando el canario cantó?
9. ¿Qué le pidió el águila al dios Júpiter?
10. ¿Qué pasó cuando el cuervo trató de cantar? ¿Cuál es la moraleja (*moral*) de la fábula?

*La obra más importante de Iriarte fue **Fábulas literarias.** Sus fábulas se caracterizan por la originalidad de sus temas. En la que se presenta aquí, los personajes son animales: un canario, un cuervo, un ruiseñor y un águila. El autor trata de demostrar que no se debe tratar de desacreditar a otros.*

El canario y el cuervo

UNA FÁBULA DE TOMÁS IRIARTE

Había una vez un canario que cantaba muy bien. ¡Todos aplaudían cuando lo escuchaban! Un ruiseñorº extranjero, generalmente acreditado, lo elogióº mucho, animándolo con su aprobación.

nightingale / praised

Video

La aprobación del ruiseñor causó la envidia de otros pájaros° que no canta-
ban tan bien como él. Al fin, un cuervo° que no podía lucirse° por su canto,
empezó a hablar mal del canario. Como no podía decir nada malo de su canto,
trató de desacreditarlo acusándolo de cosas que nada tenían que ver° con su
manera de cantar. Los otros pájaros envidiosos aprobaron y repitieron las
acusaciones del cuervo.

El cuervo, animado, empezó a decir que el canario era un borrico° y que lo
que había en él no era verdadera música sino un rebuzno.° "¡Cosa rara!"
—decían algunos. "El canario rebuzna; el canario es un borrico".

El canario, muy triste, dejó de° cantar, pero el águila,° reina° de las aves,° le
dijo que quería oírlo cantar para ver si, en efecto, rebuznaba o no, porque si era
verdad que rebuznaba, quería excluirlo del número de sus vasallos,° los pájaros.
Cuando el canario cantó, lo hizo tan bien que todos aplaudieron, incluyendo el
águila. Entonces el águila, indignada por la calumnia° del cuervo, le pidió a su
señor, el dios Júpiter, justicia para el canario. El dios condescendió, diciéndole
al cuervo: "Quiero escuchar tu canto". Cuando el cuervo trató de cantar, sólo se
oyeron horribles chillidos.°

Moraleja: El que para desacreditar a otro recurre a medios injustos, se desa-
credita a sí mismo.°

birds
crow / shine

tenían... had to do

donkey
braying

stopped / eagle / queen / birds
subjects

slander

screeches

a... himself

Díganos   Answer the following questions, based on your own thoughts and
experiences.

1. ¿Qué cosas hace Ud. bien?
2. ¿Recibe frecuentemente la aprobación de sus supervisores, sus profesores
   y sus amigos?
3. ¿Conoce a personas envidiosas que tratan de desacreditar a otros?
4. ¿Qué hace cuando ve que algunas personas son injustas?
5. ¿Qué trata de hacer para animar a sus parientes y amigos a desarrollar
   (*develop*) sus talentos?

¡Suban al avión!

Marisa tiene la oportunidad de viajar a California con su mamá, que tiene dos
pasajes. El problema es que la señora tiene miedo de viajar en avión. Marisa le
pide a Pablo que la ayude a convencer a su mamá de que ella puede viajar en
avión.

El mundo hispánico

 ## Chile

- Chile es un país largo y estrecho. En este país encontramos algunas de las montañas más altas de Suramérica, y por eso son muy populares los deportes de invierno. La cordillera de los Andes atraviesa (*goes through*) el país de norte a sur.

- Chile exporta pescados, mariscos y productos minerales y agrícolas. Exporta tanta fruta que se le considera la frutería del mundo. Sus vinos tienen fama internacional.

- Su capital, Santiago, es una ciudad cosmopolita que refleja la influencia de Europa y de Norteamérica. La ciudad tiene muchos lugares de recreo: hermosos parques, un estadio que tiene capacidad para ochenta mil personas y numerosos teatros y cines. Muy cerca de la ciudad hay excelentes lugares para esquiar.

- Dos escritores chilenos de fama internacional son Pablo Neruda y Gabriela Mistral, ganadores del Premio Nobel de Literatura. Otra escritora chilena de gran fama es Isabel Allende, autora de *La casa de los espíritus,* entre otras novelas.

▲ Pablo Neruda, famoso poeta chileno. Premio Nobel de Literatura 1971

 ## Uruguay

- Uruguay, uno de los países más pequeños de Suramérica, está situado entre Brasil y Argentina, en la costa oriental (*east*) de este continente. La mayoría de su territorio se dedica a la agricultura y a la ganadería (*livestock*), que son la base de la economía tradicional del país. Sin embargo, en las últimas décadas, el país se ha industrializado rápidamente gracias a la electricidad barata que producen sus plantas hidroeléctricas.

- Para los uruguayos, la carne es el plato esencial de su dieta, y el **mate,** su bebida favorita.

- Montevideo es una de las ciudades más cosmopolitas de Hispanoamérica, y es el centro administrativo, económico y cultural del país. Allí vive casi la mitad de su población, que es de unos tres millones de habitantes. Otra ciudad importante de Uruguay es Punta del Este, uno de los centros turísticos más famosos de América Latina. Punta del Este está situada a unas dos horas de Montevideo, y es muy popular por sus hermosas playas y por los festivales de cine que allí se celebran.

▲ Uruguayo bebiendo mate, una especie de té muy popular en todo el Cono Sur.

Argentina

- Argentina, por su extensión, es el país de habla hispana más grande, y ocupa el octavo lugar entre los países más extensos del mundo; sin embargo, es uno de los menos densamente poblados. La mayor parte de sus habitantes son de origen europeo, principalmente italianos.

- En este país se encuentra el pico más alto del mundo occidental: el Aconcagua. Una de sus mayores atracciones turísticas son las Cataratas de Iguazú, que comparte con Brasil y Paraguay.

- Su capital, Buenos Aires, es la ciudad más grande del hemisferio sur. A las personas de Buenos Aires

▲ Iguazú, una de las cataratas más espectaculares del mundo

se les llama **porteños,** que significa "gente del puerto." En esta ciudad hay más de cuarenta universidades y la ciudad tiene una vida cultural muy activa. Hay numerosos museos y teatros muy importantes; el Teatro Colón es uno de los más famosos del mundo. La ciudad tiene muchos parques muy hermosos y la Avenida 9 de Julio es la más ancha del mundo.

▲ Un gaucho con su ganado *(cattle herd).*

Brasil

- Brasil es el país más grande y más rico de América Latina. Limita con todos los países de Suramérica, excepto Chile y Ecuador. El idioma del país es el portugués, porque Brasil fue colonizado por Portugal.

- El país tiene muchos recursos naturales, incluidas extensas reservas de petróleo y de gas natural. Su principal producto agrícola es el café.

- Desde 1960 la capital de Brasil es Brasilia, la ciudad más moderna del mundo. Aislada del resto del país por la densa selva, la capital sigue prácticamente inaccesible excepto por avión y por eso Río de Janeiro, la antigua capital, y San Pablo siguen siendo las ciudades más importantes del país.

- Miles de personas de todas partes de Latinoamérica visitan Río de Janeiro, ciudad famosa por sus carnavales y por las populares playas de Copacabana e Ipanema.

Online Study Center

For more practice with lesson topics, see the related activities on the *¡Hola, amigos!* web site at college.hmco.com/PIC/holaamigos7e.

Comentarios... With a partner, discuss, in Spanish, what impressed you the most about these four countries and compare them to Canada. Which places do you want to visit and why?

Tome este examen

Lección 11

A. Subjunctive with verbs of volition   Write sentences in the present tense, using the elements given below. Use the present subjunctive or the infinitive, as appropriate, and add any necessary words.

1. Yo / querer / ella / ir / Viña del Mar
2. Nosotros / desear / viajar / avión
3. Ella / sugerirme / ir / Buenos Aires
4. El agente / querer / venderme / el pasaje
5. Ellos / aconsejarnos / comprar / seguro (*insurance*)
6. Yo / no querer / llevar / muchas maletas
7. Ellos / no querer / ella / llevarlos / en su coche
8. Nosotros / no querer / ir / contigo
9. ¿Tú / sugerirme / venir / luego?
10. Ella / necesitar / Uds. / darle / la maleta

B. Subjunctive with verbs of emotion   Rewrite the following sentences, beginning each with the phrase in parentheses and using the subjunctive or the infinitive, as appropriate.

1. Ella se va pronto.   (Espero...)
2. Los pasajes son muy caros.   (Elsa teme...)
3. Yo estoy aquí.   (Me alegro de...)
4. Ella se va de vacaciones.   (Ella espera...)
5. Mamá se siente bien hoy.   (Esperamos...)
6. Ellos no pueden ir a la fiesta.   (Siento...)

C. Some uses of the prepositions *a, de,* and *en*   Complete with **a, de,** or **en,** as necessary.

1. Anoche llamé _____ mi hermano por teléfono y hablamos _____ nuestros planes para el fin de semana. Pensamos ir _____ Chile. Él quiere viajar _____ tren pero yo prefiero ir _____ coche. Mi hermana no quiere ir con nosotros; prefiere quedarse _____ casa porque no tiene con quién dejar _____ su perro.
2. Ayer Marta llegó _____ la agencia _____ las ocho y media _____ la mañana, pero no empezó _____ trabajar hasta las diez.
3. Mi hija es muy bonita; es morena, _____ ojos verdes y yo pienso que es la más inteligente _____ todos mis hijos.

D. Vocabulary
Complete the following sentences, using vocabulary from **Lección 11.**

1. No quiero un _____ de pasillo; quiero uno de _____.
2. Voy a poner el bolso de _____ en el _____ de equipaje.
3. Voy a la _____ de viajes para comprar los pasajes.
4. Tiene que darle la tarjeta de _____ a la _____ de vuelo.
5. Tengo que pagar _____ de equipaje porque tengo cuatro maletas.
6. Quiero sentarme cerca de la _____ de emergencia.
7. Los paquetes _____ el pasaje, el hotel y algunas _____.
8. ¿A cuánto está el _____ de moneda?
9. No podemos viajar hoy. Tenemos que _____ la reservación.
10. Cuando viajo siempre llevo cheques de _____.
11. Este verano vamos a hacer un _____ por el Caribe.
12. Necesito una lista de los _____ de interés de la _____ de Chile.

E. Translation
Express the following in Spanish.

1. I hope that Sofia finds a good seat on the plane.
2. I hope that we arrive safely at Buenos Aires. (Use *ojalá*)
3. I need you to bring me the package.
4. It's very hot in Caracas in the summer. We need a hotel with air conditioning.
5. Is there anyone in the class who speaks Chinese?

F. Culture
Complete the following sentences, based on the cultural notes you have read.

1. En Argentina se usa la forma _____ en lugar de **tú.**
2. La música típica de Argentina es el _____.
3. En los países hispanos no existe tanta _____ entre las generaciones como en este país.

Lección 11

Lección 12

A. Subjunctive to express indefiniteness and nonexistence
Rewrite each sentence, using the subjunctive or the indicative, as appropriate.

1. El agente habla español.   (Necesitamos un agente que...)
2. Ese viaje incluye el hotel.   (Aquí no hay ningún viaje que...)
3. No hay ningún pasaje que no sea caro.   (Tenemos unos pasajes que...)
4. No hay ningún vuelo que salga a las seis.   (Hay varios vuelos que...)
5. Hay una señora que puede reservar los pasajes.   (¿Hay alguien que...?)

B. Familiar commands
Change the following negative commands to the affirmative.

1. No compres el televisor.
2. No se lo digas.
3. No viajes mañana.
4. No salgas con esa persona.
5. No pongas la maleta debajo del asiento.
6. No lo invites.
7. No te vayas.
8. No vengas entre semana.
9. No regreses tarde.
10. No hagas la reservación.
11. No me traigas el folleto.
12. No le pidas los comprobantes ahora.

C. Verbs and prepositions
Complete each sentence with the Spanish equivalent of the words in parentheses.

1. Olga _____ Daniel pero _____ Luis.   (*fell in love with* / *she married*)
2. Mi papá _____ que yo compre los billetes hoy.   (*insists on*)
3. Paco, _____ buscar los pasaportes. _____ que viajas el lunes.
   (*don't forget* / *Remember*)
4. Yo _____ que mis padres _____ él.   (*didn't realize* / *didn't trust*)

D. Ordinal numbers
Write the ordinal numbers that correspond to the following numbers.

2. _____   8. _____   3. _____
7. _____   4. _____   6. _____
5. _____   9. _____   10. _____
1. _____

E. Vocabulary   Complete the following sentences, using vocabulary from Lección 12.

1. El baño vo tiene bañadera; tiene _____.
2. El _____ no funciona. Tiene que _____ por la escalera.
3. Tengo mucho frío y este cuarto no tiene _____.
4. Mi esposo(a) y yo queremos una _____ doble.
5. El _____ de la pensión incluye todas las comidas.
6. Hay mucha gente porque hay un _____ de convenciones.
7. ¿A qué hora debemos _____ el cuarto?
8. Mi cuarto no es con _____ a la calle; es interior.
9. La pensión no tiene _____ de habitación.
10. Quiero una habitación exterior con _____ acondicionado.
11. Primero fui al _____ de revistas y después a la tienda de _____.
12. Un sinónimo de **dueño** es _____.
13. Reservé un hotel con pensión _____.
14. No hay ninguna habitación _____. El hotel está lleno.
15. ¿En qué _____ está tu habitación?

F. Translation   Express the following in Spanish.

1. We want a hotel that has an ocean view and a pool.
2. Is there a restaurant in this city that serves Mexican food?
3. Rosita, put the plates on the table and don't watch television.
4. Last year Carlos got married to Gloria.
5. His room is on the third floor of the boarding house.

G. Culture   Circle the correct answer, based on the cultural notes you have read.

1. La ciudad de Santiago tiene (muy pocos / muchos) lugares de recreo.
2. La Avenida 9 de Julio en Buenos Aires es la (menos / más) ancha del mundo.
3. Uruguay está situado entre Brasil y (Argentina/Chile).
4. Desde 1960 la capital de Brasil es (Río de Janeiro/Brasilia).

Unidad 7

En un hospital en Madrid, una doctora le toma la presión a una de sus pacientes.

Objetivos

Lección 13

◆ Discuss health problems, medical emergencies, common medical procedures, and treatments

◆ Give and request information about physical symptoms and medications

◆ Express doubt, disbelief, and denial

◆ Tell others what to do

Lección 14

◆ Ask and respond to questions concerning personal medical history

◆ Make suggestions and give advice about health and other problems

◆ Talk about what will happen

◆ Talk about what would happen under different circumstances

¿Cómo te sientes?

España

Un café al aire libre en la Plaza Mayor en Madrid, España

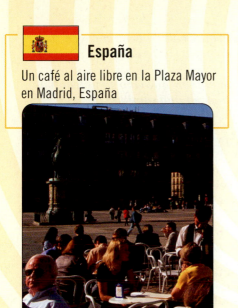

Jardines del Generalife, en el Palacio de la Alhambra, Granada

Playa de Fuengirola, en la Costa del Sol, Andalucía

293

Dr. Mena

Paciente I

Paciente II

Madre

Sra. Mena

En un hospital de Madrid

Hoy, como siempre, hay muchos pacientes en la sala de emergencia, y siguen llegando más. El Dr. Mena atiende a varios de ellos, y piensa que va a ser un día muy largo.

En este momento está hablando con un hombre que vino en una ambulancia y que los paramédicos acaban de traer en una camilla.

Dr. Mena	¿Qué le pasó?
Paciente I	Mi coche chocó con un árbol y me golpeé el hombro.
Dr. Mena	¿Perdió el conocimiento?
Paciente I	Sí, por unos segundos... pero me duele mucho...
Dr. Mena	Bueno, la enfermera lo va a llevar a la sala de rayos X. Vamos a hacerle unas radiografías para ver si hay fractura.

Ahora está hablando con una señora que trajo a su hijo. El niño se cayó en la escalera mecánica de una tienda y se lastimó.

Dr. Mena	Estoy casi seguro de que es una torcedura, pero vamos a hacerle unas radiografías por si acaso.
Madre	Se cortó la pierna. ¿Va a necesitar puntos?
Dr. Mena	Dudo que necesite puntos, pero cuando venga la enfermera va a limpiarle y desinfectarle la herida. Además, le vamos a poner una inyección antitetánica.

Detalles culturales

En la mayoría de los países de habla hispana, los hospitales son gratis y subvencionados por el gobierno. Hay clínicas privadas para la gente que no quiere ir a un hospital público.

◆ **¿Los hospitales en Canadá están subvencionados por el gobierno?**

Detalles culturales

En muchos países hispanos existen las llamadas casas de socorro y también clínicas, donde se ofrecen los primeros auxilios (*first aid*) y cuidados (*care*) médicos urgentes.

◆ **¿Hay en Canadá un equivalente a las casas de socorro o a las clínicas?**

Ahora está hablando con un muchacho que tiene mucho dolor y náusea.

Paciente II   Me duele mucho, doctor. Yo creo que tengo apendicitis...

Dr. Mena   (*Lo revisa*) No creo que sea apendicitis, pero vamos a hacerle unos análisis.

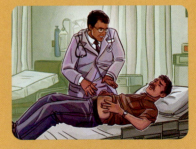

El Dr. Mena continuó atendiendo a otros pacientes en la sala de emergencia: a una niña que se quemó la mano y lloraba mucho; a una señora que se rompió una pierna y tiene que usar muletas; a un señor que tuvo una reacción alérgica y tiene la cara hinchada... Cuando volvió a su casa, se dio cuenta de que no había almorzado.

Sra. Mena   Cenemos temprano, porque hoy tenemos que ir a la escuela de los niños. ¡Ay! Estoy muy cansada. Descansemos un rato antes de que Paloma y Mario vuelvan de su clase de piano. ¿Qué tal fue tu día hoy?

Dr. Mena   Bueno... fue un día como cualquier otro... ¡en la sala de emergencia!

¿Recuerda usted?

¿Verdadero o falso?   With a partner, indicate whether these statements are true (**verdadero**) or false (**falso**).

1. Hoy no hay muchos pacientes en la sala de emergencia.   ☐ V   ☐ F
2. Un paciente se golpeó el hombro cuando su auto chocó con un árbol.   ☐ V   ☐ F
3. El Dr. Mena no sabe si el paciente tiene o no una fractura.   ☐ V   ☐ F
4. La mamá del niño se cayó de una bicicleta.   ☐ V   ☐ F
5. Le van a poner al niño una inyección antitetánica.   ☐ V   ☐ F
6. Uno de los pacientes cree que tiene apendicitis.   ☐ V   ☐ F
7. El Dr. Mena no tuvo que atender a nadie hoy.   ☐ V   ☐ F
8. El señor que tuvo una reacción alérgica tiene que usar muletas.   ☐ V   ☐ F
9. El Dr. Mena almorzó muy temprano hoy.   ☐ V   ☐ F
10. Hoy fue un día normal para el Dr. Mena.   ☐ V   ☐ F

Y ahora... conteste   Answer the following questions, basing your answers on the dialogues.

1. ¿Quiénes trajeron al primer paciente a la sala de emergencia?
2. ¿El hombre perdió el conocimiento?
3. ¿A quiénes les van a hacer radiografías?
4. ¿El Dr. Mena cree que el niño va a necesitar puntos?
5. ¿Qué problemas tiene el muchacho que viene a la sala de emergencia?
6. ¿Por qué lloraba mucho la niña?
7. ¿Qué va a tener que usar la señora que se rompió una pierna?
8. ¿De dónde vienen Paloma y Mario?

Para hablar del tema: Vocabulario

Cognados

la ambulancia
la apendicitis
la fractura
el hospital
la náusea

el (la) paciente
el (la) paramédico(a)
el piano
la reacción

Nombres

el análisis test
el árbol tree
la cara face
el dolor pain
el (la) enfermero(a) male nurse, nurse
la escalera stairs
_____ mecánica* escalator
la herida wound
el hombro shoulder
la inyección shot, injection

_____ antitetánica tetanus shot
las muletas crutches
la pierna leg
el punto stitch
la radiografía X-ray
la sala ward (*at a hospital*)
_____ de emergencia emergency room
_____ de rayos equis X-ray room
la torcedura sprain

De país a país

la escalera mecánica la escalera automática (*Esp., Cuba*)
romperse quebrarse (*Méx.*)

Verbos

atender (e>ie) to see (*a patient*)
caerse (yo me caigo) to fall
chocar to collide
continuar to continue
cortar(se) to cut (oneself)
desinfectar to disinfect
doler (o>ue) to hurt, to ache
dudar to doubt

golpear(se) to hit (*oneself*)
lastimarse to hurt oneself
llorar to cry
pasar, suceder to happen
quemar(se) to burn (*oneself*)
revisar to check
romper(se)* to break

Adjetivos

alérgico(a) allergic
hinchado(a) swollen

seguro(a) sure
varios(as) several

Online Study Center

For more practice with lesson topics, see the related activities on the *¡Hola, amigos!* web site at college.hmco.com/PIC/holaamigos7e.

Otras palabras y expresiones

casi almost
como siempre as usual
cualquier any

hacer una radiografía to take an X-ray
perder el conocimiento, desmayarse to faint

Amplíe su vocabulario

Otras partes del cuerpo (*Other parts of the body*)

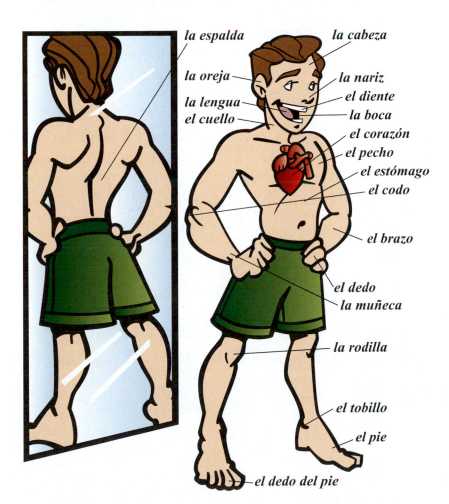

la espalda
la cabeza
la oreja
la nariz
la lengua
el diente
el cuello
la boca
el corazón
el pecho
el estómago
el codo
el brazo
el dedo
la muñeca
la rodilla
el tobillo
el pie
el dedo del pie

Para practicar el vocabulario

A. Preguntas y respuestas Match the questions in column *A* with the answers in column *B*.

A	B
1. ¿Dónde tiene él la herida?	a. En la sala de rayos X.
2. ¿Qué te duele?	b. Me caí en la escalera.
3. ¿Qué te hizo la enfermera?	c. No, una torcedura.
4. ¿Dónde está Rita?	d. Sí, como siempre.
5. ¿Tiene una fractura?	e. A varios pacientes.
6. ¿Qué necesita el paciente?	f. En la cara.
7. ¿Qué le pasó a la niña?	g. No, tengo dudas.
8. ¿Tuviste mucho trabajo hoy?	h. Una radiografía.
9. ¿Estás seguro de eso?	i. No, sólo me lastimé.
10. ¿Te rompiste el brazo?	j. El hombro.
11. ¿Qué te pasó?	k. Se quemó la mano.
12. ¿A quiénes está atendiendo el médico?	l. Me desinfectó la herida.

B. En la sala de emergencia Complete the following statements about what goes on in the emergency room, using appropriate vocabulary.

1. Ayer el coche de Sergio _____ con un árbol y él se _____ la cabeza. Los _____ lo llevaron al hospital en una _____.

2. Ayer Beto se _____ de la bicicleta y se _____ un brazo. También se _____ la pierna y va a necesitar puntos. Le van a _____ una inyección _____.

3. Carlos tiene _____ y mucho _____ de estómago. Él cree que tiene _____. El doctor le va a hacer unos _____.

4. Marga se _____ la pierna y ahora tiene que usar _____ para caminar (walk).

5. Ayer Amanda tuvo una _____ alérgica y ahora tiene la cara y las manos _____.

TELEFONOS DE EMERGENCIA

BOMBEROS INCENDIOS EMERGENCIA **19**

POLICIA **12**

SECRETARIA DE SALUD **15**
SERVICIO LAS 24 HORAS.

AMBULANCIAS

HOSPITALES

La Hortúa	246 4020
La Victoria	272 2028
Lorencita Villegas	231 8849
Militar	232 5333
Misericordia	246 7520
Samaritana	233 8880

C. **¿Qué sabes de anatomía?** Today you and your partner are the professors. Teach your students these parts of the body in Spanish.

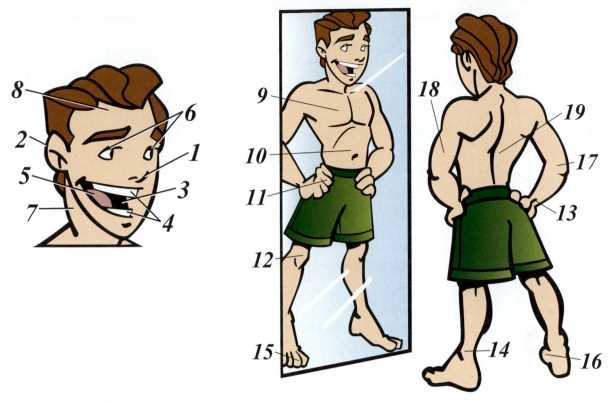

D. **En el hospital** You and a classmate play the roles of two doctors talking about the patients they have seen during the day, and their problems.

Pronunciación

Pronunciation in context In this lesson, there are some words or phrases that may be challenging to pronounce. Listen to your instructor and pronounce the following sentences.

1. Hay muchos **pacientes** en la sala de **emergencia,** y **siguen** llegando más.
2. Vamos a hacerle una **radiografía** para ver si hay **fractura.**
3. **Además,** le vamos a poner una **inyección antitetánica.**
4. No creo que sea **apendicitis,** pero vamos a hacerle unos **análisis.**
5. Cuando volvió a su casa, se dio cuenta de que **no había almorzado.**

Puntos para recordar

1. Subjunctive to express doubt, denial, and disbelief
(*El subjuntivo para expresar duda, negación e incredulidad*)

Doubt

When the verb of the main clause expresses uncertainty or doubt, the verb in the subordinate clause is in the subjunctive.

—Te esperan a las cinco y son las cuatro y media.
—**Dudo** que yo **pueda** estar ahí a esa hora.

"They expect you at five and it is four-thirty."
"I doubt that I can be there at that time."

—Podemos tomar el desayuno a las once.
—**Dudo** que lo **sirvan** después de las diez.
—Estoy segura de que lo sirven hasta las once.

"We can have breakfast at eleven."
"I doubt that they serve it after ten."
"I am sure that they serve it until eleven."

> **¡Atención!** Notice that when no doubt is expressed and the speaker is certain of the reality (**estoy seguro[a], no dudo, sé**), the indicative is used.

Estoy seguro de que lo **sirven** hasta las once.

I am sure that they serve it until eleven.

Online Study Center

For more practice with lesson topics, see the related activities on the *¡Hola, amigos!* web site at college.hmco.com/PIC/holaamigos7e.

Práctica y conversación

A. **¿Cómo responde...?** Respond to each of the following statements, beginning with the suggested phrases.

1. —Estoy seguro de que tiene una fractura.
   —Bueno, dudo que...
2. —Dudo que tenga que usar muletas.
   —Pues yo estoy seguro(a) de que...
3. —No estoy seguro de que sea apendicitis.
   —Pues yo no dudo que...
4. —Dudo que la enfermera esté en la sala de rayos X.
   —¿Sí? Yo estoy casi seguro(a) de que...
5. —Dudo que el paciente necesite radiografías.
   —Yo tampoco estoy seguro(a) de que...

B. **En el hospital**   With a partner, read the following statements and take turns expressing doubt or certainty about them. Use **dudo, no dudo, estoy seguro(a),** and **no estoy seguro(a).**

1. Todos los hospitales son gratis.
2. Las enfermeras trabajan solamente tres horas al día.
3. El médico puede desinfectar la herida.
4. Los paramédicos nunca vienen en la ambulancia.
5. Cualquier enfermera puede hacer una radiografía.
6. Si tienes un dolor en el pecho debes ir al hospital en seguida.
7. Los médicos ganan muy poco dinero.
8. Si te rompes una pierna necesitas usar muletas.

C. **¿Lo dudas...?**   With a partner, take turns telling each other three or four things about yourself. Give some false information to see if your partner doubts or doesn't doubt what you say.

◆ **MODELO:** —*Tengo ocho clases este semestre.*
—*Dudo que tengas ocho clases.*
   (*Estoy seguro[a] de que no tienes ocho clases.*)

Denial

When the main clause denies or negates what is expressed in the subordinate clause, the subjunctive is used.

—Ana **niega** que Carlos **sea** su novio.	*"Ana **denies** that Carlos **is** her boyfriend."*
—Sí, dice que son amigos...	*"Yes, she says that they are friends . . ."*
—Ellos trabajan mucho y siempre tienen dinero.	*"They work hard and always have money."*
—Es verdad que trabajan mucho, pero **no es cierto** que siempre **tengan** dinero.	*"It's true that they work hard, but **it's not true** that **they** always **have** money."*

¡Atención!   Notice that when the main clause does not deny what is said in the subordinate clause, the indicative is used.

Es verdad que **trabajan** mucho.   *It's true that they work hard.*

Práctica y conversación

Online Study Center

For more practice with lesson topics, see the related activities on the *¡Hola, amigos!* web site at college.hmco.com/PIC/holaamigos7e.

A. **¿Es verdad o no?**   With a partner, take turns saying whether each of the following statements is true or not.

◆ **MODELO:** Toda la gente tiene reacciones alérgicas a todo.
   No es verdad *que toda la gente **tenga** reacciones alérgicas a todo.*

1. Los médicos no trabajan en la sala de emergencia.
2. Generalmente hay muchos pacientes en la sala de emergencia.
3. Las enfermeras saben más que los médicos.

4. Los paramédicos van en las ambulancias.
5. Los médicos no cobran mucho.
6. Hoy hace mucho frío.
7. Está lloviendo.
8. Hoy hace buen tiempo.

Disbelief

The verb **creer** is followed by the subjunctive in negative sentences, where it expresses disbelief.

—¿Teresa va al hospital hoy?   *"Is Teresa going to the hospital today?"*

—No, **no creo** que **vaya** hoy.   *"No, **I don't think she's going** today?"*

> **¡Atención!** **Creer** is followed by the indicative in affirmative sentences, where it expresses belief.

—¿Qué va a pedir el médico?   *"What is the doctor going to ask for?"*
—**Creo** que **va** a pedir unos   *"**I think** he **is** going to order*
análisis.   *(ask for) some tests."*

Dudo que tenga aire acondicionado.

Online Study Center

For more practice with lesson topics, see the related activities on the *¡Hola, amigos!* web site at college.hmco.com/PIC/holaamigos7e.

Práctica y conversación

A. El Sr. Contreras   Mr. Contreras always contradicts everyone. How would he react to these statements?

◆ **MODELO:** Creo que ese médico es muy bueno.
       No creo que (ese médico) ***sea*** muy bueno.

1. No creo que el hospital sea caro.
2. Creo que todos los cuartos tienen aire acondicionado.
3. Creo que tienen que llevarlo a la sala de emergencia.
4. No creo que estén allí.
5. No creo que él necesite radiografías.
6. Creo que necesita usar muletas.

B. **En la universidad** Use your imagination to complete each statement, using the subjunctive or the indicative, as appropriate. Compare your statements to those of your partner.

1. Yo creo que el profesor (la profesora)...
2. No es verdad que yo...
3. Es cierto que los estudiantes...
4. No creo que en la cafetería de la universidad...
5. No es verdad que la clase de español...
6. No es cierto que los canadienses...
7. Dudo que yo...
8. No estoy seguro(a) de que esta universidad...

C. **Opiniones** Use the illustrations to complete the following sentences.

Papá, ¿me das diez mil dólares?

Papá

Beto

Paquito

1. Yo no creo que el papá de Beto...   2. Dudo que Paquito...

Carlos

¡¡Hotel Granada!! $$$

Rita

3. No es verdad que Carlos...   4. Rita cree que el hotel Granada...

Esteban... ¡muy puntual!

Alicia

5. No es cierto que el baño...   6. No es verdad que Esteban siempre...

D. Viajando The following statements are made by someone who doesn't necessarily know what he or she is talking about. With a partner, take turns saying whether or not you think the comments are true. Use **creo, no creo, dudo, estoy seguro(a), es verdad,** or **no es verdad.**

1. Hay vuelos directos de Montreal a Madrid.
2. El pasaje a Madrid cuesta 200 dólares.
3. Los estudiantes siempre viajan en primera clase.
4. Puedo viajar por España en tren.
5. Todas las ciudades españolas son muy pequeñas.
6. Hay hoteles elegantes en Barcelona.
7. En los hoteles de Madrid, todas las habitaciones tienen vista al mar.
8. Podemos viajar de Charlottetown a Madrid en tren.

2. Subjunctive with certain conjunctions (*El subjuntivo con ciertas conjunciones*)

Subjunctive after conjunctions of time

The subjunctive is used after conjunctions of time when the main clause refers to a future action or is a command. Some conjunctions of time are:

cuando	when	**tan pronto como,**	
hasta que	until	**en cuanto**	as soon as

Note in the following examples that the action in the subordinate clause has not yet taken place.

—¿Vamos a la pensión ahora?	*"Are we going to the boarding house now?"*
—No, vamos a esperar **hasta que venga** Eva.	*"No, we're going to wait **until** Eva **comes.**"*
—Bueno, llámeme **en cuanto llegue.**	*"Okay, call me **as soon as she arrives.**"*
—¿Cuándo vas a comprar las muletas?	*"When are you going to buy the crutches?"*
—**Cuando** mi papá me **dé** el dinero.	*"**When** my dad **gives** me the money."*

¡Atención! If the action has already taken place or if the speaker views the action of the subordinate clause as a habitual occurrence, the indicative is used after the conjunction of time.

—¿Ya llamaste a Rodolfo?	*"Did you already call Rodolfo?"*
—Sí, lo llamé **en cuanto llegué.**	*"Yes, I called him **as soon as I arrived.**"*
—¿Cuándo llamas a Rodolfo?	*"When do you call Rodolfo?"*
—Siempre lo llamo **cuando llego** del trabajo.	*"I always call him **when I arrive from work.**"*

Conjunctions that always take the subjunctive

Certain conjunctions by their very meaning imply uncertainty or condition; they are therefore always followed by the subjunctive. Examples include:

a menos que	unless	**con tal (de) que**	provided that
antes de que	before	**para que**	in order that, so that
en caso de que	in case	**sin que**	without

—Voy a llamar a la enfermera **para que** me **traiga** las radiografías
*"I'm going to call the nurse **so that she'll bring** me the X-rays."*

—Llámela **antes de que se vaya.**
*"Call her **before she leaves.**"*

—No puedo comprar la medicina **sin que** tú me **des** el dinero.
*"I can't buy the medicine **without you giving** me the money."*

—Puedo dártelo ahora.
"I can give it to you now."

Práctica y conversación

Online Study Center

For more practice with lesson topics, see the related activities on the *¡Hola, amigos!* web site at college.hmco.com/PIC/holaamigos7e.

A. Minidiálogos Complete the following dialogues, using the indicative or the subjunctive of each verb. Then act them out with a partner.

1. **desocupar / llegar**

   —¿Podemos limpiar el cuarto ahora?

   —No, no podemos limpiarlo hasta que el paciente lo _____.

   —¿Cuándo lo va a desocupar?

   —En cuanto _____ el taxi.

2. **llegar / atender**

   —¿Qué va a hacer Ud. en cuanto _____ al hospital?

   —Voy a hablar con la recepcionista para que el médico me _____ esta tarde.

3. **llamar**

   —¿Cuándo van a venir tus amigos?

   —Tan pronto como yo los _____.

4. **salir**

   —¿Los señores García te esperaron?

   —Sí, me esperaron hasta que yo _____ del hospital.

5. **hablar / ver**

   —Cuando Ud. _____ con el médico, dígale que el paciente no se siente bien.

   —Voy a decírselo en cuanto lo _____.

6. **irse / salir**

   —¿Tú puedes hablar con los paramédicos antes de que ellos _____?

   —Sí, a menos que (ellos) _____ muy temprano.

Entreviste a su compañero(a)   Interview your partner, using the following questions.

1. ¿Siempre desayunas en cuanto te levantas?
2. ¿Siempre te lavas la cabeza cuando te bañas?
3. ¿Tú puedes salir de tu casa sin que nadie te vea?
4. ¿Qué le vas a decir a tu mejor amigo(a) cuando lo (la) veas?
5. ¿Tú llegas a veces a clase antes de que llegue el profesor (la profesora)?
6. ¿Qué vas a hacer para que el profesor (la profesora) te dé una "A" en esta clase?
7. ¿A veces te quedas en la biblioteca hasta que la cierran?
8. ¿Qué vas a hacer tan pronto como llegues a tu casa?

3. First-person plural commands (*El imperativo de la primera persona del plural*)

◆ In Spanish, the first-person plural of an affirmative command (*let's* + *verb*) can be expressed in two ways:

   ◆ by using the first-person plural of the present subjunctive.

Preguntemos el precio de la habitación.	**Let's ask** the price of the room.

   ◆ by using the expression **vamos a** + *infinitive*.

Vamos a preguntar el precio de la habitación.	**Let's ask** the price of the room.

◆ The verb **ir** does not use the subjunctive form in the first-person plural affirmative command.

Vamos al teatro.	**Let's go** to the theatre.

In a negative command, however, the subjunctive form is used.

No vayamos al teatro.	**Let's not go** to the theatre.

◆ In all direct, affirmative commands, object pronouns are attached to the verb, and a written accent is then placed on the stressed syllable.

Comprémos**lo**.	*Let's buy **it**.*
Llamémos**los**.	*Let's call **them**.*

If the pronouns **nos** or **se** are attached to the verb, the final **-s** of the verb is dropped before adding the pronoun.

Sentémo**nos** aquí.	***Let's sit** here.*
Vistámo**nos** ahora.	***Let's get dressed** now.*
Démo**selo** a los niños.	***Let's give it** to the children.*

—Vamos a Madrid.	*"Let's go to Madrid."*
—No, no vayamos a Madrid; **quedémonos** en Barcelona.	*"No, let's not go to Madrid; **let's stay** in Barcelona."*
—¿Dónde queda el Museo del Prado?	*"Where's the Prado Museum located?"*
—No sé. **Preguntémoselo** a ese señor.	*"I don't know. **Let's ask** that gentleman."*

Práctica y conversación

A. ¿Qué hacemos...?   With a partner, take turns saying what these people should do in the following situations. Use the first person plural command. Use pronouns wherever possible.

1. Tenemos mucha hambre.
2. Estamos en un restaurante y necesitamos el menú.
3. No queremos salir hoy.
4. No sabemos qué hacer este fin de semana.
5. Un amigo nuestro tuvo un accidente.
6. No sabemos el precio de la medicina.
7. Estamos cansados.
8. Tenemos sueño.

B. ¡Vamos a España!   You and a classmate are making plans to go on a trip to Spain. Take turns answering the following questions, using the first-person plural command.

1. ¿A qué ciudad vamos?
2. ¿Cómo viajamos?
3. ¿Qué día y a qué hora salimos?
4. ¿Cuántas maletas llevamos?
5. ¿Nos hospedamos en un hotel o en una pensión?
6. ¿Pedimos una habitación con vista a la calle?
7. ¿Cuántos días nos quedamos en la ciudad?
8. ¿Comemos en un restaurante o en nuestra habitación?
9. ¿Dónde dejamos las joyas (*jewelry*)?
10. ¿Cuándo regresamos?

Online Study Center

For more practice with lesson topics, see the related activities on the *¡Hola, amigos!* web site at college.hmco.com/PIC/holaamigos7e.

Rodeo

Summary of the Command Forms (*Resumen de las formas del imperativo*)

Usted	Ustedes	Tú		Nosotros
		Affirmative	*Negative*	
hable	hablen	habla	no hables	hablemos
coma	coman	come	no comas	comamos
abra	abran	abre	no abras	abramos
cierre	cierren	cierra	no cierres	cerremos
vaya	vayan	ve	no vayas	vamos[1]

---

[1]Remember that the affirmative command uses the indicative form **vamos,** but the negative command uses the subjunctive form **no vayamos.**

Notice that the command forms of these verbs are identical to the subjunctive forms, except for the affirmative forms for **tú,** which use the third-person singular of the present indicative. Also, the following verbs have irregular **tú** command forms.

| decir | **di** | ir | **ve** | salir | **sal** | tener | **ten** |
| hacer | **haz** | poner | **pon** | ser | **sé** | venir | **ven** |

Remember the position of direct, indirect, and reflexive pronouns with commands.

Affirmative	*Negative*
Cómpre**lo.**	No **lo** compre.
Dí**selo.**	No **se lo** digas.
Levanté**monos.**	No **nos** levantemos.

Práctica y conversación

Planes y más planes   You and a partner are busy making plans for a visit by some foreign students who will spend the weekend with you and your friends. One of your neighbours, Sra. Vega, and her young daughter, María, offer their help. Use the appropriate command form to say who is going to do each of the following chores and categorize them under the appropriate heading.

◆ **MODELOS:**   Comprar frutas
   Nosotros: *Compremos frutas.*
   la señora Vega: *Compre frutas.*
   María: *Compra frutas.*

1. limpiar el apartamento
2. ir al mercado
3. poner la mesa
4. preparar la comida
5. hacer las camas
6. invitar a otros estudiantes
7. ir al aeropuerto a esperar a los viajeros (*travelers*)
8. sacar entradas para el teatro
9. no levantarse tarde
10. llevarlos a visitar los lugares de interés
11. servir la comida
12. lavar los platos
13. darles una fiesta de bienvenida
14. pedirle los discos compactos a Roberto
15. llevarlos a las tiendas
16. no olvidarse de sacar dinero del banco

4. *¿Qué?* and *¿cuál?* used with *ser*
(Qué y cuál *usados con el verbo ser*)

◆ *What?* translates as **¿qué?** when it is used as the subject of the verb and asks for a definition.

—¿**Qué** es una paella?	*"**What** is a paella?"*
—Es un plato español.	*"It's a Spanish dish."*

◆ *What?* translates as **¿cuál?** when it is used as the subject of a verb and asks for a choice. **Cuál** conveys the idea of selection from among several or many available objects, ideas, and so on.

—¿**Cuál** es su número de teléfono?	*"**What** is your phone number?"*
—712-4267.	*"712-4267."*

Práctica y conversación

A. ¿Cuál es la pregunta?   Write the questions you would ask to get the following information. Use **qué** or **cuál,** as needed.

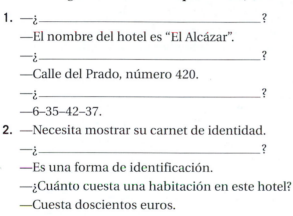

1. —¿_____?
    —El nombre del hotel es "El Alcázar".
    —¿_____?
    —Calle del Prado, número 420.
    —¿_____?
    —6–35–42–37.
2. —Necesita mostrar su carnet de identidad.
    —¿_____?
    —Es una forma de identificación.
    —¿Cuánto cuesta una habitación en este hotel?
    —Cuesta doscientos euros.
    —¿_____?
    —Es la moneda (*currency*) de España.

Online Study Center

For more practice with lesson topics, see the related activities on the *¡Hola, amigos!* web site at college.hmco.com/PIC/holaamigos7e.

B. Entreviste a su compañero(a)   Interview your partner, using the following questions.

1. ¿Cuál es el hotel que tú prefieres?
2. ¿Cuál es la ciudad que más te gusta?
3. ¿Cuál es el programa de televisión que prefieres?
4. ¿Cuál es la comida que más te gusta?
5. ¿Cuál es el lugar que prefieres para ir de vacaciones?
6. ¿Cuál es tu color favorito?

Entre nosotros

¡Conversemos!

 Para conocernos mejor Get to know your partner better by asking each other the following questions.

1. ¿Has tenido un accidente alguna vez?
2. ¿Te han llevado al hospital en una ambulancia alguna vez?
3. ¿Cuándo fue la última vez que estuviste en una sala de emergencia?
4. ¿Cuándo fue la última vez que te pusieron una inyección antitetánica?
5. ¿Qué tomas cuando te duele la cabeza? ¿Y cuando te duele el estómago?
6. ¿Te han hecho una radiografía últimamente?
7. ¿Te has desmayado alguna vez (*ever*)?
8. ¿Tu médico te ha recetado alguna medicina últimamente?
9. ¿Te has roto una pierna o un brazo alguna vez?
10. ¿Te has quemado una mano alguna vez?

 Una encuesta Interview your classmates to identify who fits the following descriptions. Include your instructor, but remember to use the **Ud.** form when addressing him or her.

Nombre

1. Se lastimó jugando al fútbol. _____
2. Toma pastillas para el dolor a veces. _____
3. Va a ir al médico el mes próximo. _____
4. No se siente bien hoy. _____
5. Se ha caído últimamente. _____
6. Estuvo en la sala de rayos X el mes pasado. _____
7. Va a tomar una medicina más tarde. _____
8. Nunca se ha desmayado. _____
9. Tiene problemas con el estómago a veces. _____
10. Ha tenido que ir al hospital últimamente. _____

 Y ahora... Write a brief summary about what you have learned about your classmates.

¿Cómo lo decimos?   What would you say in the following situations? What might the other person say? Act out the scenes with a partner.

1. You were in an accident and were brought to the hospital. Tell the doctor what happened and where it hurts. Ask him or her any relevant questions you may have regarding your injuries, any procedures the doctor may wish to perform, and your treatment.
2. You and your English-speaking friend are travelling in Spain. Your friend has fallen down the stairs in the hotel, so you take him or her to the doctor. Tell the doctor what happened, and ask any pertinent questions. (Does he or she need crutches? If so, how long must the crutches be used?, and so on).

¿Qué pasa aquí?   In groups of three or four, create a story about the people in the illustrations. Say who they are, what happened to them, and what they need.

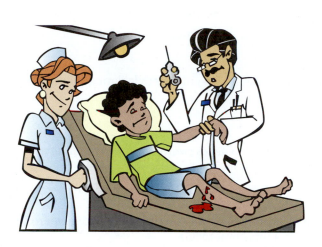

Para escribir

Un accidente   Use your imagination to finish the following story, telling what happened to Julio. Tell how the accident happened, how he got to the hospital, what the doctor said and did, etc.

Eran las ocho de la noche y Julio iba en su coche cuando tuvo un accidente...

┌─ **Un dicho** ──────────────────────────────

Mente sana en cuerpo sano.

This should be everyone's goal!
Keep repeating this wise saying in Spanish!

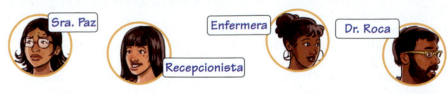

Sra. Paz

Recepcionista

Enfermera

Dr. Roca

🎧 *La Sra. Paz se despertó con dolor de garganta y una temperatura de 40 grados. Empezó a toser y le fue muy difícil levantarse. Pensó: "Tengo fiebre; tendré que ir al médico" y, afortunadamente, pudo hacer una cita para las diez de la mañana.*

En el consultorio del Dr. Roca, la Sra. Paz habla con la recepcionista.

Recepcionista ¿Tiene su tarjeta de seguro médico? Tengo que hacer una fotocopia.

Sra. Paz Aquí la tiene.

Recepcionista Gracias. Tome asiento. La enfermera la llamará dentro de unos minutos.

Con la enfermera.

La enfermera la pesa y la lleva a uno de los cuartos. Allí le toma la temperatura y la presión.

Enfermera Tiene la presión un poco alta. ¿Cuánto tiempo hace que no se siente bien?

Sra. Paz Dos días. Mi esposo me aconsejó que viera al médico, pero yo fui a Barcelona a una conferencia.

Enfermera El médico probablemente le dirá que tiene que descansar. Bueno, en seguida vendrá el Dr. Roca a hablar con usted. ¿Es usted alérgica a alguna medicina?

Sra. Paz Que yo sepa, no.

Enfermera ¿Está embarazada?

Sra. Paz No.

Detalles culturales

🌐 En España y en algunos países latinoamericanos, las farmacias venden principalmente medicinas. En algunos países hispanos es posible comprar ciertas medicinas —como la penicilina— sin tener receta médica.

◆ **En Canadá, ¿se pueden comprar antibióticos sin tener receta médica?**

Detalles culturales

🌐 En muchos países hispanos, en cada barrio (*neighbourhood*), hay una "farmacia de turno" que ofrece servicios durante la noche. A cada farmacia le corresponde estar abierta un día diferente de la semana. Un letrero en las farmacias cerradas indica dónde están las farmacias abiertas.

◆ **¿Hay en su ciudad farmacias que están abiertas 24 horas al día?**

Con el Dr. Roca.

Dr. Roca (*La examina*) A ver... Abra la boca y diga "ah".
Ajá. Ahora, respire hondo... Otra vez...

Sra. Paz Me gustaría que me hiciera un buen chequeo, doctor.

Dr. Roca Sí, ésa sería una buena idea. Si tuviera tiempo, lo haría hoy, pero no será posible.

Sra. Paz Bueno, haré una cita para la semana que viene.

Dr. Roca Bien, usted tiene gripe pero, si no se cuida, puede convertirse en una pulmonía, y ésa es una enfermedad mucho más grave.

Sra. Paz ¿Me va a recetar algo?

Dr. Roca Sí, le voy a recetar un antibiótico y un jarabe para la tos. Lleve esta receta a la farmacia y empiece a tomar el antibiótico hoy mismo.

Sra. Paz Bueno, lo que tengo es contagioso, de modo que no podré ir a trabajar. Pero lo más difícil va a ser admitir que mi esposo tenía razón.

Dr. Roca ¿Tenía razón?

Sra. Paz Sí, él me dijo que viniera al médico y yo me fui a una conferencia... ¡Y me empeoré! ¡Ahora va a creer que él es infalible!

¿Recuerda usted?

¿Verdadero o falso? With a partner, decide whether the following statements about the dialogues are true (**verdadero**) or false (**falso**).

1. La temperatura de la Sra. Paz es normal. ☐ V ☐ F
2. La Sra. Paz no tiene seguro médico. ☐ V ☐ F
3. La recepcionista pesa a la Sra. Paz. ☐ V ☐ F
4. La conferencia fue en Barcelona. ☐ V ☐ F
5. La Sra. Paz no está embarazada. ☐ V ☐ F
6. El Dr. Roca le va a hacer un buen chequeo a la Sra. Paz hoy mismo. ☐ V ☐ F
7. La Sra. Paz pedirá turno para la semana que viene. ☐ V ☐ F
8. El médico le dice a la Sra. Paz que debe cuidarse. ☐ V ☐ F
9. La Sra. Paz no quiere admitir que su esposo tenía razón. ☐ V ☐ F
10. La Sra. Paz fue a una conferencia y se mejoró. ☐ V ☐ F

Y ahora... conteste Answer these questions, basing your answers on the dialogues.

1. ¿Qué le dolía a la Sra. Paz esta mañana?
2. ¿Cómo sabemos que la Sra. Paz tenía fiebre?
3. ¿Cuánto tiempo hace que la Sra. Paz no se siente bien?
4. ¿Qué le aconsejó el Sr. Paz a su esposa?
5. ¿Qué dice la Sra. Paz que ella necesita?
6. ¿En qué puede convertirse la gripe?
7. ¿Qué va a comprar la Sra. Paz en la farmacia?
8. Según la Sra Paz, ¿qué va a creer su esposo?

Para hablar del tema: Vocabulario

Cognados

el antibiótico	**infalible**
contagioso(a)	**el minuto**
la farmacia	**(el) la recepcionista**
la fotocopia	

Nombres

la cita, el turno appointment	**la gripe*** flu
el chequeo checkup	**el jarabe** syrup
la conferencia lecture	**la presión** pressure, (blood) pressure
el consultorio doctor's office	**la pulmonía** pneumonia
la garganta throat	**la receta** prescription
el dolor de garganta sore throat	**el seguro*** insurance
la enfermedad disease, sickness	**_____ médico** medical insurance
la fiebre fever	**la tos** cough

Verbos

admitir to admit	**pesar** to weigh
convertirse en (e>ie) to turn into	**recetar** to prescribe
cuidar(se) to take care (of oneself)	**respirar** to breathe
empeorar(se)[1] to get worse	**toser** to cough
examinar to examine, to check	

Adjetivos

embarazada, en estado, encinta pregnant
grave, serio(a) serious

Otras palabras y expresiones

dentro de within	**que viene** next
en seguida, enseguida right away	**que yo sepa** that I know of
hoy mismo this very day	**respirar hondo** to take a deep breath
otra vez again	
por suerte, afortunadamente luckily, fortunately	

---

[1]**mejorar(se)** to get better

Amplíe su vocabulario

Más sobre la salud: Medicinas

Debe tomar
$\begin{cases} \text{un antiácido} & \textit{antacid} \\ \text{una aspirina} & \textit{aspirin} \\ \text{un calmante} & \textit{tranquilizer} \\ \text{un sedativo, un sedante} & \textit{sedative} \\ \text{vitaminas} & \textit{vitamins} \end{cases}$

Algunos especialistas

el (la) cardiólogo(a)   *cardiologist*
el (la) cirujano(a)   *surgeon*
el (la) dermatólogo(a)   *dermatologist*
el (la) ginecólogo(a)   *gynecologist*
el (la) oculista   *oculist*
el (la) pediatra   *pediatrician*

De país
a país

la gripe la gripa (*Méx.*)
el seguro la aseguranza (*Méx.*)

En el botiquín (*Medicine cabinet*)

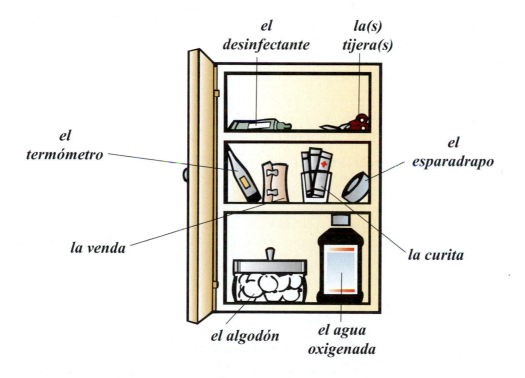

el desinfectante

la(s) tijera(s)

el termómetro

el esparadrapo

la venda

la curita

el algodón

el agua oxigenada

Para practicar el vocabulario

A. Preguntas y respuestas With a partner, match the questions in column *A* with the answers in column *B*.

A	B
1. ¿Qué te recetó el médico?	a. Aquí la tiene.
2. ¿Para cuándo tienes turno?	b. Sí, voy a la farmacia.
3. ¿Se mejoró?	c. No, normal.
4. ¿Necesitas la medicina ahora?	d. Que yo sepa, no.
5. ¿Tiene gripe?	e. Lo va a pesar.
6. ¿Dónde está la fotocopia?	f. Para hoy mismo.
7. ¿Debo volver mañana?	g. Sí, porque no tiene seguro.
8. ¿Es Ud. alérgica a alguna medicina?	h. Sí, pero puede convertirse en pulmonía.
9. ¿Rita tiene que pagar la cuenta?	i. Un jarabe para la tos.
10. ¿Tiene la presión alta?	j. Dentro de una semana.
11. ¿Qué va a hacer la enfermera?	k. No, se empeoró.
12. ¿Cuándo empieza a trabajar la recepcionista?	l. No, no es necesario.

B. ¿Qué debo tomar?

1. Tengo acidez.
2. Tengo tos.
3. Estoy muy débil (*weak*).
4. Me duele una rodilla.
5. Tengo una infección.

C. ¿Qué especialista debo ver?

1. si mi hijo pequeño está enfermo
2. si estoy embarazada
3. si no veo bien
4. si necesito una operación
5. si tengo problemas del corazón
6. si tengo acné

Detalles culturales

Especialmente en las grandes ciudades hispanas, la medicina está muy avanzada, pero en muchos pueblos (*towns*) remotos no hay hospitales ni médicos. En esos lugares, especialmente en Latinoamérica, hay curanderos (*healers*) que recomiendan hierbas (*herbs*) o tés, o que usan remedios tradicionales para sus curas.

◆ En Canadá, ¿hay algunas personas que usan hierbas medicinales para curar ciertas enfermedades?

D. En nuestro botiquín With a partner, mention eight items you need for your medicine cabinet.

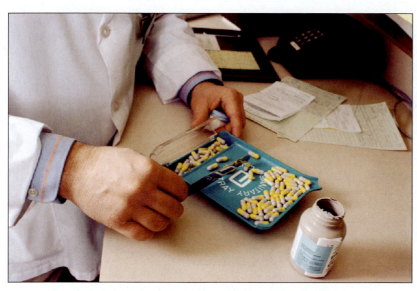

¿Para qué son las pastillas que está contando el farmacéutico?

Pronunciación

Pronunciation in context In this lesson, there are some words or phrases that may be challenging to pronounce. Listen to your instructor and pronounce the following sentences.

1. La Sra. Paz se despertó con dolor de **garganta** y una **temperatura** de 40 grados.
2. Mi esposo **me aconsejó** que fuera al médico, pero yo fui a **Barcelona** a una **conferencia.**
3. Me gustaría que me **hiciera** un buen **chequeo.**
4. Le voy a **recetar** un **antibiótico** y un **jarabe** para la tos.
5. Bueno, lo que tengo es **contagioso** y **no podré ir** a trabajar.

Puntos para recordar

1. Future tense (*Futuro*)

◆ Most Spanish verbs are regular in the future, and the infinitive serves as the stem of almost all verbs. The endings are the same for all three conjugations.

Formation of the Future Tense			
Infinitive		*Stem*	*Endings*
trabajar	yo	trabajar-	**é**
aprender	tú	aprender-	**ás**
escribir	Ud., él, ella	escribir-	**á**
entender	nosotros(as)	entender-	**emos**
ir	vosotros(as)	ir-	**éis**
dar	Uds., ellos, ellas	dar-	**án**

¡Atención! Note that all the endings, except that of the **nosotros(as)** form, take accent marks.

—¿Adónde **irán** Uds. esta tarde?

—**Iremos** al consultorio de la Dra. Báez.

*"Where **will you go** this afternoon?"*

*"**We will go** to Dr. Baez's office."*

◆ A small number of Spanish verbs are irregular in the future tense. These verbs have an irregular stem; however, the endings are the same as those for regular verbs.

Irregular Future Stems		
Infinitive	*Stem*	*First-Person Sing.*
decir	dir-	**diré**
hacer	har-	**haré**
haber	habr-	**habré**
querer	querr-	**querré**
saber	sabr-	**sabré**
poder	podr-	**podré**
poner	pondr-	**pondré**
salir	saldr-	**saldré**
tener	tendr-	**tendré**
venir	vendr-	**vendré**

¿Podrá terminar estas cartas para las seis?

—¿A qué hora **saldrán** para el hospital?

—**Saldremos** tan pronto como lleguen mis padres.

—¿**Podrás** venir mañana?

—Sí, **vendré** a menos que llueva.

*"At what time **will you leave** for the hospital?"*

*"**We will leave** as soon as my parents arrive."*

*"**Will you be able** to come tomorrow?"*

*"Yes, **I will come** unless it rains."*

¡Atención!   The future of **hay** (impersonal form of **haber**) is **habrá**.

¿**Habrá** una conferencia?   ***Will there be** a lecture?*

◆ Uses of the future tense

- ◆ The English equivalent of the Spanish future tense is *will* or *shall* plus a verb. As you have already learned, Spanish also uses the construction **ir a** plus an infinitive, or the present tense with a time expression, to refer to future actions, events, or states.

    Esta noche **iremos** al cine.   *Tonight **we will go** to the movies.*
    Esta noche **vamos a ir** al cine.   *Tonight **we're going to go** to the movies.*
    Esta noche **vamos** al cine.   *Tonight **we're going** to the movies.*

- ◆ Unlike English, the Spanish future is *not* used to express willingness. In Spanish, willingness is expressed by the verb **querer.**

    —¿**Quieres** llamar a Eva?   *"**Will you** call Eva?"*
    —Ahora no puedo.   *"I can't now."*

Online Study Center

For more practice with lesson topics, see the related activities on the *¡Hola, amigos!* web site at college.hmco.com/PIC/holaamigos7e.

Práctica y conversación

A. **¿Qué harán?**   Rewrite the following sentences, using the future tense. Follow the model.

◆ **MODELO:**   Voy a comprar un jarabe y se lo voy a dar a Carlos.
   Compraré un jarabe y se lo daré a Carlos.

1. La Sra. Paz va a llamar al médico y va a preguntar si puede ir hoy.
2. La recepcionista le va a pedir la tarjeta de seguro médico y le va a decir que se siente.
3. La enfermera la va a pesar y le va a tomar la presión.
4. El médico le va a hacer un chequeo y le va a decir que se cuide.
5. La Sra. Paz va a ir a la farmacia y va a comprar la medicina.
6. Yo voy a tener que llevar a los niños a su casa porque la Sra. Paz no va a poder llevarlos.

B. **El verano pasado**   The following paragraph describes what happened last summer. Change all the verbs to the future to indicate what will happen in the upcoming summer.

En el verano, mi familia y yo **fuimos** a California. **Estuvimos** en San Diego por una semana. **Alquilamos** un apartamento cerca de la playa y unos amigos madrileños **vinieron** a quedarse con nosotros. Diego y Jaime **hicieron** surfing. Mi padre **pasó** un par de días pescando, y Gloria y yo **buceamos, tomamos** el sol y por la noche **salimos** con unos amigos. **Nos divertimos** mucho pero **tuvimos** que volver para empezar las clases.

C. **Planes para las vacaciones**   In groups of three, tell each other three or four things you plan to do during your summer vacation, using the future tense. Your classmates may ask for more details.

2. Conditional tense (*Condicional*)

◆ Like the future, the Spanish conditional uses the infinitive as the stem for most verbs and has only one set of endings for all three conjugations.

Formation of the Conditional Tense			
Infinitive		*Stem*	*Endings*
trabajar	yo	trabajar-	**ía**
aprender	tú	aprender-	**ías**
escribir	Ud., él, ella	escribir-	**ía**
dar	nosotros(as)	dar-	**íamos**
hablar	vosotros(as)	hablar-	**íais**
preferir	Uds., ellos, ellas	preferir-	**ían**

—Me **gustaría** ir al parque. "*I **would like** to go to the park.*"
—Nosotros **preferiríamos** ir a "*We **would prefer** to go to the*
la piscina. *pool.*"

—Voy a invitar a Julia. "*I'm going to invite Julia.*"
—Yo no la **invitaría.** "*I **would** not **invite** her.*"

◆ The verbs that are irregular in the future tense have the same irregular stems
in the conditional. The endings are the same as those for regular verbs.

Irregular Conditional Stems		
Infinitive	*Stem*	*First-Person Sing.*
decir	dir-	**diría**
hacer	har-	**haría**
haber	habr-	**habría**
querer	querr-	**querría**
saber	sabr-	**sabría**
poder	podr-	**podría**
poner	pondr-	**pondría**
salir	saldr-	**saldría**
tener	tendr-	**tendría**
venir	vendr-	**vendría**

—¿Qué **podría** hacer yo para "*What **could** I do to help you?*"
ayudarte?
—**Podrías** traer las vendas. "*You could bring the bandages.*"

¡Atención! The conditional of **hay** (impersonal form of **haber**) is **habría**.

Dijo que **habría** una reunión. *He said **there would be** a meeting.*

No sé…yo no lo lavaría aquí.

◆ Uses of the conditional
◆ The Spanish conditional is equivalent to the English *would* plus a verb.

—¿Qué **harías** tú? "*What **would** you **do**?*"
—Yo **iría** al médico. "*I **would** go to the doctor.*"

◆ In Spanish, the conditional is also used to soften a request or to express politeness.

—¿**Podrías** venir un momento?   "***Could you*** *come for a minute?*"
—Sí, en seguida.   "*Yes, right away.*"

For more practice with lesson topics, see the related activities on the *¡Hola, amigos!* web site at college.hmco.com/PIC/holaamigos7e.

Práctica y conversación

A. En el consultorio de la Dra. Peña   While waiting in Dr. Peña's office you overhear the following exchanges. Complete them, using the conditional of the verbs given.

1. —Carlitos tiene acné.
   —Yo lo _____ (llevar) a un buen dermatólogo.
   —¿Tú crees que la Dra. Peña _____ (poder) recomendarme uno?
   —Yo se lo _____ (preguntar).
2. —Mamá está muy enferma y no sé qué hacer.
   —Yo la _____ (llevar) al hospital.
   —Eso _____ (ser) muy difícil porque a ella no le gustan los hospitales.
3. —¿Tú crees que Ana y yo _____ (poder) ir al hospital a ver a Jorge?
   —Yo no _____ (ir) hoy porque acaban de operarlo.
   —Pues sus padres dijeron que ellos lo _____ (visitar) esta noche.
4. —Mi hijo tiene mucha acidez. ¿Qué le _____ (recomendar) tú?
   —Yo le _____ (sugerir) tomar un buen antiácido. Creo que _____ (mejorar) pronto.
5. —Pedro quiere que yo le compre un seguro médico; ¿qué _____ (hacer) tú en mi caso? ¿Se lo _____ (comprar)?
   —Bueno, yo no se lo _____ (comprar).

 B. Recomendaciones   In groups of three or four, decide what you would recommend to a friend who has health problems, doesn't exercise, and has bad eating habits. Compare your recommendations with those of other groups, and select the best ones.

Rodeo

Summary of the Tenses of the Indicative (*Resumen de los tiempos del indicativo*)

Simple Tenses		
	-ar	**-er**	**-ir**
Presente	habl**o**	com**o**	viv**o**
Pretérito	habl**é**	com**í**	viv**í**
Imperfecto	habl**aba**	com**ía**	viv**ía**
Futuro	hablar**é**	comer**é**	vivir**é**
Condicional	hablar**ía**	comer**ía**	vivir**ía**

Compound Tenses			
Pretérito perfecto	**he** hablado	**he** comido	**he** vivido
Pretérito plus-cuamperfecto	**había** hablado	**había** comido	**había** vivido
Futuro perfecto[1]	**habré** hablado	**habré** comido	**habré** vivido
Condicional perfecto[1]	**habría** hablado	**habría** comido	**habría** vivido

[1]Optional material. See pages 340–345.

Práctica y conversación

Entreviste a su compañero(a)   Interview your partner, asking the following questions.

1. ¿Cuánto tiempo hace que estudias español?
2. ¿En qué año empezaste a estudiar español?
3. ¿Quién fue tu profesor(a) de español el semestre pasado?
4. ¿Habías hablado con el (la) profesor(a) antes de comenzar esta clase?
5. ¿Sabías un poco de español antes de venir a la universidad?
6. ¿Continuarás estudiando español?
7. ¿Qué tendrás que hacer para hablar español perfectamente?
8. ¿Has visitado algún país de habla hispana?
9. ¿En qué país de habla hispana te gustaría vivir?
10. ¿Qué ciudades interesantes de Canadá has visitado?
11. ¿Qué te gustaba hacer cuando estabas en la escuela secundaria?
12. ¿Qué películas has visto últimamente?
13. ¿Qué tuviste que hacer hoy antes de venir a la clase?
14. ¿Vives cerca o lejos de la universidad?

Online Study Center

For more practice with lesson topics, see the related activities on the *¡Hola, amigos!* web site at college.hmco.com/PIC/holaamigos7e.

3. The imperfect subjunctive (*El imperfecto de subjuntivo*)

Forms

◆ To form the imperfect subjunctive of all Spanish verbs—regular and irregular—drop the **-ron** ending of the third-person plural of the preterit and add the following endings to the stem.

Imperfect Subjunctive Endings	
-ra	**-´ramos**
-ras	**-rais**
-ra	**-ran**

¡Atención!   Notice that an accent mark is required in the **nosotros(as)** form:
...que nosotros habláramos
...que nosotros fuéramos

Forms of the Imperfect Subjunctive

Verb	Third-Person Preterit	Stem	First-Person Sing. Imperf. Subjunctive
			(-**ra** *form*)
hablar	habla**ron**	habla-	**hablara**
aprender	aprendie**ron**	aprendie-	**aprendiera**
vivir	vivie**ron**	vivie-	**viviera**
dejar	deja**ron**	deja-	**dejara**
ir	fue**ron**	fue-	**fuera**
saber	supie**ron**	supie-	**supiera**
decir	dije**ron**	dije-	**dijera**
poner	pusie**ron**	pusie-	**pusiera**
pedir	pidie**ron**	pidie-	**pidiera**
estar	estuvie**ron**	estuvie-	**estuviera**

¡Atención! The imperfect subjunctive of **hay** (impersonal form of **haber**) is **hubiera.**

Online Study Center

For more practice with lesson topics, see the related activities on the *¡Hola, amigos!* web site at college.hmco.com/PIC/holaamigos7e.

Práctica

Conjugación   Supply the imperfect subjunctive forms of the following verbs.

1. *que yo:*   llenar, comer, vivir, decir, ir, admitir
2. *que tú:*   dejar, atender, abrir, poner, estar, elegir
3. *que él:*   volver, dormir, pedir, tener, alquilar, traer
4. *que nosotros:*   ver, ser, entrar, saber, hacer, pedir
5. *que ellas:*   leer, salir, llegar, sentarse, aprender, poder

Uses

◆ The imperfect subjunctive is always used in a subordinate clause when the verb of the main clause calls for the subjunctive and is in the past or the conditional.

—¿Por qué no compraste los
billetes?

"Why didn't you buy the tickets?"

—**Temía** que no **pudiéramos**
viajar hoy.

"**I was afraid we wouldn't be able**
to travel today."

◆ When the verb of the main clause is in the present, but the subordinate
clause refers to the past, the imperfect subjunctive is often used.

—Oscar es un muchacho muy
simpático.

"Oscar is a very charming young
man."

—¡Sí! **Me alegro** de que **viniera** a
vernos ayer.

"Yes! **I'm glad** (that) **he came** to
see us yesterday."

Práctica y conversación

Online Study Center

For more practice with lesson
topics, see the related activities on
the *¡Hola, amigos!* web site at
college.hmco.com/PIC/holaamigos7e.

A. Instrucciones   Indicate what Dr. Peña told some of her patients to do.
Follow the model.

◆ MODELO: Sra. Paz, descanse.
Le dijo a la Sra. Paz que descansara.

1. Sr. Mena, tome un jarabe para la tos.
2. Elena y Sara, pidan turno para mañana.
3. Srta. Rivas, vaya a ver a un oculista.
4. Sra. Ruiz, hable con la recepcionista.
5. Sr. López, esté aquí mañana a las ocho. Venga en ayunas (*fasting*).
6. Miguel y Pablo, pídanle la receta a la enfermera.
7. Señores, espérenme unos minutos.
8. Señora, abra la boca y diga "ah".
9. Juanito, respira hondo.
10. Señora, dele unas vitaminas a su papá.

B. Mi primera cita   In groups of three, talk about what your parents told
you to do and what not to do when you went out on your first date.

4. *If*-clauses (*Cláusulas que comienzan con* si)

◆ When a clause introduced by **si** refers to a situation that is hypothetical or
contrary to fact, **si** is always followed by the imperfect subjunctive.

Contrary-to-fact

—**Si** yo **tuviera** dinero, le daría
1.000 dólares a mi hijo.

"**If** I **had** money, I would give my
son a thousand dollars."

—**Si** yo **fuera** tú, no le daría nada.

"**If** I **were** you, I wouldn't give
him anything."

Hypothetical

Si yo **hablara** con el presidente...

If I **were to speak** to the president . . .

> Si yo **tuviera** dinero, le **daría**
> 1.000 dólares a mi hijo.

> *If I **had** money, **I would give** a*
> *thousand dollars to my son.*

◆ When the *if*-clause refers to something that is likely to happen or possible, the indicative is used.

> —¿**Puedes** llevar a mi papá
> al cardiólogo?
> —Lo llevaré si **tengo**
> tiempo.

> *"**Can you** take my dad to*
> *the cardiologist?"*
> *"I will take him if **I***
> ***have** time."*

◆ The imperfect subjunctive is always used after the expression **como si** (*as if*) because it implies a condition that is contrary to fact.

> —Marcos dice que necesito
> un antibiótico.
> —Sí, él habla **como si supiera**
> algo de medicina.

> *"Marcos says that I need*
> *an antibiotic."*
> *"Yes, he talks **as if he knew***
> *something about medicine."*

Online Study Center

For more practice with lesson topics, see the related activities on the *¡Hola, amigos!* web site at college.hmco.com/PIC/holaamigos7e.

Práctica y conversación

A. ¿Promesas o excusas? Complete each of the following statements with the correct form of the verb in parentheses. Use the imperfect subjunctive or the present indicative.

1. Si yo _____ (tener) tiempo te llevaré al médico.
2. Si nosotros _____ (poder), compraríamos las medicinas.
3. Si Elba _____ (comprar) las tijeras podemos ponerlas en el botiquín.
4. Si mis padres me _____ (dar) dinero, yo podría pagar por la medicina.
5. Si tú _____ (venir) temprano podremos llevar a los niños al pediatra.
6. Si Uds. _____ (traer) a Nora, el doctor podría examinarla.

B. Si... Referring to the pictures below for ideas, tell what the following people would do if circumstances were different.

◆ **MODELO:** Yo no tengo dinero. Si...
  Si yo tuviera dinero, viajaría.

1. Ellos no tienen hambre. Si...

2. Nosotros no podemos estudiar hoy. Si...

3. Tú tienes que trabajar. Si no...

4. Uds. no van a la fiesta. Si...

5. Hoy es sábado. Si...

6. El coche funciona. Si...

7. Laura no está enferma. Si...

8. La señora Soto no tiene el periódico. Si...

C. Si las cosas fueran diferentes In groups of three or four, discuss what you would do if circumstances in your lives were different. Include place of residence, schooling, work, and so on.

Rodeo

Summary of the Uses of the Subjunctive
(*Resumen de los usos del subjuntivo*)

Subjunctive vs. Infinitive

Use the subjunctive . . .	Use the infinitive . . .
1. After verbs of volition (when there is a change of subject).	**1.** After verbs of volition (where there is no change of subject).
Yo quiero que **él salga.**	**Yo** quiero **salir.**
2. After verbs of emotion (when there is a change of subject).	**2.** After verbs of emotion (when there is no change of subject).
Me alegro de que **tú estés** aquí.	**Me** alegro de **estar** aquí.
3. After impersonal expressions (when there is a subject).	**3.** After impersonal expressions (when speaking in general).
Es necesario que **él estudie.**	Es necesario **estudiar.**

Subjunctive vs. Indicative

Use the subjunctive . . .	Use the indicative . . .
1. To refer to something indefinite or nonexistent.	**1.** To refer to something that exists or is specific.
Busco una casa que **sea** grande. No hay nadie que lo **sepa.**	Tengo una casa que **es** grande. Hay alguien que lo **sabe.**
2. If the action is to occur at some indefinite time in the future as a condition of another action.	**2.** If the action has been completed or is habitual.
Cenarán cuando él **llegue.**	Cenaron cuando él **llegó.** Siempre cenan cuando él **llega.**
3. To express doubt, disbelief, and denial.	**3.** When there is no doubt, disbelief, or denial.
Dudo que **pueda** venir. Niego que él **esté** aquí. No creo que él **venga.**	No dudo que **puede** venir. No niego que él **está** aquí. Creo que él **viene.**
4. In an *if*-clause, to refer to something contrary to fact, impossible, or very improbable.	**4.** In an *if*-clause, when referring to something that is factual, probable, or very possible.
Si **pudiera,** iría. Si el presidente me **invitara** a la Casa Blanca, yo aceptaría.	Si **puedo,** iré. Si Juan me **invita** a su casa, aceptaré.

Práctica y conversación

Online Study Center

For more practice with lesson topics, see the related activities on the *¡Hola, amigos!* web site at college.hmco.com/PIC/holaamigos7e.

A. La carta de Marisa   Marisa wrote this letter to her parents from Sevilla. Complete it, using the subjunctive, indicative, or infinitive of the verbs that appear in parentheses.

Sevilla, 10 de junio

Queridos papá y mamá:

Recibí la tarjeta que me mandaron de Acapulco. Me alegro de que se _____ (estar) divirtiendo; cuando _____ (volver) a México el año próximo, yo quiero _____ (ir) con Uds. También me gustaría que Uds. _____ (poder) visitar Sevilla, porque es una ciudad magnífica.

   Ana y yo encontramos un piso que _____ (estar) en el centro, cerca de la universidad. Si Uds. _____ (decidir) venir a visitarme, tenemos un dormitorio extra. No creo que los padres de Ana _____ (poder) venir, como nos habían dicho, porque no les dan vacaciones.

   Mamá, es verdad que la comida de aquí _____ (ser) muy buena, pero no hay nadie que _____ (cocinar) tan bien como tú, así que en cuanto yo _____ (llegar) a casa, quiero que me _____ (hacer) tu famoso pollo con mole[1].

   Ayer fuimos con unos amigos a visitar la mezquita y después fuimos a un café en el barrio Santa Cruz. ¡Me estoy enamorando de Sevilla! Si _____ (poder), me quedaría a vivir aquí. ¡No se rían! Ya sé que no puedo vivir lejos de Uds.

   Díganle a Héctor que quiero que me _____ (escribir) y me _____ (contar) cómo le va en la universidad.

Besos,

Marisa

B. ¿Qué recuerdan Uds.?   With a partner, prepare five or six questions about Marisa's letter. Then join two classmates and ask them your questions and answer theirs.

---

[1]**Mole,** a sauce made with many spices and unsweetened chocolate, is used in Mexican cuisine.

Entre nosotros

¡Conversemos!

 Para conocernos mejor Get to know your partner better by asking each other the following questions.

1. ¿Necesitas que el (la) médico(a) te examine?
2. ¿El consultorio de tu médico(a) está cerca de tu casa?
3. ¿Eres alérgico(a) a alguna medicina o comida? ¿A cuál?
4. ¿Qué tomas cuando tienes dolor de cabeza?
5. ¿Has tenido que tomar un antibiótico alguna vez?
6. ¿Qué haces cuando tienes gripe?
7. ¿Has tenido que ir al oculista últimamente?
8. La última vez que fuiste a tu médico, ¿qué te recetó?
9. ¿Cuándo tendrás que volver a ver al médico?
10. ¿Te gustaría ser médico(a) o enfermero(a)?

 Una encuesta Interview your classmates to identify who fits the following descriptions. Include your instructor, but remember to use the **Ud.** form when addressing him or her.

Nombre

1. Trabajaría en un hospital.
2. Necesita ir al oculista.
3. Tiene turno para ver al médico el mes próximo.
4. Toma aspirina cuando tiene fiebre.
5. Toma vitamina C todos los días.
6. Es alérgico(a) a la penicilina.
7. Ha tenido gripe recientemente.
8. Toma antiácidos frecuentemente.
9. Espera poder descansar este fin de semana.
10. Da consejos como si fuera médico(a).

 Y ahora... Write a brief summary about what you have learned about your classmates.

¿Cómo lo decimos?

What would you say in the following situations? What might the other person say? Act out the scenes with a partner.

1. You have the flu. Tell the doctor what your symptoms are.
2. You are giving advice to someone who has a cold and a bad cough.
3. Tell someone what your mother wants you to do when you are sick.

¿Qué dice aquí?

Read the ad, and answer the questions that follow.

1. Si una persona necesita perder peso (*weight*), ¿a que médico debe ir?
2. ¿Cuál es la especialidad de Luis Díaz?
3. Una amiga mía está embarazada. ¿Por qué debe ver a la Dra. Vega?
4. Me rompí el brazo. ¿Qué doctor me puede ayudar?
5. ¿Qué servicios ofrece el Dr. Vargas?
6. ¿Por qué cree Ud. que el Dr. Díaz tiene más pacientes adolescentes?
7. Hace tiempo que no voy al médico. ¿Por qué debo ver a la Dra. López?
8. ¿Puedo ir al Centro Médico Regional el sábado? ¿Por qué ?
9. Yo no tengo seguro, ¿puedo ir a ver a alguno de los médicos del Centro?
10. ¿Cuál es la dirección y el número de teléfono del Centro Médico Regional?

CENTRO MÉDICO REGIONAL

Para el cuidado de la salud de toda la familia

Alonso Cano, 192, Madrid • 3-27-93-84

Dra. Rita López
Medicina general

Exámenes físicos completos
Programas para controlar el peso
Alergias
Rayos X - Laboratorio

Dr. Rafael Vargas
Oculista

Examen completo de la vista
Anteojos y lentes de contacto
Cirugía de cataratas
Cirugía con láser

Dr. Luis Díaz
Dermatólogo

Enfermedades de la piel
Cirugía cosmética
Acné

Dra. Marta Vega
Ginecóloga Obstetra

Pruebas de embarazo
Papanicolau
Mamografías

Horas de consulta:
Lunes, martes y jueves de 9 a 5
Miércoles y viernes de 8 a 12

Aceptamos todo tipo de seguro
Planes de pago para pacientes
sin seguro

Llamadas de emergencia las 24 horas

Un dicho

Es mejor prevenir que curar.

Another saying! What does it mean? Have you thought of an English equivalent? Use it every chance you get.

Para escribir

Con el doctor   Write a dialogue between you and your doctor. Among the things you might discuss are: symptoms, general questions the doctor might ask, any questions you have, the advice and/or treatment the doctor offers.

Lectura

Estrategia de lectura   Reading a poem is different from reading a story or an essay. A poet often uses words in original ways to express his or her feelings. Think about the following words from *Rimas*, which you are going to read. Try to visualize them individually, and then together. What feelings do they convey?

tierra	*earth*	mundo	*world*
cielo	*heaven*	beso	*kiss*
alma	*soul*	suspiros	*sighs*
sol	*sun*	lágrimas	*tears*
poesía	*poetry*	amor	*love*

Vamos a leer   As you read this poem, try to answer the following questions.

1. ¿En quién cree hoy el poeta? ¿Por qué?
2. ¿De qué color son los ojos de la mujer que el poeta ama?
3. ¿Qué le pregunta la mujer al poeta?
4. ¿Qué le contesta el poeta?
5. ¿Qué daría el poeta por una mirada (*look*) de su amada?
6. ¿Qué daría por una sonrisa (*smile*)?
7. ¿Qué cree que sería lo más maravilloso para el poeta?
8. ¿Con qué compara el poeta los suspiros y las lágrimas?

Gustavo Adolfo Bécquer nació en Sevilla, España, en 1836 y murió en el año 1870. Se le considera un precursor de la poesía moderna, y se le conoce mayormente por sus Rimas *y sus* Leyendas. *Sus poemas son breves y suponen la máxima condensación lírica. Los temas principales de su poesía son el amor, la soledad y el misterio.*

Video

Rimas

GUSTAVO ADOLFO BÉCQUER

XVII

Hoy la tierra y los cielos me sonríen;
hoy llega al fondo de mi alma el sol;
hoy la he visto..., la he visto y me ha mirado...
¡Hoy creo en Dios!

XXI

"¿Qué es poesía?," dices mientras clavas
en mi pupila tu pupila azul;
¿Qué es poesía? ¿Y tú me lo preguntas?
Poesía... eres tú.

XXIII

Por una mirada, un mundo;
por una sonrisa, un cielo;
por un beso... ¡yo no sé
qué te diera por un beso!

XXXVIII

¡Los suspiros son aire y van al aire!
¡Las lágrimas son agua y van al mar!
Dime, mujer, cuando el amor se olvida,
¿sabes tú a dónde va?

Díganos   Answer the following questions based on your own thoughts or experiences.

1. ¿Está Ud. enamorado(a)? ¿De quién?
2. ¿De qué color son los ojos de su amado(a)?
3. ¿A quién le ha dado Ud. un beso últimamente?
4. ¿Ha tenido Ud. un amor que ahora sólo es parte de su pasado?

¡Uno nunca sabe...!

Marisa y Pablo están estudiando juntos. Él se queja de un montón de problemas físicos y ella le dice que es un hipocondríaco.

Continúan hablando, y los dos admiten que se necesitan el uno al otro. ¿Continuarán siendo amigos...?

El mundo hispánico

España

◆ España forma con Portugal la Península Ibérica, y es el tercer país europeo en cuanto a extensión. Por su situación geográfica entre el resto de Europa y África siempre ha poseído considerable valor (*value*) estratégico, y en su suelo se mezclaron (*mixed*) y fundieron (*melted*) diversos grupos étnicos provenientes (*coming*) de una gran variedad de civilizaciones; entre ellas, las más importantes fueron la romana, la judía y la árabe (*Arabic*).

◆ El relieve de España varía desde las cordilleras hasta los valles, llanuras (*plains*) y extensas mesetas. En los Pirineos, que sirven de frontera con Francia, se encuentran algunos de los picos más altos de Europa.

◆ Por su clima y sus magníficas playas, España es uno de los países de más turismo en el mundo.

◆ El sistema de gobierno español es una monarquía constitucional. El actual rey (*king*) es Juan Carlos de Borbón. España pertenece a la Unión Europea y su moneda es el euro.

▲ El Templo de la Sagrada Familia, en Barcelona.

▲ Admirando unas pinturas en el famoso Museo del Prado en Madrid

◆ Madrid, la capital, es una ciudad moderna, y hoy en día es uno de los centros de negocios más importantes del mundo. Es una ciudad de gran movimiento y se dice que "Madrid nunca duerme". Sus grandes avenidas, centros culturales, plazas y museos son puntos de atracción turística. A pesar de ser una gran metrópoli, Madrid conserva grandes extensiones de áreas verdes, como el parque del Buen Retiro, La Rosaleda, el Parque del Oeste y el Prado. En Madrid está el Museo del Prado, uno de los mejores del mundo. Allí se conserva la colección más grande de las obras de pintores españoles como Murillo, Velázquez, El Greco y Goya, entre otros.

◆ En el norte de España están Barcelona, la segunda ciudad más grande del país y Pamplona, conocida por sus encierros y sus corridas de toros el día de San Fermín.

◆ En el sur de España se encuentran Granada, Sevilla y Córdoba, ciudades de gran belleza donde se ve la influencia árabe. La Alhambra de Granada, la Giralda de Sevilla y la Mezquita (*Mosque*) de Córdoba son verdaderas joyas arquitectónicas. Sevilla tiene además el maravilloso Parque de María Luisa, donde se encuentra la gran Plaza de España. En esta plaza, construida enteramente de azulejos (*ceramic tiles*) de tipo andaluz, están representadas escenas históricas de las cincuenta provincias de España.

◀ *Guernica,* uno de los cuadros más famosos de Picasso. Museo Reina Sofía, Madrid.

◆ Las playas de Andalucía, conocidas como la "Costa del Sol", están entre las más famosas atracciones turísticas del país, y son visitadas todo el año gracias a su clima cálido, aun en invierno.

◆ España es rica en tradiciones. Cada provincia tiene sus propios trajes regionales, música, artesanía y cocina típicas.

◆ Aunque no hay ninguna región española que no produzca su propio vino, Andalucía es la gran tierra del vino, por su gran calidad y variedad. Andalucía es famosa, además, por el cultivo del olivo y, en la música y en la danza, por el flamenco.

◆ España ha aportado (*exerted*) su influencia al mundo tanto en el campo de la ciencia como en el de la cultura, y ha obtenido premios Nobel en ambos campos. En la literatura, España se ha destacado desde la Edad Media. Entre sus numerosos escritores está Miguel de Cervantes, creador de *Don Quijote,* una de las obras literarias que más ha influido en todo el mundo. Tres grandes pintores del siglo XX, conocidos mundialmente, son españoles: Salvador Dalí, Joan Miró y Pablo Picasso.

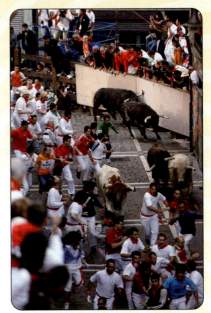

▲ Corriendo delante de los toros en la Feria de San Fermín, en Pamplona

◀ Paisaje de invierno. Lago San Mauricio, Parque Nacional Aigüestortes, en los Pirineos.

Online Study Center

For more practice with lesson topics, see the related activities on the *¡Hola, amigos!* web site at college.hmco.com/PIC/holaamigos7e.

Comentarios... With a partner, discuss in Spanish what impressed you the most about Spain. Compare it to Canada. Have you ever been to Spain? Which places would you want to visit there and why?

Tome este examen

Lección 13

A. Subjunctive to express doubt
Complete the following sentences, using the subjunctive or the indicative of the verbs in parentheses.

1. Estoy seguro de que ellos _____ (ser) alérgicos a las fresas.
2. Dudo que ella _____ (estar) en el hospital.
3. No estoy seguro de que él _____ (poder) llevarnos al hospital.
4. Estamos seguros de que ellos _____ (venir) hoy.
5. No dudo que ellos _____ (servir) el almuerzo a esa hora.

B. Subjunctive to express disbelief and denial
Rewrite each sentence, using the subjunctive or the indicative, as appropriate.

1. Están llamando la ambulancia. (No es cierto que...)
2. Ellos van a quedarse en el hospital. (No creo que...)
3. Ella prefiere venir con nosotros. (Es verdad que ella...)
4. Cobran 50 dólares por las radiografías. (Creo que...)
5. El cuarto no tiene calefacción. (No es verdad que...)
6. Ella está en el hospital. (Luis niega que...)

C. Subjunctive with certain conjunctions
Complete each sentence with the Spanish equivalent of the word(s) in parentheses.

1. Voy a llamar al médico en cuanto ellos _____. (*finish*)
2. No vamos a menos que _____ ir con él. (*we can*)
3. Voy a llamar a la enfermera para que nos _____ la radiografía. (*bring*)
4. Vamos a ir tan pronto como ellos _____ a servir la comida. (*begin*)
5. Siempre voy a ese hospital cuando _____. (*I need a doctor*)
6. En cuanto yo _____ a casa, voy a llamar a mis padres. (*arrive*)
7. Aunque _____, vamos al comedor. (*I'm not hungry*)
8. Mañana vamos a ir al cine aunque _____. (*it may rain*)

D. First-person plural commands
Answer the following questions, using the information provided in parentheses and first-person plural (**nosotros**) commands.

1. ¿Dónde nos quedamos? (aquí)
2. ¿A quién se lo decimos? (a nadie)
3. ¿A qué hora nos levantamos? (a las siete)
4. ¿Qué preguntamos? (el precio de los análisis)
5. ¿A quién se lo damos? (a la enfermera)
6. ¿Adónde vamos? (a la sala de rayos X)

E. ¿Qué? and ¿cuál? with *ser*   Complete the following, using **qué** or **cuál.**

1. ¿_____ es tu dirección?
2. ¿_____ es tu número de teléfono?
3. ¿_____ es el béisbol?
4. ¿_____ es una enchilada?
5. ¿_____ es su opinión?

F. Vocabulary   Write the vocabulary words from **Lección 13** that correspond to the following words or descriptions.

1. Trabaja con el médico.
2. parte del brazo
3. perder el conocimiento
4. Tenemos diez en las manos.
5. Tenemos treinta y dos en la boca.
6. suceder
7. tener dudas
8. seguir
9. La usamos para subir y bajar.
10. Las uso para caminar.
11. Los necesitamos para ver.
12. Está dentro de la boca.
13. quebrarse
14. instrumento musical

G. Translation   Express the following in Spanish.

1. —Are we going to the movies tonight with Eva?
   —Yes, we are going to wait until Eva comes from the university.
2. Let's ask how much the ticket to Madrid costs.
3. We are going to eat as soon as dad gets home.
4. We are going to meet at the library at noon.
5. We would like a room with a private bathroom.

H. Culture   Complete the following sentences, based on the cultural notes you have read.

1. En la mayoría de los países hispanos, los hospitales son _____.
2. En las casas de _____ se ofrecen cuidados médicos urgentes.

A. Future tense   Change the verbs in these sentences to indicate what will take place.

1. Van al consultorio y hablan con el médico.
2. Tú la pesas y le tomas la presión.
3. Rosa trae las radiografías y las pone en la oficina.
4. Yo vengo al hospital y pido turno.
5. La enfermera me pone una inyección y me da el jarabe.

B. Conditional tense   Complete the following sentences, using the conditional form of the verbs in parentheses.

1. Nosotros no _____ (hablar) con ellos.
2. Yo _____ (salir) temprano.
3. ¿Tú _____ (hacer) eso?
4. Ella no _____ (saber) qué hacer.
5. ¿Adónde _____ (ir) Ud. hoy?
6. Ellos le _____ (pedir) turno.

C. Forms of the imperfect subjunctive   Give the imperfect subjunctive of the following verbs according to the cues provided.

1. nosotros / poder
2. tú / entender
3. ellos / poner
4. yo / querer
5. Ud. / traer
6. Uds. / tener
7. nosotras / saber
8. ella / decir
9. yo / ir
10. tú / ser

D. Uses of the imperfect subjunctive   Complete the following sentences using the imperfect subjunctive of the verbs given.

1. Ella me pidió que _____ (traer) la receta.
2. Yo esperaba que mis padres _____ (venir) hoy.
3. Ellos dudaban que yo _____ (estar) enfermo.
4. No había nadie que _____ (saber) dónde estaba el médico.
5. Te dije que no era verdad que ella _____ (tener) esa enfermedad.
6. Mi esposo quería que yo _____ (pedir) turno para hoy.

E. *If*-clauses Complete each sentence with the equivalent of the words in parentheses.

1. Yo compraría el antibiótico... (*if I had money*)
2. Vamos a ir a verte... (*if we have time*)
3. Nosotros iríamos a Barcelona... (*if we could*)
4. (*If you see her*)..., dígale que venga mañana.
5. Ella habla... (*as if she were rich*)

F. Vocabulary Complete the following sentences, using vocabulary from **Lección 14.**

1. Tiene una temperatura de treinta y nueve _____.
2. El médico me recetó un jarabe para la _____.
3. Espero que Ud. se _____ con estas medicinas.
4. El médico le va a _____ un antibiótico.
5. Necesita un _____ porque tiene mucho dolor.
6. Si tienes acné ve a un _____ y si tienes problemas con el corazón a un _____.
7. Necesito las _____ para cortar las vendas.
8. No se mejoró; se _____.
9. Mi _____ con el médico es para hoy.
10. No tuvo que pagar el hospital porque tiene _____ médico.
11. Puse el esparadrapo en el _____.
12. Por _____ no tiene pulmonía.

G. Translation Express the following in Spanish.

1. I have to take care of myself. My throat hurts and I have a fever.
2. —Beto, what will you do during the summer? (Use future tense.)
   —I will work and save money for the university.
3. Leonor said she was going to Chile next year. I would go to Peru.
4. Excuse me sir, could you tell me where the pharmacy is?
5. My parents wanted me to study a lot and not to go out frequently.

H. Culture Circle the correct answer, based on the cultural notes you have read.

1. (Barcelona / Madrid) es la capital de España.
2. Barcelona es la (segunda / tercera) ciudad más grande del país.
3. En el sur de España se encuentra (Sevilla / Valencia).
4. La música típica de Andalucía es el (tango / flamenco).

Un poco más (*Material suplementario*)

1. Compound tenses of the indicative

Future perfect (*El futuro perfecto*)

◆ Forms

The future perfect tense in Spanish corresponds closely in formation and meaning to the same tense in English. The Spanish future perfect is formed with the future tense of the auxiliary verb **haber** + past participle of the main verb.

Formation of the Future Perfect Tense			
	Future of **haber**	+ *Past Participle*	
yo	**habré**	**terminado**	I will have finished
tú	**habrás**	**vuelto**	you (*fam.*) will have returned
Ud., él, ella	**habrá**	**comido**	you (*form.*), he, she will have eaten
nosotros(as)	**habremos**	**escrito**	we will have written
vosotros(as)	**habréis**	**dicho**	you (*fam.*) will have said
Uds., ellos, ellas	**habrán**	**salido**	you (*form., fam.*), they will have left

◆ Use

Like its English equivalent, the Spanish future perfect tense is used to express an action that will have taken place by a certain time in the future.

—¿Tus padres estarán aquí para el dos de junio?
—Sí, para esa fecha ya **habrán vuelto** de Madrid.

"*Will your parents be here by June second?*"
"*Yes, by that date **they will have returned** from Madrid.*"

Práctica y conversación

A. Complete each sentence with the corresponding form of the future perfect tense.

1. Para junio nosotros _____ (volver) del viaje, pero Carlos no _____ (llegar) de México todavía.
2. Para las nueve yo _____ (servir) la cena y ellos _____ (comer).
3. ¿A qué hora _____ (terminar) tú el trabajo?
4. ¿Ya _____ (leer) Uds. la novela para la próxima semana?
5. Para las doce la secretaria _____ (escribir) todas las cartas.

B. Interview a partner, using the following questions.

1. ¿Habremos terminado esta lección para la semana que viene?
2. ¿Las clases habrán terminado para el 15 de junio?
3. ¿Te habrás graduado (*graduate*) para el año que viene?
4. ¿Tú habrás vuelto a tu casa para las 10 de la noche?
5. ¿Tú y tu familia habrán terminado de cenar para las siete de la noche?
6. ¿Te habrás acostado para las once de la noche?

C. Use your imagination to complete each statement, using the future perfect tense.

1. Para el próximo año yo...
2. Para diciembre mis padres...
3. Para el sábado mi mejor amigo(a)...
4. Para la próxima semana el (la) profesor(a)...
5. Para el verano nosotros(as)...
6. Para esta noche tú...

Conditional perfect (*El condicional perfecto*)

◆ Forms

The conditional perfect tense is formed with the conditional of the verb **haber** + *past participle* of the main verb.

Formation of the Conditional Perfect Tense			
	Conditional of haber	+ *Past Participle*	
yo	**habría**	**hablado**	I would have spoken
tú	**habrías**	**comido**	you (*fam.*) would have eaten
Ud., él, ella	**habría**	**vuelto**	you (*form.*), he, she would have returned
nosotros(as)	**habríamos**	**dicho**	we would have said
vosotros(as)	**habríais**	**roto**	you (*fam.*) would have broken
Uds., ellos, ellas	**habrían**	**hecho**	you (*form., fam.*), they would have done, made

◆ Uses

The conditional perfect (expressed in English by *would have* + past participle of the main verb) is used:

◆ To indicate an action that *would have taken place* (*but didn't*), if a certain condition had been true.

> De haber sabido[1] que venía, lo **habría llamado.**
> *Had I known that he was coming, I would have called him.*

◆ To refer to a future action in relation to the past.

> Él dijo que para mayo **habrían terminado** la clase.
> *He said that by May they would have finished the class.*

---

[1]**De haber sabido** is an impersonal expression.

Práctica y conversación

A. Complete each sentence, using the conditional perfect tense of the verbs given in parentheses.

1. De haber sabido que él no estaba aquí, yo no _____ (venir).
2. De haber sabido que yo no tenía dinero, él me lo _____ (comprar).
3. Él dijo que para mayo nosotros _____ (volver).
4. Carlos nos dijo que para septiembre tú _____ (terminar).
5. De haber sabido que Uds. tenían los libros, ellos se los _____ (pedir).
6. Él me dijo que para esta noche ellos _____ (llamar).

B. Using the conditional perfect tense and the cues provided, tell what you and the other people would have done differently.

◆ **MODELO:** Tú fuiste de vacaciones a México.   (yo)
Yo habría ido a España.

1. Ellos comieron hamburguesas.   (yo)
2. Teresa salió con Ernesto.   (tú)
3. Yo preparé pollo para la cena.   (ellos)
4. Uds. estuvieron en México por una semana.   (nosotras)
5. Nosotros invitamos a muchas personas.   (Marta)
6. Yo escribí las cartas en español.   (Uds.)

C. With a classmate, discuss what you did last summer. Say whether you would have done the same thing as your partner or if you would have done something different.

2. Compound tenses of the subjunctive

Present perfect subjunctive (*El pretérito perfecto de subjuntivo*)

◆ Forms

The present perfect subjunctive tense is formed with the present subjunctive of the auxiliary verb **haber** + *past participle* of the main verb.

Formation of the Present Perfect Subjunctive		
Present Subjunctive of haber	+	*Past Participle*
yo	**haya**	**hablado**
tú	**hayas**	**comido**
Ud., él, ella	**haya**	**vivido**
nosotros(as)	**hayamos**	**hecho**
vosotros(as)	**hayáis**	**ido**
Uds., ellos, ellas	**hayan**	**puesto**

Práctica

Conjugation For each subject below, conjugate the following verbs in the present perfect subjunctive.

1. *que yo:* escuchar, oír, divertirse, decir
2. *que tú:* llenar, despertarse, volver, pedir
3. *que ella:* celebrar, poner, estacionar, escribir
4. *que nosotros:* hacer, decidir, vestirse, ayudar
5. *que ellos:* conversar, abrir, morir, irse

◆ Uses

The Spanish present perfect subjunctive tense is used in the same way as the present perfect tense in English, but only in sentences that call for the subjunctive in the subordinate clause.

—Espero que Eva **haya traído** las cintas.

"I hope (that) Eva **has brought** the tapes."

—Sí, y también ha traído la grabadora.

"Yes, and she has also brought the tape recorder."

—Álvaro prometió llevar a los niños al cine.

"Álvaro promised to take the children to the movies."

—Dudo que lo **haya hecho.**

"I doubt that he **has done** it."

Práctica y conversación

A. Rewrite the following sentences, using the cues in parentheses. Make any necessary changes.

◆ **MODELO:** Ha llevado el coche al taller de mecánica.
   Espero que haya llevado el coche al taller de mecánica.

1. Ha estado aquí sólo un momento. (Dudo)
2. Han comprado una casa nueva. (Espero)
3. Ha podido celebrar su aniversario. (No creo)
4. Has perdido parte del interés. (Es posible)
5. No hemos comprado la alfombra. (Siento)
6. Me he divertido mucho en la fiesta. (No es verdad)
7. Han pasado unos días felices. (Me alegro de)
8. Le han dado la dirección del teatro. (Espero)
9. Le han mandado el dinero. (No creo)
10. Han ido al concierto. (No es cierto)

B. Complete the following dialogues by supplying the present perfect subjunctive of the verbs given. Then act them out with a partner.

1. —Espero que los chicos _____ (volver).

   —Dudo que ya _____ (regresar) porque es muy temprano.

   —Temo que _____ (tener) un accidente.

   —Tú te preocupas demasiado.

2. —¿Hay alguien que _____ (estar) en Madrid alguna vez?

   —No, aquí no hay nadie que _____ (ir) a España.

3. —Siento que Uds. no _____ (poder) terminar el trabajo.

—No es verdad que no lo _____ (terminar).

4. —¿Ellos van a vivir en Edmonton?

—Sí, pero no creo que ya _____ (alquilar) un apartamento.

5. —Me alegro de que tú _____ (conseguir) el puesto.

—Yo también.

C. Use your imagination to complete each statement, using the present perfect subjunctive tense.

1. Me alegro mucho de que mis padres...
2. Siento mucho que los invitados...
3. Espero que la clase de español...
4. No creo que los estudiantes...
5. No es cierto que yo...
6. Me sorprende que el concierto...
7. Dudo que el (la) profesor(a)...
8. No es verdad que él...

Pluperfect subjunctive (*El pluscuamperfecto de subjuntivo*)

◆ Forms

The Spanish pluperfect subjunctive is formed with the imperfect subjunctive of the auxiliary verb **haber** + *past participle* of the main verb.

Formation of the Pluperfect Subjunctive Tense		
Imperfect Subjunctive of haber	+	*Past Participle*
yo **hubiera**		**hablado**
tú **hubieras**		**comido**
Ud., él, ella **hubiera**		**vivido**
nosotros(as) **hubiéramos**		**visto**
vosotros(as) **hubierais**		**hecho**
Uds., ellos, ellas **hubieran**		**vuelto**

◆ Use

The Spanish pluperfect subjunctive tense is used in the same way the past perfect is used in English, but in sentences in which the main clause calls for the subjunctive.

Yo dudaba que ellos **hubieran llegado.**	*I doubted that they **had arrived.***
Yo esperaba que tú **hubieras pagado** tus cuentas.	*I was hoping that you **had paid** your bills.*

Práctica

A. Rewrite the following sentences, using the cues in parentheses. Make any necessary changes.

◆ **MODELO:** Él se alegra de que ellos hayan hecho el trabajo. (Él se alegró)
Él se alegró de que ellos hubieran hecho el trabajo.

1. Nosotros sentimos que hayas estado solo en Lima. (Nosotros sentíamos)
2. Yo espero que Uds. hayan hecho el trabajo. (Yo esperaba)
3. Siente que yo no haya podido venir el sábado. (Sintió)
4. No creo que hayas comprado esas sábanas. (No creí)
5. Me sorprende que no hayas cambiado el pasaje. (Me sorprendió)
6. Me alegro de que hayamos conseguido la reservación. (Me alegré)
7. Es probable que ellos hayan tenido que transbordar. (Era probable)
8. No es verdad que él haya llegado tarde. (No era verdad)

B. Write the following sentences in Spanish.

1. We were hoping that they had done the work.
2. I was sorry you had been sick.
3. They were glad that he had bought the tickets for the trip.
4. I didn't think that they hadn't gotten a discount.
5. We were glad that you had brought your driver's licence.

C. Use the pluperfect subjunctive to finish the following in an original manner.

1. Mis padres se alegraron de que yo...
2. Yo esperaba que mis amigos...
3. Ellos sintieron que nosotros...
4. Aquí no había nadie que...
5. ¿Había alguien en esa familia que...?
6. Mi compañero de cuarto dudaba que yo...

Appendices

A: Spanish Sounds

Vowels

There are five distinct vowels in Spanish: **a, e, i, o, u.** Each vowel has only one basic, constant sound. The pronunciation of each vowel is constant, clear, and brief. The length of the sound is practically the same whether it is produced in a stressed or unstressed syllable.[1]

While producing the sounds of the English stressed vowels that most closely resemble the Spanish ones, the speaker changes the position of the tongue, lips, and lower jaw, so that the vowel actually starts as one sound and then *glides* into another. In Spanish, however, the tongue, lips, and jaw keep a constant position during the production of the sound.

> **English:** ban*a*na   **Spanish:** ban*a*na

The stress falls on the same vowel and syllable in both Spanish and English, but the English stressed *a* is longer than the Spanish stressed **a.**

> **English:** ban*a*na   **Spanish:** ban*a*na

Note also that the English stressed *a* has a sound different from the other *a*'s in the word, while the Spanish **a** sound remains constant.

a in Spanish sounds similar to the English *a* in the word *father.*

> alta   casa   palma   Ana   cama   Panamá   alma   apagar

e is pronounced like the English *e* in the word *eight.*

> mes   entre   este   deje   ese   encender   teme   prender

i has a sound similar to the English *ee* in the word *see.*

> fin   ir   sí   sin   dividir   Trini   difícil

o is similar to the English *o* in the word *no,* but without the glide.

> toco   como   poco   roto   corto   corro   solo   loco

u is pronounced like the English *oo* sound in the word *shoot* or the *ue* sound in the word *Sue.*

> su   Lulú   Úrsula   cultura   un   luna   sucursal   Uruguay

---

[1]In a stressed syllable, the prominence of the vowel is indicated by its loudness.

Diphthongs and triphthongs

When unstressed **i** or **u** falls next to another vowel in a syllable, it unites with that vowel to form what is called a *diphthong*. Both vowels are pronounced as one syllable. Their sounds do not change; they are only pronounced more rapidly and with a glide. For example:

tr**ai**ga	Lid**ia**	tr**ei**nta	s**ie**te	**oi**go	ad**ió**s
Aurora	ag**ua**	b**ue**no	antig**uo**	c**iu**dad	L**ui**s

A triphthong is the union of three vowels, a stressed vowel between two unstressed ones (**i** or **u**) in the same syllable. For example: Parag**uay,** estud**iéi**s.

NOTE: Stressed **i** and **u** do not form diphthongs with other vowels, except in the combinations **iu** and **ui**. For example: **rí**-o, sa-**bí**-ais.

In syllabication, diphthongs and triphthongs are considered a single vowel; their components cannot be separated.

Consonants

p Spanish **p** is pronounced in a manner similar to the English *p* sound, but without the puff of air that follows after the English sound is produced.

pesca	pude	puedo	parte	papá
postre	piña	puente	Paco	

k The Spanish **k** sound, represented by the letters **k** and **c** before **a, o, u,** or a consonant, and **qu,** is similar to the English *k* sound, but without the puff of air.

casa	comer	cuna	clima	acción	que
quinto	queso	aunque	quiosco	kilómetro	kilo

t Spanish **t** is produced by touching the back of the upper front teeth with the tip of the tongue. It has no puff of air as in the English *t*.

todo	antes	corto	Guatemala	diente
resto	tonto	roto	tanque	

d The Spanish consonant **d** has two different sounds depending on its position. At the beginning of an utterance and after **n** or **l,** the tip of the tongue presses the back of the upper front teeth.

día	doma	dice	dolor	dar
anda	Aldo	caldo	el deseo	un domicilio

In all other positions the sound of **d** is similar to the *th* sound in the English word *they*, but softer.

medida	todo	nada	nadie	medio
puedo	moda	queda	nudo	

g   The Spanish consonant **g** is similar to the English *g* sound in the word *guy* except before **e** or **i.**

goma   glotón   gallo   gloria   lago   alga
gorrión   garra   guerra   angustia   algo   Dagoberto

j   The sound of Spanish **j** (or **g** before **e** and **i**) is similar to a strongly exaggerated English *h* sound.

gemir   juez   jarro   gitano   agente
juego   giro   bajo   gente

b, v   There is no difference in sound between Spanish **b** and **v.** Both letters are pronounced alike. At the beginning of an utterance or after **m** or **n, b** and **v** have a sound identical to the English *b* sound in the word *boy.*

vivir   beber   vamos   barco   enviar
hambre   batea   bueno   vestido

When pronounced between vowels, the Spanish **b** and **v** sound is produced by bringing the lips together but not closing them, so that some air may pass through.

sábado   autobús   yo voy   su barco

y, ll   In most countries, Spanish **ll** and **y** have a sound similar to the English sound in the word *yes.*

el llavero   un yelmo   el yeso   su yunta   llama   yema
oye   trayecto   trayectoria   mayo   milla   bella

NOTE: When it stands alone or is at the end of a word, Spanish **y** is pronounced like the vowel **i.**

rey   hoy   y   doy   buey   muy   voy   estoy   soy

r   The sound of Spanish **r** is similar to the English *dd* sound in the word *ladder.*

crema   aroma   cara   arena   aro
harina   toro   oro   eres   portero

rr   Spanish **rr** and also **r** in an initial position and after **n, l,** or **s** are pronounced with a very strong trill. This trill is produced by bringing the tip of the tongue near the alveolar ridge and letting it vibrate freely while the air passes through the mouth.

rama   carro   Israel   cierra   roto
perro   alrededor   rizo   corre   Enrique

s   Spanish **s** is represented in most of the Spanish world by the letters **s, z,** and **c** before **e** or **i.** The sound is very similar to the English sibilant *s* in the word *sink.*

sale   sitio   presidente   signo
salsa   seda   suma   vaso
sobrino   ciudad   cima   canción
zapato   zarza   cerveza   centro

h   The letter **h** is silent in Spanish.

hoy   hora   hilo   ahora
humor   huevo   horror   almohada

ch   Spanish **ch** is pronounced like the English *ch* in the word *chief.*

hecho   chico   coche   Chile
mucho   muchacho   salchicha

f   Spanish **f** is identical in sound to the English *f.*

difícil   feo   fuego   forma
fácil   fecha   foto   fueron

l   Spanish **l** is similar to the English *l* in the word *let.*

dolor   lata   ángel   lago   sueldo
los   pelo   lana   general   fácil

m   Spanish **m** is pronounced like the English *m* in the word *mother.*

mano   moda   mucho   muy
mismo   tampoco   multa   cómoda

n   In most cases, Spanish **n** has a sound similar to the English *n.*

nada   nunca   ninguno   norte
entra   tiene   sienta

The sound of Spanish **n** is often affected by the sounds that occur around it. When it appears before **b, v,** or **p,** it is pronounced like an **m.**

tan bueno   toman vino   sin poder
un pobre   comen peras   siguen bebiendo

ñ   Spanish **ñ** is similar to the English *ny* sound in the word *canyon.*

señor   otoño   ñoño   uña
leña   dueño   niños   años

x   Spanish **x** has two pronunciations depending on its position. Between vowels the sound is similar to English *ks.*

examen   exacto   boxeo   éxito
oxidar   oxígeno   existencia

When it occurs before a consonant, Spanish **x** sounds like *s.*

expresión   explicar   extraer   excusa
expreso   exquisito   extremo

Note: When **x** appears in **México** or in other words of Mexican origin, it is pronounced like the Spanish letter **j.**

Rhythm

Rhythm is the variation of sound intensity that we usually associate with music. Spanish and English each regulate these variations in speech differently, because they have different patterns of syllable length. In Spanish the length of the stressed and unstressed syllables remains almost the same, while in English stressed syllables are considerably longer than unstressed ones. Pronounce the following Spanish words, enunciating each syllable clearly.

es-tu-dian-te	bue-no	Úr-su-la
com-po-si-ción	di-fí-cil	ki-ló-me-tro
po-li-cí-a	Pa-ra-guay	

Because the length of the Spanish syllables remains constant, the greater the number of syllables in a given word or phrase, the longer the phrase will be.

Linking

In spoken Spanish, the different words in a phrase or a sentence are not pronounced as isolated elements but combined together. This is called *linking*.

Pepe come pan.		Pe-pe-co-me-pan
Tomás toma leche.		To-más-to-ma-le-che
Luis tiene la llave.		Luis-tie-ne-la-lla-ve
La mano de Roberto.		La-ma-no-de-Ro-ber-to

1. The final consonant of a word is pronounced together with the initial vowel of the following word.

Carlos anda		Car-lo-san-da
un ángel		u-nán-gel
el otoño		e-lo-to-ño
unos estudios interesantes		u-no-ses-tu-dio-sin-te-re-san-tes

2. A diphthong is formed between the final vowel of a word and the initial vowel of the following word. A triphthong is formed when there is a combination of three vowels (see rules for the formation of diphthongs and triphthongs on page 347).

su hermana		suher-ma-na
tu escopeta		tues-co-pe-ta
Roberto y Luis		Ro-ber-toy-Luis
negocio importante		ne-go-cioim-por-tan-te
lluvia y nieve		llu-viay-nie-ve
ardua empresa		ar-duaem-pre-sa

3. When the final vowel of a word and the initial vowel of the following word are identical, they are pronounced slightly longer than one vowel.

Ana alcanza	A-n*a*l-can-za	tiene eso	tie-n*e*-so
lo olvido	l*o*l-vi-do	Ada atiende	Ad*a*-tien-de

The same rule applies when two identical vowels appear within a word.

crees   cr*es*
Teherán   T*e*-rán
coordinación c*o*r-di-na-ción

4. When the final consonant of a word and the initial consonant of the following word are the same, they are pronounced like one consonant with slightly longer than normal duration.

el lado   e-*l*a-do   tienes sed   tie-ne-*s*ed
Carlos salta Car-lo-*s*al-ta

Intonation

Intonation is the rise and fall of pitch in the delivery of a phrase or sentence. In general, Spanish pitch tends to change less than English, giving the impression that the language is less emphatic.

As a rule, the intonation for normal statements in Spanish starts in a low tone, raises to a higher one on the first stressed syllable, maintains that tone until the last stressed syllable, and then goes back to the initial low tone, with still another drop at the very end.

Tu amigo viene mañana.   José come pan.
Ada está en casa.   Carlos toma café.

Syllable formation in Spanish

Below are general rules for dividing words into syllables:

Vowels

1. A vowel or a vowel combination can constitute a syllable.

a-lum-no   a-bue-la   Eu-ro-pa

2. Diphthongs and triphthongs are considered single vowels and cannot be divided.

bai-le   puen-te   Dia-na   es-tu-diáis   an-ti-guo

3. Two strong vowels (**a, e, o**) do not form a diphthong and are separated into two syllables.

em-ple-ar   vol-te-ar   lo-a

4. A written accent on a weak vowel (**i** or **u**) breaks the diphthong, separating the vowels into two syllables.

trí-o   dú-o   Ma-rí-a

Consonants

1. A single consonant forms a syllable with the vowel that follows it.

po-der   ma-no   mi-nu-to

NOTE: **ch, ll,** and **rr** are considered single consonants: **a-ma-ri-llo, co-che, pe-rro.**

2. When two consonants appear between two vowels, they are separated into two syllables.

al-fa-be-to   cam-pe-ón   me-ter-se   mo-les-tia

EXCEPTION: When a consonant cluster composed of **b, c, d, f, g, p,** or **t** with **l** or **r** appears between two vowels, the cluster joins the following vowel: **so-bre, o-tros, ca-ble, te-lé-gra-fo.**

3. When three consonants appear between two vowels, only the last one goes with the following vowel.

ins-pec-tor   trans-por-te   trans-for-mar

EXCEPTION: When there is a cluster of three consonants in the combinations described in rule 2, the first consonant joins the preceding vowel and the cluster joins the following vowel: **es-cri-bir, ex-tran-je-ro, im-plo-rar, es-tre-cho.**

Accentuation

In Spanish, all words are stressed according to specific rules. Words that do not follow the rules must have a written accent to indicate the change of stress. The basic rules for accentuation are as follows.

1. Words ending in a vowel, **n,** or **s** are stressed on the next-to-the-last syllable.

hi-jo   **ca**-lle   **me**-sa   fa-**mo**-sos
flo-**re**-cen   **pla**-ya   **ve**-ces

2. Words ending in a consonant, except **n** or **s,** are stressed on the last syllable.

ma-**yor**   a-**mor**   tro-pi-**cal**   na-**riz**   re-**loj**   co-rre-**dor**

3. All words that do not follow these rules must have a written accent.

ca-**fé**   sa-**lió**   rin-**cón**   fran-**cés**   sa-**lón**
án-gel   **lá**-piz   **dé**-bil   a-**zú**-car   **Víc**-tor
sim-**pá**-ti-co   **lí**-qui-do   **mú**-si-ca   e-**xá**-me-nes   de-**mó**-cra-ta

4. Pronouns and adverbs of interrogation and exclamation have a written accent to distinguish them from relative pronouns.

¿Qué comes?	*What are you eating?*
La pera que él no comió.	*The pear that he did not eat.*
¿Quién está ahí?	*Who is there?*
El hombre a quien tú llamaste.	*The man whom you called.*
¿Dónde está él?	*Where is he?*
En el lugar donde trabaja.	*At the place where he works.*

5. Words that have the same spelling but different meanings take a written accent to differentiate one from the other.

el	*the*	él	*he, him*	te	*you*	té	*tea*
mi	*my*	mí	*me*	si	*if*	sí	*yes*
tu	*your*	tú	*you*	mas	*but*	más	*more*

B: Verbs

Regular verbs

Model -ar, -er, -ir verbs

INFINITIVE		
amar *(to love)*	**comer** *(to eat)*	**vivir** *(to live)*

PRESENT PARTICIPLE		
amando *(loving)*	**comiendo** *(eating)*	**viviendo** *(living)*

PAST PARTICIPLE		
amado *(loved)*	**comido** *(eaten)*	**vivido** *(lived)*

SIMPLE TENSES

Indicative Mood

Present

(I love)		*(I eat)*		*(I live)*	
amo	amamos	como	comemos	vivo	vivimos
amas	amáis	comes	coméis	vives	vivís
ama	aman	come	comen	vive	viven

Imperfect

(I used to love)		*(I used to eat)*		*(I used to live)*	
amaba	amábamos	comía	comíamos	vivía	vivíamos
amabas	amabais	comías	comíais	vivías	vivíais
amaba	amaban	comía	comían	vivía	vivían

Preterit

(I loved)		*(I ate)*		*(I lived)*	
amé	amamos	comí	comimos	viví	vivimos
amaste	amasteis	comiste	comisteis	viviste	vivisteis
amó	amaron	comió	comieron	vivió	vivieron

Future

(I will love)		*(I will eat)*		*(I will live)*	
amaré	amaremos	comeré	comeremos	viviré	viviremos
amarás	amaréis	comerás	comeréis	vivirás	viviréis
amará	amarán	comerá	comerán	vivirá	vivirán

Conditional

(I would love)		*(I would eat)*		*(I would live)*	
amaría	amaríamos	comería	comeríamos	viviría	viviríamos
amarías	amaríais	comerías	comeríais	vivirías	viviríais
amaría	amarían	comería	comerían	viviría	vivirían

Subjunctive Mood

Present

([that] I [may] love)		*([that] I [may] eat)*		*([that] I [may] live)*	
ame	amemos	coma	comamos	viva	vivamos
ames	améis	comas	comáis	vivas	viváis
ame	amen	coma	coman	viva	vivan

Imperfect

([that] I [might] love)	([that] I [might] eat)	([that] I [might] live)
am**ara**(**-ase**)	com**iera**(**-iese**)	viv**iera**(**-iese**)
am**aras**(**-ases**)	com**ieras**(**-ieses**)	viv**ieras**(**-ieses**)
am**ara**(**-ase**)	com**iera**(**-iese**)	viv**iera**(**-iese**)
am**áramos**(**-ásemos**)	com**iéramos**(**-iésemos**)	viv**iéramos**(**-iésemos**)
am**arais**(**-aseis**)	com**ierais**(**-ieseis**)	viv**ierais**(**-ieseis**)
am**aran**(**-asen**)	com**ieran**(**-iesen**)	viv**ieran**(**-iesen**)

Imperative Mood

(love)	(eat)	(live)
am**a** (tú)	com**e** (tú)	viv**e** (tú)
am**e** (Ud.)	com**a** (Ud.)	viv**a** (Ud.)
am**emos** (nosotros)	com**amos** (nosotros)	viv**amos** (nosotros)
am**ad** (vosotros)	com**ed** (vosotros)	viv**id** (vosotros)
am**en** (Uds.)	com**an** (Uds.)	viv**an** (Uds.)

COMPOUND TENSES

PERFECT INFINITIVE

haber amado   **haber comido**   **haber vivido**

PERFECT PARTICIPLE

habiendo amado   **habiendo comido**   **habiendo vivido**

Indicative Mood

Present Perfect

(I have loved)		(I have eaten)		(I have lived)	
he amado	hemos amado	he comido	hemos comido	he vivido	hemos vivido
has amado	habéis amado	has comido	habéis comido	has vivido	habéis vivido
ha amado	han amado	ha comido	han comido	ha vivido	han vivido

Past Perfect (Pluperfect)

(I had loved)	(I had eaten)	(I had lived)
había amado	había comido	había vivido
habías amado	habías comido	habías vivido
había amado	había comido	había vivido
habíamos amado	habíamos comido	habíamos vivido
habíais amado	habíais comido	habíais vivido
habían amado	habían comido	habían vivido

Future Perfect

(I will have loved)	(I will have eaten)	(I will have lived)
habré amado	habré comido	habré vivido
habrás amado	habrás comido	habrás vivido
habrá amado	habrá comido	habrá vivido
habremos amado	habremos comido	habremos vivido
habréis amado	habréis comido	habréis vivido
habrán amado	habrán comido	habrán vivido

Conditional Perfect

(I would have loved)	*(I would have eaten)*	*(I would have lived)*
habría amado	habría comido	habría vivido
habrías amado	habrías comido	habrías vivido
habría amado	habría comido	habría vivido
habríamos amado	habríamos comido	habríamos vivido
habríais amado	habríais comido	habríais vivido
habrían amado	habrían comido	habrían vivido

Subjunctive Mood

Present Perfect

([that] I [may] have loved)	*([that] I [may] have eaten)*	*([that] I [may] have lived)*
haya amado	haya comido	haya vivido
hayas amado	hayas comido	hayas vivido
haya amado	haya comido	haya vivido
hayamos amado	hayamos comido	hayamos vivido
hayáis amado	hayáis comido	hayáis vivido
hayan amado	hayan comido	hayan vivido

Past Perfect (Pluperfect)

([that] I [might] have loved)	*([that] I [might] have eaten)*	*([that] I [might] have lived)*
hubiera(-iese) amado	hubiera(-iese) comido	hubiera(-iese) vivido
hubieras(-ieses) amado	hubieras(-ieses) comido	hubieras(-ieses) vivido
hubiera(-iese) amado	hubiera(-iese) comido	hubiera(-iese) vivido
hubiéramos(-iésemos) amado	hubiéramos(-iésemos) comido	hubiéramos(-iésemos) vivido
hubierais(-ieseis) amado	hubierais(-ieseis) comido	hubierais(-ieseis) vivido
hubieran(-iesen) amado	hubieran(-iesen) comido	hubieran(-iesen) vivido

Stem-changing verbs

The *-ar* and *-er* stem-changing verbs

Stem-changing verbs are those that have a spelling change in the root of the verb. Verbs that end in **-ar** and **-er** change the stressed vowel **e** to **ie,** and the stressed **o** to **ue.** These changes occur in all persons, except the first- and second-persons plural of the present indicative, present subjunctive, and imperative.

INFINITIVE	Indicative	Imperative	Subjunctive
cerrar (*to close*)	cierro	_____	cierre
	cierras	cierra	cierres
	cierra	cierre	cierre
	cerramos	cerremos	cerremos
	cerráis	cerrad	cerréis
	cierran	cierren	cierren
perder (*to lose*)	pierdo	_____	pierda
	pierdes	pierde	pierdas
	pierde	pierda	pierda
	perdemos	perdamos	perdamos
	perdéis	perded	perdáis
	pierden	pierdan	pierdan
contar (*to count; to tell*)	cuento	_____	cuente
	cuentas	cuenta	cuentes
	cuenta	cuente	cuente
	contamos	contemos	contemos
	contáis	contad	contéis
	cuentan	cuenten	cuenten
volver (*to return*)	vuelvo	_____	vuelva
	vuelves	vuelve	vuelvas
	vuelve	vuelva	vuelva
	volvemos	volvamos	volvamos
	volvéis	volved	volváis
	vuelven	vuelvan	vuelvan

Verbs that follow the same pattern are:

acordarse	*to remember*	despertar(se)	*to wake up*	pensar	*to think; to plan*
acostar(se)	*to go to bed*	empezar	*to begin*	probar	*to prove; to taste*
almorzar	*to have lunch*	encender	*to light; to turn on*	recordar	*to remember*
atravesar	*to go through*	encontrar	*to find*	rogar	*to beg*
cocer	*to cook*	entender	*to understand*	sentar(se)	*to sit down*
colgar	*to hang*	llover	*to rain*	soler	*to be in the habit of*
comenzar	*to begin*	mover	*to move*	soñar	*to dream*
confesar	*to confess*	mostrar	*to show*	tender	*to stretch; to unfold*
costar	*to cost*	negar	*to deny*	torcer	*to twist*
demostrar	*to demonstrate, show*	nevar	*to snow*		

The *-ir* stem-changing verbs

There are two types of stem-changing verbs that end in **-ir:** one type changes stressed **e** to **ie** in some tenses and to **i** in others, and stressed **o** to **ue** or **u;** the second type changes stressed **e** to **i** only in all the irregular tenses.

Type 1: -ir:e > ie or i / o > ue or u

These changes occur as follows.

Present Indicative: all persons except the first- and second-persons plural change **e** to **ie** and **o** to **ue.** *Preterit:* third person, singular and plural, changes **e** to **i** and **o** to **u.** *Present Subjunctive:* all persons change **e** to **ie** and **o** to **ue,** except the first- and second-persons plural, which change **e** to **i** and **o** to **u.** *Imperfect Subjunctive:* all persons change **e** to **i** and **o** to **u.** *Imperative:* all persons except the first- and second-persons plural change **e** to **ie** and **o** to **ue;** first-person plural changes **e** to **i** and **o** to **u.** *Present Participle:* changes **e** to **i** and **o** to **u.**

INFINITIVE	Indicative		Imperative	Subjunctive	
	PRESENT	PRETERIT		PRESENT	IMPERFECT
sentir *(to feel)*	siento	sentí		sienta	sintiera(-iese)
	sientes	sentiste	siente	sientas	sintieras
PRESENT PARTICIPLE sintiendo	siente	sintió	sienta	sienta	sintiera
	sentimos	sentimos	sintamos	sintamos	sintiéramos
	sentís	sentisteis	sentid	sintáis	sintierais
	sienten	sintieron	sientan	sientan	sintieran
dormir *(to sleep)*	duermo	dormí		duerma	durmiera(-iese)
	duermes	dormiste	duerme	duermas	durmieras
	duerme	durmió	duerma	duerma	durmiera
PRESENT PARTICIPLE durmiendo	dormimos	dormimos	durmamos	durmamos	durmiéramos
	dormís	dormisteis	dormid	durmáis	durmierais
	duermen	durmieron	duerman	duerman	durmieran

Other verbs that follow the same pattern are:

advertir	*to warn*	divertir(se)	*to amuse (oneself)*	preferir	*to prefer*
arrepentirse	*to repent*	herir	*to wound, hurt*	referir	*to refer*
consentir	*to consent; to pamper*	mentir	*to lie*	sugerir	*to suggest*
convertir(se)	*to turn into*	morir	*to die*		

Type II: -ir: e > i

The verbs in the second category are irregular in the same tenses as those of the first type. The only difference is that they have just one change: **e > i** in all irregular persons.

INFINITIVE	Indicative		Imperative	Subjunctive	
pedir *(to ask for,* *request)*	PRESENT	PRETERIT		PRESENT	IMPERFECT
PRESENT PARTICIPLE pidiendo	pido pides pide	pedí pediste pidió	pide pida	pida pidas pida	pidiera(-iese) pidieras pidiera
	pedimos pedís piden	pedimos pedisteis pidieron	pidamos pedid pidan	pidamos pidáis pidan	pidiéramos pidierais pidieran

Verbs that follow this pattern:

competir	*to compete*	impedir	*to prevent*	repetir	*to repeat*
concebir	*to conceive*	perseguir	*to pursue*	seguir	*to follow*
despedir(se)	*to say good-bye*	reír(se)	*to laugh*	servir	*to serve*
elegir	*to choose*	reñir	*to fight*	vestir(se)	*to dress*

Orthographic-changing verbs

Some verbs undergo a change in the spelling of the stem in some tenses in order to maintain the sound of the final consonant. The most common ones are those with the consonants **g** and **c.** Remember that **g** and **c** in front of **e** or **i** have a soft sound, and in front of **a, o,** or **u** have a hard sound. In order to keep the soft sound in front of **a, o,** or **u, g** and **c** change to **j** and **z,** respectively. In order to keep the hard sound of **g** or **c** in front of **e** and **i, u** is added to the **g (gu)** and the **c** changes to **qu.** The following are the most important verbs of this type that are regular in all tenses but change in spelling.

1. Verbs ending in **-gar** change **g** to **gu** before **e** in the first-person singular of the preterit and in all persons of the present subjunctive.

   pagar   *to pay*
   Preterit: pa**gu**é, pagaste, pagó, etc.
   Pres. Subj.:   pa**gu**e, pa**gu**es, pa**gu**e, pa**gu**emos, pa**gu**éis, pa**gu**en

   Verbs that follow the same pattern: **colgar, jugar, llegar, navegar, negar, regar, rogar.**

2. Verbs ending in **-ger** or **-gir** change **g** to **j** before **o** and **a** in the first-person singular of the present indicative and in all the persons of the present subjunctive.

   proteger   *to protect*
   Pres. Ind.:   prote**j**o, proteges, protege, etc.
   Pres. Subj.:   prote**j**a, prote**j**as, prote**j**a, prote**j**amos, prote**j**áis, prote**j**an

   Verbs that follow the same pattern: **coger, corregir, dirigir, elegir, escoger, exigir, recoger.**

3. Verbs ending in **-guar** change **gu** to **gü** before **e** in the first-person singular of the preterit and in all persons of the present subjunctive.

averiguar   *to find out*
Preterit: averi**gü**é, averiguaste, averiguó, etc.
Pres. Subj.:   averi**gü**e, averi**gü**es, averi**gü**e, averi**gü**emos, averi**gü**éis, averi**gü**en

The verb **apaciguar** follows the same pattern.

4. Verbs ending in **-guir** change **gu** to **g** before **o** and **a** in the first-person singular of the present indicative and in all persons of the present subjunctive.

conseguir   *to get*
Pres. Ind.:   consi**g**o, consigues, consigue, etc.
Pres. Subj.:   consi**g**a, consi**g**as, consi**g**a, consi**g**amos, consi**g**áis, consi**g**an

Verbs that follow the same pattern: **distinguir, perseguir, proseguir, seguir.**

5. Verbs ending in **-car** change **c** to **qu** before **e** in the first-person singular of the preterit and in all persons of the present subjunctive.

tocar   *to touch; to play (a musical instrument)*
Preterit: to**qu**é, tocaste, tocó, etc.
Pres. Subj.:   to**qu**e, to**qu**es, to**qu**e, to**qu**emos, to**qu**éis, to**qu**en

Verbs that follow the same pattern: **atacar, buscar, comunicar, explicar, indicar, pescar, sacar.**

6. Verbs ending in **-cer** or **-cir** preceded by a consonant change **c** to **z** before **o** and **a** in the first-person singular of the present indicative and in all persons of the present subjunctive.

torcer   *to twist*
Pres. Ind.:   tuer**z**o, tuerces, tuerce, etc.
Pres. Subj.:   tuer**z**a, tuer**z**as, tuer**z**a, torzamos, torzáis, tuer**z**an

Verbs that follow the same pattern: **convencer, esparcir, vencer.**

7. Verbs ending in **-cer** or **-cir** preceded by a vowel change **c** to **zc** before **o** and **a** in the first-person singular of the present indicative and in all persons of the present subjunctive.

conocer   *to know, be acquainted with*
Pres. Ind.:   cono**zc**o, conoces, conoce, etc.
Pres. Subj.:   cono**zc**a, cono**zc**as, cono**zc**a, cono**zc**amos, cono**zc**áis, cono**zc**an

Verbs that follow the same pattern: **agradecer, aparecer, carecer, entristecer** (to sadden), **establecer, lucir, nacer, obedecer, ofrecer, padecer, parecer, pertenecer, reconocer, relucir.**

8. Verbs ending in **-zar** change **z** to **c** before **e** in the first-person singular of the preterit and in all persons of the present subjunctive.

rezar   *to pray*
Preterit: re**c**é, rezaste, rezó, etc.
Pres. Subj.:   re**c**e, re**c**es, re**c**e, re**c**emos, re**c**éis, re**c**en

Verbs that follow the same pattern: **abrazar, alcanzar, almorzar, comenzar, cruzar, empezar, forzar, gozar.**

9. Verbs ending in **-eer** change the unstressed **i** to **y** between vowels in the third-person singular and plural of the preterit, in all persons of the imperfect subjunctive, and in the present participle.

creer   *to believe*
Preterit: creí, creíste, cre**y**ó, creímos, creísteis, cre**y**eron
Imp. Subj.:   cre**y**era(-ese), cre**y**eras, cre**y**era, cre**y**éramos, cre**y**erais, cre**y**eran
Pres. Part.:   cre**y**endo
Past Part.:   creído

Verbs that follow the same pattern: **leer, poseer.**

10. Verbs ending in **-uir** change the unstressed **i** to **y** between vowels (except **-quir,** which has the silent **u**) in the following tenses and persons.

huir   *to escape; to flee*
Pres. Part.:   huyendo
Pres. Ind.:   huyo, huyes, huye, huimos, huís, huyen
Preterit: huí, huiste, huyó, huimos, huisteis, huyeron
Imperative: huye, huya, huyamos, huid, huyan
Pres. Subj.:   huya, huyas, huya, huyamos, huyáis, huyan
Imp. Subj.:   huyera(-ese), huyeras, huyera, huyéramos, huyerais, huyeran

Verbs that follow the same pattern: **atribuir, concluir, constituir, construir, contribuir, destituir, destruir, disminuir, distribuir, excluir, incluir, influir, instruir, restituir, sustituir.**

11. Verbs ending in **-eír** lose the **e** in all but the first- and second-persons plural of the present indicative, in the third-person singular and plural of the preterit, in all persons of the present and imperfect subjunctive, and in the present participle.

reír   *to laugh*
Pres. Ind.:   río, ríes, ríe, reímos, reís, ríen
Preterit: reí, reíste, rió, reímos, reísteis, rieron
Pres. Subj.:   ría, rías, ría, riamos, riáis, rían
Imp. Subj.:   riera(-ese), rieras, riera, riéramos, rierais, rieran
Pres. Part.:   riendo

Verbs that follow the same pattern: **sonreír, freír.**

12. Verbs ending in **-iar** add a written accent to the **i,** except in the first- and second-persons plural of the present indicative and subjunctive.

fiar(se)   *to trust*
Pres. Ind.:   (me) fío, (te) fías, (se) fía, (nos) fiamos, (os) fiáis, (se) fían
Pres. Subj.:   (me) fíe, (te) fíes, (se) fíe, (nos) fiemos, (os) fiéis, (se) fíen

Verbs that follow the same pattern: **ampliar, criar, desviar, enfriar, enviar, guiar, telegrafiar, vaciar, variar.**

13. Verbs ending in **-uar** (except **-guar**) add a written accent to the **u,** except in the first- and second-persons plural of the present indicative and subjunctive.

actuar   *to act*
Pres. Ind.:   actúo, actúas, actúa, actuamos, actuáis, actúan
Pres. Subj.:   actúe, actúes, actúe, actuemos, actuéis, actúen

Verbs that follow the same pattern: **acentuar, continuar, efectuar, exceptuar, graduar, habituar, insinuar, situar.**

14. Verbs ending in **-ñir** lose the **i** of the diphthongs **ie** and **ió** in the third-person singular and plural of the preterit and all persons of the imperfect subjunctive. They also change the **e** of the stem to **i** in the same persons and in the present indicative and present subjunctive.

teñir   *to dye*
Pres. Ind.:   tiño, tiñes, tiñe, teñimos, teñís, tiñen
Preterit: teñí, teñiste, tiñó, teñimos, teñisteis, tiñeron
Pres. Subj.:   tiña, tiñas, tiña, tiñamos, tiñáis, tiñan
Imp. Subj.:   tiñera(-ese), tiñeras, tiñera, tiñéramos, tiñerais, tiñeran

Verbs that follow the same pattern: **ceñir, constreñir, desteñir, estreñir, reñir.**

Some common irregular verbs

Only tenses with irregular forms are given below.

adquirir   *to acquire*
Pres. Ind.:   adquiero, adquieres, adquiere, adquirimos, adquirís, adquieren
Pres. Subj.:   adquiera, adquieras, adquiera, adquiramos, adquiráis, adquieran
Imperative: adquiere, adquiera, adquiramos, adquirid, adquieran

andar   *to walk*
Preterit: anduve, anduviste, anduvo, anduvimos, anduvisteis, anduvieron
Imp. Subj.:   anduviera (anduviese), anduvieras, anduviera, anduviéramos, anduvierais, anduvieran

avergonzarse   *to be ashamed, embarrassed*
Pres. Ind.:   me avergüenzo, te avergüenzas, se avergüenza, nos avergonzamos, os
            avergonzáis, se avergüenzan
Pres. Subj.:   me avergüence, te avergüences, se avergüence, nos avergoncemos, os
            avergoncéis, se avergüencen
Imperative: avergüénzate, avergüéncese, avergoncémonos, avergonzaos, avergüéncense

caber   *to fit; to have enough room*
Pres. Ind.:   quepo, cabes, cabe, cabemos, cabéis, caben
Preterit: cupe, cupiste, cupo, cupimos, cupisteis, cupieron
Future: cabré, cabrás, cabrá, cabremos, cabréis, cabrán
Conditional: cabría, cabrías, cabría, cabríamos, cabríais, cabrían
Imperative: cabe, quepa, quepamos, cabed, quepan
Pres. Subj.:   quepa, quepas, quepa, quepamos, quepáis, quepan
Imp. Subj.:   cupiera (cupiese), cupieras, cupiera, cupiéramos, cupierais, cupieran

caer   *to fall*
Pres. Ind.:   caigo, caes, cae, caemos, caéis, caen
Preterit: caí, caíste, cayó, caímos, caísteis, cayeron
Imperative: cae, caiga, caigamos, caed, caigan
Pres. Subj.:   caiga, caigas, caiga, caigamos, caigáis, caigan
Imp. Subj.:   cayera (cayese), cayeras, cayera, cayéramos, cayerais, cayeran
Past Part.:   caído

conducir   *to guide; to drive* (All verbs ending in **-ducir** follow this pattern.)
Pres. Ind.:   conduzco, conduces, conduce, conducimos, conducís, conducen
Preterit: conduje, condujiste, condujo, condujimos, condujisteis, condujeron
Imperative: conduce, conduzca, conduzcamos, conducid, conduzcan
Pres. Subj.:   conduzca, conduzcas, conduzca, conduzcamos, conduzcáis, conduzcan
Imp. Subj.:   condujera (condujese), condujeras, condujera, condujéramos, condujerais,
            condujeran

convenir   *to agree* (see **venir**)

dar   *to give*
Pres. Ind.:   doy, das, da, damos, dais, dan
Preterit: di, diste, dio, dimos, disteis, dieron
Imperative: da, dé, demos, dad, den
Pres. Subj.:   dé, des, dé, demos, deis, den
Imp. Subj.:   diera (diese), dieras, diera, diéramos, dierais, dieran

decir   *to say, tell*
Pres. Ind.:   digo, dices, dice, decimos, decís, dicen
Preterit: dije, dijiste, dijo, dijimos, dijisteis, dijeron
Future: diré, dirás, dirá, diremos, diréis, dirán
Conditional: diría, dirías, diría, diríamos, diríais, dirían
Imperative: di, diga, digamos, decid, digan
Pres. Subj.:   diga, digas, diga, digamos, digáis, digan
Imp. Subj.:   dijera (dijese), dijeras, dijera, dijéramos, dijerais, dijeran
Pres. Part.:   diciendo
Past Part.:   dicho

detener   *to stop; to hold; to arrest* (see **tener**)

entretener   *to entertain, amuse* (see **tener**)

errar   *to err; to miss*
Pres. Ind.:	yerro, yerras, yerra, erramos, erráis, yerran
Imperative:	yerra, yerre, erremos, errad, yerren
Pres. Subj.:	yerre, yerres, yerre, erremos, erréis, yerren

estar   *to be*
Pres. Ind.:	estoy, estás, está, estamos, estáis, están
Preterit:	estuve, estuviste, estuvo, estuvimos, estuvisteis, estuvieron
Imperative:	está, esté, estemos, estad, estén
Pres. Subj.:	esté, estés, esté, estemos, estéis, estén
Imp. Subj.:	estuviera (estuviese), estuvieras, estuviera, estuviéramos, estuvierais, estuvieran

haber   *to have*
Pres. Ind.:	he, has, ha, hemos, habéis, han
Preterit:	hube, hubiste, hubo, hubimos, hubisteis, hubieron
Future:	habré, habrás, habrá, habremos, habréis, habrán
Conditional:	habría, habrías, habría, habríamos, habríais, habrían
Pres. Subj.:	haya, hayas, haya, hayamos, hayáis, hayan
Imp. Subj.:	hubiera (hubiese), hubieras, hubiera, hubiéramos, hubierais, hubieran

hacer   *to do, make*
Pres. Ind.:	hago, haces, hace, hacemos, hacéis, hacen
Preterit:	hice, hiciste, hizo, hicimos, hicisteis, hicieron
Future:	haré, harás, hará, haremos, haréis, harán
Conditional:	haría, harías, haría, haríamos, haríais, harían
Imperative:	haz, haga, hagamos, haced, hagan
Pres. Subj.:	haga, hagas, haga, hagamos, hagáis, hagan
Imp. Subj.:	hiciera (hiciese), hicieras, hiciera, hiciéramos, hicierais, hicieran
Past Part.:	hecho

imponer   *to impose; to deposit* (see **poner**)

ir   *to go*
Pres. Ind.:	voy, vas, va, vamos, vais, van
Imp. Ind.:	iba, ibas, iba, íbamos, ibais, iban
Preterit:	fui, fuiste, fue, fuimos, fuisteis, fueron
Imperative:	ve, vaya, vayamos, id, vayan
Pres. Subj.:	vaya, vayas, vaya, vayamos, vayáis, vayan
Imp. Subj.:	fuera (fuese), fueras, fuera, fuéramos, fuerais, fueran

jugar   *to play*
Pres. Ind.:	juego, juegas, juega, jugamos, jugáis, juegan
Imperative:	juega, juegue, juguemos, jugad, jueguen
Pres. Subj.:	juegue, juegues, juegue, juguemos, juguéis, jueguen

obtener   *to obtain* (see **tener**)

oír   *to hear*
Pres. Ind.:	oigo, oyes, oye, oímos, oís, oyen
Preterit:	oí, oíste, oyó, oímos, oísteis, oyeron
Imperative:	oye, oiga, oigamos, oíd, oigan
Pres. Subj.:	oiga, oigas, oiga, oigamos, oigáis, oigan
Imp. Subj.:	oyera (oyese), oyeras, oyera, oyéramos, oyerais, oyeran
Pres. Part.:	oyendo
Past Part.:	oído

oler   *to smell*
Pres. Ind.:	huelo, hueles, huele, olemos, oléis, huelen
Imperative:	huele, huela, olamos, oled, huelan
Pres. Subj.:	huela, huelas, huela, olamos, oláis, huelan

poder *to be able to*
Preterit: pude, pudiste, pudo, pudimos, pudisteis, pudieron
Future: podré, podrás, podrá, podremos, podréis, podrán
Conditional: podría, podrías, podría, podríamos, podríais, podrían
Imperative: puede, pueda, podamos, poded, puedan
Imp. Subj.:   pudiera (pudiese), pudieras, pudiera, pudiéramos, pudierais, pudieran
Pres. Part.:   pudiendo

poner *to place, put*
Pres. Ind.:   pongo, pones, pone, ponemos, ponéis, ponen
Preterit: puse, pusiste, puso, pusimos, pusisteis, pusieron
Future: pondré, pondrás, pondrá, pondremos, pondréis, pondrán
Conditional: pondría, pondrías, pondría, pondríamos, pondríais, pondrían
Imperative: pon, ponga, pongamos, poned, pongan
Pres. Subj.:   ponga, pongas, ponga, pongamos, pongáis, pongan
Imp. Subj.:   pusiera (pusiese), pusieras, pusiera, pusiéramos, pusierais, pusieran
Past Part.:   puesto

querer *to want, wish; to like, love*
Preterit: quise, quisiste, quiso, quisimos, quisisteis, quisieron
Future: querré, querrás, querrá, querremos, querréis, querrán
Conditional: querría, querrías, querría, querríamos, querríais, querrían
Imp. Subj.:   quisiera (quisiese), quisieras, quisiera, quisiéramos, quisierais, quisieran

resolver *to decide on, to solve*
Past Part.:   resuelto

saber *to know*
Pres. Ind.:   sé, sabes, sabe, sabemos, sabéis, saben
Preterit: supe, supiste, supo, supimos, supisteis, supieron
Future: sabré, sabrás, sabrá, sabremos, sabréis, sabrán
Conditional: sabría, sabrías, sabría, sabríamos, sabríais, sabrían
Imperative: sabe, sepa, sepamos, sabed, sepan
Pres. Subj.:   sepa, sepas, sepa, sepamos, sepáis, sepan
Imp. Subj.:   supiera (supiese), supieras, supiera, supiéramos, supierais, supieran

salir *to leave; to go out*
Pres. Ind.:   salgo, sales, sale, salimos, salís, salen
Future: saldré, saldrás, saldrá, saldremos, saldréis, saldrán
Conditional: saldría, saldrías, saldría, saldríamos, saldríais, saldrían
Imperative: sal, salga, salgamos, salid, salgan
Pres. Subj.:   salga, salgas, salga, salgamos, salgáis, salgan

ser *to be*
Pres. Ind.:   soy, eres, es, somos, sois, son
Imp. Ind.:   era, eras, era, éramos, erais, eran
Preterit: fui, fuiste, fue, fuimos, fuisteis, fueron
Imperative: sé, sea, seamos, sed, sean
Pres. Subj.:   sea, seas, sea, seamos, seáis, sean
Imp. Subj.:   fuera (fuese), fueras, fuera, fuéramos, fuerais, fueran

suponer *to assume* (see **poner**)

tener *to have*
Pres. Ind.:   tengo, tienes, tiene, tenemos, tenéis, tienen
Preterit: tuve, tuviste, tuvo, tuvimos, tuvisteis, tuvieron
Future: tendré, tendrás, tendrá, tendremos, tendréis, tendrán
Conditional: tendría, tendrías, tendría, tendríamos, tendríais, tendrían
Imperative: ten, tenga, tengamos, tened, tengan
Pres. Subj.:   tenga, tengas, tenga, tengamos, tengáis, tengan
Imp. Subj.:   tuviera (tuviese), tuvieras, tuviera, tuviéramos, tuvierais, tuvieran

traducir *to translate* (see **conducir**)

traer *to bring*
Pres. Ind.:   traigo, traes, trae, traemos, traéis, traen
Preterit: traje, trajiste, trajo, trajimos, trajisteis, trajeron

Imperative:	trae, traiga, traigamos, traed, traigan
Pres. Subj.:	traiga, traigas, traiga, traigamos, traigáis, traigan
Imp. Subj.:	trajera (trajese), trajeras, trajera, trajéramos, trajerais, trajeran
Pres. Part.:	trayendo
Past Part.:	traído

valer   *to be worth*

Pres. Ind.:	valgo, vales, vale, valemos, valéis, valen
Future:	valdré, valdrás, valdrá, valdremos, valdréis, valdrán
Conditional:	valdría, valdrías, valdría, valdríamos, valdríais, valdrían
Imperative:	vale, valga, valgamos, valed, valgan
Pres. Subj.:	valga, valgas, valga, valgamos, valgáis, valgan

venir   *to come*

Pres. Ind.:	vengo, vienes, viene, venimos, venís, vienen
Preterit:	vine, viniste, vino, vinimos, vinisteis, vinieron
Future:	vendré, vendrás, vendrá, vendremos, vendréis, vendrán
Conditional:	vendría, vendrías, vendría, vendríamos, vendríais, vendrían
Imperative:	ven, venga, vengamos, venid, vengan
Pres. Subj.:	venga, vengas, venga, vengamos, vengáis, vengan
Imp. Subj.:	viniera (viniese), vinieras, viniera, viniéramos, vinierais, vinieran
Pres. Part.:	viniendo

ver   *to see*

Pres. Ind.:	veo, ves, ve, vemos, veis, ven
Imp. Ind.:	veía, veías, veía, veíamos, veíais, veían
Preterit:	vi, viste, vio, vimos, visteis, vieron
Imperative:	ve, vea, veamos, ved, vean
Pres. Subj.:	vea, veas, vea, veamos, veáis, vean
Imp. Subj.:	viera (viese), vieras, viera, viéramos, vierais, vieran
Past Part.:	visto

volver   *to return*

Past Part.:	vuelto

C: Glossary of Grammatical Terms

adjective: A word that is used to describe a noun: *tall* girl, *difficult* lesson.

adverb: A word that modifies a verb, an adjective, or another adverb. It answers the questions "How?" "When?" "Where?": She walked *slowly*. She'll be here *tomorrow*. She is *here*.

agreement: A term applied to changes in form that nouns cause in the words that surround them. In Spanish, verb forms agree with their subjects in person and number (**yo** habl**o, él** habl**a**, etc.). Spanish adjectives agree in gender and number with the noun they describe. Thus, a feminine plural noun requires a feminine plural ending in the adjective that describes it (cas**as** amarill**as**), and a masculine singular noun requires a masculine singular ending in the adjective (libr**o** negr**o**).

auxiliary verb: A verb that helps in the conjugation of another verb: I *have* finished. He *was* called. She *will* go. He *would* eat.

command form: The form of the verb used to give an order or direction: *Go! Come back! Turn* to the right!

conjugation: The process by which the forms of the verb are presented in their different moods and tenses: I *am*, you *are*, he *is*, she *was*, we *were*, etc.

contraction: The combination of two or more words into one: *isn't, don't, can't*.

definite article: A word used before a noun indicating a definite person or thing: *the* woman, *the* money.

demonstrative: A word that refers to a definite person or object: *this, that, these, those*.

diphthong: A combination of two vowels forming one syllable. In Spanish, a diphthong is composed of one *strong* vowel (**a, e, o**) and one *weak* vowel (**u, i**) or two weak vowels: **ei, au, ui.**

exclamation: A word used to express emotion: *How* strong! *What* beauty!

gender: A distinction of nouns, pronouns, and adjectives, based on whether they are masculine or feminine.

indefinite article: A word used before a noun that refers to an indefinite person or object: *a* child, *an* apple.

infinitive: The form of the verb generally preceded in English by the word *to* and showing no subject or number: *to do, to bring*.

interrogative: A word used in asking a question: *Who? What? Where?*

main clause: A group of words that includes a subject and a verb and that by itself has complete meaning: *They saw me. I go now.*

noun: A word that names a person, place, or thing: *Ann, London, pencil*, etc.

number: Number refers to singular and plural: *chair, chairs*.

object: Generally a noun or a pronoun that is the receiver of the verb's action. A direct object answers the question "What?" or "Whom?": We know *her*. Take *it*. An indirect object answers the question "To whom?" or "To what?": Give *John* the money. Nouns and pronouns can also be objects of prepositions: The letter is *from Rick*. I'm thinking *about you*.

past participle: Past forms of a verb: *gone, worked, written*, etc.

person: The form of the pronoun and of the verb that shows the person referred to: *I* (first-person singular), *you* (second-person singular), *she* (third-person singular), etc.

possessive: A word that denotes ownership or possession: This is *our* house. The book isn't *mine*.

preposition: A word that introduces a noun or pronoun and indicates its function in the sentence: They were *with* us. She is *from* Manitoba.

pronoun: A word that is used to replace a noun: *she, them, us*, etc. A **subject pronoun** refers to the person or thing spoken of: *They* work. An **object pronoun** receives the action of the verb: They arrested *us* (direct object pronoun). She spoke to *him* (indirect object pronoun). A pronoun can also be the object of a preposition: The children stayed with *us*.

reflexive pronoun: A pronoun that refers back to the subject: *myself, yourself, himself, herself, itself, ourselves*, etc.

subject: The person, place, or thing spoken of: *Robert* works. *Our car* is new.

subordinate clause: A clause that has no complete meaning by itself but depends on a main clause: They knew *that I was here*.

tense: The group of forms in a verb that show the time in which the action of the verb takes place: *I go* (present indicative), *I'm going* (present progressive), *I went* (past), *I was going* (past progressive), *I will go* (future), *I would go* (conditional), *I have gone* (present perfect), *I had gone* (past perfect), *that I may go* (present subjunctive), etc.

verb: A word that expresses an action or a state: We *sleep*. The baby *is* sick.

D: Answer Key to Tome Este Examen

Lección 1

A. 1. los / unos   2. los / unos   3. el / un   4. las / unas   5. la / una   6. la / una   7. los / unos   8. los / unos

B. 1. nosotras   2. ellos   3. ella   4. ustedes   5. ellas   6. él   7. usted   8. tú

C. 1. soy / es   2. son   3. somos   4. son   5. eres   6. es

D. 1. El alumno es norteamericano.   2. Los lápices son verdes.   3. Las mesas son blancas.   4. Es un hombre español.   5. Las profesoras son inglesas.   6. Los muchachos son ricos.   7. Es una mujer inteligente.   8. Los señores son muy simpáticos.

E. 1. De-i-a-zeta   2. Jota-i-eme-é-ene-e-zeta   3. Ve-a-ere-ge-a-ese   4. Pe-a-erre-a   5. Efe-e-ele-i-ú   6. A-ce-u-eñe-a

F. 1. ocho   2. catorce   3. veintiséis   4. once   5. treinta y cinco   6. diez   7. trece   8. cero   9. veintiocho   10. diecisiete   11. treinta y nueve   12. quince

G. 1. llama / dónde   2. gusto   3. dice   4. cuarto / muy   5. alumnos (estudiantes)   6. habla   7. está   8. Saludos   9. es   10. nada

H. 1. Buenos días, señorita Garcia. ¿Cómo está (Ud.)?   2. Sergio habla con Ana en la clase.   3. ¿Cuál es tu número de teléfono?   4. Lupe es inteligente y simpática.   5. ¿Cómo es Viviana?

I. 1. es   2. solteras

Lección 2

A. 1. tomas   2. habla (conversa)   3. hablamos   4. deseo   5. estudia   6. trabajan   7. necesita   8. terminamos

B. 1. ¿Hablan ellos inglés con los estudiantes? / Ellos no hablan inglés con los estudiantes.   2. ¿Es ella de México? / Ella no es de México.   3. ¿Terminan Uds. hoy? / Uds. no terminan hoy.

C. 1. tu   2. su   3. nuestra   4. mis   5. sus   6. nuestros   7. su   8. su

D. 1. las   2. los   3. el   4. las   5. los   6. el   7. la   8. la

E. 1. ochenta bolígrafos   2. cuarenta y seis mochilas   3. setenta y dos relojes   4. treinta y tres ventanas   5. doscientos libros   6. ciento quince cuadernos   7. sesenta y ocho estudiantes   8. cincuenta mapas   9. noventa y cinco computadoras

F. 1. Es la una   2. a las nueve y media de la mañana   3. por la tarde   4. Son   5. a las tres menos cuarto

G. martes / miércoles / viernes / sábado
1. el primero de marzo   2. el diez de junio   3. el trece de agosto   4. el veintiséis de diciembre   5. el tres de septiembre   6. el veintiocho de octubre   7. el diecisiete de julio   8. el cuatro de abril   9. el dos de enero   10. el cinco de febrero
1. invierno   2. primavera   3. otoño   4. verano

H. 1. hora   2. horario / Aquí   3. solamente   4. taza / vaso   5. toman   6. semestre   7. primavera   8. asignatura (materia)   9. copa   10. jugo

I. 1. —Clara, ¿qué clases tomas? —Tomo inglés, historia y español.   2. El profesor Salinas es de México. Es nuestro profesor de biología.   3. Martina desea estudiar, pero Jorge desea una taza de café.   4. —¿Qué hora es? —Son las diez y media.   5. El primero de julio es el Día de Canadá.

J. 1. 600.000   2. El Salvador   3. XVIII

Lección 3

A. 1. escribe   2. vivimos   3. deben   4. corres   5. bebo   6. come   7. abre   8. Reciben

B. 1. la amiga de Pedro   2. la ropa de Paco   3. la casa de la señora Peña   4. los hermanos de Eva

C. 1. vienes   2. venimos / tenemos   3. tienen / vienen   4. vengo / tengo   5. tiene   6. tiene

D. 1. ...tengo mucho calor.   2. ...tiene mucha hambre.   3. ...tiene mucha sed.   4. ...tienes mucho frío.   5. ...tenemos mucho sueño.   6. ...tienen mucho miedo.   7. ...tengo mucha prisa.

E. 1. esas / esos   2. esta / este   3. aquel / aquella   4. esa / ese   5. estos / estas

F. 1. quinientos sesenta y siete   2. setecientos noventa   3. mil   4. trescientos cuarenta y cinco   5. seiscientos quince   6. ochocientos setenta y cuatro   7. novecientos sesenta y cinco   8. ochocientos veinticinco   9. cuatrocientos ochenta y uno   10. trece mil ochocientos dieciséis

G. 1. trabajos   2. rato   3. Quién   4. césped (zacate)   5. cosas   6. poner   7. sacudir   8. puerta / abrir   9. sacar   10. vienen / momento   11. bebo / sed   12. pasar

H. 1. Juan tiene que sacar la basura.   2. —Tenemos mucha hambre. —¿Por qué no comen?   3. Héctor come mucho, pero no lava los platos.   4. —¿Cuántos años tienes (tiene)? —Tengo dieciocho años.   5. Esta casa es grande. Aquélla es pequeña.

I. 1. Los hombres ayudan con los trabajos de la casa.   2. La comida mexicana es popular en todo el mundo.   3. Son populares en Rusia, Japón y Canadá.

Lección 4

A. 1. salgo   2. conduzco   3. traduzco   4. hago   5. quepo   6. traigo

B. 1. conoces / Sabes   2. sé   3. conocemos   4. conocen   5. sabe

C. 1. Yo conozco a la tía de Julio.   2. Luis tiene tres tíos y dos tías.   3. Ana lleva a su prima a la fiesta.
4. Uds. conocen San Salvador.

D. 1. No conocemos al Sr. Vega.   2. Es la hermana del profesor.   3. Venimos del club.
4. Voy al laboratorio.   5. Vengo de la playa.

E. 1. doy   2. está   3. vamos   4. estás   5. están   6. va   7. dan   8. voy

F. 1. ¿Dónde vas a estudiar?   2. ¿Qué van a comer Uds.?   3. ¿Con quién va a ir Roberto?
4. ¿A qué hora va a terminar Ud.?   5. ¿Cuándo van a trabajar ellos?

G. 1. discos   2. algo   3. castaños   4. pelirroja   5. estatura   6. cumpleaños   7. soltera   8. pareja
9. entremeses   10. Tocan / bailar   11. levantan / Salud   12. éxito

H. 1. El novio de mi prima tiene ojos verdes.   2. (Yo salgo) Salgo mucho por la noche pero no conduzco.
3. —Tina, ¿(tú) conoces a Roberto? —Sí, y también sé dónde (él) vive.   4. Los hijos del señor Rivera van al
club.   5. Vamos a dar una fiesta mañana porque es mi cumpleaños.

I. 1. el petróleo   2. momias   3. primavera   4. 300

Lección 5

A. 1. estamos sirviendo   2. estoy leyendo   3. está bailando   4. estás comiendo   5. está durmiendo

B. 1. es / está   2. está / Es   3. son   4. estás   5. es   6. es   7. estamos   8. Son   9. son   10. están

C. 1. prefieres / quiere   2. empiezan (comienzan)   3. pensamos   4. prefieren   5. queremos   6. entiendo

D. 1. mucho mayor que   2. tan alto como   3. la más inteligente de   4. tan bien como   5. el mejor de
6. mucho más bonita que

E. 1. conmigo / contigo / con ellos (ellas)   2. para ti / para mí / para ella

F. 1. pagar / propina   2. sopa / coctel   3. tostado / mantequilla / mermelada   4. asado   5. especialidad /
chuletas   6. helado   7. puré / ensalada   8. travieso   9. jamón   10. hamburguesa / caliente

G. 1. ¿Quién es más inteligente que Beto?   2. ¿Vas a ir a la fiesta conmigo o con Andrea?   3. Prefiero comer
frutas y vegetales.   4. La sopa en la cafetería está muy sabrosa hoy. / Hoy la sopa está muy sabrosa en la
cafetería.   5. Carlos Alberto tiene más de veinte años.

H. 1. después de   2. principal

Lección 6

A. 1. recuerdo   2. vuelve   3. cuestan   4. puedo   5. encontramos   6. podemos   7. duerme

B. 1. piden   2. servimos   3. consigues   4. dice   5. sirve   6. digo   7. pedimos   8. consigue

C. 1. No, no voy a leerlos. (No, no los voy a leer.)   2. No, no lo (la) conoce.   3. No, no me llevan.   4. No, ella
no te llama mañana.   5. No. no lo necesito.   6. No, no la tengo.   7. No, ellos no nos conocen.   8. No.
no las conseguimos.

D. 1. Tengo algo aquí.   2. ¿Quiere algo más?   3. Siempre vamos al supermercado.   4. Quiero (o) la pluma
roja o la pluma verde.   5. Siempre llamo a alguien.

E. 1. Hace cinco años que (yo) vivo en Honduras.   2. ¿Cuánto tiempo hace que (Ud.) estudia español,
Sr. Smith?   3. Hace dos horas que (ellos) escriben.   4. Hace dos días que (ella) no come.

F. 1. azúcar   2. chuletas   3. panadería   4. almorzamos   5. vuelven   6. muertos   7. recién   8. cerca
9. cangrejo / langosta   10. docena / salsa

G. 1. En el mercado compramos apio, zanahorias y pepinos. / Compramos apio, zanahorias y pepinos en el
mercado.   2. ¡Estoy muerto(a) de hambre! ¿A qué hora sirven el almuerzo?   3. Hugo pide chuletas de
cerdo. Las quiere con espaguetis.   4. Nunca habla con nadie.   5. —¿Cuánto tiempo hace que (tú) vives
aquí? —Hace cuatro años que vivo aquí.

H. 1. San José   2. las operaciones del Canal   3. no tiene   4. el café

Lección 7

A. 1. Ellos comieron tortilla y bebieron limonada.   2. Luis salió a las ocho y volvió a las cinco.
3. Tú cerraste la puerta y abriste las ventanas   4. Yo empecé a las seis y terminé a las ocho.   5. Nosotros
leímos un poema y ella leyó una novela.   6. Yo busqué el dinero y no lo encontré.   7. Yo llegué
temprano y comencé a trabajar.   8. Yo compré carne aquí y pagué menos.

B. 1. fue   2. Dieron   3. fue   4. fui   5. fueron   6. Di   7. fui   8. fuimos

C. 1. No, no me traen el jugo.   2. No, no le doy el dinero a él.   3. No, no te voy a comprar los libros.
(No, no voy a comprarte los libros).   4. No, no le voy a dar los cuadernos a Elsa.
(No, no voy a darle los cuadernos a Elsa).   5. No, no me gusta el café.   6. No, no nos van a dar las
invitaciones. (No. no van a darnos las invitaciones.)

D. 1. Me gusta / no me gusta   2. Te gusta   3. A mi mamá le gusta más   4. Nos gusta   5. A mi hermano le gusta

E. 1. se levantan / se acuestan   2. afeitarme   3. te pruebas   4. se sienta   5. nos bañamos   6. vestirse

F. 1. fin   2. divertí   3. se levantan   4. partido   5. cine   6. rompió   7. zoológico   8. escalar   9. montar   10. medianoche   11. nadar   12. vez

G. 1. —¿Va(s) a ir al teatro con tus (sus) amigos? —No, no puedo. Tengo que estudiar.   2. Me levanto a las siete y me acuesto a las once.   3. ¿Te dan tus abuelos dinero para comprar ropa? / ¿Te dan dinero tus abuelos para comprar ropa?   4. Nos gusta mucho el español, pero no nos gusta estudiar matemáticas.   5. Pagué setenta y cinco dólares por un florero. ¿Piensas que es mucho?

H. 1. Quique   2. populares

Lección 8

A. 1. trajeron / traje   2. Tuve   3. hizo   4. dijiste / dijeron   5. vino / viniste   6. estuvimos / estuvieron   7. hicieron   8. supe   9. condujeron / conduje   10. quiso

B. 1. Sí, te (se) las compré.   2. Sí, se los trajimos.   3. Sí, me lo van a dar. (Sí, van a dármelo.)   4. Sí, nos los va a traer. (Sí, va a traérnoslos.)   5. Sí, se la va a comprar. (Sí, va a comprársela.)   6. Sí, me las traen.

C. 1. se divirtieron / siguieron / durmieron   2. pidió   3. murió   4. consiguió

D. 1. ibas   2. era   3. hablaban   4. veíamos   5. pescaban   6. comía

E. 1. fácilmente   2. especialmente   3. lentamente   4. rápidamente   5. lenta y claramente   6. francamente

F. 1. aire   2. raqueta   3. armar   4. cesta   5. remar   6. pelo   7. frecuentemente   8. acuático   9. tomar   10. tabla   11. hacer   12. encanta

G. 1. El sábado no pudimos ir a acampar con nuestros amigos.   2. Ana me prestó su raqueta. Me la prestó ayer.   3. En el restaurante Eduardo y Marisol pidieron café. El (La) camarero(a) se lo sirvió.   4. Cuando era pequeña(o), frecuentemente (a menudo) jugaba al aire libre.   5. A los estudiantes les gusta la profesora Guzmán. Ella habla lenta y claramente.

H. 1. mayor   2. merengue   3. Yunque

Lección 9

A. 1. para   2. por   3. por   4. por   5. para   6. para / por   7. para / por / por   8. por

B. 1. hace / calor   2. hace / frío / nieva   3. llueve   4. hay / niebla   5. hace / sol

C. 1. celebramos   2. Eran / salí / Llegué   3. dijo / era / pedí   4. era / vivía   5. estaba / vi   6. fue / estaba / Prefirió   7. hice   8. estábamos / llamaste

D. 1. Hace tres horas que llegué.   2. Hace cuatro meses que ellos vinieron.   3. Hace media hora que empecé a trabajar.   4. Hace cinco días que (ellos) terminaron.   5. Hace diez años que tú llegaste.

E. 1. el tuyo   2. mías   3. los tuyos   4. nuestros   5. El suyo (El de ellos)   6. mío / suyo (de ella)

F. 1. baratos   2. zapatería   3. facultad   4. par   5. mangas   6. servirle   7. moda   8. descalzo   9. ponerme   10. ojo / cara   11. calza   12. húmedo

G. 1. Ayer fui a su casa para hablar con él.   2. ¿Dónde vivías cuando eras niño(a)?   3. ¿Cuándo fue la última vez que fuiste a la tienda?   4. —¿Qué dijo la profesora? —Dijo que teníamos que estudiar más.   5. El tiempo no está bueno hoy. Está lloviendo y necesito un impermeable.

H. 1. métrico   2. nuevo sol

Lección 10

A. 1. cerradas   2. abierta   3. roto   4. dormidos   5. escritas   6. hecha

B. 1. ha llegado   2. he roto   3. han traído   4. han vuelto / hemos podido   5. han muerto   6. has dicho

C. 1. habían vuelto   2. había firmado   3. habías hecho   4. habíamos escrito   5. había puesto   6. habían ido

D. 1. Llame   2. Camine   3. Salgan   4. Esté   5. venga   6. Vayan   7. lo haga   8. dé   9. sean   10. Póngala

E. 1. firmar / fechar   2. depositar   3. abierto / feriado   4. saldo   5. conjunta   6. cuadras   7. cola   8. talonario   9. sucursal   10. cajero   11. préstamo   12. efectivo   13. caja   14. sellos (estampillas)   15. diligencias

F. 1. En el aula la puerta está abierta, pero las ventanas están cerradas.   2. —Gustavo, ¿has escrito las cartas? —Sí, pero tengo que comprar estampillas.   3. Isabel nunca había ido a Argentina antes del año pasado.   4. Señora Peña, por favor firme el cheque y deposítelo hoy.   5. —¿Adónde vamos para abrir una cuenta corriente? —¡Vayan al banco!

G. 1. Galápagos   2. Cuzco   3. Sucre   4. Itaipú

Lección 11

A. 1. Yo quiero que ella vaya a Viña del Mar.   2. Nosotros deseamos viajar en avión.   3. Ella me sugiere que yo vaya a Buenos Aires.   4. El agente quiere venderme el pasaje.   5. Ellos nos aconsejan que compremos seguro.   6. Yo no quiero llevar muchas maletas.   7. Ellos no quieren que ella los lleve en su coche.

8. Nosotros no queremos ir contigo.   9. ¿Tú me sugieres que venga luego?   10. Ella necesita que Uds. le den la maleta.

B. 1. que ella se vaya pronto.   2. que los pasajes sean muy caros.   3. estar aquí.   4. irse de vacaciones.   5. que mamá se sienta bien hoy.   6. que ellos no puedan ir a la fiesta.

C. 1. a / de / a / en / en / en / a   2. a / a / de / a   3. de / de

D. 1. asiento / ventanilla   2. mano / compartimiento   3. agencia   4. embarque (embarco) / auxiliar   5. exceso   6. salida   7. incluyen / excursiones   8. cambio   9. cancelar   10. viajero   11. crucero   12. lugares / capital

E. 1. Espero que Sofía encuentre un buen asiento en el avión.   2. Ojalá que lleguemos seguros a Buenos Aires.   3. Necesito que me traigas el paquete.   4. Hace mucho calor en Caracas en verano. Necesitamos un hotel con aire acondicionado.   5. ¿Hay alguien en la clase que hable chino?

F. 1. vos   2. tango   3. separación

Lección 12

A. 1. hable español.   2. incluya el hotel.   3. no son caros.   4. salen a las seis.   5. pueda reservar los pasajes?

B. 1. Compra el televisor.   2. Díselo.   3. Viaja mañana.   4. Sal con esa persona.   5. Pon la maleta debajo del asiento.   6. Invítalo.   7. Vete.   8. Ven entre semana.   9. Regresa tarde.   10. Haz la reservación.   11. Tráeme el folleto.   12. Pídele los comprobantes ahora.

C. 1. se enamoró de / se casó con   2. insiste en   3. no te olvides de / Acuérdate de   4. no me di cuenta de / no confiaban en

D. 1. segundo / séptimo / quinto / primero / octavo / cuarto / noveno / tercero / sexto / décimo

E. 1. ducha   2. ascensor (elevador) / subir   3. calefacción   4. cama   5. precio   6. montón   7. desocupar   8. vista   9. servicio   10. aire   11. puesto / regalos   12. propietario   13. completa   14. libre   15. piso

F. 1. Queremos (Deseamos) un hotel que tenga vista al mar y una piscina.   2. ¿Hay un restaurante en esta ciudad que sirva comida mexicana?   3. Rosita, pon los platos en la mesa y no mires la televisión.   4. El año pasado Carlos se casó con Gloria.   5. Su cuarto está en el tercer piso de la pensión.

G. 1. muchos   2. más   3. Argentina   4. Brasilia

Lección 13

A. 1. son   2. esté   3. pueda   4. vienen   5. sirven

B. 1. estén llamando la ambulancia.   2. ellos vayan a quedarse en el hospital.   3. prefiere venir con nosotros.   4. cobran 50 dólares por las radiografías.   5. el cuarto no tenga calefacción.   6. ella esté en el hospital.

C. 1. terminen   2. podamos   3. traiga   4. empiecen   5. necesito un médico   6. llegue   7. no tengo hambre   8. llueva

D. 1. Quedémonos aquí.   2. No se lo digamos a nadie.   3. Levantémonos a las siete.   4. Preguntemos el precio de los análisis.   5. Démoselo a la enfermera.   6. Vamos a la sala de rayos X.

E. 1. Cuál   2. Cuál   3. Qué   4. Qué   5. Cuál

F. 1. enfermera   2. codo   3. desmayarse   4. dedos   5. dientes   6. pasar   7. dudar   8. continuar   9. escalera   10. piernas   11. ojos   12. lengua   13. romperse   14. piano

G. 1. —¿Vamos a ir al cine esta noche con Eva? —Sí, vamos a esperar hasta que Eva regrese (vuelva) de la universidad.   2. Vamos a preguntar cuánto cuesta el billete a Madrid.   3. Vamos a comer tan pronto como papá llegue a casa.   4. Nos encontramos en la biblioteca al mediodía.   5. Deseamos un cuarto con baño privado.

H. 1. gratis   2. socorro

Lección 14

A. 1. Irán / hablarán   2. pesarás / tomarás   3. traerá / pondrá   4. vendré / pediré   5. pondrá / dará

B. 1. hablaríamos   2. saldría   3. harías   4. sabría   5. iría   6. pedirían

C. 1. pudiéramos   2. entendieras   3. pusieran   4. quisiera   5. trajera   6. tuvieran   7. supiéramos   8. dijera   9. fuera   10. fueras

D. 1. trajera   2. vinieran   3. estuviera   4. supiera   5. tuviera   6. pidiera

E. 1. si tuviera dinero.   2. si tenemos tiempo.   3. si pudiéramos.   4. Si Ud. la ve.   5. como si (ella) fuera rica.

F. 1. grados   2. tos   3. mejore   4. recetar   5. calmante   6. dermatólogo / cardiólogo   7. tijeras   8. empeoró   9. cita (turno)   10. seguro   11. botiquín   12. suerte

G. 1. Tengo que cuidarme. Me duela la garganta y tengo fiebre.   2. —Beto, ¿qué harás en el verano? —Trabajaré y ahorraré dinero para la universidad.   3. Leonor dijo que iba a Chile el año próximo. Yo iría a Perú.   4. Perdón señor, ¿podría decirme dónde está la farmacia?   5. Mis padres querían que yo estudiara mucho y que no saliera frecuentemente.

H. 1. Madrid   2. segunda   3. Sevilla   4. flamenco

Vocabularies

The number following each vocabulary item indicates the lesson in which it first appears.

The following abbreviations are used:

abbr.	abbreviation	*indir. obj.*	indirect object	*pron.*	pronoun
adj.	adjective	*inf.*	infinitive	*refl. pron.*	reflexive pronoun
adv.	adverb	*m.*	masculine	*rel. pron.*	relative pronoun
conj.	conjunction	*Mex.*	Mexico	*sing.*	singular
dir. obj.	direct object	*neut. pron.*	neuter pronoun	*subj.*	subjunctive
f.	feminine	*obj.*	object	*v.*	verb
fam.	familiar	*pl.*	plural		
form.	formal	*prep.*	preposition		

Spanish-English

A

a at (with time of day), to, 2; **— la parrilla** grilled, 5; **— menos que** unless, 13; **— menudo** often, 8; **— poco más de** a little more than; ¿**— qué hora?** at what time?, 2; ¿**— quién(es)?** whom, 4; **— veces** sometimes, 6; **— ver** let's see, 6

abierto(a) open, 10

abogado(a) *(m., f.)* lawyer

abordar to board, 11

abrigo *(m.)* coat, 9

abril April, 2

abrir to open, 3

abrochar: abrocharse el cinturón de seguridad to fasten the seat belt, 11

abuela *(f.)* grandmother, 4

abuelo *(m.)* grandfather, 4

abuelos *(m. pl.)* grandparents

aburrido(a) boring, 2

aburrirse to be bored, 7

acá here, 8

acabado(a) finished

acabar de + *inf.* to have just (done something), 8

acampar to camp, 8

accidente *(m.)* accident

aceite *(m.)* oil

acompañado(a) with someone else, accompanied

aconsejar to advise, 11

acordarse (de) (o > ue) to remember, 12

acostarse (o > ue) to go to bed, 7

acostumbrado(a) accustomed or used to, 8

actividad *(f.)* activity, 8; **— al aire libre** outdoor activity, 8

actualmente at present

además *(adv.)* besides, 2; **— de** *(prep.)* in addition to

adiós good-bye, 1

administración de empresas *(f.)* business administration, 2

admitir to admit, 14

¿adónde? where (to)?, 4

advertencia *(f.)* warning

aerolínea *(f.)* airline, 11

aeropuerto *(m.)* airport, 11

afeitarse to shave, 7

afortunadamente luckily, 14

agencia *(f.)* agency, 11; **— de viajes** *(f.)* travel agency, 11

agente *(m., f.)* agent, 11

agosto August, 2

agua (el) *(f.)* water, 2; **— con hielo** *(f.)* ice water, 2; **— mineral** mineral water, 2; **— oxigenada** hydrogen peroxide, 14

aguacate *(m.)* avocado, 6

aguafiestas *(m., f.)* spoilsport, 2

águila (el) *(f.)* eagle

ahí there, 8

ahora now, 4; **— mismo** right now

ahorrar to save *(money)*, 10

aire *(m.)* air; **— acondicionado** *(m.)* air conditioning, 12

ají *(m.)* green pepper, 6

al (a + el) to the, 4; **— día** a day, per day, 6; **— día siguiente** (on) the following day, 5

albóndiga *(f.)* meatball, 6

alegrarse (de) to be glad (about), 12

alemán *(m.)* German *(language)*

alérgico(a) allergic, 13

alfabeto *(m.)* alphabet

algo something, anything, 5; ¿**— más?** anything else?, 10; **— para comer (tomar)** something to eat (drink)

algodón *(m.)* cotton, 14

alguien someone, anyone, 6

algún, alguno(s), alguna(s) any, some, 6; **en alguna parte** anywhere, somewhere; **alguna vez** ever, 6; **algunas veces** sometimes, 6

allá there

allí there, 12

alma (el) *(f.)* soul

almorzar (o > ue) to have lunch, 6

almuerzo *(m.)* lunch, 5

alquilar to rent, 8

alto(a) high, tall, 1

alumno(a) *(m., f.)* student, 1

amarillo(a) yellow, 1

ambulancia *(f.)* ambulance, 13

amigo(a) *(m., f.)* friend, 2

amistad *(f.)* friendship

amor love; **mi amor** darling, my love, 8

amparo *(m.)* shelter
ampliar to expand
analfabeto(a) *(m., f.)* illiterate
análisis *(m.)* test, 13
anaranjado(a) orange, 1
ancho(a) wide
anfitrión *(m.)* host
anfitriona *(f.)* hostess
animado(a) enthused, 4
aniversario *(m.)* anniversary, 5;
  — de bodas *(m.)* wedding
  anniversary
anoche last night, 7
anotar to write down
anteayer the day before
  yesterday
antes before; **— de** *(prep.)*
  before, 6; **— de que**
  (conj.) before, 13
antiácido *(m.)* antacid, 14
antibiótico *(m.)* antibiotic, 14
antiguo(a) old
antipático(a) unpleasant, 1
antropología *(f.)* anthropology, 2
añadir to add
año *(m.)* year, 2; **— escolar** *(m.)*
  school year
aparatos electrodomésticos *(m.*
  pl.) home appliances
apartamento *(m.)* apartment, 6
apellido *(m.)* last name; **— de**
  soltera maiden name
apio *(m.)* celery, 6
aprender (a) to learn (to), 11
apretar (e > ie) to be tight, 9
apurarse to hurry
aquel(los), aquella(s) *(adj.)* that,
  those *(distant)*, 3
aquél, aquéllos, aquélla(s)
  (pron.) that (one), those
  (distant), 3
aquello *(neut. pron.)* that, 3
aquí here, 5; **— está** here it is, 2;
  — las tiene here you are, 10
árbol *(m.)* tree, 13
archivar la información to store
  information, 10
arena *(f.)* sand, 8
aretes *(m. pl.)* earrings, 9
argentino(a) Argentinian
armar to pitch (a tent), to put
  together, 8
arrancar to tear out
arroyo *(m.)* brook
arroz *(m.)* rice, 5; **— con leche**
  rice pudding, 5
arte *(m.)* art, 2

asado(a) baked, 5
ascensor *(m.)* elevator, 12
asegurado(a) insured
aseguranza *(f.)(Mex.)*
  insurance, 14
así que so, 7
asiento *(m.)* seat, 11; **— de**
  pasillo *(m.)* aisle seat, 11;
  — de ventanilla *(m.)* window
  seat, 11
asignatura *(f.)* course,
  subject, 2
asistir to attend
aspiradora *(f.)* vacuum
  cleaner
aspirina *(f.)* aspirin
atender (e > ie) to see
  (*a patient*), 13
aula (el) *(f.)* classroom, 2
aunque although, 4; even if, 13
auto *(m.)* automobile, 10
autobús *(m.)* bus
automóvil *(m.)* automobile, 10
auxiliar de vuelo *(m., f.)* flight
  attendant, 11
ave (el) *(f.)* bird
avena *(f.)* porridge
averiguar to find out, 11
avión *(m.)* plane, 11
ayer yesterday, 7
ayuda *(f.)* assistance
ayudar to help, 12
azafata *(f.)* flight attendant, 11
azúcar *(m.)* sugar, 6
azul blue, 1

B

bailar to dance, 4; **¿Bailamos?**
  Shall we dance?, 4
bajar to go down
bajo *(prep.)* under, 8
bajo(a) short *(height)*, 5
balneario *(m.)* beach resort
banco *(m.)* bank, 10
bañadera *(f.)* bathtub, 12
bañarse to bathe, 7
baño *(m.)* bathroom, 3
barato(a) inexpensive, 9
barrer to sweep, 3
barrio *(m.)* neighbourhood
basura *(f.)* garbage, 3
bata *(f.)* robe, 9
batería de cocina *(f. sing.)*
  kitchen utensils
batido *(m.)* milkshake
beber to drink, 3
bebida *(f.)* drink, 4

béisbol *(m.)* baseball, 7
biblioteca *(f.)* library, 1
bien fine, well, 1; **muy —** very
  well, 1; **no muy —** not very
  well, 1
bienvenido(a) welcome, 1
biftec *(m.)* steak, 5
billete *(m.)* ticket, 11
billetera *(f.)* wallet, 9
biología *(f.)* biology, 2
bisabuela *(f.)* great-grandmother
bisabuelo *(m.)* great-grandfather
bisnieta *(f.)* great-granddaughter
bisnieto *(m.)* great-grandson
bistec *(m.)* steak, 5
blanco(a) white, 1
blanquillo *(m.) (Mex.)* egg, 5
blusa *(f.)* blouse, 9
boca *(f.)* mouth, 13
boda *(f.)* wedding, 5
bolígrafo *(m.)* pen, 1
bolsa *(f.)* handbag, purse;
  — de dormir *(f.)* sleeping bag, 8
bolso *(m.)* handbag, purse; **— de**
  mano *(m.)* carry-on bag, 11
bonito(a) pretty, 1
borrador *(m.)* eraser, 1
borrico *(m.)* donkey
bosque *(m.)* forest
bota *(f.)* boot, 9
botella *(f.)* bottle, 2
botones *(m. sing.)* bellhop, 12
brazo *(m.)* arm, 13
brindar to toast, 4
brindis *(m.)* toast
  (*at a celebration*), 4
brócoli *(m.)* broccoli, 6
bromear to joke, to kid, 7
bucear to scuba dive, 8
bueno... well . . . , okay, 1
bueno(a) good, 2; **buenas**
  noches good evening, good
  night, 1; **buenas tardes** good
  afternoon, 1; **buenos días** good
  morning, 1
bufanda *(f.)* scarf, 9
buscar to look for, to get, 9; to
  pick up

C

caballería *(f.)* chivalry
caballero *(m.)* gentleman;
  knight
caber to fit, 4
cabeza *(f.)* head, 13
cacerola *(f.)* saucepan, 3
cadena *(f.)* chain, 9

caerse to fall down, 13
café *(m.) (adj.)* brown, 1; coffee, 2; — **con leche** coffee with milk; **café** *(m.)* (restaurant), 5; — **al aire libre** outdoor café
cafetera *(f.)* coffeepot, 3
cafetería *(f.)* cafeteria, 2
caja de seguridad *(f.)* safe-deposit box, 10
cajero(a) *(m., f.)* teller, 10; — **automático** *(m.)* automatic teller machine, 10
calcetín *(m.)* sock
caldo *(m.)* soup *(Mex.)*, 5; broth
calefacción *(f.)* heating, 12
calidad *(f.)* quality
cálido(a) hot, 9
caliente hot, 12
calle *(f.)* street, 1
calmante *(m.)* tranquilizer, painkiller, 14
calumnia *(f.)* slander
calzar to wear a certain shoe size, 9
calzoncillos *(m. pl.)* undershorts, 9
cama *(f.)* bed, 12; — **chica (pequeña)** *(f.)* twin bed, 12; — **doble** *(f.)* double bed, 12; — **matrimonial** *(f.)* double bed
camarera *(f.)* waitress, 5
camarero *(m.)* waiter, 5
camarones *(m. pl.)* shrimp, 5
cambiar to change, 7; — **de avión** to change planes
cambio *(m.)* change; **en cambio** on the other hand, 8
cambio de moneda *(m.)* rate of exchange, 11; **¿a cómo está el —?** what's the rate of exchange?, 11
camilla *(f.)* gurney, stretcher
caminar to walk
camisa *(f.)* shirt, 9
camiseta *(f.)* T-shirt, 9
camisón *(m.)* nightgown, 9
campo *(m.)* country *(as opposed to city)*; field; — **de batalla** battlefield
canadiense Canadian
cancelar to cancel, 11
cangrejo *(m.)* crab, 6
canoa *(f.)* canoe, 8
cansado(a) tired, 4
cansarse to get tired, 11
cantidad *(f.)* amount
caña de azúcar *(f.)* sugar cane
caña de pescar *(f.)* fishing rod, 8
capital *(f.)* capital, 11

cara *(f.)* face, 13
¡caramba! gee!, 1
cardiólogo(a) *(m., f.)* cardiologist, 14
cardo *(m.)* thistle
cargado(a) loaded
carmín *(m.)* red (Cuba)
carne *(f.)* meat, 6
carnicería *(f.)* meat market
caro(a) expensive, 6
carro *(m.)* automobile, 10
carta *(f.)* letter, 10
cartera *(f.)* handbag, purse
casa *(f.)* house, 3; — **central** main office, 10; **en —** at home
casado(a) married, 4; **recién casados** *(m. pl.)* newlyweds, 6
casarse (con) to marry, to get married (to), 12
casete *(m.)* (cassette) tape
casi almost, 13
caso *(m.)* case; **en ese —** in that case
castaño brown *(hair or eyes)*, 4
catarro *(m.)* cold
catorce fourteen, 2
cazar to hunt, 8
cebolla *(f.)* onion, 5
cédula de identidad *(f.)* I.D. card, 12
celebrar to celebrate, 4
cena *(f.)* dinner
cenar to have dinner (supper), 3
céntrico(a) central, 12
cerca (de) near, 6; — **de aquí** near here
cerdo *(m.)* pork, 6
cereal *(m.)* cereal
cereza *(f.)* cherry, 6
cero zero, 1
cerrado(a) closed, 10
cerrar (e > ie) to close, 5
certificado(a) certified, 10
cerveza *(f.)* beer, 2
césped *(m.)* lawn, 3
cesta *(f.)* basket, 8
cesto de papeles *(m.)* wastebasket, 1
chaleco *(m.)* vest, 9
champán *(m.)* champagne, 4
chaqueta *(f.)* jacket, 9
chau bye, 1
cheque *(m.)* cheque, 10; — **de viajero** *(m.)* traveller's cheque, 11
chequeo *(m.)* checkup, 14
chica *(f.)* young girl, 1

chico *(m.)* young man, 1
chico(a) little, small, 8
chillido *(m.)* screech
chocar (con) to collide, 13
chocolate *(m.)* chocolate; — **caliente** *(m.)* hot chocolate, 2
chorizo *(m.)* sausage
chuleta *(f.)* chop *(of meat)*, 6; — **de cerdo** pork chop, 6; — **de ternera** veal chop, 6
ciclón *(m.)* cyclone
cielo *(m.)* sky, 9; **el — está despejado** the sky is clear, 9; **el — está nublado** the sky is cloudy, 9
cien (ciento) one hundred, 2
ciencias políticas *(f. pl.)* political science, 2
cierto(a) true
ciervo *(m.)* deer
cigüeña *(f.)* stork
cinco five, 1
cincuenta fifty, 2
cine *(m.)* movies, movie theater, 7
cinta *(f.)* tape
cinto *(m.)* belt, 9
cinturón *(m.)* belt, 9
cirujano(a) *(m., f.)* surgeon, 14
cita *(f.)* appointment, 14
ciudad *(f.)* city, 3
claro(a) light
clase *(f.)* class, 1; — **de español (castellano)** Spanish class, 1; — **turista** tourist class, 11; **primera —** first class, 11
clima *(m.)* climate, 9
club *(m.)* club, 4; — **nocturno** *(m.)* nightclub, 7
cobrar to charge, 10; — **un cheque** to cash a cheque, 10
cocina *(f.)* kitchen, 3; stove
cocinar to cook, 6
cocinero(a) *(m., f.)* cook, 6
coche *(m.)* automobile, 10
codo *(m.)* elbow, 13
colador *(m.)* strainer, 3
colar (o > ue) to strain
color *(m.)* colour, 1
combinación *(f.)* slip
comedor *(m.)* dining room
comenzar (e > ie) to start, to begin, 5
comer to eat, 3; — **algo** to have something to eat, 4
comestibles *(m. pl.)* groceries *(food items)*
comida *(f.)* food, meal, 3
comido(a) eaten, 10

como like, 9; as; **— si** as if, 14; **— siempre** as usual, 13

¿cómo? pardon, 1; how? 1; **¿— es...?** what is . . . like?; **¿— está usted?** how are you? (form.), 1; **¿— estás?** how are you? (fam.), 1; **— no** of course, sure; **¿— se dice...?** how do you say . . . ?, 1; **¿— se llama usted?** what is your (form.) name?, 1; **¿— te llamas?** what is your (fam.) name?, 1

cómodo(a) comfortable, 9

compañero(a) de clase (m., f.) classmate, 1; **— de cuarto** (m., f.) roommate, 1

comparativo (m.) comparative

compartimiento de equipajes (m.) luggage compartment, 11

compartir to share, 11

complacer to please

comprar to buy, 6

comprobante (m.) claim check

comprometerse (con) to get engaged (to), 12

computadora (personal) (f.) (personal) computer, 1

con with, 1; **¿— quién?** with whom?; **— razón** no wonder; **— tal (de) que** provided that, 13; **— vista a** overlooking (with a view of), 12

concierto (m.) concert, 7

condimentar to season (food)

conducir to drive, to conduct, 4

conferencia (f.) lecture, 14

confiar en to trust, 12

confirmar to confirm, 11

conmigo with me, 3

conocer to know, to be acquainted with, 4

conocido(a) known

conseguir (e > i) to obtain, to get, 6

consultorio (m.) doctor's office, 14

contabilidad (f.) accounting, 2

contento(a) happy, content, 4

contigo with you (fam.), 5

continuar to continue, 13

convenir (en) to agree (on), 12

conversar to talk, to converse, 2

convertirse (e > ie) en to turn into, 14

copa (f.) wineglass, 2

corazón (m.) heart, 13

corbata (f.) tie, 9

cordero (m.) lamb, 5

correo (m.) post office, 10

correr to run, 3

corsario (m.) privateer

cortar to cut, 3; **— el césped** to mow the lawn, 3; **—se** to cut (oneself), 13; **—se el pelo** to get one's hair cut

corto(a) short, 9

cosa (f.) thing, 3; **cosas que hacer** things to do, 3

costar (o > ue) to cost, 6; **—un ojo de la cara** to cost an arm and a leg, 9

costumbre (f.) custom

crecer to grow

creer to think, to believe; **— que sí (no)** to think so (not), 13

crema (f.) cream, 5

criado(a) (m., f.) servant, 6

crucero (m.) cruise, 11

cuaderno (m.) notebook, 1

cuadra (f.) block, 10

¿cuál? (pl. **¿cuáles?**) which?, what?, 1; **¿— es tu número de teléfono?** what's your phone number?, 1

cualquier(a) any, 13; **en — momento** at any time

cuando when, 13

¿cuándo? when?, 2

¿cuánto(a)? how much?, 3; **¿por cuánto tiempo?** how long?

¿cuántos(as)? how many?, 2

cuarenta forty, 2

cuarto (m.) room, 3; **— de baño** (m.) bathroom, 3; **— de huéspedes** (m.) guest room; **menos —** quarter to, 2; **y —** quarter past or after, 2

cuatro four, 1

cuatrocientos(as) four hundred, 3

cubano(a) (m., f.) Cuban, 1

cuchara (f.) spoon, 5

cucharita (f.) teaspoon, 5

cuchillo (m.) knife, 5

cuello (m.) neck, 13; collar

cuenta (f.) account, 10; bill, cheque (at a restaurant), 5; **— de ahorros** savings account, 10; **— conjunta** joint account, 10; **— corriente** chequing account, 10

cuerpo (m.) body, 13

cuervo (m.) crow

cuidar(se) to take care (of oneself), 14

cumpleaños (m. sing.) birthday, 4

cuñada (f.) sister-in-law, 4

cuñado (m.) brother-in-law, 4

curita (f.) adhesive bandage, 14

D

danza aeróbica (f.) aerobic dance, 2

dar to give, 4

darse cuenta (de) to realize, 12

darse prisa to hurry up

de of, about, in, 2; from, with, 11; **— cortesía** polite; **¿— dónde eres?** where are you from?, 1; **— estatura mediana** of medium height, 4; **—modo (manera) que** so, 6; **— nada** you're welcome, 1

debajo de under

deber to have to, must, 3

débil weak

decidir to decide, 4

décimo(a) tenth, 12

decir (e > i) to say, 5; to tell, 6; **dime una cosa** tell me something, 12

dedo (m.) finger, 13; **— del pie** toe, 13

dejar to leave (behind), 5; to let, 11; **— de** to stop

del (de + el) of the, 4

deletrear to spell

deletreo (m.) spelling

delgado(a) slender, thin, 1

demasiado(a) too much

demostrativo(a) demonstrative

dentro de within, 14; **— quince días** in two weeks

departamento (m.) apartment, 6; **— de caballeros** (m.) men's department

dependiente(a) (m., f.) clerk

deporte (m.) sport

depositar to deposit, 10

derecho(a) right; **a la derecha** to the right

dermatólogo(a) (m., f.) dermatologist, 14

desarrollar to develop

desastre (m.) disaster, 3

desayunar to have breakfast, 5

desayuno (m.) breakfast

descalzo(a) barefoot; **andar —** to go barefoot, 9

descansar to rest, 3

descubierto(a) discovered

descuento (m.) discount

desde from
desear to wish, to want, 2
desfallecer to faint
desgraciadamente unfortunately
desinfectante *(adj.)* disinfectant, 14
desinfectar to disinfect, 13
desmayarse to lose consciousness, to faint, 13
desocupar to vacate, 12; — **el cuarto** to check out of a hotel room, 12
despedida *(f.)* farewell
despejado(a) clear *(sky)*, 9
despertarse (e > ie) to wake, 7
después then, 3; later, 5; **— de** after
detergente *(m.)* detergent, 6
día *(m.)* day, 1; **al — siguiente** next day, 5; **— feriado** holiday, 10
diario *(m.)* newspaper, diary
dicho(a) said, 10
diciembre December, 2
diecinueve nineteen, 2
dieciocho eighteen, 2
dieciséis sixteen, 2
diecisiete seventeen, 2
diente *(m.)* tooth, 13
diez ten, 1
difícil difficult, 1
diligencia *(f.)* errand
dinero *(m.)* money, 2
dirección *(f.)* address, 1
disco: — compacto *(m.)* compact disc (CD), 4; **— duro** hard drive, 10
discoteca *(f.)* club, disco, 7
diseñar programas to design, write programs
disponible vacant, available, 12
divertirse (e > ie) to have fun, 7
doce twelve, 2
docena *(f.)* dozen, 6
doctor (Dr.) *(m.)* doctor, 1; M.D., 13
doctora (Dra.) *(f.)* doctor, 1; M.D., 13
documento *(m.)* document
doler (o > ue) to hurt, to ache, 13
dolor *(m.)* pain, 13; **— de cabeza** *(m.)* headache; **— de garganta** sore throat, 14
domicilio *(m.)* address, 1
domingo *(m.)* Sunday, 2
don title of respect, used with a man's first name, 6

¿dónde? where?, 1
doña title of respect, used with a woman's first name, 6
dormir (o > ue) to sleep, 6; **—se** to fall asleep
dormitorio *(m.)* bedroom, 3
dos two, 1; **somos —** there are two of us
doscientos(as) two hundred, 2
ducha *(f.)* shower, 12
dudar to doubt, 13
dueño(a) *(m., f.)* owner, proprietor, 12
durante during
durar to last
durazno *(m.)* peach, 6

E

echar to share; to pour out
efectivo *(m.)* cash, 10
ejercicio *(m.)* exercise
el *(m. sing.)* the, 1
él he, 1; *(obj. of prep.)* him, 5
elegante elegant
elegir (e > i) to choose, 6
elevador *(m.)* elevator, 12
ella she, 1; *(obj. of prep.)* her, 5
ellas *(f.)* they, 1; *(obj. of prep.)* them, 5
ellos *(m.)* they, 1; *(obj. of prep.) them*, 5
elogiar to praise
embarazada pregnant, 14
emergencia *(f.)* emergency, 11
empeorar(se) to get worse, 14
empezar (e > ie) to start, to begin, 5
empleado(a) *(m., f.)* clerk, 9
en in, on, at, 1; inside, over; **— cambio** on the other hand, 8; **— casa** at home; **— caso de que** in case, 13; **— cuanto** as soon as, 9; **— efectivo** in cash, 10; **— español** in Spanish; **— inglés** in English; **—parte** in part, 11; **— seguida** right away, 14; **— vez de** instead of, 7
enamorado(a) in love, 4
enamorarse (de) to fall in love (with), 12
encantador(a) charming, 4
encantar to love, to like very much, 8
encargarse to take charge
encendido(a) bright
encontrar (o > ue) to find, 6
encuesta *(f.)* survey

enero January, 2
enfermedad *(f.)* disease, sickness, 14
enfermero(a) *(m., f)* nurse, 13
enfermo(a) sick
ensalada *(f.)* salad, 3; **— mixta** *(f.)* mixed salad
ensayo *(m.)* essay
enseguida right away, 14
enseñar to teach, 11; to show, 12
entender (e > ie) to understand, 5
enterrado(a) buried
entonces then, 2; in that case, 5
entrar (en) to enter, to go (in), 7
entre between; **— comidas** between meals; **— semana** during the week
entremeses *(m. pl.)* appetizers, finger food, 4
enviar to send, 4
enyesar to put a cast on
equipaje *(m.)* luggage, 11
escalar montañas to climb mountains, 7
escalera *(f.)* stairs, 13; **— mecánica** escalator, 13
esclusa *(f.)* lock *(in a canal)*
escoba *(f.)* broom
escoger to choose, 6
escopeta *(f.)* shotgun, 8
escribir to write, 3
escrito(a) written, 10
escritorio *(m.)* desk, 1
escuela *(f.)* school, 9
ese, esos, esa(s) *(adj.)* that those *(nearby)*, 3
ése, ésos, ésa(s) *(pron.)* that (one), those, 3
eso *(neut. pron.)* that, 3
espaguetis *(m. pl.)* spaghetti, 6
espalda *(f.)* back, 13
español *(m.)* Spanish *(language)*, 1
español(a) *(m., f.)* Spanish *(person)*
esparadrapo *(m.)* adhesive tape, 14
especialidad *(f.)* specialty, 5
especialmente especially, 3
esperar to wait, 5; to hope, 11; **espero que sí** I hope so, 8
esposa *(f.)* wife, 4
esposo *(m.)* husband, 4
esquí acuático *(m.)* waterski, 8
esquiar to ski, 7
esquina *(f.)* corner
esta *(adj.)* this, 3; **— noche** tonight, 1

estacionar to park, 10
estación (f.) season, 2
estadio (m.) stadium
estado (m.) state; **en—** pregnant, 14
estadounidense (m., f.) U.S. (used to denote citizenship)
estampilla (f.) stamp, 10
estar to be, 4; **está bien** all right, okay, 6; **— a dieta** to be on a diet; **— de moda** to be in style, 9; **— de vacaciones** to be on vacation, 5; **— en regla** to be in order; **— muerto(a) de hambre** to be starving, 6 **— seguro(a)** to be sure
estatura (f.) height, 4; **de — mediana** of medium height, 4
este, estos, esta(s) (adj.) this, these, 3
éste, éstos, ésta(s) (pron.) this (one), these, 3
estéreo (m.) stereo
estimarse to have self-esteem
esto (neut. pron.) this, 3
estómago (m.) stomach, 13
estrecho(a) narrow
estrella (f.) star, 8
estudiante (m., f.) student, 1
estudiar to study, 2
examinar to examine, to check, 14
exceso (m.) excess, 11; **— de equipaje** (m.) excess luggage (charge), 11
excursión (f.) tour, excursion, 11
excusa (f.) excuse, 3
éxito (m.) success, 4; **todo un —** quite a success, 4
expresión (f.) expression
exterior (m.) exterior, 12
extranjero(a) foreigner
extraño(a) (m., f.) stranger

F

fácil easy, 8
fácilmente easily, 8
facultad (f.) college, 9
falda (f.) skirt, 9
falso(a) false
familia (f.) family, 3
famoso(a) famous, 6
farmacéutico(a) (m., f.) pharmacist
farmacia (f.) pharmacy, 14
favorito(a) favourite, 3
febrero February, 2
fechar to date (a document), 10

feliz happy, 4
feo(a) ugly, 1
fiebre (f.) fever, 14
fiesta (f.) party, 4; **— de bienvenida** welcome party
fijarse en to check, to notice, 12
fin (m.) end; **— de semana** (m.) weekend, 7
firmar to sign, 10
física (f.) physics, 2
flan (m.) caramel custard, 5
flor (f.) flower
florero (m.) vase, 7
fogata (f.) bonfire, 8
folleto (m.) brochure, 12
fortaleza (f.) fortress
fractura (f.) fracture, 13
fracturar(se) to fracture
francés (m.) French (language)
franco(a) open
frecuentemente often, 8
fregar (e > ie) to wash (dishes)
freír (e > i) to fry
fresa (f.) strawberry, 6
frío(a) cold, 9
frito(a) fried, 8
fruta (f.) fruit, 5
fuente de ingresos (f.) source of income
fumar to smoke
funcionar to work, to function; **no funciona** it doesn't work, 12
fundado(a) founded

G

gamba (f.) shrimp, 5
ganado (m.) cattle
garaje (m.) garage, 3
garganta (f.) throat, 14
gastar to spend (money), 9
general general, 8
generalmente generally, 8
género (m.) gender
gente (f.) people, 10
geografía (f.) geography, 2
geología (f.) geology, 2
gerente (m., f.) manager
ginecólogo(a) (m., f.) gynecologist, 14
giro postal (m.) money order, 10
gobierno (m.) government
golpear(se) to hit (oneself), 13
gordo(a) fat, 1
gota (f.) drop; **—s para la nariz** (f. pl.) nose drops
gracias thanks, 1; **muchas —** thank you very much, 1

grado (m.) degree (temperature), 9; **hay . . . grados** it's . . . degrees, 9
grande big, 5; **gran** big, great
gratis free (of charge), 10
grave serious, 14
gripe (f.) flu, 14
gris grey, 1
gritar to shout, 4
grupo (m.) group
guante (m.) glove, 9
guapo(a) handsome, 1
guardar to keep
guatemalteco(a) Guatemalan, 4
guerra (f.) war
gustar to like, to appeal, 7
gusto (m.) pleasure, 1; **el — es mío** the pleasure is mine, 1; **mucho —** it's a pleasure to meet you; how do you do?, 1

H

Habana (f.) Havana
haber (auxiliary verb) to have, 10; **va a —** there is going to be, 12
había una vez once upon a time
habitación (f.) room, 12
hablar to speak, 2; **habla... (nombre)** this is . . . (name) speaking; **hablado** spoken, 10
hacer to do, to make, 3; **hace... ** . . . ago, 9; **— buen (mal) tiempo** to be good (bad) weather, 9; **— calor** to be hot, 9; **— cola** to stand in line, 10; **— diligencias** to run errands, 10; **— ejercicio** to exercise; **— escala** to make a stop over, 11; **— frío** to be cold, 9; **— sol** to be sunny, 9; **— surfing** to surf, 8; **— una caminata** to go hiking, 8; **— una radiografía** to take an X-ray, 13; **— viento** to be windy, 9
hambre (f.) hunger, 3; **tener —** to be hungry, 3
hamburguesa (f.) hamburger, 5
hasta until, 7; even; **— la vista** (I'll) see you around, 1; **— luego** (I'll) see you later, 1; **— mañana** (I'll) see you tomorrow, 1; **— que** (conj.) until, 13
hay there is, there are, 1
hecho(a) made, done, 10

heladera *(f.)* refrigerator, 3
helado *(m.)* ice cream, 5
helado(a) frozen
herida *(f.)* wound, 13
herido(a) wounded
hermana *(f.)* sister, 3
hermanastra *(f.)* stepsister
hermanastro *(m.)* stepbrother
hermano *(m.)* brother, 3
hermoso(a) beautiful
hielo *(m.)* ice, 2
hija *(f.)* daughter, 4
hijastra *(f.)* stepdaughter
hijastro *(m.)* stepson
hijo *(m.)* son, 4
hijos *(m. pl.)* children, 3
hinchado(a) swollen, 13
historia *(f.)* history, 2
hola hello, hi, 1
hombre *(m.)* man, 1
hombro *(m.)* shoulder, 13
hora *(f.)* hour, time, 2; **¿qué —
es?** what time is it?, 2; **¿a
qué —?** at what time?, 2
horario de clases *(m.)* class
schedule, 2
horno *(m.)* oven, 3; **al —** baked;
— de microondas *(m.)*
microwave oven, 3
hospedarse to stay, to lodge *(i.e.,
at a hotel)*, 8
hospital *(m.)* hospital, 13
hotel *(m.)* hotel, 8
hoy today, 2; **— mismo** this very
day, 14
hubo there was, there were
huevo *(m.)* egg, 5
húmedo(a) humid, 9
huracán *(m.)* hurricane

I

ida *(f.)*: **de —** one-way, 11; **de — y
vuelta** round-trip, 11
idea *(f.)* idea, 2
identificación *(f.)* identification
idioma *(m.)* language
iglesia *(f.)* church
impermeable *(m.)* raincoat
importarle (a uno) to matter, 6
impresora *(f.)* printer, 10
incluir to include, 11
infección *(f.)* infection
información *(f.)* information
informática *(f.)* computer
science, 2
ingeniería *(f.)* engineering
inglés *(m.)* English *(language)*, 2

inglés(esa) *(m., f.)* English
(person)
ingreso *(m.)* income
inodoro *(m.)* toilet, 12
insistir en to insist on, 12
inteligente intelligent, 1
interés *(m.)* interest
interesante interesting, 1
interior interior, 12
internacional international, 1
interrogativo(a) interrogative
invierno *(m.)* winter, 2
invitación *(f.)* invitation, 4
invitado(a) *(m., f.)* guest, 4
invitar to invite, 4
inyección *(f.)* shot, injection, 13;
— antitetánica tetanus shot, 13
ir to go, 4; **— a** + *inf.* to be going
to, 4; **— a acampar** to go
camping, 8; **— de compras**
to go shopping; **— de pesca**
to go fishing; **— (se) de
vacaciones** to go on vacation;
— se to go away
istmo *(m.)* isthmus
italiano *(m.)* Italian *(language)*
izquierdo(a) left; **a la
izquierda** to the left

J

jabón *(m.)* soap
jamás never, 6
jamón *(m.)* ham, 5
jarabe *(m.)* syrup, 14
jardín *(m.)* garden, 12
jefe(a) *(m., f.)* boss
joven young, 1
joya *(f.)* jewel; *(pl.)* jewellery
juego *(m.)* game, 7
jueves *(m.)* Thursday, 2
jugador(a) *(m., f.)* player
jugar (u > ue) to play *(i.e., a
game)* 8; **— al golf** to play golf,
8; **— al tenis** to play tennis, 8
jugo *(m.)* juice, 2; **— de manzana**
(m.) apple juice, 2; **— de
naranja** *(m.)* orange juice, 2;
— de tomate *(m.)* tomato juice,
2; **— de toronja** *(m.)* grapefruit
juice, 2; **— de uvas** *(m.)* grape
juice, 2
julio July, 2
junio June, 2
juntarse to get together, 8
junto(a) next (to)
juntos(as) together, 2
justo(a) fair, 7

L

la *(f. sing.)* the, 1; *(pron.)* her,
you, it, 6
laboratorio de lenguas *(m.)*
language lab
ladera *(f.)* hillside
lago *(m.)* lake, 8
langosta *(f.)* lobster, 5
lápiz *(m.)* pencil, 1
largo(a) long, 9
las *(f. pl.)* the, 1; *(pron.)* them,
you, 6
lastimar(se) to hurt (oneself), 13
Latinoamérica *(f.)* Latin America
lavabo *(m.)* washbasin, 12
lavadora *(f.)* washing machine, 3
lavaplatos *(m. sing.)*
dishwasher, 3
lavar to wash, 3; **—se** to wash
(oneself), 7; **—se la cabeza** to
wash one's hair
le (to) him, (to) her, (to) you
(form.), 7
lección *(f.)* lesson
leche *(f.)* milk, 2
lechuga *(f.)* lettuce, 6
lector(a) *(m., f.)* reader
leer to read, 3
lejía *(f.)* bleach, 6
lejos far (away)
lengua *(f.)* tongue, 13; language
lentamente slowly, 8
lento(a) slow, 8
les (to) them, (to) you *(pl. form.)*, 7
letrero *(m.)* sign
levantar to raise, 4; **levantarse**
to get up, 7
libertad *(f.)* liberty
libre off, 6; vacant, available, 12;
free
libreta de ahorros *(f.)* passbook, 10
libro *(m.)* book, 1
licencia para manejar (conducir)
(f.) driver's licence
licuadora *(f.)* blender, 3
ligero(a) light
limonada *(f.)* lemonade, 3
limpiar to clean, 3; **— el polvo**
to dust, 3
limpio(a) clean, 12
lindo(a) pretty, 1
liquidación *(f.)* sale
lista *(f.)* list, 5; **— de espera** *(f.)*
waiting list, 11
listo(a) ready
literatura *(f.)* literature, 2
llamada *(f.)* call, 11

llamar to call; **— a la puerta** to knock at the door

llamarse to be named, 1; **¿cómo se llama?** what is your *(form.)* name?, 1, **¿cómo te llamas?** what is your *(fam.)* name?, 1; **me llamo...** my name is . . . , 1

llave *(f.)* key

llegar to arrive, 3; **— tarde (temprano)** to be late (early)

llenar to fill, to fill out, 10

lleno(a) full, 12

llevar to take *(someone or something someplace)*, 4; to wear

llorar to cry, 13

llover (o > ue) to rain, 9

lluvia *(f.)* rain, 9

lo him, you, it, 6; **— importante** the important thing; **— mismo** the same thing, 11; **— que** what, that, which, 9; **— siento** I'm sorry, 1

los *(m. pl.)* the, 1; *(pron.)* them, you *(form.)*, 6; **— (las) dos** both, 2

lucirse to shine

luego later

lugar *(m.)* place, 12; **— de interés** *(m.)* place of interest, 12; **en — de** in place of

lujo *(m.)* luxury, 12

luna de miel *(f.)* honeymoon

lunes *(m.)* Monday, 2

luz *(f.)* light, 1

M

madera *(f.)* wood

madrastra *(f.)* stepmother

madre *(f.)* mom, mother, 4

madrina *(f.)* godmother, 4

madrugada *(f.)* early morning (pre-dawn)

maestro(a) *(m., f.)* teacher

magnífico(a) great

mal badly, 5; poorly

maleta *(f.)* suitcase, 11

maletín *(m.)* hand luggage, small suitcase, 11

malo(a) bad, 5

mamá *(f.)* mom, mother, 3

mami *(f.)* mommy

mandar to send, 4; to order; **¿mande?** *(Mex.)* pardon?, 1

mandón(ona) bossy, 3

manejar to drive

manga *(f.)* sleeve, 9

mano *(f.)* hand

mantel *(m.)* tablecloth, 5

mantequilla *(f.)* butter, 5

manzana *(f.)* apple, 2; block, 10

mañana tomorrow; morning, 2

mapa *(m.)* map, 1

mar *(m.)* ocean, 8

marca *(f.)* brand

marisco *(m.)* shellfish, 6

marrón brown, 1

martes *(m.)* Tuesday, 2

marzo March, 2

más more, 5; **— de** more than, 5; **— despacio** slower, 1; **— o menos** more or less, 1; **— ... que** more . . . than, 5; **— tarde** later, 5

matar to kill; **— dos pájaros de un tiro** to kill two birds with one stone

matemáticas *(f. pl.)* mathematics, 2

materia *(f.)* course, subject, 2

matrimonio *(m.)* married couple, 8

mayo May, 2

mayor older, 5; elderly; **(el, la) —** oldest, 5

me *(obj. pron.)* me, 6; (to) me, 7; *(refl. pron.)* (to) myself, 7; **— gusta...** I like . . . , 7; **— llamo...** my name is . . . , 1; **— voy** I'm leaving, 2

media hermana *(f.)* half sister

mediano(a) medium, 9

medianoche *(f.)* midnight, 2

medicina *(f.)* medicine, 9

médico(a) *(m., f.)* doctor, M.D., 11

medida *(f.)* measure

medio(a) half; **media hora** half an hour, 3; **y media** half past, 2

medio hermano *(m.)* half brother

mediodía *(m.)* noon, 2; **al —** at noon, 2

mejor better, 5; **(el, la) —** best, 5

mejorarse to get better, 14

melocotón *(m.)* peach, 6

melón de agua *(m.)* watermelon, 6

memoria *(f.)* memory, 10

menor younger, 5; **(el, la) —** youngest, 5

menos to, till, 2; less, 5; **— ... que** less . . . than, 5; **— mal** thank goodness

mensaje *(m.)* **electrónico** e-mail, 10

mensual monthly

mentir (e > ie) to lie, 11

menú *(m.)* menu, 5

mercado *(m.)* market, 6; **— al aire libre** *(m.)* outdoor market, 6

merendar to have an afternoon snack, 7

merienda *(f.)* afternoon snack

mermelada *(f.)* jam, marmalade, 5

mes *(m.)* month, 2

mesa *(f.)* table, 3

mesero(a) *(m., f.) (Mex.)* waiter, 5

mexicano(a) *(m., f.)* Mexican, 1

mezcla *(f.)* mixture

mezclar to mix

mi(s) my, 2

mí *(obj. of prep.)* me, 5

microcomputadora *(f.)* laptop, 10

mientras while

miércoles *(m.)* Wednesday, 2

mil one thousand, 3

minuto *(m.)* minute, 2

mío(a), míos(as) *(pron.)* mine, 9

mirar to watch, to look at, 3

mismo(a) same; **a sí —** him/herself

mochila *(f.)* backpack, 1

modo *(m.)* way; **de — que** so, 6

momento *(m.)* moment, 3

moneda *(f.)* coin

monitor *(m.)* monitor, 10

montar: — a caballo to go horseback riding, 7; **— en bicicleta** to ride a bike, 7

montón: un montón de a bunch of, many, 12

morado(a) purple, 1

moreno(a) dark, brunet(te), 4

morir (o > ue) to die

mostrar (o > ue) to show, 12

mozo *(m.)* waiter, 5

muchacha *(f.)* young girl, 1; maid

muchacho *(m.)* young man, 1

mucho(a) much; **— gusto** it's a pleasure to meet you; how do you do?, 1; **no mucho** not much, 1

muchos(as) many, 3; **muchas gracias** thank you very much, 1

mudarse to move (relocate)

muebles *(m. pl.)* furniture, 3

muerto(a) dead, 10; **estar — de hambre** to be starving, 6

mujer *(f.)* woman; 1
muletas *(f. pl.)* crutches, 13
muñeca *(f.)* wrist, 13
museo *(m.)* museum, 7
música *(f.)* music, 2
muy very, 1; — **bien** very well, 1

N

nacer to be born
nada nothing, 6; **de (por)** —
you're welcome, 1;
— **más** nothing else
nadar to swim, 7
nadie nobody, no one, 6
naranja *(f.)* orange, 2
nariz *(f.)* nose, 13
navegar la Red to surf the 'net, 10
Navidad *(f.)* Christmas
necesitar to need, 2
negar (e > ie) to deny, 13
negativo(a) negative
negro(a) black, 1
nevada *(f.)* snowfall
nevar (e > ie) to snow, 9
nevera *(f.)* refrigerator, 3
ni...ni neither . . . nor, 6
niebla *(f.)* fog, 9
nieta *(f.)* granddaughter, 4
nieto *(m.)* grandson, 4
ningún, ninguno(a) none, not
any, 6; no, 6
niño(a) *(m., f.)* child, 5
no no, not, 1; — **importa** it
doesn't matter
noche *(f.)* night, 1; **esta** —
tonight, 3
nocturno *(m.)* night *(adj.)*
norteamericano(a) *(m., f.)* North
American, 1
nos *(obj. pron.)* us, 6; (to) us, 7;
(to) ourselves, 7; **nos vemos** I'll
see you, 1
nosotros(as) we, 1; *(obj. of prep.)*
us, 5
nota *(f.)* grade
notar to notice
novecientos(as) nine hundred, 3
noventa ninety, 2
novia *(f.)* girlfriend (steady), 4
noviembre November, 2
novio *(m.)* boyfriend (steady), 4
nublado(a) cloudy, 9
nuera *(f.)* daughter-in-law, 4
nuestro(s), nuestra(s) *(adj.)* our,
2; *(pron.)* ours, 9
nueve nine, 1
nuevo(a) new, 2

número *(m.)* number, 1; — **de**
teléfono phone number, 1
nunca never, 6

O

o or; **o... o** either . . . or, 6
obra *(f.)* work *(e.g., of art)*
ochenta eighty, 2
ocho eight, 1
ochocientos(as) eight hundred, 3
oculista *(m., f.)* oculist, 14
ocupación *(f.)* occupation, 3
ocupado(a) busy, 3; occupied, 12
oficina *(f.)* office; — **de**
correos post office, 10
oído *(m.)* (inner) ear
ojalá I hope, 11
ojos *(m. pl.)* eyes, 4; **de** —
castaños with brown eyes, 4
olvidar(se) (de) to forget, 12
ómnibus *(m.)* bus
once eleven, 2
oprimido(a) oppressed
ordenador (personal) *(m.)*
(Spain) (personal) computer, 1
oreja *(f.)* (external) ear, 13
orilla *(f.)* shore
oro *(m.)* gold, 9
orquesta *(f.)* band, orchestra
ortiga *(f.)* nettle
os *(fam. pl. obj. pron.)* you, 6; (to)
you, 7; (to) yourselves, 7
oso *(m.)* bear
otoño *(m.)* autumn, 2
otro(a) other, another, 10;
otra vez again, 14
oye listen, 1

P

paciente *(m., f.)* patient, 13
padrastro *(m.)* stepfather
padre *(m.)* dad, father, 4
padres *(m. pl.)* parents, 3
padrino *(m.)* godfather, 4
pagar to pay, 5
país *(m.)* country, nation, 11
pájaro *(m.)* bird
palabra *(f.)* word; — **cariñosa**
(f.) term of endearment
palo de golf *(m.)* golf club, 8
pan *(m.)* bread, 5;
— **tostado** toast, 5
panadería *(f.)* bakery, 6
panqueque *(m.)* pancake, 5
pantalla *(f.)* screen, 10
pantalón *(m. sing.)*,

pantalones *(m. pl.)* pants,
trousers, 9
pantimedias *(f. pl.)* pantyhose
papa *(f.)* potato, 5;
—**s fritas** french fries, 9; **puré**
de papas *(m. sing.)* mashed
potatoes, 5
papá *(m.)* dad, father, 3
papanicolaus *(m.)* pap smear
papel *(m.)* paper, 1;
— **higiénico** toilet paper, 6
papi *(m.)* daddy
paquete *(m.)* package, 11
par *(m.)* pair, 9; **un** — **de días** a
couple of days
para in order to, for, 3;
— **que** in order that, so that, 13
paraguas *(m. sing.)* umbrella
paramédico(a) *(m., f.)*
paramedic, 13
parar to stop
parecer to seem, 12
pareja *(f.)* couple, 4
parentesco *(m.)* relationship
pariente(a) *(m., f.)* relative
parque *(m.)* park; — **de diver-**
siones amusement park, 7
parrilla *(f.)* grill; **a la** — grilled, 5
parte *(f.)* part; **en** — in part, 11
partido *(m.)* game, 7; — **de bás-**
quetbol *(m.)* basketball game
pasado(a) last, 7
pasaje *(m.)* ticket, 11; — **de ida**
one-way ticket, 11; — **de ida y**
vuelta round-trip ticket, 11
pasajero(a) *(m., f.)* passenger, 11
pasaporte *(m.)* passport, 11
pasar to happen, 13; to spend
time, 8; — **a formar parte de** to
become part of; — **la**
aspiradora to vacuum, 3;
pasarlo bien to have a good
time, 4; **pase** come in, 1
pastel *(m.)* pastry, cake, 4, pie, 5
pastilla *(f.)* pill, 11
patata *(f.) (Spain)* potato, 5
patinar to skate, 7; **ir a** — to go
skating, 7
patio *(m.)* patio, 12
pecho *(m.)* chest, 13
pedazo *(m.)* piece
pediatra *(m., f.)* pediatrician, 14
pedido *(m.)* order
pedir (e > i) to ask for, to order, 5;
to request, 6; — **turno** to make
an appointment; — **un**
préstamo to apply for a loan, 6

película *(f.)* movie, film, 7
pelirrojo(a) red-haired, 4
pelo *(m.)* hair
penicilina *(f.)* penicillin
pensar (e > ie) to think, 5;
   — + *inf.* to plan to
   (do something), 5
pensión *(f.)* boarding house, 12;
   — **completa** *(f.)* room and
   board, 12
peor worse, 5; **(el, la) —** worst, 5
pepino *(m.)* cucumber, 6
pequeño(a) small, 5; little, 8
pera *(f.)* pear, 6
perder (e > ie) to lose; — **el**
   conocimiento to lose
   consciousness, to faint, 13
perdón sorry, 1, pardon me, 1
perdonar to forgive
perfecto(a) perfect, 1
periódico *(m.)* newspaper
permiso excuse me, 1
pero but, 2
perro(a) *(m., f.)* dog;
   — **caliente** *(m.)* hot dog, 5
persona *(f.)* person, 12
pertenecer to belong
peruano(a) Peruvian, 12
pesar to weigh, 14
pescadería *(f.)* fish market, 6
pescado *(m.)* fish, 5
pescar to fish, to catch a fish, 8
peso *(m.)* weight
petróleo *(m.)* oil
picnic *(m.)* picnic, 7
pie *(m.)* foot, 13
pierna *(f.)* leg, 13
pijama *(m. sing.)*, **pijamas**
   (m. pl.) pajamas, 9
pilotes *(m. pl.)* stilts
pimienta *(f.)* pepper, 5
pimiento *(m.)* green pepper, 6
pintor(a) *(m., f.)* painter
pintura *(f.)* painting
piña *(f.)* pineapple, 6
piscina *(f.)* swimming pool, 12
piso *(m.)* floor, 12
pizarra *(f.)* chalkboard, 1
plan de ahorros *(m.)* savings
   plan, 10
plancha *(f.)* iron, 3
planchar to iron, 3
planear to plan, 4
planilla *(f.)* form, 10
plata *(f.)* silver; money, 2
plátano *(m.)* banana, 6
platillo *(m.)* saucer, 5

plato *(m.)* dish, plate, 3
playa *(f.)* beach, 1
pluma *(f.)* pen, 1
pobre poor, 7
pobreza *(f.)* poverty
poco(a) little; **un — (de)**
   a little, 6
pocos(as) few
poder (o > ue) to be able to,
   can, 6
poema *(m.)* poem
pollo *(m.)* chicken, 5
polvo *(m.)* powder
ponche *(m.)* punch *(beverage)*
poner to put, to place, 4; to turn
   on; — **la mesa** to set the table,
   3; —**se** to put on, 7; — **una**
   inyección to give a shot, 10; —
   una película to show a movie,
   7; **ponerse de acuerdo** to come
   to an agreement, 11
por for; per; through, along, by,
   via; because of, on account of,
   on behalf of; in exchange for;
   during, in, for, 9; — **ciento**
   percent; — **favor** please, 1;
   — **fin** finally, 10; — **la tarde** in
   the afternoon, 2;
   — **noche** per night;
   — **si acaso** just in case, 8;
   — **suerte** luckily, 14;—
   supuesto of course;
   — **vía aérea** air mail
porque because, 2
¿por qué? why?, 2
posesivo(a) possessive
posible possible, 12
postre *(m.)* dessert, 5; **de —** for
   dessert, 5
practicar to practise
precio *(m.)* price, 12
preferir (e > ie) to prefer, 5
pregunta *(f.)* question
preguntar to ask *(a question)*, 7
preocuparse to worry
preparar to prepare, 3;
   —**se** to get ready, 7
presión *(f.)* pressure, (blood)
   pressure, 14
préstamo *(m.)* loan, 10
prestar to lend, 8
primavera *(f.)* spring, 2
primero *(adv.)* first, 10; **lo —**
   the first thing, 12
primero(a) first; **primera clase**
   (f.) first-class, 11; **primera**
   vez first time

primo(a) *(m., f.)* cousin, 4
privado(a) private, 12
probador *(m.)* fitting room, 9
probar(se) (o > ue) to try (on), 7
problema *(m.)* problem
profesor(a) *(m., f.)* professor, 1
programa *(m.)* program, 2
prometer to promise, 8
pronto soon, 8
propietario(a) *(m., f.)* owner, 12
propina *(f.)* tip *(for service)*, 5
propio(a) own
próximo(a) next, 12
psicología *(f.)* psychology, 2
puerta *(f.)* door, 1; — **de salida** *(f.)*
   boarding gate, 11
puertorriqueño(a) Puerto
   Rican, 2
pues then, 2; well, okay, 8;
   therefore
puesto(a) put, placed, 10
puesto de revistas *(m.)* magazine
   stand, 12
pulgada *(f.)* inch
pulmonía *(f.)* pneumonia, 14
punto *(m.)* stitch, 13
puré de papas *(m. sing.)*
   mashed potatoes, 5

Q

que who, 2; that, 2; than, 5;
   — **viene** next, 14; — **yo sepa**
   that I know of, 14
¿qué? what?, 2; **¿en — puedo**
   servirle? how may I help you?,
   9; **¿— día es hoy?** what day
   is today?, 2; **¿— fecha es hoy?**
   what is today's date?, 2;
   ¿— hay de nuevo? what's new?,
   1; **¿— hora es?** what time is it?,
   2; **¡— lástima!** too bad!, what a
   pity!?; **¿— quiere decir... ?** what
   does . . . mean?, 1; **¿— tal?** how
   is it going?, 1; **¿— temperatura**
   hace? what's the temperature?,
   9; **¿— tiempo hace hoy?** what's
   the weather like today?, 9; **¿—**
   más? what else?, 6
quebrado(a) broken, 10
quedar to fit, to suit; —**le**
   bien to fit; —**le**
   grande/chico(a) (a uno o
   una) to be too big/small
   (on someone), 9
quedarse to stay, to remain
quejarse to complain, 7
quemar(se) to burn (oneself), 13

querer (e > ie) to want, to wish, 5; **— decir** to mean, 1; **¿quieres?** will you?, 12

querido(a) dear, 11

queso *(m.)* cheese

¿quién(es)? who?, 3; **¿a —?** whom?, 4; **¿con —?** with whom?, 2

química *(f.)* chemistry, 2

quince fifteen, 2; **— días** two weeks

quinientos(as) five hundred, 3

quitarse to take off, 7

quizás maybe, perhaps, 9

R

radiografía *(f.)* X-ray, 13

raíz *(f.)* root

rápidamente rapidly, 8

rápido(a) fast, 8

raqueta *(f.)* racket, 8

rascacielos *(m.)* skyscraper

rasurarse to shave, 7

rato *(m.)* while; **al —** a while later; **un —** a while, 3

ratón *(m.)* mouse, 10

rebuzno *(m.)* braying

recámara *(f.) (Mex.)* bedroom, 3

receta *(f.)* prescription, 14

recetar to prescribe, 14

recibir to receive, 3; **recibido(a)** received, 10

recién casados *(m. pl.)* newlyweds, 6

reciente recent, 8

recientemente recently, 8

recomendar (e > ie) to recommend, 11

recordar (o > ue) to remember, 6

refresco *(m.)* soft drink, pop

refrigerador *(m.)* refrigerator, 3

regadera *(f.) (Mex.)* shower, 12

regalo *(m.)* gift, 9

regatear to bargain

registro *(m.)* register

regresar to return

reina *(f.)* queen

reírse to laugh, 7

reloj *(m.)* clock, watch, 1

remar to row, 8

rentar to rent, 8

repaso *(m.)* review

represa *(f.)* dam

reproductor de discos compactos *(m.)* CD player

requisito *(m.)* requirement, 2

reservación *(f.)* reservation, 12

reservar to reserve, 12

resfriado *(m.)* cold

resfrío *(m.)* cold

residencia universitaria *(f.)* dormitory

respirar to breathe, 14; **— hondo** to take a deep breath, 14

respuesta *(f.)* answer, reply

restaurante *(m.)* restaurant, 5

revisar to check, 13

revista *(f.)* magazine

rico(a) rich, 1; tasty, 5

río *(m.)* river

riquísimo(a) very tasty; delicious

rodeado(a) surrounded

rodilla *(f.)* knee, 13

rojo(a) red, 1

romper to break, 7; **romperse** to break (a bone), 13

ropa *(f.)* clothes, 3; **— interior** *(f.)* underwear

rosado(a) pink, 1; rosé *(wine)*, 2

rostro *(m.)* face

roto(a) broken, 10

rubio(a) blond, 4

ruiseñor *(m.)* nightingale

ruso *(m.)* Russian *(language)*

S

sábado *(m.)* Saturday, 2

saber to know *(a fact, how to do something)*, 4

sacar to take out, 3

sacudir to dust, 3

sal *(f.)* salt, 5

sala *(f.)* living room, 3; **— de emergencia** *(f.)* emergency room, 13; **— de estar** *(f.)* family room, den; **— de rayos X (equis)** *(f.)* X-ray room, 13

saldo *(m.)* balance, 10

salida *(f.)* exit, 11; **— de emergencia** emergency exit, 11

salir to go out, 4

salsa *(f.)* sauce, 6; salsa *(dance)*, 5

salud *(f.)* health, 10; **¡—!** cheers, 4

saludar to greet

saludo *(m.)* greeting; **saludos a...** say hi to . . . , 1

salvavidas *(m., f.)* lifeguard, 8

sandalia *(f.)* sandal, 9

sandía *(f.)* watermelon, 6

sándwich *(m.)* sandwich

sartén *(f.)* frying pan, 3

se (to) herself, himself, itself, themselves, yourself, yourselves, 7; **— dice...** you say . . . , 1

secadora *(f.)* dryer, clothes dryer, 3

sección *(f.)* section; **— de (no) fumar** *(f.)* (non)smoking section

seco(a) dry, 9

sedante *(m.)* sedative, 14

sedativo *(m.)* sedative, 14

seguir (e > i) to continue, 6; to follow, 6

según according to, 9

segundo(a) second, 12

seguro(a) sure, 13

seguro *(m.)* insurance, 14; **— médico** *(m.)* medical insurance, 14; **— social** *(m.)* guaranteed income supplement

seis six, 1

seiscientos(as) six hundred, 3

sello *(m.)* stamp, 10

selva *(f.)* rain forest

semana *(f.)* week, 7

semestre *(m.)* semester, 2

sentado(a) seated

sentar(se) (e > ie) to sit down, 7

sentir (e > ie) to regret, 11; **lo siento** I'm sorry, 1

señor (Sr.) *(m.)* Mr., sir, gentleman, 1; **los señores** Mr. and Mrs., 13

señora (Sra.) *(f.)* Mrs., lady, madam, 1

señorita (Srta.) *(f.)* miss, young lady, 1

septiembre September, 2

ser to be, 1; **— de** to be from, 1; **— la(s)...** to be . . . , 2

serio(a) serious, 14

servicio de habitación (cuarto) *(m.)* room service, 12

servilleta *(f.)* napkin, 5

servir (e > i) to serve, 6; **¿en qué puedo —le?** how may I help you?, 9

sesenta sixty, 2

setecientos(as) seven hundred, 3

setenta seventy, 2

si if, 12

sí yes, 1; **— mismo(a)** himself (herself)

siempre always, 3

siete seven, 1

siglo *(m.)* century

siguiente following, 5

silla *(f.)* chair, 1

simpático(a) charming, nice, fun to be with, 1

sin que without, 13

sino but

sistema *(m.)* system
situación *(f.)* situation
sobre about 12; **— todo** especially
sobrina *(f.)* niece, 4
sobrino *(m.)* nephew, 4
sociología *(f.)* sociology, 2
sofá *(m.)* sofa
sofá-cama *(m.)* sleeper sofa, 12
solamente only, 2
solicitar un préstamo to apply for a loan, 10
sólo only, 2
solo(a) alone
soltero(a) single, 4
solución *(f.)* solution
sombrero *(m.)* hat, 9
sombrilla *(f.)* parasol
sopa *(f.)* soup, 5
sorpresa *(f.)* surprise, 4; **¡qué —!** what a surprise, 4
su(s) his, her, its, their, your *(form.)*, 2
subir to go up; to board *(a vehicle)*, 11
suceder to happen, 13
sucursal *(f.)* branch *(of a bank)*, 10
suegra *(f.)* mother-in-law, 4
suegro *(m.)* father-in-law, 4
suerte *(f.)* luck; destiny; **fue una —** it was a stroke of luck
suéter *(m.)* sweater, 9
suficiente sufficient
sugerir (e > ie) to suggest, 11
sujetar(se) to hold
superlativo *(m.)* superlative
supermercado *(m.)* supermarket, 6
suyo(s), suya(s) *(pron.)* his, hers, theirs, yours *(form.)*, 9

T

tabla de mar *(f.)* surfboard, 8
tablilla de anuncios *(f.)* bulletin board, 1
tacón *(m.)* heel, 9
tal vez maybe, perhaps, 9
talla *(f.)* size *(of clothing)*, 9
talonario de cheques *(m.)* cheque book, 10
tamaño *(m.)* size, 9
también also, too, 2
tampoco neither, 6
tan as; so, **— ... como** as . . . as, 5; **— pronto como** as soon as, 13

tanto(a) so much; **tantos(as)** so many, 6
tarde late, 5; **ya es —** it's already late, 2
tarde *(f.)* afternoon, 2; **esta —** this afternoon, 4; **más —** later, 5
tarea *(f.)* homework
tarjeta *(f.)* card, 10; **— de crédito** *(f.)* credit card, 12; **— de embarque** *(f.)* boarding pass, 11; **— postal** *(f.)* postcard, 10
tarta *(f.)* cake, 4
taxi *(m.)* taxi, 12
taza *(f.)* cup, 2
tazón *(m.)* bowl, 3
te *(pron. fam.)* you, 6; (to) you, 7; (to) yourself, 7; **— gusta** you *(fam.)* like, 7
té *(m.)* tea, 2; **— helado, frío** iced tea, 2
teatro *(m.)* theatre, 7
teclado *(m.)* keyboard, 10
tecnología *(f.)* technology
teléfono *(m.)* telephone; **llamar por —** to phone
telegrama *(m.)* telegram
telenovela *(f.)* soap opera, 3
televisión *(f.)* television, 2
televisor *(m.)* TV set, 12
tema *(m.)* theme
temer to be afraid, to fear, 11
temperatura *(f.)* temperature, 9; **¿Qué — hace?** what is the temperature?, 9
templado(a) warm, 9
temprano early, 7
tenedor *(m.)* fork, 5
tener to have, 3; **— acceso a la Red** to have access to the Internet, 10; **— ...años (de edad)** to be . . . years old, 3; **— calor** to be warm, 3; **— frío** to be cold, 3; **— ganas de...** to feel like . . . **— (mucha) hambre** to be (very) hungry, 3; **— lugar** to take place; **— miedo** to be afraid, scared, 3; **— muchas cosas que hacer** to have many things to do; **no — nada que ponerse** not to have anything to wear, 9; **— prisa** to be in a hurry, 3; **— que** to have to, 3; **— que ver** to have to do; **— razón** to be right, 3; **no — razón** to be wrong, 3;

— (mucha) sed to be (very) thirsty, 3; **— (mucho) sueño** to be (very) sleepy, 3
terminar to end, to finish, to get through, 2
termómetro *(m.)* thermometer, 14
ternera *(f.)* veal, 6
terremoto *(m.)* earthquake
ti *(obj. of prep.)* you, 5
tía *(f.)* aunt, 4
tiempo *(m.)* time, 3; weather, 9
tienda *(f.)* store, 9; shop; **— de campaña** *(f.)* tent, 8; **— de regalos** *(f.)* souvenir shop, 12
tierra *(f.)* earth, land
tijeras *(f., pl.)* scissors, 14
timbre *(m.) (Mex.)* stamp, 10
tímido(a) shy, 5
tinto red *(wine)*, 2
tintorería *(f.)* dry cleaner's
tío *(m.)* uncle, 4
tipo *(m.)* type
tiro *(m.)* shot
título *(m.)* title
tiza *(f.)* chalk, 1
tobillo *(m.)* ankle, 13
tocar to play *(music, an instrument)*; **— a la puerta** to knock at the door, 3
tocino *(m.)* bacon
todavía yet, 3
todo everything, 12; **todo(a)** all, 3; **— un éxito** quite a success, 4
todos(as) all, 2
tomar to take *(a class)*, 2; to drink, 2; **— algo** to have something to drink; **— el sol** to sunbathe, 8; **tome asiento** have a seat, 1; **— una decisión** to make a decision, 11
tomate *(m.)* tomato, 2
tonto(a) dumb, 1
torcedura *(f.)* sprain, 13
tormenta *(f.)* storm
tornado *(m.)* tornado
toronja *(f.)* grapefruit, 2
torpeza *(f.)* stupidity
torta *(f.)* cake, 4; pancake, 5
tortilla *(f.)* omelette
tos *(f.)* cough, 14
toser to cough, 14
tostada *(f.)* toast
tostadora *(f.)* toaster, 3
trabajar to work, 2
trabajo *(m.)* work, 3; **los trabajos de la casa** housework, 3
traducir to translate, 4

traer to bring, 4
tráfico *(m.)* traffic
traje *(m.)* suit, 9; **— de baño** *(m.)* bathing suit, 8
trasbordar to change planes, ships, etc.
tratar (de) to try, 8
travieso(a) mischievous, 5
trece thirteen, 1
treinta thirty, 1
tres three, 1
trescientos(as) three hundred, 3
trigueño(a) dark, brunet(te), 4
trozo *(m.)* piece
tu(s) your *(fam. sing.)*, 1
tú you *(fam. sing.)*, 1
turista *(m., f.)* tourist, 12; **clase —** tourist class, 11
turno *(m.)* appointment, 14
tuyo(s), tuya(s) *(pron.)* yours, *(fam. sing.)*, 9

U

últimamente lately, 10
último(a) last *(in a series)*, 7
un(a) a, an, 1
unir to join
universidad *(f.)* university, 1
universitario(a) (related to) college or university, 1
uno one, 1
unos(as) some, 1
usar to use, to wear, 9
usted (Ud.) *(form. sing.)* you, 2; *(obj. of prep.)* you, 5
ustedes (Uds.) *(form. pl.)* you, 2; *(obj. of prep.)* you, 5
útil useful
uva *(f.)* grape, 2

V

vacaciones *(f. pl.)* vacation; **estar de —** to be on vacation, 5; **ir(se) de —** to go on vacation
vainilla *(f.)* vanilla, 5

valija *(f.)* suitcase, 11
valor *(m.)* value
vamos let's go, 4; **no —** we are not going, 2; **— a comer** let's eat, 8
varios(as) several, 13
vasallo(a) *(m., f.)* subject *(vassal, subordinate, feudal tenant)*
vaso *(m.)* glass, 2
vecino(a) *(m., f.)* neighbour
vegetal *(m.)* vegetable, 5
veinte twenty, 1
velero *(m.)* sailboat, 8
venda *(f.)* bandage, 14
vendedor(a) *(m., f.)* merchant
vender to sell, 8
venir (de) to come (from), 3
venta *(f.)* sale
ventana *(f.)* window, 1
ventanilla *(f.)* window *(bank, ticket, etc.)*
ver to see, 4
veranear to spend the summer (vacationing)
verano *(m.)* summer, 2
verdad *(f.)* truth; **es —** it's true; **¿—?** right?, true?, 2
verdadero(a) true
verde green, 1
verdulería *(f.)* vegetable market
verdura *(f.)* vegetable, 5
vermut *(m.)* vermouth, 5
vestíbulo *(m.)* lobby, 12
vestido *(m.)* dress, 9
vestir(se) (e > i) to dress (oneself), to get dressed, 7
vez *(f.)* time, 7; **a veces** some-times, 6; **la última —** the last time, 10; **otra —** again, 14
vía aérea airmail
viajar to travel, 11
viaje *(m.)* journey; trip, 11; **¡buen —!** have a nice trip!, 11; **de —** on a trip

viajero(a) *(m., f.)* traveller
vida *(f.)* life, 2; darling
viejo(a) old, 1
viernes *(m.)* Friday, 2
vinagre *(m.)* vinegar
vino *(m.)* wine, 2; **— blanco,** 2; **— rosado** rosé wine, 2; **— tinto** red wine, 2
visa *(f.)* visa
visita *(f.)* visit, 7
visitar to visit, 7
vista *(f.)* view, 12; **— al mar** ocean view, 12
visto(a) seen, 10
vitamina *(f.)* vitamin, 14
vivir to live, 3
vocabulario *(m.)* vocabulary
volver (o > ue) to return, to go (come) back, 6
vosotros(as) you *(fam. pl.)*, 1; you *(obj. of prep.)*, 5
vuelo *(m.)* flight, 11
vuelto(a) returned, 10
vuestro(s), vuestra(s) *(adj.)* your *(fam. pl.)*, 2; yours, 9

Y

y and, 1; past, after, 2; **— media** half past, 2; **¿y tú?** and you?, 1
ya already, 4; **¡— es tarde!** it's (already) late!, 2; **¡— voy!** I'm going!
yerno *(m.)* son-in-law, 4
yo I, 1

Z

zacate *(m.)* *(Mex.)* lawn, 3
zanahoria *(f.)* carrot, 6
zapatería *(f.)* shoe store, 9
zapatilla *(f.)* slipper, 9
zapato *(m.)* shoe, 9
zoológico *(m.)* zoo, 7
zumo *(m.)* *(Spain)* juice, 2

English-Spanish

A

a, an un(a), 1; **— day** al día, 6
about de, 2; sobre, 12
access to the Internet acceso a la Red, 10
accident accidente *(m.)*
accompanied acompañado(a)
according to según, 9
account cuenta *(f.)*, 10; **on — of** por, 9
accounting contabilidad *(f.)*, 2
ache *(v.)* doler (o > ue), 13
activity actividad *(f.)*, 8; **outdoor —** actividad al aire libre, 8
add añadir
address dirección *(f.)*, 1; domicilio *(m.)*, 1
adhesive bandage curita *(f.)*, 14
admit admitir, 14
advise *(v.)* aconsejar, 11
adviser consejero(a) *(m., f.)*
aerobic dance danza aeróbica *(f.)*, 2
after después de, 9
afternoon tarde *(f.)*; **this —** esta tarde, 1
again otra vez, 14
agency agencia *(f.)*, 11
agent agente *(m., f.)*, 11
ago hace… , 9
agree on convenir en, 12
air aire *(m.)*; **— conditioning** aire acondicionado, 12
airline aerolínea *(f.)*, 11
airmail por vía aérea
airport aeropuerto *(m.)*, 11
all todos(as), 2
allergic alérgico(a), 13
almost casi, 13
alone solo(a)
along por, 9
alphabet alfabeto *(m.)*
already ya, 4
also también, 2
although aunque, 4
always siempre, 3
ambulance ambulancia *(f.)*, 13
amount cantidad *(f.)*
amusement park parque de diversiones *(m.)*, 7
and y, 1
ankle tobillo *(m.)*, 13
anniversary aniversario *(m.)*, 5
another otro(a), 10

antacid antiácido *(m.)*, 14
anthropology antropología *(f.)*, 2
antibiotic antibiótico *(m.)*, 14
any algún, alguno(a), algunos(as), 6; cualquier(a); **at — time** en cualquier momento
anyone alguien, 6
anything algo, 5; **— else?** ¿algo más?, 10
anywhere en alguna parte
apartment apartamento *(m.)*, 6
appetizer entremés *(m.)*, 4
apple manzana *(f.)*, 2
apply for a loan solicitar (pedir) un préstamo, 10
appointment turno *(m.)*, 14; **make an —** pedir turno, 14
April abril, 2
Argentinian argentino(a)
arm brazo *(m.)*, 13
arrive llegar, 3; **— late (early)** llegar tarde (temprano)
art arte *(m.)*, 2
as como, 9; **— if** como si, 14; **— much . . .** tanto(a)…; **— soon as** en cuanto, tan pronto como, 9
ask (for) pedir (e > i), 5; **— (a question)** preguntar, 7
aspirin aspirina *(f.)*
assistance ayuda *(f.)*
at en, 1; a, 2; **— any time** en cualquier momento; **— home** en casa; **— present** actualmente; **— what time . . . ?** ¿A qué hora… ?, 2
attend asistir
August agosto, 2
aunt tía *(f.)*, 4
automatic teller machine cajero automático *(m.)*, 10
automobile coche *(m.)*, automóvil *(m.)*, auto *(m.)*, carro *(m.)*, 10
autumn otoño *(m.)*, 2
available libre, disponible, 12
avocado aguacate *(m.)*, 6

B

back espalda *(f.)*, 13
backpack mochila *(f.)*, 1
bacon tocino *(m.)*
bad malo(a), 5; **too —!** ¡qué lástima!
badly mal, 5

baked al horno
bakery panadería *(f.)*, 6
balance saldo *(m.)*, 10
banana plátano *(m.)*, 6
band orquesta *(f.)*
bandage venda *(f.)*, 14
bank banco *(m.)*, 10
barefoot descalzo(a), 9; **to go —** andar descalzo(a), 9
bargain *(v.)* regatear
baseball béisbol *(m.)*, 7
basket cesta *(f.)*, 8
bathe bañarse, 7
bathing suit traje de baño *(m.)*, 8
bathroom baño *(m.)*, 3; cuarto de baño *(m.)*, 3
bathtub bañadera *(f.)*, 12
battlefield campo de batalla *(m.)*
be ser, 1, estar, 4; **— able to** poder (o > ue), 6; **— acquainted with** conocer, 4; **— afraid, scared** tener miedo, 3, temer, 11; **— bored** aburrirse, 7; **— born** nacer; **— cold** tener frío, 3, hacer frío, 9; **— from** ser de, 1; **— going to** ir a + *inf.*, 4; **— good (bad) weather** hacer buen (mal) tiempo, 9; **— hot** tener calor, 3, hacer calor, 9; **— (very) hungry** tener (mucha) hambre, 3; **— in a hurry** tener prisa, 3; **— late (early)** llegar tarde (temprano); **— okay** estar bien; **— pleasing** gustar, 7; **— right** tener razón, 3; **— (very) sleepy** tener (mucho) sueño, 3; **— sorry** sentir (e > ie), 1; **— sunny** hacer sol, 9; **— sure** estar seguro(a); **— (very) thirsty** tener (mucha) sed, 3; **— tight** apretar (e > ie), 7; **— too big/small (on someone)** quedarle grande/chico(a) (a uno o una), 9; **— windy** hacer viento, 9; **— wrong** no tener razón, 3; **— . . . years old** tener… años de edad, 3
beach playa *(f.)*, 1; **— resort** balneario *(m.)*
bear oso *(m.)*
beautiful hermoso(a)
because porque, 2; **— of** por, 9

bed cama *(f.)*, 12; **double —** cama doble *(f.)*, 12; **twin —** cama chica (pequeña) *(f.)*, 12

bedroom dormitorio *(m.)*, recámara *(Mex.)* *(f.)*, 3

beer cerveza *(f.)*, 2

before antes *(adv.)*, antes de *(prep.)*, 6, antes de que *(conj.)*, 13

begin comenzar (e > ie), empezar (e > ie), 5

behalf: on — of por, 9

believe creer, 13

bellhop botones *(m. sing.)*, 12

belong pertenecer

belt cinto *(m.)*, cinturón *(m.)*, 9

besides además *(adv.)*, 2; además de *(prep.)*

best (el, la) mejor, 5

better mejor, 5

between entre; **— meals** entre comidas

big grande, 5; gran

bigger más grande, 5

biggest (el, la) más grande, 5

bill cuenta *(f.)*, 10

biology biología *(f.)*, 2

bird ave *(f.)*, pájaro *(m.)*

birthday cumpleaños *(m. sing.)*, 4

black negro(a), 1

blackboard pizarra *(f.)*, 1

bleach lejía *(f.)*, 6

blender licuadora *(f.)*, 3

block cuadra *(f.)*, manzana *(f.)*, 10

blond rubio(a), 4

blouse blusa *(f.)*, 9

blue azul, 1

board *(v.)* abordar, 11; subir (a), 13

boarding gate puerta de salida *(f.)*, 11

boarding house pensión *(f.)*, 12

boarding pass tarjeta de embarque *(f.)*, 11

body cuerpo *(m.)*, 13

bonfire fogata *(f.)*, 8

book libro *(m.)*, 1

boot bota *(f.)*, 9

boring aburrido(a), 2

boss jefe(a) *(m., f.)*

bossy mandón(ona), 3

bottle botella *(f.)*, 2

bowl tazón *(m.)*, 3

boy chico *(m.)*, muchacho *(m.)*, 1

boyfriend novio *(m.)*, 4

branch *(of a bank)* sucursal *(f.)*, 10

brand marca *(f.)*

braying rebuzno *(m.)*

bread pan *(m.)*, 5

break romper, 7; **— (a bone)** romperse, 13

breakfast desayuno *(m.)*, 5

breathe respirar, 14

bring traer, 4

broccoli brócoli *(m.)*, 6

brochure folleto *(m.)*, 12

broken quebrado(a), roto(a), 10

brook arroyo *(m.)*

broom escoba *(f.)*

broth caldo *(m.)*, sopa *(f.) (Mex.)*, 5

brother hermano *(m.)*, 3

brother-in-law cuñado *(m.)*, 4

brown marrón, café, 1; *(hair or eyes)* castaño, 4

brunet(te) moreno(a), 4

bulletin board tablilla de anuncios *(f.)*, 1

buried enterrado(a)

burn (oneself) quemarse, 13

bus autobús *(m.)*, ómnibus *(m.)*

business administration administración de empresas *(f.)*, 2

busy ocupado(a), 3

but pero, 2; sino

butter mantequilla *(f.)*, 5

buy comprar, 6

by por, 9

bye chau, 1

C

cafeteria cafetería *(f.)*, 2

cake torta *(f.)*, pastel *(m.)*, tarta *(f.)*, 4

call llamar, 4; llamada *(f.)*, 11

camp *(v.)* acampar, 8

can *(v.)* poder (o > ue), 6

cancel cancelar, 11

canoe canoa *(f.)*, 8

capital capital *(f.)*, 11

car coche *(m.)*, carro *(m.)*, auto *(m.)*, automóvil *(m.)*, 10

caramel custard flan *(m.)*, 5

card tarjeta *(f.)*, 10; **credit —** tarjeta de crédito *(f.)*, 12; **I. D. —** cédula de identidad *(f.)*, 12

cardiologist cardiólogo(a) *(m., f.)*, 14

carrot zanahoria *(f.)*, 6

carry-on bag bolso de mano *(m.)*, 11

case caso *(m.)*; **in that —** entonces, en ese caso

cash efectivo *(m.)*; **— (a cheque)** cobrar (un cheque), 10

cattle ganado *(m.)*

celebrate celebrar, 4

celery apio *(m.)*, 6

central céntrico(a), 12

century siglo *(m.)*

cereal cereal *(m.)*

chain cadena *(f.)*, 9

chair silla *(f.)*, 1

chalk tiza *(f.)*, 1

chalkboard pizarra *(f.)*, 1

champagne champán *(m.)*, 4

change *(v.)* cambiar, 7; **— planes** trasbordar, cambiar de avión

charge cobrar, 10

charming simpático(a), 1, encantador(a), 4

check up chequeo *(m.)*, 14; *(v.)* examinar, revisar, 13; 14; **— out (of a hotel room)** desocupar, 12

cheque *(n.)* cheque *(m.)*, 10; cuenta *(f.)*, 5

cheque book talonario de cheques *(m.)*, 10

chequing account cuenta corriente *(f.)*, 10

cheers! ¡salud!, 4

cheese queso *(m.)*

chemistry química *(f.)*, 2

cherry cereza *(f.)*, 6

chest pecho *(m.)*, 13

chicken pollo *(m.)*, 5

child niño(a) *(m., f.)*, 5

children hijos *(m. pl.)*, 3

chivalry caballería *(f.)*

chocolate chocolate *(m.)*, 2

choose elegir (e > i), 6; escoger, 6

chop: pork — chuleta de cerdo *(f.)*, 6; **veal —** chuleta de ternera *(f.)*, 6

Christmas Navidad *(f.)*

church iglesia *(f.)*

city ciudad *(f.)*, 3

claim check comprobante *(m.)*

class clase *(f.)*, 1; **— schedule** horario de clases *(m.)*, 2; **first —** primera clase, 11; **tourist —** clase turista, 11

classmate compañero(a) de clase *(m., f.)*, 1

classroom aula *(f.)*, 2

clean *(v.)* limpiar, 3; *(adj.)* limpio(a), 12

clear claro(a), despejado(a), 9

clerk empleado(a) *(m., f.)*, 9; dependiente(a) *(m., f.)*

climate clima *(m.)*, 9

climb mountains escalar montañas, 7

clock reloj *(m.)*, 1
close cerrar (e > ie), 5; **closed** cerrado(a), 10
clothes ropa *(f.)*, 3
cloudy nublado(a), 9
club club *(m.)*, 4; **golf —** palo de golf *(m.)*, 8
coat abrigo *(m.)*, 9
coffee café *(m.)*, 2; **— and milk** café con leche
coffee pot cafetera *(f.)*, 3
coin moneda *(f.)*
cold frío(a), 9; catarro *(m.)*, resfriado *(m.)*, resfrío *(m.)*
collar cuello *(m.)*, 13
college facultad *(f.)*, 9
collide (with) chocar (con), 13
colour color *(m.)*
come venir, 3; **— in** pase, 1
comfortable cómodo(a), 9
compact disc (CD) disco compacto *(m.)*, 4
complain quejarse, 7
computer computadora *(f.)*, ordenador *(m.) (Spain)*, 1; **— science** informática *(f.)*, 2
concert concierto *(m.)*, 7
conduct *(v.)* conducir, 4
confirm confirmar, 11
consciousness conocimiento *(m.)*, 13; **lose —** perder el conocimiento, 13
continue seguir (e > i), 6; continuar, 13
converse conversar, 2
cook *(v.)* cocinar, 6
cook *(n.)* cocinero(a), 6
corner esquina *(f.)*
cost costar (o > ue), 6; **— an arm and a leg** costar un ojo de la cara, 9
cotton algodón *(m.)*, 14
cough tos *(f.)*, 14; *(v.)* toser, 14
country *(as opposed to city)* campo *(m.)*; país *(m.)*
couple pareja *(f.)*, 4; **a — of days** un par de días
course asignatura *(f.)*; materia *(f.)*, 2
cousin primo(a) *(m., f.)*, 4
crab cangrejo *(m.)*, 6
cream crema *(f.)*, 5
crow cuervo *(m.)*
cruise crucero *(m.)*, 11
crutches muletas *(f. pl.)*, 13
cry *(v.)* llorar, 13

Cuban cubano(a) *(m., f.)*, 1
cucumber pepino *(m.)*, 6
cup taza *(f.)*, 2
custom costumbre *(f.)*
cut cortar, 3; **— (oneself)** cortarse, 13
cyclone ciclón *(m.)*

D

dad padre *(m.)*, papá *(m.)*, 3
daddy papi *(m.)*
dam represa *(f.)*
dance *(v.)* bailar, 4; **shall we — ?** ¿Bailamos?, 4
dark moreno(a), trigueño(a), 4
darling mi vida, 8
date *(a document)* fechar, 10; *(appointment)* cita *(f.)*, 14
daughter hija *(f.)*, 4
daughter-in-law nuera *(f.)*, 4
day día *(m.)*, 1; **— before yesterday** anteayer; **per —** al día, 6; **(on) the following (next) —** al día siguiente, 5
dead muerto(a), 10
dear querido(a), 11
December diciembre, 2
decide decidir, 4
deer ciervo *(m.)*
degree *(temperature)* grado *(m.)*, 9
delicious riquísimo(a)
demonstrative demostrativo(a)
deny negar (e > ie), 13
department apartamento *(m.)*, 6
deposit *(v.)* depositar, 10
dermatologist dermatólogo(a) *(m., f.)*, 14
desk escritorio *(m.)*, 1
design programs diseñar programas
dessert postre *(m.)*, 5; **for —** de postre, 5
detergent detergente *(m.)*, 6
die morir (o > ue)
diet dieta *(f.)*
difficult difícil, 1
dining room comedor *(m.)*
dinner cena *(f.)*; **have — cenar**, 3
disaster desastre *(m.)*, 3
discount descuento *(m.)*
discovered descubierto(a)
disease enfermedad *(f.)*, 14
dish plato *(m.)*, 3
dishwasher lavaplatos *(m.)*, 3

disinfect desinfectar, 13
disinfectant desinfectante *(adj.)*, 14
disk disco *(m.)*
do hacer, 3
doctor doctor(a) *(m., f.)*, 1; médico(a) *(m., f.)*, 11
doctor's office consultorio *(m.)*, 14
document documento *(m.)*
dog perro(a); **hot —** perro caliente *(m.)*, 5
done hecho(a), 10
donkey borrico *(m.)*
door puerta *(f.)*, 1
dormitory residencia universitaria *(f.)*
double bed cama doble *(f.)*, 12
doubt *(v.)* dudar, 13
dozen docena *(f.)*, 6
dress vestido *(m.)*, 9; **— (oneself)** vestir(se) (e > i), 7
drink *(v.)* tomar, 2; beber, 3; bebida *(f.)*, 4
drive *(v.)* conducir, manejar, 4; *(n.)* **hard —** disco duro *(m.)*, 10
driver's licence licencia para conducir (manejar) *(f.)*
drop gota *(f.)*
drugstore farmacia *(f.)*, 14
dry seco(a), 9; **— cleaner's** tintorería *(f.)*
dryer *(clothes)* secadora *(f.)*, 3
during por, 9; durante; **— the week** entre semana
dumb tonto(a), 1
dust *(v.)* sacudir, limpiar el polvo, 3

E

eagle águila *(f.)*
ear *(external)* oreja *(f.)*, 13; *(internal)* oído *(m.)*
early temprano, 7; **— morning** madrugada *(f.)*
earrings aretes *(m. pl.)*, 9; pendientes *(m. pl.)*, 9
earth tierra *(f.)*
earthquake terremoto *(m.)*
easily fácilmente, 8
easy fácil, 8
eat comer, 3
eaten comido(a), 10
egg huevo *(m.)*, 5; blanquillo *(m.) (Mex.)*, 5
eight ocho, 1
eight hundred ochocientos(as), 3
eighteen dieciocho, 2

eighty   ochenta, 2
either . . . or   o... o, 6
elbow   codo *(m.)*, 13
elderly   mayor
elegant   elegante
elevator   ascensor *(m.)*, 12
eleven   once, 2
e-mail   mensaje electrónico *(m.)*, 10
emergency   emergencia *(f.)*, 11; — **exit**   salida de emergencia *(f.)*, 11; — **room**   sala de emergencia *(f.)*, 13
end *(v.)*   terminar, 2
engineering   ingeniería *(f.)*
English *(language)*   inglés *(m.)*, 2; *(person)* inglés(esa) *(m., f.)*
enter   entrar (en), 7
enthused   animado(a), 4
eraser   borrador *(m.)*, 1
errand   diligencia *(f.)*; **to run —s**   hacer diligencias
escalator   escalera mecánica *(f.)*, 13
especially   sobre todo
essay   ensayo *(m.)*
esteem oneself   estimarse
even   hasta; — **if**   aunque, 13
ever   alguna vez, 6
everything   todo, 12; — **is in order**   todo está en regla
examine   examinar, 14
excess   exceso *(m.)*, 11; — **luggage (charge)**   exceso de equipaje *(m.)*, 11
excursion   excursión *(f.)*, 11
excuse   excusa *(f.)*, 3; — **me**   permiso; perdón 1
exercise   hacer ejercicio; ejercicio *(m.)*
exit   salida *(f.)*, 11
expand   ampliar
expensive   caro(a), 6
expression   expresión *(f.)*
exterior   exterior *(m.)*, 12
eyes   ojos *(m. pl.)*, 4; **brown —** ojos castaños, 4

F

face   cara *(f.)*, 13; rostro *(m.)*
faint   perder el conocimiento, desmayarse, 13; desfallecer
fair   justo(a), 7
fall   otoño *(m.)*, 2; — **asleep** dormirse (o > ue); — **down** caerse, 13; — **in love (with)** enamorarse (de), 12

false   falso(a)
family   familia *(f.)*, 3; — **room** sala de estar *(f.)*
far (away)   lejos
farewell   despedida *(f.)*
fast   rápido(a), 8
fasten the seat belt   abrocharse el cinturón de seguridad, 11
fat   gordo(a), 1
father   padre *(m.)*, papá *(m.)*, 4
father-in-law   suegro *(m.)*, 4
fear   temer, 11
February   febrero, 2
feel *(v.)*   sentir(se) (e > ie), 10; — **like**   tener ganas de
fever   fiebre *(f.)*, 14
few   pocos(as)
field   campo *(m.)*
fifteen   quince, 2
fifty   cincuenta, 2
fill (out)   llenar, 10
finally   por fin, 10
find *(v.)*   encontrar (o > ue), 6; — **out**   averiguar, 11
fine   bien, 1
finger   dedo *(m.)*, 13
finish *(v.)*   terminar, 2
finished   acabado(a)
first   primero *(adv.)*, 10; — **class** (de) primera clase, 11; — **time** primera vez
fish   pescado *(m.)*, 5; — **market** pescadería *(f.)*, 6; *(v.)* pescar, 8
fishing rod   caña de pescar *(f.)*, 8
fit *(v.)*   caber, 4; quedar; quedarle bien
fitting room   probador *(m.)*, 9
five   cinco, 1
five hundred   quinientos(as), 3
flight   vuelo *(m.)*, 11; — **attendant**   auxiliar de vuelo *(m., f.)*, 11, azafata *(f.)*, 11
floor   piso *(m.)*, 12
flower   flor *(f.)*
flu   gripe *(f.)*, 14
fog   niebla *(f.)*, 9
follow   seguir (e > i), 6
food   comida *(f.)*, 3
foot   pie *(m.)*, 13
for   para, 3; por, 9
foreign   extranjero(a)
forest   bosque *(m.)*
forget   olvidarse (de), 12
forgive   perdonar
fork   tenedor *(m.)*, 5
form   planilla *(f.)*, 10
fortress   fortaleza *(f.)*

forty   cuarenta, 2
founded   fundado(a)
four   cuatro, 1
four hundred   cuatrocientos(as), 3
fourteen   catorce, 2
fracture *(n.)* fractura *(f.)*, 13; *(v.)* fracturar(se), romper(se)
free   gratis, 10; libre
French *(language)*   francés *(m.)*; — **fries**   papas fritas *(f. pl.)*, 9
Friday   viernes *(m.)*, 2
fried   frito(a), 8
friend   amigo(a) *(m., f.)*, 2
friendship   amistad *(f.)*
from   de; desde
frozen   helado(a)
fruit   fruta *(f.)*, 5
fry   freír (e > i)
frying pan   sartén *(f.)*, 3
full   lleno(a), 12
furniture   muebles *(m. pl.)*, 3

G

game   juego *(m.)*, partido *(m.)*, 7
garage   garaje *(m.)*, 3
garbage   basura *(f.)*, 3
gee!   ¡caramba!, 1
gender   género *(m.)*
general   general, 8
generally   generalmente, 8
gentleman   señor *(m.)* *(abbr.* Sr.*)*, 1; caballero *(m.)*
geography   geografía *(f.)*, 2
geology   geología *(f.)*, 2
German *(language)*   alemán *(m.)*
get   conseguir (e > i), 6; — **a haircut**   cortarse el pelo; — **acquainted**   conocer, 4; — **better**   mejorarse, 14; — **dressed**   vestirse (e > i); — **engaged (to)**   comprometerse (con), 12; — **hurt**   lastimarse, 13; — **married to**   casarse (con), 12; — **ready**   prepararse, 7; — **through**   terminar, 2; — **up** levantarse, 7; — **worse**   empeorar, 14
gift   regalo *(m.)*, 9
girlfriend   novia *(f.)*, 4
give   dar, 4; — **a shot**   poner una inyección, 13
glad: to be glad (about)   alegrarse (de), 12
glass   vaso *(m.)*, 2
glove   guante *(m.)*, 9
go   ir, 4; — **away**   irse; — **back**   volver (o > ue), 6; — **down**   bajar;

— **fishing** ir de pesca;
— **hiking** hacer una
caminata, 8; — **in** entrar (en), 7;
— **on vacation** ir(se) de
vacaciones; — **out** salir, 4; —
shopping ir de compras; — **to
bed** acostarse (o > ue), 7;
— **up** subir, 13
godfather padrino *(m.)*, 4
godmother madrina *(f.)*, 4
gold oro *(m.)*, 9
good bueno(a), 2; —
afternoon buenas tardes, 1;
— **evening** buenas noches, 1;
— **morning** buenos días, 1;
— **night** buenas noches, 1
good-bye adiós, 1
government gobierno *(m.)*, 1
grade nota *(f.)*
granddaughter nieta *(f.)*, 4
grandfather abuelo *(m.)*, 4
grandmother abuela *(f.)*, 4
grandparents abuelos *(m.)*
grandson nieto *(m.)*, 4
grape uva *(f.)*, 2
grapefruit toronja *(f.)*, 2
great magnífico(a)
great-granddaughter bisnieta *(f.)*
great-grandfather bisabuelo *(m.)*
great-grandmother bisabuela *(f.)*
great-grandson bisnieto *(m.)*
green verde, 1
greet saludar
greeting saludo *(m.)*
grey gris, 1
grilled a la parrilla, 5
groceries *(food
items)* comestibles *(m. pl.)*
group grupo *(m.)*
grow crecer
Guaranteed Income Supplement
Seguro Social
guest invitado(a); — **room**
cuarto de huéspedes *(m.)*, 14
gurney camilla *(f.)*
gynecologist ginecólogo(a)
(m., f.), 14

H

hair pelo *(m.)*
half medio(a); — **past** y media,
2; — **an hour** media hora, 3
half brother medio hermano *(m.)*
half sister media hermana *(f.)*
ham jamón *(m.)*, 5
hamburger hamburguesa *(f.)*, 5
hand mano *(f.)*

handbag bolso *(m.)*; cartera *(f.)*;
bolsa *(f.)*
hand luggage maletín *(m.)*, 11
handsome guapo(a), 1
happen pasar, suceder, 13
happy feliz, contento(a), 4
hat sombrero *(m.)*, 9
have tener, 3, haber, 10; — **a
seat** tomar asiento, 1;
— **breakfast** desayunar, 5; —
dinner (supper) cenar, 3; —
fun divertirse (e > ie), 7; — **just
(done something)** acabar de +
inf., 8; — **lunch** almorzar (o >
ue), 6; — **many things to do**
tener muchas cosas que hacer;
— **to** deber, 3, tener que, 3; —
to do with tener que ver con
he él, 1
head cabeza *(f.)*, 13
headache dolor de cabeza *(m.)*
health salud *(f.)*, 10
heart corazón *(m.)*, 13
heating calefacción *(f.)*, 12
heaven cielo *(m.)*
heel tacón *(m.)*, 9
height estatura *(f.)*, 4; **of medium
—** de estatura mediana, 4
hello hola, 1
help *(v.)* ayudar, 12
her su(s) *(adj.)*, 2; ella *(obj. of
prep.)*, 5; la *(dir. obj.)* 6; **(to) —** le
(ind. obj.), 7
here aquí, 5; — **it is** aquí está, 2
hers suyo(a), suyos(as), 9
herself se, 7; sí misma
hi hola, 1
high school escuela secundaria *(f.)*
hillside ladera *(f.)*
him él *(obj. of prep.)*, 5; lo *(dir.
obj.)*, 6; **(to) —** le *(ind. obj.)*, 7
himself se, 7; sí mismo
his su(s) *(adj.)*, 2; suyo(a),
suyos(as), 9
history historia *(f.)*, 2
hit (oneself) golpear(se), 13
hold *(v.)* sujetar(se)
holiday día feriado *(m.)*, 10
home hogar *(m.)*; **at —** en casa;
— **appliances** aparatos electrodomésticos *(m. pl.)*; —
office casa central, 10
homework tarea *(f.)*
honeymoon luna de miel *(f.)*
hope *(v.)* esperar, 11; **I —** ojalá; **I —
so** espero que sí, 8

horseback riding montar a
caballo, 7
hospital hospital *(m.)*, 13
host anfitrión *(m.)*
hostess anfitriona *(f.)*
hot cálido(a), 9; caliente, 12; —
chocolate chocolate caliente
(m.), 2; — **dog** perro caliente
(m.), 5
hotel hotel *(m.)*, 8
hour hora *(f.)*, 2
house casa *(f.)*, 3; —**work**
trabajos de la casa, 3
how cómo, 1; — **are you?** ¿cómo
está usted?, ¿cómo estás?, 1;
— **do you do?** Mucho gusto, 1;
— **do you say . . . ?** ¿cómo se
dice... ?, 1; — **is it going?** ¿qué
tal?, 1; — **long?** ¿por cuánto
tiempo?; — **many?**
¿cuántos(as)?, 2; — **may I help
you?** ¿en qué puedo servirle?, 6;
— **much?** ¿cuánto(a)?
humid húmedo(a), 9
hunger hambre *(f.)*, 3
hungry: to be hungry tener
hambre, 3
hunt *(v.)* cazar, 8
hurricane huracán *(m.)*
hurry apurarse; darse prisa
hurt doler (o > ue), 13;
— **(oneself)** lastimar(se), 13
husband esposo *(m.)*, 4
hydrogen peroxide agua
oxigenada, 14

I

I yo, 1; —**'m going!** ¡Ya voy!
ice hielo *(m.)*; — **cream**
helado *(m.)*, 5; — **water**
agua con hielo *(f.)*, 2
iced tea té helado, té frío *(m.)*, 2
idea idea *(f.)*, 2
identification identificación *(f.)*
if si, 12
illiterate analfabeto(a) *(m., f.)*
important importante; **the —
thing** lo importante
improve mejorar, 14
in en, 1; de, 11; por, 9; a, 11;
— **exchange for** por, 9;
— **order that** para que, 13; —
order to para
inch pulgada *(f.)*
include incluir, 11
income ingreso *(m.)*
inexpensive barato(a), 9

infection infección *(f.)*
information información *(f.)*
injection inyección *(f.)*, 13
inside en, 11
insist on insistir en, 12
instead of en vez de, 7
insurance seguro *(m.)*, aseguranza *(f.)*, 14; **medical —** seguro médico, 14
insured asegurado(a)
intelligent inteligente, 1
interest interés *(m.)*
interesting interesante, 1
interior interior, 12
international internacional, 1
invitation invitación *(f.)*, 4
invite invitar, 4
invited invitado(a), 4
iron *(appliance)* plancha *(f.)*, 3; *(v.)* planchar, 3
isthmus istmo *(m.)*
it *(dir. obj. pron.)* la, 6; lo, 6
Italian *(language)* italiano *(m.)*
its su(s), 2
itself se, 7

J

jacket chaqueta *(f.)*, 9
jam mermelada *(f.)*, 5
January enero, 2
jewel joya *(f.)*
jewellery joyas *(f. pl.)*
join unir
joint account cuenta conjunta *(f.)*, 10
joke *(v.)* bromear, 7
journey viaje *(m.)*
juice jugo *(m.)*, zumo *(m.)* *(Spain)*, 2
July julio, 2
June junio, 2

K

keep guardar
keyboard teclado *(m.)*, 10
key llave *(f.)*
kid *(v.)* bromear, 7
kill matar; **— two birds with one stone** matar dos pájaros de un tiro
kitchen cocina *(f.)*, 3; **— utensils** batería de cocina *(f. sing.)*
knee rodilla *(f.)*, 13
knife cuchillo *(m.)*, 5
knight caballero *(m.)*
knock (at the door) tocar (llamar) a la puerta, 3

know conocer, 4; saber 4
known conocido(a)

L

lady señora *(f.)* *(abbr.* Sra.), 1
lake lago *(m.)*, 8
lamb cordero *(m.)*, 5
land tierra *(f.)*
language idioma *(m.)*, lengua *(f.)*
laptop microcomputadora *(f.)*, 10
last *(v.)* durar; *(adj.)(in a series)* último(a); pasado(a), 7; **— name** apellido *(m.)*; **— night** anoche, 7; **— time** la última vez *(f.)*, 10; **— year** el año pasado *(m.)*
late tarde, 5; **it's (already) —!** ¡ya es tarde!, 2
lately últimamente, 10
later después, más tarde, 5; luego; **see you —** hasta luego, 1
Latin America Latinoamérica *(f.)*
laugh *(v.)* reírse, 7
lawn césped *(m.)*, zacate *(m.)* *(Mex.)*, 3
lawyer abogado(a) *(m., f.)*
learn aprender (a), 11
leave dejar, 5; **I'm leaving** me voy, 2
lecture conferencia *(f.)*, 14
left izquierdo(a); **to the —** a la izquierda
leg pierna *(f.)*, 13
lemonade limonada *(f.)*, 3
lend prestar, 8
less menos, 5; **— . . . than** menos... que, 5
lesson lección *(f.)*
let dejar, 11
let's: — eat vamos a comer, 8; **— go** vamos, 4; **— see** a ver, 6
letter carta *(f.)*, 10
lettuce lechuga *(f.)*, 6
liberty libertad *(f.)*
library biblioteca *(f.)*, 1
licence licencia *(f.)*
lie *(v.)* mentir (e > ie), 11
life vida *(f.)*
lifeguard salvavidas *(m., f.)*, 8
light luz *(f.)*, 1; ligero(a); claro(a)
like gustar, 7; como *(adv.)*, 9; **I — it** me gusta; **you — it** te gusta, 7
listen! ¡oye!, 1
literature literatura *(f.)*, 2
little *(adj.)* chico(a), 8, pequeño(a), 8; **a —** un poco, 6
live vivir, 3

living room sala *(f.)*, 3
loaded cargado(a)
loan préstamo *(m.)*, 10
lobby vestíbulo *(m.)*, 12
lobster langosta *(f.)*, 5
lock *(in a canal)* esclusa *(f.)*
lodge *(v.)* hospedarse, 8
long largo(a), 9
look at mirar, 3
look for (up) buscar, 9
lose perder (e > ie); **— consciousness** perder el conocimiento, 13
love *(n.)* amor *(m.)*; *(v.)* encantar, 8; **in —** enamorado(a), 4
luck suerte *(f.)*; **it was a stroke of — ** *(v.)* fue una suerte; **luckily** afortunadamente, 14
luggage equipaje *(m.)*, 11; **— compartment** compartimiento de equipaje *(m.)*, 11
lunch almuerzo *(m.)*, 5; **have —** *(v.)* almorzar (o > ue), 6
luxury lujo *(m.)*, 12

M

madam señora *(f.)* *(abbr.* Sra.), 1
made hecho(a), 10
magazine revista *(f.)*; **— stand** puesto de revistas *(m.)*, 12
maid criada *(f.)*, 6, muchacha *(f.)*
maiden name nombre de soltera *(m.)*
make hacer; 3; **— a decision** tomar una decisión, 11; **— an appointment** pedir turno
man hombre *(m.)*, 1
manager gerente *(m., f.)*, 13
many muchos(as), 3; un montón de, 12
map mapa *(m.)*, 1
March marzo, 2
market mercado *(m.)*, 6
marmalade mermelada *(f.)*, 5
married casado(a), 4; **— couple** matrimonio, 8
marry casarse (con), 12
mashed potatoes puré de papas *(m. sing.)*, 5
mathematics matemáticas *(f. pl.)*, 2
matter *(v.)* importar, 6; **it doesn't —** no importa
May mayo, 2
maybe quizás, tal vez, 9
M.D. médico(a) *(m., f.)*, doctor(a) *(m., f.)*, 11

me mí *(obj. of prep.)*, 5, me *(dir. obj.)*, 6; me *(indir. obj.)*, 7; me *(refl. pron.)*, 7
meal comida *(f.)*, 3
mean *(v.)* querer (e > ie) decir, 1
measure medida *(f.)*
meat carne *(f.)*, 6; **— market** carnicería *(f.)*
meatball albóndiga *(f.)*, 6
medicine medicina *(f.)*, 9
medium mediano(a), 9
memory memoria *(f.)*, 10
men's department departamento de caballeros *(m.)*
menu menú *(m.)*, 5
merchant vendedor(a) *(m., f.)*
Mexican mexicano(a) *(m., f.)*, 1
microwave oven horno de microondas *(m.)*, 3
midnight medianoche *(f.)*, 2
milk leche *(f.)*, 2
mine mío(a), míos(as), 9
minute minuto *(m.)*, 2
mischievous travieso(a), 5
Miss señorita *(f.)* *(abbr.* Srta.), 1
mix *(v.)* mezclar
mixture mezcla *(f.)*
mom madre *(f.)*, mamá *(f.)*, 3
moment momento *(m.)*, 3
mommy mami *(f.)*
Monday lunes *(m.)*, 2
money dinero *(m.)*, 2; **— order** giro postal *(m.)*, 10
monitor monitor *(m.)*, 10
month mes *(m.)*, 2
monthly mensual
more más, 5; **— . . . than** más... que, 5; **— than (number)** más de, 5
morning mañana *(f.)*, 2; **early —** madrugada *(f.)*
mother madre *(f.)*, mamá *(f.)*, 4
mother-in-law suegra *(f.)*, 4
mouse ratón *(m.)*, 10
mouth boca *(f.)*, 13
move *(v.) (relocate)* mudarse
movie película *(f.)*, 7; **— theatre** cine *(m.)*, 7
mow (the lawn) cortar el césped, 3
Mr. señor *(m.)* *(abbr.* Sr.), 1; **Mr. and Mrs. . . .** los señores ...
Mrs. señora *(f.)* *(abbr.* Sra.), 1
much mucho(a)
museum museo *(m.)*, 7
music música *(f.)*, 2
must deber, 3

my mi(s), 2; **— name is** me llamo, 1
myself me, 7

N

name nombre *(m.)*; **my — is . . .** me llamo..., 1; **what is your —?** *(form.)* ¿cómo se llama usted?, *(fam.)* ¿cómo te llamas?, 1
narrow estrecho(a)
near cerca (de), 6; **— here** cerca de aquí
neck cuello *(m.)*, 13
need *(v.)* necesitar, 2
negative negativo(a)
neighbour vecino(a) *(m., f.)*, 14
neighbourhood barrio *(m.)*
neither ni, 6; tampoco, 6
nephew sobrino *(m.)*, 4
nettle ortiga *(f.)*
never jamás, nunca, 6
new nuevo(a), 2
newlyweds recién casados *(m. pl.)*, 6
newspaper diario *(m.)*, periódico *(m.)*
next próximo(a), 12; que viene, 14; **— to** junto a
nice simpático(a), 1
niece sobrina *(f.)*, 4
night noche *(f.)*, 1
nightclub club nocturno *(m.)*, 7
nightgown camisón *(m.)*, 9
nightingale ruiseñor *(m.)*
nine nueve, 1
nine hundred novecientos(as), 3
nineteen diecinueve, 2
ninety noventa, 2
no no, 1; ningún, ninguno(a), 6; **— one** nadie, ninguno(a), 6
nobody nadie, 6; ninguno(a), 6
none ninguno(a), 6
noon mediodía *(m.)*, 12; **at —** al mediodía, 2
no one nadie, ninguno(a), 6
North American norteamericano(a) *(m., f.)*, 1
nose nariz *(f.)*, 13; **— drops** gotas para la nariz *(f. pl.)*
not no, 1; **— any** ningún, ninguno(a), 6; **— now** ahora no; **— very well** no muy bien
notebook cuaderno *(m.)*, 1
nothing nada, 6; **— else** nada más, 6
notice *(v.)* notar; fijarse, 12
noun nombre *(m.)*

November noviembre, 2
now ahora, 4
number número *(m.)*, 1; **phone —** número de teléfono, 1
nurse enfermero(a) *(m., f.)*, 13

O

obtain conseguir (e > i), 6
occupied ocupado(a), 12
ocean mar *(m.)*, 8
October octubre, 2
oculist oculista *(m., f.)*, 14
of de, 2; **— course** cómo no, por supuesto
often a menudo, frecuentemente, 8
oil aceite *(m.)*; petróleo *(m.)*
okay bueno, 1; pues, 8
old viejo(a), 1; antiguo(a)
older mayor, 5
oldest (el, la) mayor, 5
omelette tortilla *(f.)*
on en, 1
once upon a time había una vez
one uno, 1; un(a), 1
one hundred cien (ciento), 2
one-way de ida, 11
onion cebolla *(f.)*, 5
only sólo, 2, solamente, 2
open *(v.)* abrir, 3; abierto(a), 10; franco(a)
oppressed oprimido(a)
or o
orange anaranjado(a), 1; naranja *(f.)*, 2
order pedir (e > i), 5; mandar *(v.)*, 11; pedido *(m.)*; **— drinks** pedir bebidas; **in — that** para que, 13
other otro(a), 10
our nuestro(s), nuestra(s), 2
ours nuestro(s), nuestra(s) *(pron.)*, 9
ourselves nos, 7
outdoor: — café café al aire libre; **— market** mercado al aire libre *(m.)*, 6
oven horno *(m.)*, 3
over en
overlooking con vista a, 12
own propio(a)
owner dueño(a) *(m., f.)*, propietario(a) *(m., f.)*, 12

P

package paquete *(m.)*, 11
pain dolor *(m.)*, 13

painkiller calmante *(m.)*, 14

painter pintor(a) *(m., f.)*

painting pintura *(f.)*

pair par *(m.)*, 9

pajamas pijama *(m.)*, pijamas *(m. pl.)*, 9

pancake panqueque *(m.)*, 5

pants pantalón *(m.)*, pantalones *(m. pl.)*, 9

pantyhose pantimedias *(f. pl.)*

Pap smear papanicolaus *(m.)*

paper papel *(m.)*, 1

paramedic paramédico(a) *(m., f.)*, 13

parasol sombrilla *(f.)*

pardon? ¿cómo?, ¿mande? *(Mex.)*, 1

parents padres *(m. pl.)*, 3

park *(n.)* parque *(m.)*; *(v.)* estacionar, 10

part parte *(f.)*

party fiesta *(f.)*, 4

passbook libreta de ahorros *(f.)*, 10

passenger pasajero(a) *(m., f.)*, 11

passport pasaporte *(m.)*, 11

pastry pastel *(m.)*, 4

pay *(v.)* pagar, 5

peach durazno *(m.)*, melocotón *(m.)*, 6

pear pera *(f.)*, 6

pediatrician pediatra *(m., f.)*, 14

pen bolígrafo *(m.)*, pluma *(f.)*, 1

pencil lápiz *(m.)*, 1

penicillin penicilina *(f.)*

people gente *(f. sing.)*, 10

pepper *(green)* pimiento *(m.)*, ají *(m.)*, 6; *(black)* pimienta *(f.)*, 5

per por, 9; **— day** al día, 6; **— night** por noche

percent por ciento

perfect perfecto(a), 1

person persona *(f.)*, 12

personal computer computadora personal *(f.)*, ordenador personal *(m.) (Spain)*, 1

pharmacist farmacéutico(a) *(m., f.)*

pharmacy farmacia *(f.)*, 14

phone *(v.)* llamar por teléfono

physics física *(f.)*, 2

pick up *(v.)* buscar

picnic picnic *(m.)*, 7

pie pastel *(m.)*, 5

piece pedazo *(m.)*, trozo *(m.)*

pill pastilla *(f.)*, 11

pineapple piña *(f.)*, 6

pink rosado(a), 1

place *(v.)* poner, 4; lugar *(m.)*; **— of interest** lugar de interés, 12; **in — of** en lugar de

placed puesto(a), 10

plan *(v.)* planear, 4; **to — to (do something)** pensar (e > ie) + *infinitive*, 5

plane avión *(m.)*, 11

plate plato *(m.)*, 3

play *(a game) (v.)* jugar (u > ue), 8; *(music, an instrument)* tocar; **— golf** jugar al golf, 8; **— tennis** jugar al tenis, 8

player jugador(a) *(m., f.)*

please *(v.)* complacer

pleasure gusto *(m.)*, 1; **it's a — to meet you** mucho gusto, 1; **the — is mine** el gusto es mío, 1

pneumonia pulmonía *(f.)*, 14

poem poema *(m.)*

polite de cortesía

political science ciencias políticas *(f. pl.)*, 2

poor pobre, 7

poorly mal

pop refresco *(m.)*

pork chop chuleta de cerdo *(m.)*, 6

porridge avena *(f.)*

possessive posesivo(a)

possible posible, 12

postcard tarjeta postal *(f.)*, 10

post office correo *(m.)*, oficina de correos *(f.)*, 10

potato patata *(f.) (Spain)*, papa *(f.)*, 5; **mashed potatoes** puré de papas *(m.)*, 5

pour out echar

poverty pobreza *(f.)*

powder polvo *(m.)*

practise *(v.)* practicar

praise *(v.)* elogiar

prefer preferir (e > ie), 5

pregnant embarazada, 14

prepare preparar, 3

prescribe recetar, 14

prescription receta *(f.)*, 14

pressure presión *(f.)*, 14

pretty bonito(a), lindo(a), 1

price precio *(m.)*, 12

printer impresora *(f.)*, 10

private privado(a), 12

privateer corsario *(m.)*

problem problema *(m.)*

professor profesor(a) *(m., f.)*, 1

program programa *(m.)*, 2

promise prometer, 8

proprietor dueño(a) *(m., f.)*, 12

provided that con tal (de) que, 13

psychology psicología *(f.)*, 2

punch ponche *(m.)*

purple morado(a), 1

purse bolso *(m.)*, 7; cartera *(f.)*; bolsa *(f.)*

put poner, 4; puesto(a), 10; **— on** ponerse, 7; **— a cast on** enyesar; **— together** armar, 8

Q

quality calidad *(f.)*

quarter cuarto *(m.)*; **— past (or after) . . .** ...y cuarto, 2; **— to . . .** ...menos cuarto, 2

queen reina *(f.)*

R

racket raqueta *(f.)*, 8

rain *(v.)* llover (o > ue), 9; *(n.)* lluvia *(f.)*, 9

raincoat impermeable *(m.)*

rain forest selva *(f.)*

raise levantar, 4

rapid rápido, 8

rapidly rápidamente, 8

rate of exchange cambio de moneda *(m.)*

read leer, 3

reader lector(a) *(m., f.)*

ready listo(a), 9

realize darse cuenta (de), 12

receive recibir, 3

recent reciente, 8

recently recientemente, 8

recommend recomendar (e > ie), 11

record disco *(m.)*; **— player** estéreo, tocadiscos *(m.)*

red rojo(a), 1; carmín; **— wine** vino tinto, 2

red-haired pelirrojo(a), 4

refrigerator refrigerador *(m.)*, heladera *(f.)*, 3

register registro *(m.)*, 13

registered certificado(a), 10

relationship parentesco *(m.)*

relative pariente *(m., f.)*

remain quedarse

remember recordar (o > ue), 6; acordarse (o > ue) (de), 12

rent *(v.)* alquilar, 8

request *(v.)* pedir (e > i), 6

reservation reservación *(f.)*, 12

reserve *(v.)* reservar, 12

rest *(v.)* descansar, 3

restaurant   restaurante *(m.)*, 5
return   volver (o > ue), 6; regresar
returned   vuelto(a), 10
review   repaso *(m.)*
rice   arroz *(m.)*, 5; **— pudding**
   arroz con leche, 5
rich   rico(a), 1
ride a bike   montar en bicicleta, 7
right   derecho(a); **to the —** a la
   derecha; **— away**   en seguida,
   10; **— now**   ahora mismo
river   río *(m.)*
robe   bata *(f.)*, 9
room   cuarto *(m.)*; habitación *(f.)*,
   12; **— and board**   pensión
   completa *(f.)*, 12; **— service**
   servicio de habitación, 12
roommate   compañero(a) de
   cuarto *(m., f.)*, 1
root   raíz *(f.)*
rosé *(wine)*   rosado, 2
round-trip   de ida y vuelta, 11
row *(v.)*   remar, 8
run   correr, 3; **— errands**
   hacer diligencias, 10; **— into**
   chocar (con), 13
Russian *(language)*   ruso *(m.)*

S

safe deposit box   caja de
   seguridad *(f.)*, 10
said   dicho(a), 10
sailboat   velero *(m.)*, 8
salad   ensalada *(f.)*, 3
sale   liquidación *(f.)*; venta *(f.)*
salsa *(dance)*   salsa *(f.)*, 5; sauce, 6
salt   sal *(f.)*, 5
same   mismo(a); **the — thing**   lo
   mismo
sand   arena *(f.)*, 8
sandal   sandalia *(f.)*, 9
sandwich   sándwich *(m.)*
Saturday   sábado *(m.)*, 2
saucepan   cacerola *(f.)*, 3
saucer   platillo *(m.)*, 5
sausage   chorizo *(m.)*
save *(money)*   ahorrar, 10
savings: — account   cuenta de
   ahorros *(f.)*, 10; **— plan**   plan de
   ahorros *(m.)*, 10
say   decir (e > i), 5; **how do you —**
   . . . ?   ¿cómo se dice... ?, 1; **you**
   — . . .   se dice... , 1
scarf   bufanda *(f.)*, 9
schedule   horario (de clases) *(m.)*, 2
school   escuela *(f.)*, 9; **— year**
   año escolar *(m.)*

scissors   tijeras *(f. pl.)*, 14
screech   chillido *(m.)*
screen   pantalla *(f.)*, 10
scuba dive   bucear, 8
season *(food) (v.)*   condimentar
season *(n.)*   estación *(f.)*, 2
seat   asiento *(m.)*, 11; **aisle —**
   asiento de pasillo, 11;
   window —   asiento de
   ventanilla, 11
seated   sentado(a)
second   segundo *(m.)*, 12
section   sección *(f.)*
sedative   sedativo *(m.)*, sedante
   (m.), 14
see   ver, 4; **— (a patient)**
   atender (e > ie), 13; **— you**
   around   hasta la vista;
   — you later   hasta luego, 1; **—**
   you tomorrow   hasta mañana, 1
seem   parecer, 12
seen   visto(a), 10
sell   vender, 8
semester   semestre *(m.)*, 2
send   mandar, enviar, 4
September   septiembre, 2
servant   criado(a), 6
serious   grave, serio(a), 14
serve   servir (e > i), 6
serviette   servilleta *(f.)*, 5
set the table   poner la mesa, 3
seven   siete, 1
seven hundred   setecientos(as), 3
seventeen   diecisiete, 2
seventy   setenta, 2
several   varios(as), 13
share *(v.)*   compartir, 11
shave   afeitarse, rasurarse, 7
she   ella, 1
shellfish   marisco *(m.)*, 6
shelter   amparo *(m.)*
shine *(v.)*   lucir(se)
shirt   camisa *(f.)*, 9
shoe   zapato *(m.)*, 9; **— store**
   zapatería *(f.)*, 9
shop   tienda *(f.)*
shore   orilla *(f.)*
short   bajo(a), 5; corto(a), 9
shot *(injection)*   inyección *(f.)*, 13;
   (gun) tiro *(m.)*; **tetanus —**
   inyección antitetánica
   (f.), 13
shotgun   escopeta *(f.)*, 8
shoulder   hombro *(m.)*, 13
shout   gritar, 4
show *(v.)*   enseñar, mostrar
   (o > ue), 12

shower   ducha *(f.)*, regadera
   (Mex.) (f.), 12
shrimp   camarón *(m.)*, gamba
   (Spain) *(f.)*, 5
shy   tímido(a), 5
sick   enfermo(a)
sign *(v.)*   firmar, 10; *(n.)* letrero *(m.)*
silver   plata *(f.)*
single   soltero(a), 4
sir   señor *(m.)* *(abbr.* Sr.), 1
sister   hermana *(f.)*, 3
sister-in-law   cuñada *(f.)*, 4
sit down   sentarse (e > ie), 7
situation   situación *(f.)*
six   seis, 1
six hundred   seiscientos(as), 3
sixteen   dieciséis, 2
sixty   sesenta, 2
size *(of clothing)*   talla *(f.)*, tamaño
   (m.), 9
skate *(v.)*   patinar, 7
ski *(v.)*   esquiar, 7
sky   cielo *(m.)*, 9
skirt   falda *(f.)*, 9
skyscraper   rascacielo *(m.)*
slander   calumnia *(f.)*
sleep   dormir (o > ue), 6
sleeper couch   sofá-cama *(m.)*, 12
sleeping bag   bolsa de dormir
   (f.), 8
sleeve   manga *(f.)*, 9
slender   delgado(a), 1
slip   combinación *(f.)*
slipper   zapatilla *(f.)*, 7
slow   despacio, 1; lento(a), 8;
   —er, please   más despacio,
   por favor, 1
slowly   lentamente, 8
small   pequeño(a), 5; chico(a), 8
smaller   más pequeño(a), 5
smallest   (el, la) más
   pequeño(a), 5
smoke *(v.)*   fumar; **(non) smoking**
   section   sección de (no)
   fumar *(f.)*
snack (afternoon)   merienda *(f.)*;
   to have an afternoon —
   merendar (e > ie), 7
snow *(v.)*   nevar (e > ie), 9
snowfall   nevada *(f.)*
so   así que; tan; **— much**
   tanto(a); **— that**   para que, 13
soap   jabón *(m.)*; **— opera**
   telenovela *(f.)*, 3
soccer   fútbol *(m.)*
sociology   sociología *(f.)*, 2
sock   calcetín *(m.)*

sofa sofá *(m.)*; **sleeper —** sofá-cama *(m.)*, 12
soft drink refresco *(m.)*
solution solución *(f.)*
some unos(as), 1; algún, alguno(a), algunos(as), 6
someone alguien, 6
something algo, 6; **— to eat (drink)** algo para comer (tomar)
sometimes a veces; algunas veces, 6
somewhere en alguna parte
son hijo *(m.)*, 4
son-in-law yerno *(m.)*, 4
soon pronto, 8; **as — as** en cuanto, 9
sorry perdón, 1; **I'm —** lo siento, 1
soul alma *(f.)*
soup sopa *(f.)*, 5
source of income fuente *(f.)* de ingresos
souvenir shop tienda de regalos *(f.)*, 12
spaghetti espaguetis *(m. pl.)*, 6
Spanish *(language)* español *(m.)*, 1; *(person)* español(a)
speak hablar, 2; **this is . . . (name) speaking** habla... (nombre), 5
specialty especialidad *(f.)*, 5
spell deletrear
spelling deletreo *(m.)*
spend *(money)* gastar, 9; *(time)* pasar, 8; **— the summer vacationing** veranear
spoilsport aguafiestas *(m.)*, 2
spoken hablado, 10
spoon cuchara *(f.)*, 5
sport deporte *(m.)*
sprain torcedura *(f.)*, 13
spring *(season)* primavera *(f.)*, 2
stadium estadio *(m.)*
stairs escalera *(f.)*, 13
stamp estampilla *(f.)*, 10; sello *(m.)*, 10, timbre *(m.) (Mex.)*, 10
stand in line hacer cola, 10
star estrella *(f.)*
start comenzar (e > ie), empezar (e > ie), 5
starving muerto(a) de hambre, 6
state estado *(m.)*
stay quedarse; *(at a hotel)* hospedarse, 8
steak bistec *(m.)*, biftec *(m.)*, 5
stepbrother hermanastro *(m.)*
stepdaughter hijastra *(f.)*

stepfather padrastro *(m.)*
stepmother madrastra *(f.)*
stepsister hermanastra *(f.)*
stepson hijastro *(m.)*
stereo estéreo *(m.)*
stilts pilotes *(m. pl.)*
stitch punto *(m.)*, 13
stomach estómago *(m.)*, 13
stop *(v.)* parar; dejar de; **to — over** hacer escala, 11
stopover escala *(f.)*, 11
store tienda *(f.)*, 9; **to — information** archivar la información, 10
stork cigüeña *(f.)*
storm tormenta *(f.)*
strain *(v.)* colar (o > ue)
strainer colador *(m.)*, 3
stranger extraño(a) *(m., f.)*
strawberry fresa *(f.)*, 6
street calle *(f.)*, 1
stretcher camilla *(f.)*
student estudiante *(m., f.)*, 1; alumno(a) *(m., f.)*, 1
study *(v.)* estudiar, 2
stupidity torpeza *(f.)*
subject *(academic)* asignatura *(f.)*, materia *(f.)*, 2; *(person)* vasallo(a) *(m., f.)*
success éxito *(m.)*, 4; **quite a —** todo un éxito, 4
sufficient suficiente
sugar azúcar *(m.)*, 6; **— cane** caña de azúcar *(f.)*
suggest sugerir (e > ie), 11
suit traje *(m.)*, 9; *(fit)* quedar
suitcase maleta *(f.)*, valija *(f.)*, 11; **small —** maletín, 11
summer verano *(m.)*, 2
sunbathe tomar el sol, 8
Sunday domingo *(m.)*, 2
superlative superlativo *(m.)*
supermarket supermercado *(m.)*, 6
supper cena *(f.)*
sure seguro(a), cómo no, 13
surf *(v.)* hacer surfing, 8; **— the 'net** navegar la Red, 10
surfboard tabla de mar *(f.)*, 8
surgeon cirujano(a) *(m., f.)*, 14
surrounded rodeado(a)
survey encuesta *(f.)*
sweater suéter *(m.)*, 9
sweep barrer, 3
swim *(v.)* nadar, 7
swimming pool piscina *(f.)*, 12
swollen hinchado(a), 13
syrup jarabe *(m.)*, 14
system sistema *(m.)*

T

table mesa *(f.)*, 3
tablecloth mantel *(m.)*, 5
take *(v.)* tomar, 2; **— (someone or something someplace)** llevar, 4; **— care (of oneself)** cuidar(se), 14; **— charge** encargarse; **— out** sacar, 3 **— off** *(clothes)* quitarse, 7; **— place** tener lugar
talk *(v.)* conversar, 2
tall alto(a), 1
tape cinta *(f.)*, casete *(m.)*; **adhesive —** esparadrapo *(m.)*, 14
tasty rico(a), 5; **very —** riquísimo(a)
taxi taxi *(m.)*, 12
tea té *(m.)*, 2
teacher maestro(a) *(m., f.)*
tear out arrancar
teaspoon cucharita *(f.)*, 5
technology tecnología *(f.)*
telegram telegrama *(m.)*
telephone teléfono *(m.)*
television televisión *(f.)*, 2; *(set)* televisor *(m.)*, 12
teller cajero(a) *(m., f.)*, 10
temperature temperatura *(f.)*, 9; **what is the —** ¿qué temperatura hace?, 9
ten diez, 1
tent tienda de campaña *(f.)*, 8
tenth décimo(a)
term of endearment palabra cariñosa *(f.)*
test *(n.)* análisis *(m.)*, 13; examen *(m.)*
than que, 5
thanks gracias, 1
thank you gracias, 1; **— very much** muchas gracias, 1
thank goodness menos mal
that que *(rel. pron.)*, 3; ese, esa, eso, *(distant)* aquel, aquella, *(adj.)*, 3; eso, aquello, *(neut. pron.)*, 3; ése, ésa, aquél, aquélla, *(pron.)*, 3
the el *(m. sing.)*, la *(f. sing.)*, los *(m. pl.)*, las *(f. pl.)*, 1
theatre teatro *(m.)*, 7
their su(s), 2
theirs *(pron.)* suyo(a), suyos(as), 9
them ellas *(f.)*, ellos *(m.) (obj. of prep.)*, 5; las *(f.)*, los *(m.)*, 6; **(to) — ** les, 7
theme tema *(m.)*

themselves se, 7

then entonces, 2; después

there allí, 12; allá; **— is (are)** hay 1; **— was (were)** hubo

therefore pues

these estos(as) *(adj.)*, 3; éstos(as) *(pron.)*, 3

they ellos(as) *(m., f.)*, 1

thin delgado(a), 1

thing cosa *(f.)*, 3; **things to do** cosas que hacer, 3

think pensar (e > ie), 5; creer, **— so (not)** creer que sí (no), 13

thirteen trece, 1

thirty treinta, 1

this este, esta *(adj.)*, 3; esto *(neut. pron.)*, 3; **— one** *(pron.)* éste, ésta, 3

thistle cardo *(m.)*

those esos(as), aquellos(as) *(adj.)*, 3; ésos(as), aquéllos(as) *(pron.)*, 3

thousand mil, 3

three tres, 1

three hundred trescientos(as), 3

throat garganta *(f.)*, 14; **sore —** dolor de garganta, 14

through por, 9

Thursday jueves *(m.)*, 2

ticket billete *(m.)*, 11; pasaje *(m.)*, 11; **one-way —** billete de ida, 11; **round-trip —** billete de ida y vuelta, 11

tie corbata *(f.)*, 9

time tiempo *(m.)*, 3; hora *(f.)*, 2; vez *(f.)*, 7; **what — is it?** ¿qué hora es?, 2; **at what — . . . ?** ¿a qué hora... ?, 2

tip *(for service)* propina *(f.)*, 5

tired cansado(a), 4; **to get —** cansarse, 11

title título *(m.)*

to a, 2

toast *(n.)* pan tostado *(m.)*, 5; tostada *(f.)*; brindis *(m.)* *(at a celebration)*, 4

toast *(v.)* brindar, 4

toaster tostadora *(f.)*, 3

today hoy, 2

toe dedo del pie *(m.)*, 13

together juntos(as), 2

toilet inodoro *(m.)*, 12

tomato tomate *(m.)*, 2

tomorrow mañana

tongue lengua *(f.)*, 13

tonight esta noche, 1

too también, 2; **— bad** qué lástima; **— much** demasiado(a)

tooth diente *(m.)*, 13

tornado tornado *(m.)*

tour excursión *(f.)*, 11

tourist turista *(m., f.)*, 12

traffic tráfico *(m.)*

tranquilizer calmante *(m.)*, 14

translate traducir, 4

travel viajar, 11

travel agency agencia de viajes *(f.)*, 11

traveller viajero(a) *(m., f.)*

traveller's cheque cheque de viajero *(m.)*, 11

tree árbol *(m.)*, 13

trip viaje *(m.)*, 11; **have a nice —** buen viaje, 11; **on a —** de viaje

trousers pantalón *(m.)*, 9; pantalones *(m. pl.)*, 9

true cierto(a); verdadero; **it's —** es verdad, es cierto

trust *(v.)* confiar en, 12

truth verdad *(f.)*

try tratar de, 8; **— (on)** probar(se) (o > ue), 9

T-shirt camiseta *(f.)*, 9

Tuesday martes *(m.)*, 2

turn into convertirse (e > ie) en, 14

turn on poner

TV set televisor *(m.)*, 12

twelve doce, 2

twenty veinte, 2

two dos, 1; **there are — of us** somos dos

two hundred doscientos(as), 3

type tipo *(m.)*

U

ugly feo(a), 1

umbrella paraguas *(m. sing.)*

uncle tío *(m.)*, 4

under debajo de

undershorts calzoncillos *(m. pl.)*, 9

understand entender (e > ie), 5

underwear ropa interior *(f.)*

unfortunately desgraciadamente

university universidad *(f.)*, 1

unless a menos que, 13

unpleasant antipático(a), 1

until hasta, 5; hasta que, 13

us nosotros(as) *(obj. of prep.)*, 5; nos *(dir. obj.)*, 6; nos *(indir. obj.)*, 7

use usar, 9

used to acostumbrado(a) a, 8

useful útil

V

vacant libre, disponible, 12

vacate desocupar, 12

vacation vacaciones *(f. pl.)*; **to be on —** estar de vacaciones, 5

vacuum *(v.)* pasar la aspiradora, 3

vacuum cleaner aspiradora *(f.)*

value valor *(m.)*

vanilla vainilla *(f.)*, 5

vase florero *(m.)*, 7

veal chop chuleta de ternera *(f.)*, 6

vegetable verdura, vegetal *(m.)*, 5; **— market** verdulería *(f.)*

very muy, 1; **— well** muy bien, 1

vest chaleco *(m.)*, 9

via por, 9

vinegar vinagre *(m.)*

visa visa *(f.)*

visit *(v.)* visitar, 7

vitamin vitamina *(f.)*, 14

vocabulary vocabulario *(m.)*

W

wait (for) esperar, 5

waiter camarero(a) *(m.)*; mozo *(m.)*, mesero(a) *(m.)* *(Mex.)*, 5

waiting list lista de espera *(f.)*, 11

waitress camarera *(f.)*, mesera *(f.)* *(Mex.)*, 5

wake up despertarse (e > ie), 7

walk *(v.)* caminar

wallet billetera *(f.)*, 9

want desear, 2; querer (e > ie), 5

war guerra *(f.)*

warm templado(a), 9

warning advertencia *(f.)*

wash *(v.)* lavar, 3; **— oneself** lavarse, 7; **— one's hair** lavarse la cabeza, 7

washbasin lavabo *(m.)*, 12

washing machine lavadora *(f.)*, 3

wastebasket cesto de papeles *(m.)*, 1

watch *(v.)* mirar, 3; reloj *(m.)*, 1

water agua (el) *(f.)*, 2; **—- ski** esquí acuático *(m.)*, 8; **ice —** agua con hielo, 2; **mineral —** agua mineral, 2

watermelon sandía *(f.)*, 6

way modo *(m.)*; **one — ticket** billete de ida, 11

we nosotros(as), 1

weak débil

wear usar, llevar, 7; — **a certain shoe size** calzar, 9

weather tiempo *(m.)*, 3; **to be good (bad)** — hacer buen (mal) tiempo, 9

wedding boda *(f.)*, 5; — **anniversary** aniversario de bodas *(m.)*

Wednesday miércoles *(m.)*, 2

week semana *(f.)*, 7

weekend fin de semana *(m.)*, 7

weigh pesar, 14

weight peso *(m.)*

welcome bienvenido(a), 1; **you're** — de nada, 1; — **party** fiesta de bienvenida *(f.)*

well pues, 8; bueno, 10; **very** — muy bien, 1; **not very** — no muy bien, 1

what? ¿qué?, 2; ¿cuál?, 13; — **a pity!** ¡qué lástima!; — **day is today?** ¿qué día es hoy?, 2; — **does . . . mean?** ¿Qué quiere decir... ?, 1; — **is . . . like?** ¿cómo es...?, 5; — **is today's date?** ¿qué fecha es hoy?, 2; —**'s new?** ¿qué hay de nuevo?, 1; —**'s your phone number?** ¿Cuál es tu número de teléfono?; — **is the rate of (monetary) exchange?** ¿a cómo está el cambio de moneda?, 11; — **is your name?** *(form.)* ¿cómo se llama usted?, *(fam.)* ¿cómo te llamas?, 1; — **time is it?** ¿Qué hora es?, 2

when cuándo, 2; cuando, 13

where ¿dónde?, 1; — **are you from?** ¿de dónde eres *(fam.)*?, 1; — **(to)?** ¿adónde?, 4

which ¿cuál(es)?, 1

while mientras; rato *(m.)*; **a** — un rato, 3; **a** — **later** al rato

white blanco(a), 1

who ¿quién(es)?, 3; que, 2

why? ¿por qué?, 2

wide ancho(a), 7

wife esposa *(f.)*, 4

window ventana *(f.)*, 1; *(bank, ticket, etc.)* ventanilla *(f.)*

wine vino *(m.)*, 2; —**glass** copa *(f.)*, 2

winter invierno *(m.)*, 2

wish *(v.)* desear, 2; querer (e > ie), 5

with con, 1; de, 11; — **brown eyes** de ojos castaños, 4; — **me** conmigo, 3; — **you** contigo, 3; — **whom?** ¿con quién?

within dentro de, 14

without sin que, 13

woman mujer *(f.)*, 1

wonder: no — con razón

wood madera *(f.)*

word palabra *(f.)*

work trabajo *(m.)*, 3; *(of art)* obra *(f.)*; *(v.)* trabajar, 2; **it doesn't** — no funciona, 12

worry preocuparse

worse peor, 5

worst (el, la) peor, 5

wound herida *(f.)*, 13

wounded herido(a)

wrist muñeca *(f.)*, 13

write escribir, 3; — **down** anotar; — **programs** diseñar programas

written escrito(a), 10

X

X-ray radiografía *(f.)*, 13

X-ray room sala de rayos X (equis) *(f.)*, 13

Y

year año *(m.)*, 2

yellow amarillo(a), 1

yes sí, 1

yesterday ayer, 7

yet todavía, 3

you tú, vosotros(as), usted(es) *(pron.)*, 1; ti, usted(es), vosotros(as) *(obj. of prep.)*, 5; la(s), lo(s), os, te *(dir. obj.)*, 6; le(s), os, se, te *(indir. obj.)*, 7; —**'re welcome** de nada, 1

young joven, 1; — **girl** chica *(f.)*, muchacha *(f.)*, 1

young lady señorita *(f.)*, 1

young man chico *(m.)*, muchacho *(m.)*, 1

younger menor, 5

youngest (el, la) menor, 5

your tu(s), 1; su(s); vuestro(s), vuestras(s), 2

yours suyo(a), suyos(as), tuyo(a), tuyos(as), vuestro(a), vuestros(as), 9

yourself se, te, 7

yourselves os, se, 7

Z

zoo zoológico *(m.)*, 7

Index

verbs, 111, 126, 127–128; irregular first person singular, 80; note, 128; of **hacer** in time clauses, 135, 216; perfect indicative, 230–231; perfect subjunctive, 342; subjunctive, 254–255

preterit: contrasted with imperfect, 213–214; irregular forms of, 178; of **ser, ir,** and **dar.** 158; orthographic changes in, 156, 178; regular forms of, 156; stem-changing verbs, 183; uses of, 156

progressive forms of tenses, 106; position of objects with, 130, 160, 180

pronouns: demonstrative, 68; direct object, 129–130; direct and indirect used together, 180–181; indirect object, 159–161, 162; position of object, 129–130, 160, 165, 180, 234, 257, 276–277, 306, 308

possessive, 218–219; reflexive, 165–166; subject, 13; summary of uses of the, 168; used as object of prepositions, 116

pronunciation, 9, 27, 59, 79, 105, 125, 155, 177, 207, 227, 253, 273, 279, 317

que: meaning than, 113
¿qué?, 24
questions, 30–31

reflexive constructions: forms of', 165–166
reflexive pronouns, 165
rhythm, 350

saber vs. **conocer,** 81
se: for **le** and **les,** 180; reflexive pronoun, 165
seasons, 40
ser: forms of, 15; uses of, 108, 309
si clauses, 325–326
stem-changing verbs, 111, 126, 127–128, 183, 255
su(s): clarification of, 33
subject pronouns: omission of, 13; uses of, 13
subjunctive: after **a menos que, antes de que, para que,** 305; after conjunctions of time, 304; after impersonal expressions, 328; forms in the present, 254–256; imperfect, 323–324; in **si** clauses, 325–326; pluperfect, 344; present perfect, 342; summary of the, 328; to express command in the first-person plural, 306; to express doubt, denial, and disbelief, 300–302; to express emotion, 260–261; to express indefiniteness and nonexistence, 274; uses of, 256; with verbs of volition, 259

superlative construction, 114; irregular, 114; note, 114
suyo(a): clarification of, 219

tener: expressions with, 65–66; forms, 64; **que** + infinitive, 64
tenses, *see* present, etc.
than, 113
time: of day, 36–37
    triphthongs, 347

-uir verbs, note 360
usted(es), 13

venir: forms, 64
verbs: *see* each separately and table in Appendix B; stem-changing, 111, 126, 127–128; with orthographic changes, 156, 178; with prepositions, 278–279
vowels, 9, 346

weather expressions, 211
word order: in interrogative sentences, 30; in negative sentences, 30–31; with **gustar,** 162–163
word stress, 352

-zar verbs, 156, 359

Photo and Art Credits

p. 2, Simon Wilkinson/Iconica/Getty Images; *p. 3 (TL),* Courtesy Carlos Ott, Kasian Architechts and Norr Consultants; *p. 3 (BL),* CP Photo/Tannis Toohey; *p. 3 (BR),* Urs Flueeler/epa/Corbis; *p. 27,* © Royalty-Free, College Education/Getty/Images; *p. 44 (T),* Digital Vision/Getty Images; *p. 45,* Manch/Photodisc Red/Getty Images; *p. 46 (T),* Statistics Canada; *p. 46 (MR),* Jonathan Hayward/Associated Press; *p. 46 (ML),* Courtesy Tango Fabrika, Montreal; *p. 47 (T),* Courtesy TLNTV; *p. 47 (B),* Jon Arnold Images/Alamy; *p. 52,* Danita Delimont/Alamy; *p. 53 (T),* Oscar Ruiz; *p. 53 (BL),* © ML Sinibaldi/CORBIS; *p. 53 (BR),* © Margie Politzer/Lonely Planet Images; *p. 58,* © Royalty-Free/Corbis; *p. 59,* © Royalty-Free/Corbis; *p. 78,* © Royalty-Free, College Education/Getty Images; *p. 86,* © Royalty-Free, College Education/Getty Images; *p. 87,* © Royalty-Free, University Life/Getty Images; *p. 89,* © Morgan David de Lossy/Corbis; *p. 90 (T),* Beryl Goldberg; *p. 91 (TL),* © Jon Feingersh; *p. 91 (TR),* Robert Frerck/Odyssey Productions; *p. 91 (BL),* H. Huntley Hersch/DDB Stock Photography; *p. 91 (BR),* © Melanie Carr/Viesti & Associates; *p. 92 (T),* © Peter M. Wilson/CORBIS; *p. 92 (B),* © Robert Frerck/Odyssey/Chicago; *p. 93 (T),* © SIPA Press; *p. 93 (B),* Neil Julian/Alamy; *p. 98,* Plowes ProteaPix; *p. 99 (T),* © Blaine Harrington III/Corbis; *p. 99 (BL),* © Danny Lehman/CORBIS; *p. 99 (BC),* © Tony Arruza/CORBIS; *p. 99 (BR),* INSADCO Photography/Alamy; *p. 104,* © Royalty-Free, European People, Business and Lifestyle/Getty Images; *p. 119,* Robert Frerck/Odyssey Productions; *p. 125,* © Royalty-Free, College Education/ Getty Images; *p. 137,* © Royalty-Free/Corbis; *p. 139,* Richard I'Anson/Lonely Planet Images/Getty Images; *p. 141,* © Royalty-Free/Corbis; *p. 142 (T),* Jan Csernoch/Alamy; *p. 142 (B),* Humberto Olarte Cupas/Alamy; *p. 143 (T),* Robert Francis/Robert Harding World Imagery/Getty Images; *p. 143 (B),* Brian Atkinson/Alamy; *p. 148,* Pablo Corral V/ Corbis; *p. 148,* © Pablo Corral V/CORBIS; *p. 149 (TL),* © Patrick Robert/Sygma/CORBIS; *p. 149 (CL),* M. Timothy O'Keefe/Alamy; *p. 149 (BL),* © Bruce Adams; Eye Ubiquitous/CORBIS; *p. 149 (BR),* AP/Wide World Photos; *p. 155,* © Royalty-Free, Personnel File/Getty Images; *p. 169,* © Royalty-Free, College Education/Getty Images; *p. 171,* Image Source/Alamy; *p. 177,* © Royalty-Free, College Education/Getty Images; *p. 194 (T),* © 2006 Ulrike Welsch; *p. 194 (B),* © Omar Bechara Baruque; Eye Ubiquitous/CORBIS; *p. 195 (T),* © ANA MARTINEZ/ Reuters/Corbis; *p. 195 (C),* D. Donne Bryant/DDB Stock Photo; *p. 195 (B),* Kimberly White/Reuters/Corbis; *p. 200,* Patrick Pihl/Pixonnet.com/Alamy; *p. 201 (T),* © Amy Johnson; *p. 201 (BC),* © Amy Johnson; *p. 201 (BR),* Mike Goldwater/ Alamy; *p. 227,* © Royalty-Free, College Education/Getty Images; *p. 240 (T),* © Stuart Westmorland/Corbis; *p. 240 (B),* © Amy Johnson; *p. 241 (T),* Eitan Simanor/Alamy; *p. 241 (B),* imagebroker/ Alamy; *p. 246,* Photri MicroStock™/ De La Puente Imagen; *p. 247 (T),* Peter Adams Photography/Alamy; *p. 247 (BL),* © Theo Allofs/zefa/Corbis; *p. 247 (BR),* © Dave G. Houser/Post-Houserstock/Corbis; *p. 253,* © Royalty-Free/Corbis; *p. 265,* © Royalty-Free, College Education/Getty Images; *p. 273,* © Royalty-Free, University Life/Getty Images; *p. 281,* © Royalty-Free, College Education/Getty Images; *p. 286 (T),* The Granger Collection; *p. 286 (B),* © Amy Johnson; *p. 287 (T),* © Dave G. Houser/Post-Houserstock/Corbis; *p. 287 (B),* © Kit Houghton/CORBIS; *p. 292,* Blend Images/Alamy; *p. 293 (T),* Robert Frerck/Odyssey Productions; *p. 293 (BL),* © Patrick Ward/CORBIS; *p. 293 (BR),* Ken Welsh/Alamy; *p. 317,* © Royalty-Free/Corbis; *p. 334 (T),* Mark Antman/The Image Works; p. 334 (B), © Patrick Ward/CORBIS; *p. 335 (T),* John Bigelow Taylor/Art Resource, NY; *p. 335* ©, Chris McLennan/Alamy; *p. 335 (B),* © Francesc Muntada/CORBIS

Maps courtesy of Patricia Isaacs, Parrot Graphics; simulated realia courtesty of Steve McEntee, McEntee Designs; lesson-opener dialogue illustrations courtesy of Ben Shannon/Magnet Reps; interior illustrations courtesy of Sean Flanagan, Diane Gray/Boomerang Studios Inc.

Mar Caribe

Barranquilla
Cartagena
Maracaibo
Caracas
TRINIDAD Y
TOBAGO
Puerto España
La Guaira
San Carlos
VENEZUELA
Ciudad Bolívar
Georgetown
Medellín
Zipaquirá
Salto Ángel
Río Orinoco
GUYANA
Paramaribo
Cayena
Cali
Bogotá
SURINAM
GUAYANA
FRANCESA
COLOMBIA
Popayán
San Agustín
CORDILLERA DE LOS ANDES
Río Negro
Río Amazonas
Ecuador
Otavalo
Pichincha
Quito
Santo Domingo
de los Colorados
ECUADOR
Belén
Chimborazo
Manaos
Guayaquil
Iquitos
Río Madeira
Recife
Sipán
BRASIL
Trujillo
PERÚ
Machu Picchu
Callao
Lima
Cuzco
Salvador
Puno
Lago
Titicaca
La Paz
Cochabamba
Brasilia
Río Paraguay
Arequipa
Tiahuanaco
Bello
Horizonte
Arica
Sucre
BOLIVIA
Iquique
Potosí
Río de Janeiro
Filadelfia
San Pablo
Trópico de Capricornio
Antofagasta
PARAGUAY
Asunción
Santos
Salta
Puerto Iguazú
San Miguel
de Tucumán
Resistencia
CHILE
OCÉANO
PACÍFICO
Río Paraná
Río Uruguay
Puerto Alegre
Córdoba
Aconcagua
Mendoza
Rosario
URUGUAY
Montevideo
Viña del Mar
Valparaíso
Santiago
Buenos Aires
La Plata
Punta del Este
CORDILLERA DE LOS ANDES
ARGENTINA
Río de la Plata
Concepción
Mar del Plata
Río Colorado
Bahía Blanca
Bariloche
Puerto Montt
PATAGONIA
OCÉANO
ATLÁNTICO

Estrecho de
Magallanes
Islas
Malvinas
Punta Arenas
TIERRA
DEL FUEGO
Cabo de Hornos

América del Sur

ISLAS GALÁPAGOS
San
Salvador
Ecuador
Santa Cruz
San Cristóbal
Isabela
ECUADOR
Quito
Guayaquil

0   250   500 Km.
0   250   500 Mi.